Zulässigkeit und Grenzen der arbeitsvertraglichen Entgeltflexibilisierung

Schriften zum Arbeitsrecht und Wirtschaftsrecht

Herausgegeben von Abbo Junker

Band 72

PETER LANG
Frankfurt am Main · Berlin · Bern · Bruxelles · New York · Oxford · Wien

Anne Kraas

Zulässigkeit und Grenzen der arbeitsvertraglichen Entgeltflexibilisierung

PETER LANG
Internationaler Verlag der Wissenschaften

Bibliografische Information der Deutschen Nationalbibliothek
Die Deutsche Nationalbibliothek verzeichnet diese Publikation in der Deutschen Nationalbibliografie; detaillierte bibliografische Daten sind im Internet über http://dnb.d-nb.de abrufbar.

Zugl.: Münster (Westfalen), Univ., Diss., 2012

Gedruckt auf alterungsbeständigem,
säurefreiem Papier.

D 6
ISSN 1433-4666
ISBN 978-3-631-63775-3

www.peterlang.de

Meinen (Groß-) Eltern

Vorwort

Die Rechtswissenschaftliche Fakultät der Westfälischen Wilhelms-Universität zu Münster nahm die vorliegende Arbeit im Wintersemester 2011/2012 als Dissertation an. Sie befindet sich auf dem Stand von Februar 2012.

Für die fachliche und persönliche Betreuung dieser Untersuchung möchte ich zunächst meinem Doktorvater, Herrn Professor Dr. Dr. h. c. Wilfried Schlüter danken. Bei allen im Laufe der Arbeit angefallenen Fragen hat er stets Hilfe geleistet und mir im Übrigen die nötigen Freiräume gewährt. Herrn Professor Dr. Stefan Edenfeld möchte ich für die umgehende Erstellung des Zweitgutachtens danken.

Diese Arbeit ist meiner Familie gewidmet. Ihre Unterstützung in jeglicher Hinsicht hat die folgenden Seiten erst möglich gemacht.

Hamburg, im Februar 2012 Anne Kraas

Inhaltsverzeichnis

Die verwendeten Abkürzungen richten sich, soweit sie nicht allgemein gebräuchlich sind, nach dem „Abkürzungsverzeichnis der Rechtssprache“ von Hildebert Kirchner, 6. Auflage, Berlin 2008.

§ 1 Einführung

A. Problemaufriss

Als „Ewigkeitsthema für jede Juristengeneration" bezeichnet[1], prägt die Flexibilisierung des Arbeitsentgelts das Arbeitsleben bereits seit Jahrzehnten. In Zeiten des steten Wandels der wirtschaftlichen Rahmenbedingungen sollen Flexibilisierungsinstrumente dem Arbeitgeber die Möglichkeit eröffnen, Arbeitsverhältnisse, die oft jahrzehntelang andauern, an veränderte Rahmenbedingungen anzupassen. Konstant gleichbleibende Löhne bergen die Gefahr, dass Arbeitnehmer in florierenden Zeiten zu schlecht und in Zeiten wirtschaftlicher Krisen zu hoch entlohnt werden. Aufgrund der Langfristigkeit der Arbeitsverträge ist der Arbeitgeber aber außerstande, bereits im Zeitpunkt des Vertragsschlusses alle relevanten Faktoren der zukünftigen Entwicklung vorauszusehen und entsprechend vorzubeugen. Vertragliche Anpassungsmechanismen können dazu verhelfen, spätere Konflikte vertragsintern zu lösen, indem etwa ein Teil der Vergütung an die veränderte Marktsituation oder die wirtschaftliche Lage angepasst wird. Dies ermöglicht den Unternehmen nicht nur, ihre Wettbewerbsfähigkeit auf dem globalen Markt zu sichern, sondern auch Arbeitsplätze zu erhalten.[2] Nicht selten entscheiden die bestehenden Möglichkeiten der Flexibilisierung über den Erfolg oder gar den Fortbestand des Unternehmens.

Mit den Flexibilisierungsinstrumenten streben Unternehmer neben einer Anpassung der Ausgaben, von denen die Personalkosten einen erheblichen Teil ausmachen, häufig auch eine Leistungssteigerung an. Durch die Gewährung zusätzlicher Vergütungsbestandteile, wenn auch unter einem Vorbehalt bzw. einer Befristung, sollen die Arbeitnehmer zu einer Leistungssteigerung motiviert werden. Indem die Vergütungsbestandteile nicht dauerhaft gewährt, sondern unter Vorbehalt gestellt bzw. befristet werden, kann eine Reduzierung der Personalkosten vorbereitet werden. Auf diesem Weg kann die Höhe der Vergütung an die Finanzkraft des Unternehmens gekoppelt werden, so dass in wirtschaftlich schlechteren Zeiten die Personalkosten sinken. Personalabbaumaßnahmen hingegen sind aufgrund des langwierigen und kostspieligen Verfahrens zur Herbeiführung kurzfristiger Effekte nicht geeignet.[3]

Die flexible Ausgestaltung des Arbeitsentgelts bringt aber stets die Gefahr einer einseitigen Durchsetzung der Interessen des Arbeitgebers, einer intranspa-

---

1 Reichold, RdA 2002, 321 (322).

2 Preis-Lindemann/Urmersbach, Arbeitsformen, S. 16; vgl. auch Reichold, RdA 2002, 321 (324).

3 Otto/Walk, BB 2010, 373 (373).

renten Vertragsgestaltung und einer Verlagerung wirtschaftlicher Risiken auf den Arbeitnehmer mit sich.[4] Dies gilt umso mehr, als die meisten Arbeitsverträge vom Arbeitgeber vorformuliert werden und der Arbeitnehmer, vor allem in Zeiten hoher Arbeitslosigkeit, kaum Einfluss auf die Vertragsgestaltung nehmen kann. Mit den Grundsätzen des vertraglichen Äquivalenzverhältnisses wäre es unvereinbar, von einer Partei die Einhaltung ihrer Pflichten zu verlangen, während die Leistung des Vertragspartners nicht vorhersehbaren Schwankungen unterliegt.[5] Um den Ausgleich der Vertragsparität zu gewährleisten, ist der Inhalts- und Transparenzkontrolle entsprechender Klauseln besondere Bedeutung beizumessen. Es müssen verschiedene Risikogesichtspunkte betrachtet werden. So ist zum einen zu untersuchen, ob und inwieweit das Betriebs- und Wirtschaftsrisiko auf den Arbeitnehmer abgewälzt werden darf. Zum anderen ist zu untersuchen, wie die konkreten Klauseln ausgestaltet werden müssen, um den gesetzlichen Anforderungen zu genügen. Aus dem auch im Arbeitsrecht geltenden Grundsatz „pacta sunt servanda" resultiert, dass eine einseitige Änderung der Vertragsbedingungen nur unter engen Voraussetzungen möglich ist.[6]

Trotz des Appells an den Arbeitgeber, auf eine angemessene Vertragsgestaltung zu achten, ist auch der Staat zum Handeln aufgerufen, denn die hohe Quote der Arbeitslosen ist nicht zuletzt auf die hohen Arbeitskosten in Deutschland zurückzuführen.[7] Dem Staat obliegt es, die rechtlichen Rahmenbedingungen für die flexible Gestaltung von Entgeltbedingungen zu schaffen. Es ist ein schmaler Grad, der beschritten werden muss, zwischen dem Schutz des Arbeitnehmers vor einer unangemessenen oder gar sittenwidrigen Vergütungsregelung und dem Schutz vor dem Verlust des Arbeitsplatzes.

B. Anlass und Gegenstand der Untersuchung

Im Bereich der Flexibilisierungsklauseln herrscht nicht zuletzt wegen der Mannigfaltigkeit der Kasuistik und Rechtsprechung nach wie vor erhebliche Rechtsunsicherheit. Die Rechtsprechung befasste sich bislang nur mit einzelnen Flexibilisierungsinstrumenten im Rahmen eines Verfahrens und vermied damit die Gesamtbetrachtung aller Flexibilisierungsmöglichkeiten. Aufgrund der Einzelfalljudikatur hat sich keine einheitliche Linie herausgebildet, sondern die Voraussetzungen an die verschiedenen Flexibilisierungsinstrumente variieren erheblich. Die Rechtsprechung schwankt zwischen großzügiger und restriktiver Kont-

4 Vgl. Preis, Der Arbeitsvertrag, II V 70 Rn. 7.

5 KDZ-Zwanziger (2008), § 2 KSchG Rn. 90.

6 Moll, S. 23; BAG v. 11.2.2009, NZA 2009, 428 (430).

7 Vgl. dazu Rieble, NZA-Beil. 2000, 34 (35).

rolle etwaiger Gestaltungsmittel. Auszugsweise sei darauf hingewiesen, dass z. B. Widerrufsvorbehalte, die sich auf 25% des Gesamtentgelts beziehen, nicht zulässig sind[8], während Befristungsabreden, die sich auf 30% des Entgelts beziehen, nicht beanstandet wurden.[9] Andererseits dürfen geringste Änderungen der Dauer der Arbeitszeit nicht einseitig erfolgen.[10]

Die materiellen Anforderungen als auch die Anforderungen an die Formulierung etwaiger Flexibilisierungsklauseln gehören zu der im höchsten Maße komplexen und umstrittenen Problematik. Bis zur Schuldrechtsmodernisierung ließ sich dies vor allem darauf zurückführen, dass eine ausdrückliche gesetzliche Regelung für die Kontrolle derartiger Klauseln fehlte. Dies führte zu zahlreichen Meinungen im Hinblick auf Rechtsgrundlage, Umfang und Maßstab einer Kontrolle. Nachdem nun die §§ 305 ff. BGB auch im Arbeitsrecht Anwendung finden, wurde die Kontrolle von Flexibilisierungsabreden auf eine gesetzliche Grundlage gestellt. Damit besteht zwar ein einheitlicher Kontrollmaßstab, allerdings divergieren weiterhin die materiellen Kriterien und auch über die Transparenzerfordernisse herrscht Uneinigkeit. Trotz der oftmals gleichen Wirkung weisen die Grenzen der verschiedenen Flexibilisierungsinstrumente zum Teil erhebliche Unterschiede auf. Die Literatur fordert eine Harmonisierung.[11] Anderenfalls bestehe die Gefahr, dass mit einem bestimmten Instrument ein Erfolg angestrebt werde, der mit anderen Mitteln nur unter strengeren Voraussetzungen erzielt werden könne.[12] Derartige Wertungswidersprüche müssten verhindert werden.

Gegenstand der vorliegenden Arbeit sollen die Möglichkeiten und Grenzen der arbeitsvertraglichen Entgeltflexibilisierung im unbefristeten Arbeitsverhältnis bei im Wesentlichen gleichbleibender Tätigkeit sein. Dabei geht es ausschließlich um die zeitliche, nicht um die inhaltliche Flexibilisierung. Erstere wird erreicht, indem bestimmte Vergütungsbestandteile nicht auf Dauer gewährt werden, sondern unter bestimmten Voraussetzungen vom Arbeitgeber eingestellt werden können, die Entgeltregelung mithin zeitlich begrenzt ist. Der Bereich der betrieblichen Altersversorgung wird ausgeklammert, da insofern eine eigenständige Problematik mit vielfältigen Besonderheiten (z. B. das Bestehen einer Sicherungseinrichtung in Form des Pensions-Sicherungs-Vereins a. G.) besteht. Der Begriff des „Entgelts“ ist in einem weiten Sinne zu verstehen, so dass nicht

---

8 Vgl. BAG v. 11.10.2006, NZA 2007, 87 (89).

9 BAG v. 13.6.1986, AP § 2 KSchG 1969 Rn. 19.

10 BAG v. 12.12.1984, NZA 1985, 321 (323).

11 Preis, Vertragsgestaltung, S. 416; ders. in: Festschrift Kissel, S. 909; Preis/Lindemann, NZA 2006, 632 (634); KDZ-Zwanziger (2008), § 2 KSchG Rn. 20; Krauß, S. 243; Singer, RdA 2006, 362 (370); so bereits Kania, DB 1998, 2418.

12 Richardt, S. 9

nur die eigentliche Vergütung im Sinne des § 612 Abs. 1 BGB darunter fällt, sondern auch Zulagen, Gratifikationen, Zuschüsse und sonstige Leistungen.

Die vorliegende Arbeit soll einen Beitrag dazu leisten, die gegensätzlichen Positionen von Arbeitgebern und Arbeitnehmern einander anzunähern und Lösungen dafür aufzeigen, eine Ausgewogenheit von Chancen und Risiken herbeizuführen. Dafür bedarf es eines Kompromisses zwischen der Statik des Arbeitsverhältnisses und der Dynamik der wirtschaftlichen Rahmenbedingungen. Der Schwerpunkt der Arbeit liegt – vor dem Hintergrund der Schuldrechtsreform[13] – auf der Kontrolle vorformulierter Vertragsbestimmungen. Keiner eingehenden Darstellung unterliegen die durch die Schuldrechtsreform aufgeworfenen allgemeinen Fragen des AGB-Rechts. Da die damit zusammenhängenden Fragestellungen, z. B. nach der Einbeziehung allgemeiner Arbeitsbedingungen oder der Verbrauchereigenschaft des Arbeitnehmers, bereits eingehend wissenschaftlich aufbereitet wurden, befasst sich diese Arbeit nur insoweit mit der Thematik des AGB-Rechts, als diese mit den spezifischen Fragen der Entgeltflexibilisierung in Verbindung steht.

Anliegen dieser Arbeit ist es, einen Beitrag zur Systematisierung der Flexibilisierungsinstrumente zu erbringen. Ausgegangen wird von der Annahme, dass die verschiedenen Möglichkeiten der Entgeltflexibilisierung nicht isoliert nebeneinander stehen, sondern in ein umfassendes System eingebunden sind. Verbleibende Gestaltungsmöglichkeiten sollen aufgezeigt und die Entwicklung der Rechtsprechung einer kritischen Betrachtung unterzogen werden. Dabei wird versucht, im Hinblick auf die Zulässigkeitskriterien und die korrekte Formulierung der entsprechenden Klauseln eine klare Linie zu entwickeln. Die Darstellung der vorliegenden Untersuchung vollzieht sich dabei wie folgt:

Nach der Darstellung der grundsätzlichen Problematik und des Gegenstands der Untersuchung wird ein Überblick über die Vertragsgestaltung in der gegenwärtigen Praxis gegeben, damit sich der Leser ein Bild von der Relevanz der arbeitsvertraglichen Entgeltflexibilisierung machen kann. Daran knüpft sich ein Abschnitt an, in dem dargestellt wird, welche Interessen der Arbeitsvertragsparteien in Bezug auf die Entgeltflexibilisierung eine Rolle spielen und welche Bedeutung Flexibilisierungsinstrumente für die Arbeitsvertragsparteien haben. Nach einem Überblick über die verschiedenen Gestaltungsinstrumente und die Arbeitgeberleistungen, die flexibilisiert werden können, werden Erstere einer eingehenden Betrachtung unterzogen.

Den Schwerpunkt der Betrachtung der einzelnen Instrumente bildet die Inhalts- und Transparenzkontrolle. Maßgeblich ist an dieser Stelle die Frage, inwieweit das Betriebs- und Wirtschaftsrisiko auf den Arbeitnehmer verlagert

---

13 Gesetz zur Modernisierung des Schuldrechts vom 26.11.2001, BGBl I S. 3138.

werden kann. Als dogmatische Grundlage der Kontrolle, aber auch als Grenze der Risikoverlagerung sind die §§ 305 ff. BGB heranzuziehen. Neben der Inhaltskontrolle ist bei manchen Gestaltungsinstrumenten noch eine Ausübungskontrolle nach § 315 BGB durchzuführen. Steht fest, dass die Flexibilisierungsmaßnahme individualrechtlich zulässig ist, stellt sich abschließend die Frage, ob diese auch unter betriebsverfassungsrechtlichen Grundsätzen wirksam ist.

Im Anschluss an die Untersuchung der einzelnen Instrumente wird zunächst aufgezeigt, welche Folgen eine Kumulation der Flexibilisierungsinstrumente mit sich bringt. Auch wenn die Instrumente im Einzelnen zulässig sind, bedeutet das nicht, dass auch ihr Zusammenwirken unbedenklich ist. Schließlich werden die Parallelen und Unterschiede der Gestaltungsmittel betrachtet, um abschließend zu beurteilen, ob die von der Literatur geforderte Harmonisierung der Gestaltungsmittel umgesetzt werden kann. Dabei steht die Frage im Vordergrund, in welchem Verhältnis die verschiedenen Instrumente zueinander stehen und ob aufgrund der Unterschiede eine Harmonisierung überhaupt interessengerecht erscheint.

C. Die gegenwärtige Praxis der Vertragsgestaltung

Um eine Vorstellung von der in der Praxis gehandhabten Vertragsgestaltung zu bekommen, kann auf eine von Preis in den Jahren 1988 und 1989 durchgeführte Untersuchung, bei der rund 900 Arbeitsverträge ausgewertet wurden, zurückgegriffen werden.[14] Diese liegt zwar schon einige Jahre zurück, kann allerdings aufgrund im Wesentlichen unveränderter Vertragsgestaltung weiterhin herangezogen werden.[15] Zudem ist nicht ersichtlich, dass weitere repräsentative Untersuchungen zu diesem Thema durchgeführt wurden.

Die Untersuchung ergab, dass in rund 70% aller Angestelltenverträge und in rund 60% aller Arbeiterverträge Regelungen über Sonderzahlungen und Zulagen getroffen werden.[16] Rund 70% der Zulagen werden unter den Vorbehalt der Freiwilligkeit, Widerruflichkeit und Anrechenbarkeit gestellt.[17] Anders ist dies in Verträgen mit Führungskräften, in denen Gratifikationen, Gewinnbeteiligungen, Umsatzprovisionen und andere Entgeltleistungen nicht nur häufiger, sondern auch rechtsbeständiger vereinbart, also seltener unter einen Vorbehalt ge-

14 Preis, Der Arbeitsvertrag, I B Rn. 1 ff.; ders., Vertragsgestaltung, S. 51 ff.

15 Preis, Der Arbeitsvertrag, I B Rn. 1.

16 Preis, Vertragsgestaltung, S. 64; ders., Der Arbeitsvertrag, I B Rn. 32.

17 Preis, Vertragsgestaltung, S. 64; ders., Der Arbeitsvertrag, I B Rn. 33.

stellt werden.[18] In Verträgen mit leitenden Angestellten sind praktisch keine Widerrufsklauseln enthalten, wohingegen in Verträgen außertariflich Angestellter in 14,15% der Fälle entsprechende Vorbehalte vorkommen.[19] Diese Differenzierung nach dem Arbeitnehmerstatus lässt sich insbesondere mit der stärkeren Bindung der Führungskräfte an das Unternehmen und dem Ausgleich für weitergehende Loyalitätspflichten begründen.[20]

Auffällig ist die Tendenz, nur noch den Vorbehalt vertraglich zu regeln und die Gratifikation an sich von jeder Regelung auszunehmen.[21] Die Klauseln, die Widerrufsvorbehalte beinhalten, enthalten in der Regel keine Angabe zu den Widerrufsgründen.[22] 95% aller untersuchten Widerrufsklauseln gestalten die Sonderleistungen als „frei widerruflich".[23] Die Ergebnisse der Untersuchung machen die große Bedeutung und Verbreitung von Flexibilisierungsinstrumenten deutlich und zeigen bereits erste Differenzierungskriterien auf.

Unter dem Gesichtspunkt der Akzeptanz in der Bevölkerung ist weiterhin eine Befragung des Forschungsinstituts für Ordnungspolitik in Köln aus dem Jahre 1999 von Interesse, in der es um „die Flexibilisierung der Arbeitszeit und der Lohngestaltung im Urteil der Bevölkerung" geht.[24] Während eine knappe Mehrheit von 50,5% der Befragten einer Flexibilisierung positiv gegenübersteht, sind 46,9% gegen eine Flexibilisierung.[25] Dabei ist auffällig, dass die Bildung Einfluss auf das Antwortverhalten nimmt. Während die Zustimmung bei den Befragten mit Volksschulabschluss ohne Lehre bei 32,7% liegt, sind unter den Hochschulabsolventen 69,9% von einer Flexibilisierung überzeugt. Auch das monatliche Nettoeinkommen spiegelt sich im Antwortverhalten nieder. Mit höherem Einkommen steigt auch die Akzeptanz der Flexibilisierung.

---

18 Preis, Vertragsgestaltung, S. 65.

19 Preis, Der Arbeitsvertrag, I B Rn. 41.

20 Preis, Vertragsgestaltung, S. 87.

21 Beispiel aus einer Musterempfehlung des Handwerks (s. Preis, Vertragsgestaltung, S. 66 Fn. 57): „Soweit dem Arbeitnehmer eine Gratifikation (z. B. Weihnachtsgratifikation) nicht auf vertraglicher Grundlage, sondern ausschließlich oder über die tarifliche Leistung hinaus auf betrieblicher Grundlage gewährt wird, erfolgt dies freiwillig und ohne Rechtsanspruch."

22 Dies dürfte sich aufgrund der eindeutigen Rechtsprechung ändern bzw. bereits geändert haben.

23 Preis, Vertragsgestaltung, S. 66; dabei darf nicht außer Acht gelassen werden, dass das Transparenzgebot zur Zeit der Untersuchung noch nicht gesetzlich normiert war.

24 Forschungsinstitut für Ordnungspolitik: Die Flexibilisierung der Arbeitszeit und der Lohngestaltung im Urteil der Bevölkerung – Erste Ergebnisse einer empirischen Studie zur Zukunft der Erwerbsarbeit, Dezember 1999, abgerufen am 26.03.2010 unter www.fores-koeln.de/fio/ap7.pdf.

25 S. 10 der Studie.

Dem Bedürfnis der Arbeitgeber, die Vergütung an die wirtschaftliche Situation anpassen zu können, um auch in Krisenzeiten wettbewerbsfähig zu bleiben, will eine Mehrheit der Befragten von 53,9% Rechnung tragen.[26] Aus der Studie geht allerdings auch hervor, dass für einen Großteil der Befragten Aspekte wie Planungssicherheit (93,4% Zustimmung) und ausreichender Lohn (92,5% Zustimmung) eine bedeutende Rolle spielen. Insgesamt spiegelt sich der Trend zur Flexibilisierung auch in der Einstellung der Bevölkerung wieder. Dass ein Teil der Befragten dieser modernen Vergütungsform weiterhin kritisch gegenüber steht, ist aufgrund der weniger risikobehafteten statischen Vergütung nachvollziehbar.

---

26 S. 11 der Studie.

§ 2 Grundlagen der Entgeltflexibilisierung

A. Anlass für die Vereinbarung von Flexibilisierungsinstrumenten

Dauerschuldverhältnissen, die unter Umständen jahrzehntelang andauern können, wie das Arbeitsverhältnis, ist ein gewisses Anpassungsbedürfnis immanent. Schließlich ändern sich im Laufe der Zeit die rechtlichen, tatsächlichen und vor allem wirtschaftlichen Rahmenbedingungen. Für den Arbeitnehmer, der seinen Lebensstil in erster Linie an seinem Einkommen ausrichtet, steht hingegen die weitgehende Kalkulierbarkeit seiner Vergütung im Vordergrund. Erforderlich ist es, zwischen den widerstreitenden Interessen der Vertragsparteien einen Ausgleich zu finden: einerseits ist das Interesse des Arbeitgebers an größtmöglicher Flexibilität zu berücksichtigen (flexibility), andererseits das Interesse des Arbeitnehmers, ein ausreichendes und kalkulierbares Einkommen zu erzielen (security). Als Schlüsselwort für die umfassende Lösung der Problematik gilt der Begriff „Flexicurity“.[27]

Aber auch in normativer Hinsicht besteht ein Widerspruch: Die allgemeine Vertragsfreiheit (Art. 2 Abs. 1 GG, § 241 BGB) ermöglicht den Parteien, einen Vertrag mit beliebigem Inhalt abzuschließen, wohingegen – unter anderem – der Grundsatz der Vertragsbindung „pacta sunt servanda“ als auch die Vorschriften der §§ 305 ff. BGB Einschränkungen gebieten können. Aufgabe eines auf die Wirksamkeit des Vertrages bedachten Kautelarjuristen ist es, diesen Normenkonflikt zu lösen. Dass auch der Gesetzgeber ein Flexibilisierungsbedürfnis grundsätzlich anerkennt, zeigt sich im Bereich des Mietrechts.[28] Mit den §§ 558 ff. BGB existiert eine dogmatische Grundlage, die es dem Vermieter ermöglicht, unter bestimmten Voraussetzungen die Zustimmung des Mieters zur angemessenen Erhöhung der Miete zu verlangen. Dies zeigt, dass es sich bei dem Bedürfnis nach Vertragsanpassung nicht um eine Besonderheit des Arbeitsrechts handelt, sondern um ein allgemeines Anliegen im Bereich der Dauerschuldverhältnisse, dem auch im Bereich des Arbeitsrechts Rechnung getragen werden muss. Die Parallele zum Mietrecht drängt sich vor allem auch wegen der durch den Kündigungsschutz verbauten Lösung vom Vertrag auf.

Es gibt allerdings auch Stimmen in der Literatur, die dem Flexibilisierungsbedürfnis kritisch gegenüber stehen. So wird vertreten, dass aus der Schlüsselrolle der Arbeitskosten für Ertragslage und Wettbewerbsfähigkeit des Unter-

---

27 Zu diesem Begriff: Grünbuch – Ein moderneres Arbeitsrecht für die Herausforderungen des 21. Jahrhunderts v. 22.11.2006, S. 3 ff.

28 Vgl. KR-Rost, § 2 KSchG Rn. 48c.

nehmens kein rechtserhebliches Argument mit der Folge der Flexibilisierung von Arbeitsbedingungen folge.[29] Neben den Löhnen entstünden für die Unternehmen weitere Kosten, demzufolge es mit elementaren Grundsätzen des allgemeinen Vertragsrechts nicht vereinbar sei, Arbeitnehmer nach anderen Maßstäben zu behandeln als andere Gläubiger. Dem ist insbesondere deswegen beizupflichten, weil der Arbeitgeber zu den Arbeitnehmern aufgrund seiner Fürsorgepflicht in einem viel engeren Verhältnis steht als zu externen Gläubigern. Der Arbeitnehmer erscheint schutzwürdiger, da er in den Organisationsbetrieb eingebunden ist und sein Lebensunterhalt von der Finanzkraft des Unternehmens abhängt. Andererseits könnte man aber auch anführen, dass der Arbeitnehmer aufgrund seiner Betriebsverbundenheit schon im eigenen Interesse (Erhalt des Arbeitsplatzes) zu höheren Opfern bereit sein müsse. Letztlich ist die Frage, ob das Unternehmen wirtschaftliche Schwierigkeiten nur auf seine Belegschaft oder auch auf andere Gläubiger abwälzen darf, so nicht zu stellen. Es geht um selbstständige Verträge, die unabhängig voneinander zu beurteilen sind.

Auch wenn dies auf den ersten Blick aufgrund der oftmals einseitigen Vertragsgestaltung nicht den Anschein erwecken mag, tragen Instrumente der Arbeitsentgeltflexibilisierung nicht einseitig dem Interesse des Arbeitgebers Rechnung. Die Möglichkeit, das Entgelt in gewissem Umfang an die jeweilige wirtschaftliche Lage anzupassen, mag zwar primär dem Bedürfnis des Arbeitgebers entsprechen, kann allerdings auch für den Arbeitnehmer nicht zu unterschätzende Vorteile bieten. In wirtschaftlich schwächeren Zeiten kann der Arbeitgeber mit den Instrumenten der Entgeltflexibilisierung flexibel auf geänderte Rahmenbedingungen reagieren und muss – bzw. darf aus Verhältnismäßigkeitsgründen – nicht gleich auf das einschneidendere Mittel der Änderungs- oder Beendigungskündigung zurückgreifen.[30] In diesem Fall muss der Arbeitnehmer zwar eine gewisse Einbuße hinnehmen, behält allerdings seinen Arbeitsplatz und die Chance, dass der Arbeitgeber wieder zu den ursprünglichen Bedingungen zurückkehrt. Ein gewisses Entgegenkommen seitens des Arbeitgebers ist nicht zuletzt deswegen zu erwarten, weil eine Fluktuation für das Unternehmen erhebliche Kosten verursachen und sich eine Rückkehr zu den alten Arbeitsbedingungen als günstiger erweisen kann. Das Bedürfnis nach interner Flexibilität zeigt sich auch in der Praxis. So existieren Tarifverträge, die zur Vermeidung betriebsbedingter Kündigungen interne Flexibilität durch Absenkung der Arbeits-

29 KDZ-Zwanziger (2008), § 2 KSchG Rn. 21a.

30 Preis-Lindemann/Urmersbach, Arbeitsformen, S. 28; KR-Rost, § 2 KSchG Rn. 106a; Bauer/Chwalisz, ZfA 2007, 339 (358); Hromadka, RdA 1992, 234 (257).

zeit bzw. flexible Arbeitszeitkonten vorsehen.[31] Damit wird deutlich, dass Flexibilisierungsklauseln unabdingbare Voraussetzung dafür sind, dass der Arbeitgeber auf wirtschaftliche Veränderungen reagieren und seinen Betrieb aufrechterhalten kann, ohne in eine Notlage zu geraten. Diese Überlegungen führen zu dem Resultat, dass Arbeitsverhältnisse sicherer sind, sofern sie auch flexibel sind.

Eine größere interne Flexibilität verringert auch das Risiko einer Ausweitung atypischer Arbeitsverhältnisse (Arbeitnehmerüberlassung, befristete Arbeitsverhältnisse etc.).[32] Letztere bieten nur in geringerem Maße die Gewähr für die Einhaltung arbeits- und sozialrechtlicher Schutzstandards. Das „normale“ Arbeitsverhältnis hingegen weist eine höhere Ertragskraft für beide Parteien auf und bewirkt eine stärkere Identifikation mit den Zielen des Unternehmens. Damit überrascht es nicht, dass für Letztere gesamtwirtschaftlich eine Präferenz besteht.[33]

Nicht unbedeutend ist auch die Erhöhung der Bereitschaft des Arbeitgebers, überhaupt zusätzliche Leistungen zu gewähren, sofern für ihn leicht handhabbare Anpassungsmechanismen bestehen.[34] Der Arbeitgeber wird einer Gewährung entsprechender Vergütungsbestandteile offener gegenüber stehen, als wenn er hinsichtlich des Entgelts dauerhaft gebunden ist.

Eine flexible Vergütungsgestaltung bringt zudem für beide Arbeitsvertragsparteien den Vorteil, dass die Motivation des Arbeitnehmers steigt, wenn für ihn aufgrund des eigenen Einflusses die realistische Chance auf ein höheres Einkommen besteht.[35] Der Arbeitnehmer kann sich eher mit dem Unternehmen identifizieren und hat ein eigenes Interesse an dessen Erfolg, sofern sich Letzterer in seinem Gehalt niederschlägt. Das hat für den Arbeitgeber eine höhere Produktivität zur Folge.

Die vorangestellten Überlegungen zeigen, dass eine flexible Entgeltgestaltung den Interessen beider Arbeitsvertragsparteien Rechnung trägt. Allerdings wirft dies die Frage auf, ob dem Bedürfnis nach Anpassung des Arbeitsvertrags nicht auch auf anderem Wege entsprochen werden kann.

Der Vorteil bereits im Arbeitsvertrag vereinbarter Flexibilisierungsklauseln liegt gegenüber den Instrumenten der nachträglichen Flexibilisierung – Ände-

---

31 So etwa der Tarifvertrag zur Beschäftigungssicherung in der Metallindustrie Baden-Württemberg vom 24.2.2005.

32 Vgl. dazu die Thesen zum Gutachten von Prof. Dr. Christian Rolfs, Köln, 68. Deutscher Juristentag Berlin 2010, S. 22.

33 S. Thesen zum Gutachten von Prof. Dr. Christian Rolfs, Köln, 68. Deutscher Juristentag Berlin 2010, S. 22.

34 MünchHdbArbR-Krause, § 56 Rn. 1.

35 Preis-Lindemann/Urmersbach, Arbeitsformen, S. 17.

rungsvertrag und Änderungskündigung – zum einen darin, dass sich der Arbeitnehmer bereits auf eine mögliche Änderung seiner Vergütung einstellen und dementsprechend disponieren kann, zum anderen ist der Arbeitgeber nicht auf eine Mitwirkung des Arbeitnehmers bzw. das Vorliegen der strengen Voraussetzungen einer Kündigung[36] angewiesen. Die Änderungskündigung setzt nicht nur das Vorliegen eines Kündigungsgrundes, sondern auch die Einhaltung einer Kündigungsfrist voraus, was mit dem Anliegen der Flexibilisierung nur schwer vereinbar ist. Auch ist eine Änderungskündigung nach überwiegender Auffassung aus Gründen der Verhältnismäßigkeit bei einem vorbehaltenen Widerrufsrecht unwirksam.[37] Darüber hinaus läuft der Arbeitgeber bei Ausspruch einer Änderungskündigung nicht nur Gefahr, dass diese das Verhältnis zum Arbeitnehmer belastet, sondern auch, den Arbeitnehmer an die Konkurrenz zu verlieren. Da die Instrumente der nachträglichen Flexibilisierung kein großes Flexibilisierungspotential aufweisen und nicht von vornherein absehbare Fehlentwicklungen ausschließen können, sollen diese im Folgenden vernachlässigt werden. Auch in der Vertragspraxis zeigt sich das Bedürfnis nach vorsorgender Flexibilisierung durch entsprechende Vertragsklauseln.[38]

B. Die für eine Flexibilisierung in Betracht kommenden Gestaltungsinstrumente

Im Folgenden soll ein Überblick über die verschiedenen Flexibilisierungsinstrumente gegeben werden, die dann in den nachfolgenden Abschnitten einer eingehenden Untersuchung unterzogen werden.

I. Der Widerrufsvorbehalt

Eine Möglichkeit, das Entgelt flexibel zu gestalten, bietet der Widerrufsvorbehalt. Wird ein Entgeltbestandteil unter einen Widerrufsvorbehalt gestellt, besteht für den Arbeitnehmer zwar zunächst ein unbefristeter Anspruch auf das

36 Vgl. Thüsing/Mengel, 2.2; Seitz/Reiche, BB 2009, 1862 (1865).

37 Preis-Lindemann/Urmersbach, Arbeitsformen, S. 28; KR-Rost, § 2 KSchG Rn. 106a; Bauer/Chwalisz, ZfA 2007, 339 (358); Hromadka, RdA 1992, 234 (257); AnwK-ArbR-Nübold, § 2 KSchG Rn. 61; APS-Künzl, § 2 KSchG Rn. 116; ähnlich MünchHdbArbR-Berkowsky, § 121 Rn. 4.

38 Vgl. die von Preis durchgeführte Untersuchung: Preis, Der Arbeitsvertrag, I B Rn. 1 ff.; ders., Vertragsgestaltung, S. 51 ff.

Entgelt. Der Arbeitgeber behält sich aber die Möglichkeit vor, das Widerrufsrecht auszuüben und damit die Weitergewährung der Leistung zu beenden.[39]

II. Der Freiwilligkeitsvorbehalt

Mittels eines Freiwilligkeitsvorbehalts kann von vornherein das Entstehen eines Anspruchs verhindert werden.[40] Die arbeitsvertragliche Klausel beinhaltet den Ausschluss jeden Rechtsanspruchs, so dass auch bei einer wiederholten Leistung kein Anspruch nach den Grundsätzen der betrieblichen Übung entsteht. Der Arbeitgeber kann sich dann durch schlichte Nichtgewährung der Leistung von dieser lösen.

III. Der Anrechnungsvorbehalt

Der Anrechnungsvorbehalt führt im Bereich der tariflich vergüteten Mitarbeiter dazu, dass eine vereinbarte übertarifliche Vergütung im Falle einer Tariflohnerhöhung auf diese ganz oder zum Teil angerechnet werden kann.[41]

IV. Der Teilkündigungsvorbehalt

Mittels eines Teilkündigungsvorbehalts soll dem Arbeitgeber die Möglichkeit eingeräumt werden, einzelne Vertragsbestandteile zu kündigen, ohne dass der Fortbestand des Arbeitsverhältnisses angetastet wird.[42]

V. Die Befristungsabrede

Weiterhin greifen Arbeitgeber auf das Gestaltungsinstrument der Befristung von Entgeltbestandteilen zurück, um an die Verpflichtung zur Zahlung des entsprechenden Entgeltbestandteils nicht dauerhaft, sondern nur für den vereinbarten Zeitraum gebunden zu sein.[43] Der Zeitraum, für den der Anspruch bestehen soll, ist also von vornherein verbindlich festgelegt.[44]

---

39 Preis, Der Arbeitsvertrag, II V 70 Rn. 3.

40 Seitz/Reiche, BB 2009, 1862 (1866).

41 Schrader/Müller, RdA 2007, 145 (146).

42 APS-Künzl, § 2 KSchG Rn. 80.

43 Lakies, Vertragsgestaltung und AGB im Arbeitsrecht, Kapitel 5 Rn. 224.

44 Preis, Der Arbeitsvertrag, II V 70 Rn. 6.

VI. Das Direktionsrecht

Das Direktionsrecht bezieht sich – was sich auch aus dem eindeutigen Wortlaut des § 106 GewO ergibt – lediglich auf Weisungen hinsichtlich der Arbeitsleistung. Da es der Konkretisierung der im Arbeitsvertrag nur rahmenmäßig umschriebenen Pflichten dient, ist eine Weisung im Hinblick auf die Vergütungspflicht ausgeschlossen.[45] Eine Konkretisierung ist nicht möglich, da sich die Höhe des Entgelts entweder aus dem Arbeitsvertrag oder aus der Regelung des § 612 Abs. 2 BGB ergibt. Dies gilt auch, wenn die Weisung auf eine Veränderung der Ziele im Rahmen einer Zielvereinbarung abzielt und sich daher nur mittelbar auf die Vergütung auswirkt.[46]

Für den Arbeitgeber besteht jedoch auch grundsätzlich die Möglichkeit, mit dem Arbeitnehmer ein erweitertes Weisungsrecht zu vereinbaren. Unter einer Direktionsrechtserweiterung versteht man das vertraglich vereinbarte Recht einer Partei, eine einseitige Leistungsbestimmung über den Umfang des allgemeinen Direktionsrechts hinaus zu treffen.[47] So wird vertreten, dass das vertraglich eingeräumte erweiterte Direktionsrecht im Gegensatz zum allgemeinen Direktionsrecht auch zu einseitigen Bestimmungen hinsichtlich des Arbeitsentgelts berechtige.[48] Diese Aussage klingt insofern missverständlich, als aus ihr geschlossen werden könnte, dass die Direktionsrechtserweiterung ein eigenständiges Flexibilisierungsinstrument neben den zuvor Genannten darstellt. Dies ist jedoch nicht der Fall, denn das erweiterte Direktionsrecht lässt sich in zwei Gruppen aufteilen: in ursprüngliche Leistungsbestimmungsrechte und in Änderungsvorbehalte.[49] Während Erstere eine Konkretisierung ermöglichen, sofern zuvor eine offene Regelung vereinbart wurde, geht es bei Letzteren darum, eine konkrete Regelung unter bestimmten Voraussetzungen wieder zu ändern. Der Begriff Direktionsrechtserweiterung umfasst mithin den Änderungsvorbehalt und stellt kein eigenständiges Instrument dar.[50] Bedeutung kommt dem Instrument der Direktionsrechtserweiterung in der vorliegenden Arbeit mithin nicht zu.

45 Vgl. Hromadka, RdA 1992, 234 (236); vgl. auch BAG v. 12.12.1984, NZA 1985, 321.

46 Deich, § 9 A. I. 3. b. bb (1.) (b.).

47 Preis, Der Arbeitsvertrag, II D 30 Rn. 3.

48 Lindemann, S. 31.

49 Hromadka, RdA 1992, 234 (238); im Ergebnis auch Leuchten, NZA 1994, 721 (722).

50 Vgl. auch KR-Rost, § 2 KSchG Rn. 47; Preis-Lindemann/Urmersbach, S. 25; Wank, RdA 2010, 193 (205).

VII. Die Bezugnahme- und Verweisungsklauseln

Auch wenn Bezugnahme- bzw. Verweisungsklauseln oftmals als Flexibilisierungsinstrumente dargestellt werden[51], kann dem nicht uneingeschränkt zugestimmt werden. Durch Bezugnahmeklauseln sollen Kollektivregelungen, die Flexibilisierungsklauseln enthalten, zum Inhalt des Arbeitsvertrags gemacht werden, sofern diese nicht bereits unmittelbar und zwingend gelten. Einzig und allein die Flexibilisierungsklauseln im Kollektivvertrag ermöglichen eine Flexibilisierung, nicht hingegen die Verweisungsklauseln selbst. Aufgrund der Kontrollfreiheit von Tarifvertrag und Betriebsvereinbarungen (vgl. § 310 Abs. 4 S. 1 BGB) unterliegen Bezugnahmeklauseln eigenen Regeln. Da sich die vorliegende Arbeit ausschließlich mit Instrumenten der arbeitsvertraglichen und nicht der kollektivrechtlichen Entgeltflexibilisierung befasst, wird daher nicht weiter auf diese Thematik eingegangen.

VIII. Die Grundsätze über den Wegfall der Geschäftsgrundlage

Schließlich sollen auch die Grundsätze über den Wegfall der Geschäftsgrundlage (§ 313 BGB) nicht unerwähnt bleiben. Auch diese bieten die Möglichkeit, die Änderung von Arbeitsbedingungen herbeizuführen. Da der Arbeitgeber jedoch primär auf die Änderungskündigung verwiesen wird[52], ist deren Bedeutung gering. Lediglich dort, wo eine Kündigung nicht möglich ist, kann eine Anpassung über den Wegfall der Geschäftsgrundlage in Betracht gezogen werden.[53] Das BAG führt hierzu aus, dass die Notwendigkeit der Anpassung zwar Anlass für eine Änderungskündigung sein könne, diese aber nicht ersetze.[54] Im Übrigen kann durch dieses Instrument keine vorzeitige arbeitsvertragliche Absicherung vorgenommen werden.

---

51 Z. B. Lindemann, S. 33; Moll, S. 168.

52 BAG v. 8.10.2009, NZA 2010, 465; v. 16.5.2002, NZA 2003, 147 (149); v. 29.1.1981, AP § 15 KSchG 1969 Nr. 10; KR-Rost, § 2 KSchG Rn. 54k.

53 Preis, Lehrbuch, § 39 I; Zöllner/Loritz/Hergenröder, § 7 III.

54 BAG v. 29.1.1981, AP § 15 KSchG 1969 Nr. 10.

C. Die für eine Flexibilisierung in Betracht kommenden Vergütungsbestandteile

Im Rahmen des Arbeitsverhältnisses besteht die Hauptpflicht des Arbeitgebers in der Zahlung der Vergütung gem. § 611 Abs. 1 BGB. Das Arbeitsentgelt bemisst sich im Regelfall nach Arbeitszeitabschnitten (Stunden, Wochen, Monaten), ohne dass das Arbeitsergebnis oder die Leistungen des Arbeitnehmers berücksichtigt werden (Zeitlohn).[55] Darüber hinaus gewährt der Arbeitgeber häufig weitere Leistungen, wie z. B. Weihnachts- oder Urlaubsgeld, Aktienoptionen oder Personalrabatte. Sofern diese nicht vertraglich vereinbart sind, sich aus einem Tarifvertrag oder einer Betriebsvereinbarungen ergeben, steht dem Arbeitnehmer kein Anspruch darauf zu. Allenfalls nach den Grundsätzen der betrieblichen Übung, also in der Regel nach dreimaliger vorbehaltloser Gewährung an die gesamte Belegschaft, oder nach dem Gleichbehandlungsgrundsatz kann sich ein solcher ergeben.[56]

Mittlerweile finden sich aber auch in immer mehr Arbeitverträgen Vereinbarungen über eine variable Vergütung.[57] Darunter versteht man eine Vergütung, die ganz oder zum Teil von bestimmten Faktoren abhängt, wie z. B. dem Unternehmensgewinn und/oder der Erbringung bestimmter Leistungen durch den Arbeitnehmer. Die bisher üblichen statischen Vergütungssysteme, also insbesondere der Zeitlohn, gelten aus betriebswirtschaftlicher Sicht als überholt.[58] Mit dem variablen Vergütungssystem strebt der Arbeitgeber eine Steigerung der Produktivität an, indem er durch die Anknüpfung der Vergütung an erfolgs- bzw. leistungsbezogene Faktoren für den Arbeitnehmer einen besonderen Leistungsanreiz setzt. In Zeiten der Hochkonjunktur soll der Arbeitnehmer am Erfolg des Unternehmens partizipieren, während er andererseits auch bei schlechter Konjunkturlage zu beteiligen ist. Insbesondere Zielvereinbarungen, durch die die Vergütung bzw. ein Teil der Vergütung an das Erreichen zuvor festgelegter Zie-

55 Lischka, S. 24.

56 Hromadka/Maschmann, § 7 Rn. 47 ff.

57 Laut der Kienbaum-Vergütungsstudie 2001 für Führungs- und Fachkräfte im Außendienst in Deutschland vom 19.7.2001 werden 73% der Außendienstmitarbeiter erfolgsabhängig bezahlt, s. Personalseite: Pressemitteilung 27/2001 zur Kienbaum-Vergütungsstudie vom 19.07.2001 „Führungs- und Fachkräfte im Außendienst – Manager-Gehälter: Bildung macht sich auch im Außendienst bezahlt", abgerufen am 01.03.2011 unter www.personalseite.de/kienbaum/presse27.01.htm. Eine iwd-Untersuchung von 1992 bis 1996 für Deutschland hat ermittelt, dass im Bankgewerbe ein Anstieg der leistungsbezogenen Extras um fast 60% zu verzeichnen ist, Bericht in: Personalführung 6/1999, 10.

58 Moll, S. 28.

le geknüpft wird, gelten als Instrument moderner Personalführung.[59] Daneben sind aber auch andere leistungs- und erfolgsbezogene Vergütungsbestandteile denkbar, wie z. B. Provisionen[60], Akkordlohn[61] oder Aktienoptionen[62].

Grundsätzlich sind alle Leistungen, die der Arbeitgeber gegenüber seinen Arbeitnehmern erbringt, einer Flexibilisierung zugänglich. Eine andere Frage ist allerdings, in Bezug auf welche Vergütungsbestandteile welche Gestaltungsmittel zulässig sind und welchen Grenzen diese unterliegen. Da es unzählige Möglichkeiten gibt, den Arbeitnehmer zu vergüten, soll auf eine eingehende Darstellung der einzelnen Leistungen verzichtet werden. Es erscheint sinnvoll, sich an dieser Stelle auf allgemeine Grundsätze und Rechtsfragen zu beschränken.

Die Leistungen des Arbeitgebers lassen sich in solche, die im unmittelbaren Gegenseitigkeitsverhältnis zur Arbeitsleistung stehen und in solche, die nicht ausschließlich die Arbeitsleistung abgelten sollen, aufteilen. Erstere werden auch als „Vergütung im engeren Sinne“ bezeichnet, während Letztere die „Vergütung im weiteren Sinne“ darstellen. Nicht nur der „Grundlohn“ gehört zur synallagmatischen Vergütung, sondern auch etwa übertarifliche oder leistungsbezogene Zulagen, die Privatnutzung eines Dienstwagens[63], Bonusleistungen, Prämien und Provisionen.[64] Zu den nicht synallagmatischen Leistungen zählen solche, die über die periodische Abgeltung der Arbeitsleistung hinausgehen und mit denen der Arbeitgeber – ggf. neben der Vergütung der Arbeitsleistung – weitere Zwecke, wie etwa die Belohnung bisheriger oder der künftigen Betriebstreue verfolgt. Denkbar sind unter anderem die Gewährung von Jubiläumszuwendungen oder Leistungen zur Milderung privater Ausgaben im Zusammenhang mit dem Arbeitsverhältnis, wie z. B. eine Umzugskostenerstattung.[65] Im Einzelfall kann es schwierig sein, den Zweck der Leistung zu ermitteln. Von der Einordnung kann jedoch die Zulässigkeit etwaiger Flexibilisierungsinstrumente abhängen.

---

59 Vgl. dazu Preis-Deich, Arbeitsformen, S. 581 ff.; Bauer/Diller/Göpfert, BB 2002, 882; Lindemann/Simon, BB 2002, 1807; Riesenhuber/Steinau-Steinrück von, NZA 2005, 785; Hümmerich, NJW 2006, 2294; Reiserer, NJW 2008, 609; Annuß, NZA 2007, 290; Mauer, NZA 2002, 540; Berwanger, BB 2003, 1499.

60 Vgl. dazu Preis-Deich, Arbeitsformen, S. 463 ff.

61 Vgl. dazu ErfK-Preis, § 611 BGB Rn. 391 ff.; Weis, S. 48 ff.; MünchHdbArbR-Krause, § 57 Rn. 18 ff.

62 Vgl. dazu AnwK-ArbR-Brors, § 611 BGB Rn. 727 ff.; Preis-Deich, Arbeitsformen, S. 365 ff.; Röder/ Göpfert, BB 2001, 2002 (2002 ff.)

63 BAG v. 19.12.2006, NZA 2007, 809.

64 Vgl. Preis, Der Arbeitsvertrag, II V 70 Rn. 62.

65 Lindemann, S. 336 f.

Die Rechtsqualität der Arbeitgeberleistung ist durch Auslegung zu ermitteln. Primär ist nicht die von den Parteien gewählte Bezeichnung, die lediglich Indizcharakter haben kann[66], maßgeblich, sondern es ist auf die Anspruchsvoraussetzungen abzustellen.[67] Im Zusammenhang mit Sonderzahlungen nimmt die Rechtsprechung eine Dreiteilung vor und trifft eine Unterscheidung zwischen Jahressonderzahlungen mit reinem Entgeltcharakter, zur Belohnung vergangener oder künftiger Betriebstreue sowie mit „Mischcharakter".[68] So kann davon ausgegangen werden, dass eine Sonderzahlung ausschließlich als Gegenleistung für die Arbeitsleistung geschuldet wird, wenn diese im Kontext zur Vergütungsregelung vertraglich festgelegt ist, weder eine Wartezeit noch der Bestand des Arbeitsverhältnisses zum Auszahlungszeitpunkt vorausgesetzt wird und auch keine Rückzahlungsklausel vereinbart wurde.[69] Auch eine anteilige Minderung der Sondervergütung bei einem Ruhen des Arbeitsverhältnisses und bei Ein- und Austritt im Bezugsjahr spricht für eine leistungsbezogene Sonderzahlung.[70] Dies ist deswegen anzunehmen, da einzige Voraussetzung die Arbeitsleistung als solche ist und nicht etwa auch die Bindung an den Betrieb.

Sonderzahlungen hingegen, mit denen nicht die Arbeitsleistung des Arbeitnehmers vergütet, sondern seine vergangene Betriebstreue belohnt werden soll, werden häufig davon abhängig gemacht, dass der Arbeitnehmer an einem bestimmten Stichtag noch im Arbeitsverhältnis steht.[71] Wird hingegen der rechtliche Fortbestand des Arbeitsverhältnisses über einen Stichtag hinaus bis zum Ende eines bestimmten Bindungszeitraums vorausgesetzt, lässt dies auf die Belohnung künftiger Betriebstreue schließen.[72] Da Sonderleistungen für Betriebstreue nicht die Leistung des Arbeitnehmers entlohnen sollen, sind sie nicht in das arbeitsvertragliche Synallagma eingebunden, also Arbeitsentgelt im weiteren Sinne.[73]

Will der Arbeitgeber sowohl die Arbeitsleistung entlohnen als auch die Betriebstreue honorieren, handelt es sich um Sondervergütungen mit „Mischcha-

---

66 BAG v. 1.4.2009, NZA 2009, 1409 (1410); BAG v. 13.6.1991, EzA § 611 BGB Gratifikation, Prämie Nr. 86.

67 ErfK-Preis, § 611 BGB Rn. 528; BAG v. 1.4.2009, NZA 2009, 1409 (1410).

68 Statt aller BAG 25.4.1991, NZA 1991, 763 (764).

69 Vgl. BAG 21.5.2003, NZA 2003, 1032 (1033).

70 Preis-Deich, Arbeitsformen, S. 515; vgl. auch BAG v. 24.10.1990, NZA 1991, 318 (319).

71 BAG v. 24.10.2007, NZA 2008, 40; vgl. auch Lindemann, Anm. zu BAG v. 24.10.2007, AP § 307 BGB Nr. 32.

72 BAG 23.5.2007, NJOZ 2007, 3901 (3905).

73 Preis-Deich, Arbeitsformen, S. 513.

rakter".[74] Auch diese Zahlungen zählen zum Arbeitsentgelt im weiteren Sinne, da sie nicht ausschließlich als Gegenleistung für die Arbeitsleistung gewährt werden.[75]

Teilweise wird vertreten, dass in Zweifelsfällen in Anlehnung an die §§ 326, 611, 614 BGB davon auszugehen sei, dass das Entgelt ausschließlich an die Arbeitsleistung anknüpfe.[76]

Die von der Rechtsprechung vorgenommene Dreiteilung wird von Teilen der Literatur mit dem Argument abgelehnt, dass eine Sonderzahlung, die für die Arbeitsleistung gezahlt werde, nicht auch gleichzeitig für Betriebstreue gewährt werden könne, da ansonsten der Wert der Arbeitsleistung zusätzlich von einer Voraussetzung abhänge, die mit der Arbeitsleistung an sich nichts zu tun habe.[77] Demnach sei nur zwischen arbeitsleistungsbezogenen Jahresleistungen und Jahresleistungen für Betriebstreue zu unterscheiden. Bei Unklarheiten seien die Sonderleistungen entweder aufzuschlüsseln oder es sei der überwiegende Zweck zu ermitteln. Dem ist jedoch entgegenzuhalten, dass es den Parteien aufgrund der Vertragsfreiheit freisteht, den Anspruch auf die Vergütung sowohl von der Arbeitsleistung als auch von weiteren Voraussetzungen wie der Betriebstreue abhängig zu machen und damit den Wert der Arbeitsleistung frei festzulegen. Eine Abgrenzung nach dem überwiegenden Zweck oder gar eine Aufschlüsselung der Sonderleistungen ist in der Praxis nicht handhabbar.

Fraglich ist, ob der Arbeitgeber den Zweck der Leistung einseitig festlegen kann. Dies wird von Teilen der Literatur abgelehnt, denn sonst könne der Arbeitgeber die Zulässigkeit damit zusammenhängender Regelungen beeinflussen.[78] Dem könnte allerdings entgegengehalten werden, dass eine solche Beeinflussung auch dadurch stattfinden kann, dass der Arbeitgeber Stichtags-, Wartezeit- und Rückzahlungsklauseln aufnimmt oder eben nicht, denn diese liefern Indizien für die rechtliche Einordnung. Dieses Argument muss allerdings entkräftet werden, denn es muss davon abgesehen werden, von den Anspruchsvoraussetzungen auf den Rechtscharakter zu schließen. Die Gegenauffassung führt nämlich zu einem Zirkelschluss. Denn wenn die Frage, ob etwaige Vorbehalte, Stichtags- und Rückzahlungsklauseln zulässig sind, von der Rechtsqualität der Sonderzahlung abhängt, können derartige Vorbehalte bzw. Klauseln nicht gleichzeitig den Rechtscharakter festlegen.[79] Entscheidend ist, dass die Vertrags-

74 Preis-Deich, Arbeitsformen, S. 513.

75 Preis-Deich, Arbeitsformen, S. 514.

76 Gaul, BB 1994, 494 (499); Preis-Deich, Arbeitsformen, S. 517; vgl. auch Schwarz, NZA 1996, 571 (573); LAG Düsseldorf v. 27.6.1996, NZA-RR 1996, 441 (441 f.).

77 Wackerbarth, S. 136 ff.; ablehnend auch Lindemann, S. 318.

78 Lakies in: AR-Blattei, Rn. 433.

79 So auch Freihube, DB 2008, 124 (125); a. A. Schwarz, NZA 1996, 571 (173).

freiheit den Parteien ermöglicht, im Rahmen der Gesetze selbst zu bestimmen, welche Leistung für welche Gegenleistung geschuldet wird, so dass auch festgelegt werden können muss, dass die Vergütung für die Arbeitsleistung, Betriebstreue oder beides gewährt wird.

Auch das BAG geht davon aus, dass der Arbeitgeber den Zweck freiwilliger Leistungen, unter Beachtung der allgemeinen Rechtsgrundsätze und des Gleichbehandlungsgebotes, einseitig bestimmen kann.[80]

Inwiefern der Rechtscharakter der Leistung Bedeutung für die Vereinbarung von Flexibilisierungsklauseln hat, soll an dieser Stelle dahinstehen und im Rahmen der einzelnen Instrumente erörtert werden.

D. Zwischenergebnis

Nicht nur der zunehmende Trend in der Vertragspraxis, Vergütungssysteme möglichst flexibel auszugestalten, sondern auch die Bedürfnisse von Arbeitgeber und Arbeitnehmer sprechen dafür, dass arbeitsvertragliche Klauseln, die eine Flexibilisierung des Arbeitsentgelts ermöglichen, grundsätzlich zulässig sein müssen. Für die Gestaltung bieten sich vielfältige Möglichkeiten an. Den in Betracht kommenden Flexibilisierungsinstrumenten ist gemeinsam, dass sie eine vorsorgende Vertragsgestaltung voraussetzen. Der Arbeitgeber muss sich also bereits vor Abschluss des Arbeitsvertrags bzw. vor Einführung des in Rede stehenden Vergütungsbestandteils Gedanken über etwaige Gestaltungsmittel machen. Dies verlangt von ihm ein frühzeitiges und gewissenhaftes Handeln, bietet ihm im Gegenzug allerdings auch weitgehende Flexibilität.

80 BAG v. 29.6.1954, AP § 611 BGB Gratifikation Nr. 1; v. 21.2.1974, AP § 611 BGB Gratifikation Nr. 81; v. 25.1.1984, NZA 1984, 323.

§ 3 Zulässigkeit und Grenzen der einzelnen Gestaltungsinstrumente

A. Der Widerrufsvorbehalt

Der Widerrufsvorbehalt, also die vertragliche Vereinbarung, die Gewährung einer zunächst unbefristet versprochenen Leistung durch Ausübung des Widerrufsrechts beenden zu können, wird grundsätzlich als zulässig erachtet.[81] Der Vertragsgestalter muss allerdings zahlreiche Zulässigkeitskriterien beachten. Der Widerruf selbst ist eine einseitige Maßnahme des Arbeitgebers, der seine Wirkung nur für die Zukunft entfalten kann.[82]

I. Die Vereinbarung

Aus der zusätzlichen Leistung als solcher lässt sich kein Widerrufsvorbehalt entnehmen.[83] Vielmehr kann ein Widerrufsvorbehalt nur durch ausdrückliche Vereinbarung entstehen.[84] Ohne entsprechenden Vorbehalt könne allenfalls eine Änderungskündigung erfolgen.[85] Unabhängig von der gewählten Bezeichnung handelt es sich um einen Widerrufsvorbehalt, wenn dem Arbeitgeber das Recht zur einseitigen Abänderung der Arbeitsbedingungen eingeräumt wird.[86]

---

81 BAG v. 14.9.2011, NZA 2012, 81; v. 20.3.1985, DB 1985, 1482 (1482); v. 15.11.1995, NZA 1996, 603 (605); v. 12.1.2005, NZA 2005, 465; so ausdrücklich BAG v. 7.1.1971, AP § 315 BGB Nr. 12; KR-Rost (1989), § 2 KSchG Rn. 48.

82 BAG v. 27.4.1982, DB 1982, 2406 (2407); differenzierend Bauer/Chwalisz, ZfA 2007, 339 (343); auf diese Problematik ist das BAG im Urteil vom 9.6.1965 – 1 AZR 388/64 nicht eingegangen und hat keine Bedenken im Hinblick auf die Rückwirkung des Widerrufs geäußert. Krit. dazu Rüthers, SAE 1966, 18 (19 f.).

83 BAG v. 16.5.2002, NZA 2003, 147 (149); v. 16.7.1976, AP BGB § 611 Lohnzuschläge Nr. 7; v. 14.6.1995, AP § 611 BGB Personalrabatt Nr. 1; Preis, Der Arbeitsvertrag, II V 70 Rn. 29; a. A. Hromadka, NZA 2011, 65 (69) sofern der Anspruch aus einer betrieblichen Übung resultiert.

84 ErfK-Preis, §§ 305-310 BGB Rn. 57; differenzierend Zöllner/Loritz/Hergenröder, § 7 I. 3.; a. A. Wank in: Hromadka, Änderung von Arbeitsbedingungen, S. 45; Hromadka, DB 1995, 1609 (1610); APS-Künzl, § 2 KSchG Rn. 107; vgl. auch BAG v. 3.11.1987, EzA § 77 BetrVG 1972 Nr. 20.

85 Kort, SAE 2005, 307 (312).

86 AnwK-ArbR-Nübold, § 2 KSchG Rn. 116; vgl. auch BAG v. 7.10.1982, EzA § 315 BGB Nr. 28.

II. Der Kontrollmaßstab für die Überprüfung von Widerrufsvorbehalten

Ausgangslage ist, dass der Kontrollmaßstab für die Überprüfung von vorformulierten Vertragsbedingungen – seit dem Schuldrechtsmodernisierungsgesetz – ein grundsätzlich anderer ist als derjenige für die Überprüfung von Individualabreden. Die §§ 305 ff. BGB finden nämlich nur Anwendung, wenn es sich um Vertragsbedingungen handelt, die von einer Vertragspartei vorformuliert und nicht zwischen den Parteien ausgehandelt wurden.

Aus der von Preis durchgeführten Untersuchung[87] geht hervor, dass der vorformulierte Arbeitsvertrag im Vordergrund steht und einer Schätzung zufolge über 90% aller Arbeitsverhältnisse ausmacht.[88] Dabei wird nicht nach dem Arbeitnehmerstatus differenziert, sondern der Trend zur vorformulierten einheitlichen Vertragsgestaltung erfasst auch den Bereich der Führungskräfte.[89] Nicht nur in Großunternehmen, sondern auch in kleinen und mittelständigen Unternehmen wird aus Gründen der Gleichbehandlung und der Rationalisierung der Personalarbeit auf diese Form des Vertrages zurückgegriffen.[90] Individuell ausgehandelte Vertragsklauseln sind die Ausnahme. Allenfalls im Bereich einmaliger Sonderzahlungen bestehen Spielräume zur individuellen Gestaltung, insbesondere um qualifizierte und dringend benötigte Mitarbeiter zu gewinnen.[91] Aus diesem Grunde sollen individuelle Vereinbarungen in der vorliegenden Arbeit nur am Rande behandelt werden, während der Schwerpunkt auf der Kontrolle vorformulierter Vertragsbedingungen liegt.

1. Der Kontrollmaßstab für die Überprüfung vorformulierter Widerrufsvorbehalte

a) Die Rechtsprechung des Bundesarbeitsgerichts

Auch wenn das BAG nunmehr eine Kontrolle von vorformulierten Widerrufsvorbehalten anhand der §§ 305 ff. BGB vornimmt[92], soll die Rechtsprechung des

---

87 Preis, Der Arbeitsvertrag, I B Rn. 1 ff.; ders., Vertragsgestaltung, S. 51 ff.

88 Preis, Der Arbeitsvertrag, I B Rn. 7; Coester, Jura 2005, 251 geht von rund 95% aus.

89 Preis, Der Arbeitsvertrag, I B Rn. 5; Münzel, NZA 2011, 886 kritisiert, dass die Rechtsprechung bei Chefarztverträgen ohne weiteres von vorformulierten Vertragsbedingungen ausgeht, obwohl diese Berufsgruppe aufgrund des Ärztemangels häufig starke Einflussmöglichkeiten auf den Vertragsinhalt hätte.

90 Preis, Der Arbeitsvertrag, I B Rn. 3.

91 Preis, Der Arbeitsvertrag, I B Rn. 6.

92 BAG v. 14.9.2011, NZA 2012, 81 (82 f.); v. 12.1.2005, NZA 2005, 465 (467); v. 19.12.2006, NZA 2007, 809 (810).

BAG zur alten Rechtslage kurz dargestellt werden. Da einige Wertungen der früheren Rechtsprechung weiterhin herangezogen werden[93], ist die Kenntnis der wesentlichen Grundsätze für das Verständnis der heutigen Rechtsprechung unerlässlich.

In seiner früheren Rechtsprechung hat das BAG aufgrund der fehlenden gesetzlichen Ermächtigung zur Inhaltskontrolle das Institut der Gesetzesumgehung herangezogen. Mit Urteil vom 07.10.1982[94] wurde entschieden, dass der Widerrufsvorbehalt gem. § 134 BGB unwirksam sei, sofern dieser zur Umgehung des Kündigungsschutzes (§ 2 KSchG) führe.[95] Dies sei anzunehmen, wenn wesentliche Elemente des Arbeitsvertrages einer einseitigen Änderung unterlägen und dadurch das Gleichgewicht zwischen Leistung und Gegenleistung grundlegend gestört werde. Eine Differenzierung zwischen vorformulierten und ausgehandelten Verträgen fand nicht statt.[96] Auf einer zweiten Stufe wurde geprüft, ob der Widerruf billigem Ermessen entsprach.

Die Anwendung des § 134 BGB basierte darauf, dass die Vorschrift nicht nur bei Verstößen gegen Verbotsgesetze, sondern auch im Falle der Umgehung zwingender gesetzlicher Regelungen eingreift.[97] Das Kündigungsschutzgesetz wurde als Maßstab herangezogen, da dieses nicht nur den Bestand des Arbeitsverhältnisses, sondern, wie sich aus § 2 KSchG ergibt, auch dessen Inhalt schützt.[98] Durch die einseitige Befugnis zum Widerruf werde dieser Inhaltsschutz berührt und sogar objektiv umgangen, wenn dadurch die Änderung der Arbeitsbedingungen dem Änderungsschutz nach § 2 KSchG entzogen werde.

Allerdings ist anzumerken, dass das BAG im Rahmen der Inhaltskontrolle wegen der unklaren dogmatischen Grundlage neben § 134 BGB auch auf §§ 242, 138 BGB[99] abstellte bzw. teilweise die Rechtsgrundlage dahinstehen

---

93 Vgl. ErfK-Preis, §§ 305-310 BGB Rn. 58; Thüsing/Mengel, 2.3.1; Moll, S. 173; BAG v. 12.1.2005, NZA 2005, 465 (467); krit. Pelzer, S. 183 Fn. 871.

94 AP § 620 BGB Teilkündigung Nr. 5.

95 Vgl. auch BAG v. 12.12.1984, NZA 1985, 321 (321 ff.); v. 13.5.1987, NZA 1988, 95 (96); v. 15.11.1995, NZA 1996, 603 (605); v. 28.5.1997, NZA 1997, 1160 (1162); zuletzt BAG v. 7.8.2002, EzA § 315 BGB Nr. 51.

96 Wolf, RdA 1988, 270 (272); Hromadka, RdA 1992, 234 (240); vgl. BAG v. 21.11.2001, NZA 2002, 551; v. 16.3.1994, AP § 611 BGB Ausbildungsbeihilfe Nr. 18; v. 10.5.1962, AP § 611 BGB Grafitikation Nr. 22; LAG Hamm v. 14.8.1998, AP § 611 BGB Gratifikation Nr. 208.

97 Preis, Arbeitsrecht, § 25 II.

98 ErfK-Preis (2010), § 4 TzBfG Rn. 16; BAG v. 13.6.1986, AP § 2 KSchG 1969 Nr. 19.

99 BAG v. 21.11.2001, NZA 2002, 551 (Überprüfung einer Rückzahlungsklausel); v. 24.3.1988, AP § 241 BGB Nr. 1 (Überprüfung einer Verfallklausel); v. 13.12.2000, NZA 2001, 723 (Überprüfung einer Verfallklausel).

ließ.[100] Vor der Geltung der sog. „Umgehungsrechtsprechung" erfolgte lediglich eine Überprüfung der Einhaltung billigen Ermessens nach § 315 BGB.[101] Dies zeigt die nach altem Recht bestehende Rechtsunsicherheit in Bezug auf die anzuwendende Rechtsgrundlage.

Eine Zäsur hinsichtlich dieser Rechtsprechung stellt das Schuldrechtsmodernisierungsgesetz dar. Kurz vor dessen Inkrafttreten wurde die bis dahin geltende Bereichsausnahme für das Arbeitsrecht gestrichen. Seit der Anwendung der §§ 305 ff. BGB besteht für den Rückgriff auf die Umgehungsrechtsprechung kein praktisches Bedürfnis mehr.[102] Da sich aus den §§ 305 ff. BGB eindeutig ergibt, dass anhand dieser Vorschriften nur eine Kontrolle der vertraglichen Vereinbarung vorzunehmen ist, erfolgt nunmehr eine klare Trennung zwischen der Inhaltskontrolle der Klausel und der Ausübungskontrolle der Leistungsbestimmung im konkreten Einzelfall nach Maßgabe des § 315 BGB.[103] Dabei kommt der Inhaltskontrolle gem. den §§ 305 ff. BGB der Vorrang zu.[104] Zu bedenken ist, dass bereits vor der Schuldrechtsreform Grundsätze des AGB-Gesetzes, das allgemein gültige Prinzipien kodifizierte, über die Generalklauseln der §§ 138, 242, 315 BGB in das Arbeitsrecht eingeflossen sind.[105] Insofern hat sich die Rechtslage in einigen Bereichen nicht wesentlich geändert.

Aber nicht nur die Vorschriften der §§ 305 ff. BGB finden auf vorformulierte Verträge Anwendung. Einschränkungen können sich darüber hinaus auch aus § 138 BGB ergeben. Diese Norm soll das rechtsethische Minimum gewährleisten. Demnach sind solche Rechtsgeschäfte unwirksam, die den Grundprinzipien unserer Recht- und Sittenordnung widersprechen (§ 138 Abs. 1 BGB), als auch solche, bei denen ein auffälliges Missverhältnis zwischen Leistung und Gegenleistung besteht und der Arbeitgeber die schwächere Stellung des Arbeitnehmers ausnutzt (§ 138 Abs. 2).[106] Mit Urteil vom 22.04.2009[107] entschied das BAG, dass ein auffälliges Missverhältnis anzunehmen sei, wenn die Arbeitsvergütung

---

100 BAG v. 31.10.1969, NJW 1970, 1145 (1146); v. 29.11.1995, AP § 3 AGB-Gesetz Nr. 1; v. 17.6.1997, NZA 1998, 258.

101 BAG v. 22.10.1980 – 5 AZR 825/78; v. 17.5.1973, NJW 1973, 1946 (1947 f.); v. 27.7.1972, AP § 611 BGB Gratifikation Nr. 75; 30.1.1970, AP § 242 BGB Ruhegehalt Nr. 142.

102 Preis, Der Arbeitsvertrag, I C Rn. 50.

103 Vgl. ErfK-Preis, §§ 305-310 BGB Rn. 51.

104 ErfK-Preis, § 611 BGB Rn. 384; Thüsing/Mengel, 2.3.3.3; Bayreuther, ZIP 2007, 2009 (2011); a. A. Schnitker/Grau, BB 2002, 2120 (2124); Bauer/Chwalisz, ZfA 2007, 339 (345).

105 Vgl. Preis, Der Arbeitsvertrag, I C Rn. 49; KR-Rost, § 2 KSchG Rn. 48b; MünchArb-Richardi, § 14 Rn. 45.

106 Preis-Lindemann/Urmersbach, Arbeitsformen, S. 39 f.

107 NZA 2009, 837 (838).

weniger als zwei Drittel eines in der betreffenden Branche und Wirtschaftsregion üblicherweise gezahlten Tariflohns betrage. Weiterhin kann die Befugnis zur freien Vertragsgestaltung durch das AGG (§ 7 Abs. 2), § 134 BGB und das Maßregelungsverbot (§ 612 a BGB) begrenzt sein. Schließlich können auch die geltenden Tarifverträge (§ 4 Abs. 1 TVG) oder Betriebsvereinbarungen (§ 77 Abs. 4 S. 1 BetrVG) die Vertragsfreiheit der Arbeitsvertragsparteien beschränken. Abweichungen sind nur dann möglich, wenn dies durch eine Öffnungsklausel vorgesehen ist oder die arbeitsvertragliche Regelung für den Arbeitnehmer günstiger ist als die kollektivrechtliche Bestimmung.[108] Daneben existieren weitere Vorschriften, die einer uneingeschränkten Gestaltungsfreiheit entgegenstehen, auf die aber wegen ihrer Vielzahl nicht weiter eingegangen werden soll.

b) Die Auffassung der Literatur

Neben den Stimmen in der Literatur, die der Rechtsprechung des BAG zustimmten[109], wurde die Umgehungsrechtsprechung auch vielfach kritisiert[110], so dass die durch die Schuldrechtsreform erfolgte Gesetzesänderung sehr willkommen war. Die zahlreichen Einwände gegen die Umgehungsrechtsprechung führten dazu, dass sich die Literatur teilweise an die Grundsätze des AGB-Gesetzes, insbesondere an dessen § 9 anlehnte.[111]

An der Anwendung des § 134 BGB wurde unter anderem bemängelt, dass zwar eine Inhaltskontrolle grundsätzlich stattfinden müsse, die Norm eine solche aber gerade nicht vorsehe.[112] Zudem finde keine Differenzierung zwischen Formulararbeitsverträgen und individuell ausgehandelten Verträgen statt.[113] Nur im ersten Fall sei eine Inhaltskontrolle erforderlich, im Übrigen müsse sich die Vertragskontrolle auf Verstöße gegen §§ 134, 138 BGB beschränken.[114] Darüber

---

108 Preis-Lindemann/Urmersbach, Arbeitsformen, S. 47.

109 KR-Rost (1989), § 2 KSchG Rn. 48; Hueck/v. Hoyningen-Huene (1992), § 2 KSchG Rn. 30.

110 Feuerborn § 13 I. 1. a); Preis, Vertragsgestaltung, S. 164 ff.; Leuchten, NZA 1994, 721 (725); Hromadka, RdA 1992, 234 (239 f.); Söllner in: Hromadka, Änderung von Arbeitsbedingungen, S. 20 ff.; Henssler, SAE 1988, 164 (164 f.).

111 Hromadka in: Festschrift Dieterich S. 253 f.; Preis, Vertragsgestaltung, S. 237 ff.; Reinecke, NZA-Beil. 2000, 23 (23ff.); MünchHdbArbR-Richardi (2000), § 14 Rn. 74; Zöllner, RdA 1989, 152 (158 f.); Wolf, RdA 1988, 270 (273 f.); Anm. Kohte, AuR 1993, 158.

112 Feuerborn, § 13 I. 1. a), b).

113 Feuerborn, § 13 I. 1. a); MünchHdbArbR-Richardi (2000), § 14 Rn. 68; ders., NZA 2002, 1057 (1060); Preis in: Festschrift Kissel, S. 900.

114 Feuerborn, § 13 I. 1. b); MünchHdbArbR-Richardi (2000), § 14 Rn. 66 ff.; Preis, Der Arbeitsvertrag, I C Rn. 55.

hinaus führe eine konsequente Anwendung der Umgehungsrechtsprechung zu Wertungswidersprüchen. Zum einen biete § 2 KSchG nur Schutz vor einer nachträglichen Inhaltsveränderung des Vertrages, nicht aber vor einem ursprünglich „unangemessenem“ Vertragsinhalt.[115] Zum anderen sei die Rechtsfolge bei einer Umgehung die Anwendung des umgangenen Gesetzes, die aber vom BAG strikt abgelehnt werde.[116] Auch der Sinn und Zweck des Änderungskündigungsschutzes, den Arbeitnehmer zu schützen, der auf den Bestand bestimmter Arbeitsbedingungen vertraue, sei nicht einschlägig, da ein Vorbehalt dieses Vertrauen gerade verhindere.[117] Schließlich wird die Kernbereichsrechtsprechung auch deswegen kritisiert, weil eine konkrete Abgrenzung des Kernbereichs nicht möglich sei.[118] Würde mit der Umgehung des Kündigungsschutzes argumentiert, müsse bei jeder Änderung der Vergütung der Kernbereich berührt sein und nicht erst bei übertariflichen Zulagen mit einem bestimmten Prozentsatz.[119] Eine Änderungskündigung müsse schließlich schon ausgesprochen werden, wenn nur ein kleiner Teil der Vergütung reduziert werde. Teilweise wurde die Umgehungsrechtsprechung schlicht als „Addition von Worthülsen“ kritisiert.[120]

Auch nach einhelliger Auffassung im Schrifttum findet nunmehr eine Kontrolle vorformulierter Widerrufsvorbehalte nach den §§ 305 ff. BGB statt.[121] Unter Berufung auf die Normenhierarchie wird darauf hingewiesen, dass auf die Umgehungsrechtsprechung des BAG nicht lediglich nicht mehr zurückgegriffen werden müsse, sondern nicht mehr zurückgegriffen werden dürfe.[122]

Neben der Frage nach dem grundsätzlichen Kontrollmaßstab für die Überprüfung von vorformulierten Widerrufsvorbehalten stellt sich vereinzelt die Frage nach dem Kontrollmaßstab, sofern eine Inhaltskontrolle nach den §§ 307 ff. BGB wegen der Regelung in § 307 Abs. 3 S. 1 BGB nicht vorgenommen werden kann. So wird vertreten, dass in diesem Fall eine richterrechtliche Angemes-

115 Preis, Vertragsgestaltung, S. 169.

116 Preis, Vertragsgestaltung, S. 165.

117 Hromadka, RdA 1992, 234 (239).

118 Zöllner, NZA 1997, 121 (125); Leuchten, NZA 1994, 721 (725).

119 Leuchten, NZA 1994, 721 (725).

120 Hümmerich, NJW 2005, 1759 (1760).

121 Lindemann, AuR 2004, 201 (203); ErfK-Preis, §§ 305-310 BGB Rn. 58; KR-Rost, § 2 KSchG Rn. 48b; APS-Künzl, § 2 KSchG Rn. 109.

122 Preis/Bender, NZA-RR 2005, 337 (338); a. A. Reinecke, NZA 2005, 953 (955, 960); LAG Brandenburg v. 27.7.2004, NZA-RR 2005, 180.

senheitskontrolle durchgeführt werden müsse.[123] Schließlich bestehe zwischen Arbeitnehmer und Arbeitgeber generell ein strukturelles Ungleichgewicht.[124]

c) *Eigene Stellungnahme*

Die Kritik seitens der Literatur gegenüber der Umgehungsrechtsprechung ist nachvollziehbar. Allerdings ist dem BAG zuzugestehen, dass es mangels dogmatischer Grundlage praktisch unmöglich war, einen Kontrollmaßstab für die Überprüfung einseitiger Leistungsbestimmungsrechte zu rechtfertigen. Da die Umgehungsrechtsprechung mittlerweile obsolet ist, soll dieses Problem nicht näher vertieft werden.

Erfreulich ist die nunmehr zweistufige Prüfung von Widerrufsvorbehalten. Durch die neben die Ausübungskontrolle getretene Inhaltskontrolle des Widerrufsvorbehalts wird der Arbeitnehmer wesentlich besser geschützt, da die vertragliche Klausel bei Unwirksamkeit in der Regel ersatzlos entfällt.[125] Bei der nach alter Rechtslage schwerpunktmäßig durchgeführten Billigkeitskontrolle wurde hingegen regelmäßig nur die Ausübung im Einzelfall für unzulässig erklärt, während die Klausel an sich unbeanstandet blieb und damit weiterhin Teil des Arbeitsvertrags war.

Festzuhalten bleibt, dass vorformulierte Widerrufsvorbehalte den Anforderungen der §§ 305 ff. BGB entsprechen müssen. Erst wenn dies bejaht wird, ist eine Überprüfung des Widerrufs im Einzelfall vorzunehmen. Mit den §§ 305 ff. BGB existiert nunmehr ein nach einhelliger Auffassung anzuwendender Kontrollmaßstab.

Findet eine Inhaltskontrolle im Einzelfall gem. § 307 Abs. 3 S. 1 BGB nicht statt, können solche Fälle über die Sittenwidrigkeitskontrolle sachgerecht gelöst werden. Dass eine weitergehende Kontrolle nicht stattfinden soll, ergibt sich aus dem eindeutigen Wortlaut des § 307 Abs. 3 S. 1 BGB. Diesem Anliegen des Gesetzgebers ist Rechnung zu tragen.

2. Der Kontrollmaßstab für individuell ausgehandelte Vertragsbedingungen

Aus § 305 Abs. 1 S. 3 BGB geht hervor, dass Individualabreden nicht der Kontrolle nach den §§ 305 ff. BGB unterliegen. Bei individuell ausgehandelten Vertragsbedingungen könne schließlich davon ausgegangen werden, dass der Ar-

123 Däubler/Bonin/Deinert-Däubler, § 307 BGB Rn. 294.

124 Vgl. BVerfG v. 23.11.2006, NJW 2007, 286 (287); v. 28.1.1992, NZA 1992, 270 (273); v. 7.2.1990, NJW 1990, 1469 (1470); BAG v. 16.3.1994, NZA 1994, 937 (940).

125 Näheres dazu im Abschnitt „Die Rechtsfolgen unwirksamer Widerrufsvorbehalte“.

beitnehmer seine Interessen habe einbringen können und die Vertragsparität nicht wesentlich gestört sei.[126]

Einer mehrheitlichen Auffassung im Schrifttum zufolge darf diese Grundentscheidung des Gesetzgebers nicht durch eine Analogie oder die Anwendung anderer Rechtsinstitute wie die der §§ 134, 138, 242, 315 BGB umgangen werden.[127] Berücksichtige man, dass die §§ 307 ff. BGB die Vertragsgestaltungsfreiheit der Parteien beschränkten, müsse, im Umkehrschluss, bei fehlender Anwendbarkeit der §§ 307 ff. BGB ein Mehr an Vertragsfreiheit bestehen.[128] In Abkehr von seiner früheren Rechtsprechung verzichtet auch das BAG auf eine Angemessenheitskontrolle. Die §§ 305 ff. BGB seien als abschließend zu betrachten.[129]

Andere Stimmen in der Literatur befürworten auch nach der Schuldrechtsreform eine Inhaltskontrolle der Individualverträge anhand der §§ 134, 138 BGB[130], zumindest dann, wenn das Verhandlungsgleichgewicht zwischen den Parteien gestört ist.[131] Schließlich sei auch zuvor keine Unterscheidung zwischen formularmäßigen und ausgehandelten Vertragsbedingungen vorgenom-

---

126 ErfK-Preis, §§ 305-310 BGB Rn. 24; BAG v. 25.5.2005, NZA 2005, 1111 (1116).

127 ErfK-Preis, §§ 305-310 BGB Rn. 24; ders., NZA-Beil. 2003, 19 (21); Gotthardt, Rn. 234, 244; ders., ZIP 2002, 277 (289); Lischka, S. 106 f.; gegen eine Inhaltskontrolle von Individualabreden auch Söllner, ZfA 2003, 145 (160); Palandt-Weidenkaff, Einf v § 611 BGB Rn. 75a; KDZ-Zwanziger, § 2 KSchG Rn. 32; Feuerborn, § 13 I. 1. b); Benecke, RdA 2005, 47 (49); Deich, § 12 F. III. 1. (bzgl. Befristungsabreden); Wolf/Lindacher/Pfeiffer-Stoffels, Anh. zu § 310 BGB Rn. 135 (bzgl. Befristungsabreden); Preis/Bender, NZA-RR 2005, 337 (339) (bzgl. Befristungsabreden); so bereits nach alter Rechtslage Krauß, S. 240.

128 Gotthardt, Rn. 234; ders., ZIP 2002, 277 (289); Preis, NZA-Beil. 2003, 19 (25); a. A. Hromadka, NJW 2002, 2523 (2525).

129 BAG v. 25.5.2005, NZA 2005, 1111 (1116) mit Einschränkungen im Falle der gestörten Vertragsparität; so auch das BVerfG v. 19.10.1993, NJW 1994, 36 (38) und v. 7.2.1990, NJW 1990, 1469

130 Maschmann, RdA 2005, 212 (217 f.); Hromadka, NJW 2002, 2523 (2525); Deich, § 12 D. 2. c. aa. (bzgl. Widerrufsvorbehalten); AnwK-ArbR-Elz, § 315 BGB Rn. 57, der bei ausgehandelten Verträgen an der alten Rechtsprechung festhalten will; so auch Willemsen/Grau, NZA 2005, 1137 (1138 Fn. 5); Pelzer, S. 183, 189; HWK-Schmalenberg, § 14 TzBfG Rn.; Benecke, AuR 2006, 337 (341); APS-Greiner, Vor § 14 TzBfG Rn. 55 (bzgl. Befristungsabreden); Thüsing/Leder, BB 2005, 938 (940), allerdings müsse § 305 Abs. 1 S. 3 BGB zu einer Absenkung der Angemessenheitskontrolle ausgehandelter Vertragsbedingungen führen; i. E. auch Dörner/Luczak/Wildschütz-Dörner, A. Rn. 691; MünchHdbArbR-Wank, § 93 Rn. 10, der auf die Wertungen des § 2 KSchG unabhängig vom Anwendungsbereich des KSchG zurückgreifen will.

131 HWK-Thüsing, § 611 BGB Rn. 504; Annuß/Thüsing-Maschmann, § 14 TzBfG Rn. 20; so noch ErfK-Preis (2007), §§ 305-310 BGB Rn. 27.

men worden.[132] Argumentiert wird damit, dass es eine Überinterpretation der Entscheidung des Gesetzgebers sei, von der Unterstellung der Formularverträge unter das AGB-Recht auf eine Kontrollfreiheit von Individualvereinbarungen zu schließen.[133] Ein diesbezüglicher Hinweis lasse sich in den Gesetzesmaterialien nicht finden. Ganz im Gegenteil: die Begründung der Bundesregierung[134] zur Streichung der Bereichsausnahme könne so verstanden werden, dass keine Rechtsänderung beabsichtigt gewesen sei.[135] Schließlich sei es darum gegangen, die Anwendung der AGB-Kontrolle, die ohnehin stattfand, ins Gesetz aufzunehmen, um die bestehende Rechtsunsicherheit zu beseitigen. Ein darüber hinausgehender Zweck sei nicht verfolgt worden.

Die Intention, die bislang bestehende Rechtsunsicherheit zu beseitigen, kann jedoch – neben der Schaffung einer klaren Rechtsgrundlage – auch dadurch verfolgt worden sein, dass die Frage, ob eine Vertragsbedingung kontrollbedürftig ist, einer klaren und abschließenden Regelung unterworfen wurde (§ 305 Abs. 1 S. 3 BGB). Die Gesetzesbegründung hilft somit nicht weiter.

Ein Anhaltspunkt für das Erfordernis einer Inhaltskontrolle auch hinsichtlich ausgehandelter Vertragsbedingungen könnte sich jedoch an anderer Stelle in der amtlichen Begründung zur Modernisierung des Schuldrechts finden. Dort ist die Rede davon, dass aus der Bereichsausnahme nicht der Schluss gezogen werden dürfe, dass eine AGB-Kontrolle im Arbeitsrecht überhaupt nicht stattfinde.[136] § 23 Abs. 1 AGB-Gesetz schließe nur die Anwendung des AGB-Gesetzes, nicht aber die AGB-Kontrolle an sich aus. Auf der Grundlage der §§ 242, 315 BGB erfolge eine Überprüfung der Arbeitsbedingungen, so als fände jedenfalls § 9 AGB-Gesetz (jetzt § 307 BGB) Anwendung.[137] Es liegt nahe, diese Argumentation auch für die Frage, ob ausgehandelte Vertragsbedingungen seit der Streichung der Bereichsausnahme einer Inhaltskontrolle unterliegen, heranzuziehen. Man könnte argumentieren, dass aus der Herausnahme ausgehandelter Vertragsbedingungen aus dem Anwendungsbereich der §§ 305 ff. BGB nicht der Schluss gezogen werden dürfe, dass eine Inhaltskontrolle überhaupt nicht stattfinde. Ei-

---

132 Vgl. ErfK-Preis (2001), § 611 BGB Rn. 552 f.; Hromadka, RdA 1992, 234 (240); BAG v. 6.5.1998 – 5 AZR 535/97; v. 16.3.1994, AP § 611 BGB Ausbildungsbeihilfe Nr. 18; v. 10.5.1962, AP § 611 BGB Gratifikation Nr. 22; LAG Hamm v. 14.8.1998, AP § 611 BGB Gratifikation Nr. 208.

133 Hromadka, NJW 2002, 2523 (2525); so auch Lingemann, NZA 2002, 181 (183).

134 BTDrucks 14/6857, S. 54.

135 Lingemann, NZA 2002, 181 (183).

136 BTDrucks 14/6857, S. 17; vgl. auch BAG v. 29.11.1995, NZA 1996, 702.

137 Vgl. BTDrucks 14/6857, S. 17; vgl. zur bisherigen Inhaltskontrolle von Arbeitsverträgen allgemein Becker, NJW 1973, 1913; Preis, Vertragsgestaltung, S. 147 ff.; Zöllner, RdA 1989, 152 (158 f.).

ne Übertragung der Argumentation kommt jedoch nicht in Betracht. Während es unter Geltung der Bereichsausnahme um die Frage der AGB-Kontrolle in einem gesamten Rechtsgebiet ging, geht es nunmehr um die Differenzierung zwischen vorformulierten und ausgehandelten Vertragsbedingungen. Da mittlerweile der Bereich des Arbeitsrechts unter die §§ 305 ff. BGB fällt, liegt für diesen Bereich eine konkrete Regelung vor. Es erscheint mithin sehr konstruiert, davon auszugehen, dass die Herausnahme ausgehandelter Vereinbarungen nur die Anwendung der §§ 305 ff. BGB, nicht aber die Vornahme der AGB-Kontrolle an sich untersagt. Diese Interpretation würde noch mehr Rechtsunsicherheit herbeiführen anstatt diese zu beseitigen.

Stellt man auf die Gesetzesbegründung zu § 23 Nr. 1 AGBG ab, wonach der Schutz des Arbeitnehmers durch das System kollektiver vertraglicher Vereinbarungen und die arbeitsrechtlichen Sondergesetze als hinreichend erachtet wird[138], liegt es nahe, diese Begründung auch für die Kontrollfreiheit von Individualvereinbarungen heranzuziehen. Schließlich hat sich an dem System kollektiver Vereinbarungen und arbeitsrechtlicher Sondergesetze im Wesentlichen nichts geändert. Der Arbeitnehmer ist damit ausreichend geschützt.

Für die Gegenauffassung, die eine Inhaltskontrolle von Individualvereinbarungen befürwortet, spricht allerdings, dass – wegen des existentiellen Angewiesenseins des Arbeitnehmers auf den Arbeitsplatz – nicht nur im Falle vorformulierter Verträge von einer wirtschaftlichen Unterlegenheit des Arbeitnehmers ausgegangen werden kann. Aus diesem Grund sprachen sich bereits vor der Streichung der Bereichsausnahme gewichtige Stimmen für eine Inhaltskontrolle auch im Bereich der ausgehandelten Vertragsbedingungen aus.[139] Selbst wenn der Arbeitgeber die einzelnen Vertragsbedingungen ernsthaft zur Disposition stellt, wird der Arbeitnehmer aufgrund des Risikos, dass der Arbeitgeber vom Abschluss des Arbeitsvertrags Abstand nimmt, wohl kaum auf eine Änderung der Bedingungen hinwirken. Für den Arbeitgeber wäre es ein Leichtes, der Inhaltskontrolle dadurch zu entgehen, dass er dem Arbeitnehmer die Möglichkeit der Einflussnahme einräumt, gleichzeitig aber seine Überlegenheit derart demonstriert, dass sich der Arbeitnehmer nicht ernsthaft zum Verhandeln aufgefordert fühlt und sein Einverständnis mit dem vom Arbeitgeber vorgeschlagenen Vertragsinhalt lediglich vorgibt. Da die Vertragsgestaltung weniger mit Vertragsfreiheit als mit guter Rechtsberatung und Taktik zu tun hat, lassen die weitgehenden Konsequenzen, die sich aus der Differenzierung zwischen vorformu-

138 BTDrucks 7/3919, S. 14, 41.

139 Fastrich, RdA 1997, 65 (77 f.); Zöllner, RdA 1989, 152 (156 f.); Wolf, RdA 1988, 270 (272).

lierten und ausgehandelten Abreden ergeben, genau diese Differenzierung fragwürdig erscheinen.

Dieser Argumentation lässt sich jedoch entgegenhalten, dass ein Aushandeln nur angenommen wird, solange der Arbeitgeber nicht auf irgendeine Weise die Erwartung artikuliert, der Arbeitnehmer möge keine Änderungswünsche vorbringen.[140] Dass dies letztendlich beweisrechtliche Schwierigkeiten mit sich bringt, kann keine Bedeutung haben, denn auch bei anderen Vertragsverhältnissen kann sich die Abgrenzung als problematisch erweisen. Der Gesetzgeber hat trotz des oftmals schwierigen Nachweises eine AGB-Kontrolle von ausgehandelten Vertragsbedingungen ausdrücklich abgelehnt (§ 305 Abs. 1 S. 3 BGB). Diese Entscheidung ist zu akzeptieren. Zudem besteht mit § 306a BGB eine Vorschrift, die eine Umgehung der Inhaltskontrolle gerade verhindern soll. Aufgrund dessen besteht kein Grund, ausgehandelte arbeitsvertragliche Klauseln einer Inhaltskontrolle zu unterwerfen, nur weil die Abgrenzung zu vorformulierten Vertragsbedingungen Schwierigkeiten mit sich bringt.

Auch unter dem Postulat der Einheitlichkeit der Rechtsordnung muss der Gegenauffassung entgegengehalten werden, dass das Schutzniveau im Arbeitsrecht zwar demjenigen im Zivilrecht angeglichen werden sollte[141], allerdings auch nicht höher ausfallen dürfe.[142] Im Zivilrecht sei jedoch anerkannt, dass eine Inhaltskontrolle nur bei vorformulierten Vertragsbedingungen stattfinde.[143] Das Gleiche müsse auch im Arbeitsrecht gelten. Weiterhin sei auch die Tatsache, dass Arbeitnehmer im Falle individuell vereinbarter Verträge maßgeblich Einfluss auf die Gestaltung nehmen könnten, zu berücksichtigen.[144] Ein Ungleichgewicht müsse daher nicht zwingend vorliegen.

Daran schließt eine vermittelnde Ansicht an und hält nur dann eine Inhaltskontrolle der Individualabreden für erforderlich, wenn eine strukturelle Störung der Vertragsparität besteht.[145]

Zu Recht wird in der Literatur vertreten, dass der Ansatzpunkt der „strukturellen Unterlegenheit des Arbeitnehmers“ zur Legitimierung einer Inhaltskontrolle auch von ausgehandelten Vertragsbedingungen eine Überinterpretation der

140 So jedenfalls Löwisch in: Festschrift Canaris, S. 1405.

141 BTDrucks 14/6857, S. 54.

142 Lischka, S. 106.

143 Lischka, S. 106; diese Aussage ist im Hinblick auf den Beschluss des BVerfG v. 19.10.1993, NJW 1994, 36 fragwürdig.

144 Lischka, S. 107.

145 BAG v. 25.5.2005, NZA 2005, 1111 (1116); HWK-Thüsing, § 611 BGB Rn. 504; Hromadka, DB 2004, 1261 (1264) wendet bei strukturellem Ungleichgewicht die §§ 305 ff. BGB analog oder zumindest die Grundsätze der §§ 305 ff. BGB entsprechend an.

Entscheidungen des BVerfG[146] sei.[147] Eine solche Unterlegenheit könne im Verhältnis der Arbeitsvertragsparteien nicht pauschal unterstellt werden, sondern müsse im Einzelnen ermittelt werden. Liege eine solche tatsächlich vor, könne gerade nicht von einem Aushandeln gesprochen werden, so dass ohnehin die §§ 305 ff. BGB Anwendung fänden.

Es ist der Auffassung zu folgen, die eine Inhaltskontrolle ausgehandelter Vertragsbedingungen ablehnt, da letztendlich die Vertragsfreiheit der Arbeitsvertragsparteien zu stark eingeschränkt würde, unterlägen die einzelnen Klauseln einer Inhaltskontrolle. Da von der Geltung der Vertragsfreiheit auch im Arbeitsrecht auszugehen ist[148], bedarf eine Inhaltskontrolle der Rechtfertigung.[149] Nicht ausreichend ist die pauschale Berufung auf die schwache Position des Arbeitnehmers, da diese im Einzelnen zu ermitteln ist. Auch die Grundwertung des § 305b BGB spricht dafür, Individualvereinbarungen von einer allgemeinen Inhaltskontrolle auszunehmen.[150] Unter der Prämisse, bestehende Rechtsunsicherheiten zu beseitigen und einen eindeutigen Kontrollmaßstab zu schaffen, sollten die §§ 305 ff. BGB als abschließend betrachtet werden. So kann ein Arbeitnehmer gerade in Bereichen, in denen Fachkräfte fehlen und der Arbeitgeber durch attraktive Arbeitsbedingungen einen Anreiz bieten muss, durchaus in der Lage sein, auf den Vertragsinhalt einzuwirken. Ein Schutz des Arbeitnehmers durch eine Inhaltskontrolle würde die konkreten Umstände bei Vertragsschluss nicht angemessen berücksichtigen. Schließlich ist auch zu bedenken, dass der Arbeitgeber die Darlegungs- und Beweislast für das Vorliegen einer ausgehandelten Vertragsbedingung trägt.[151] In den meisten Fällen wird er diesen Beweis nur schwer führen können, so dass vom Vorliegen ausgehandelter Vertragsabreden ohnehin nur in seltenen Ausnahmefällen auszugehen ist.

Allerdings bedeutet die Ablehnung einer Inhaltskontrolle ausgehandelter Vertragsbedingungen nicht, dass § 134 BGB gar nicht als Kontrollmaßstab heranzuziehen ist. Zu prüfen ist aber ausschließlich, ob ein Verstoß gegen ein Verbotsgesetz vorliegt. Weitere Schranken sind die Sittenwidrigkeit (§ 138), wobei wiederum darauf zu achten ist, dass keine Angemessenheitskontrolle stattfindet, das AGG (§ 7 Abs. 2), das Maßregelungsverbot (§ 612 a BGB) und die Ausübungskontrolle nach § 315 BGB. Schließlich können auch die geltenden Tarifverträge (§ 4 Abs. 1 TVG) oder Betriebsvereinbarungen (§ 77 Abs. 4 S. 1 BetrVG) die Vertragsfreiheit der Arbeitsvertragsparteien beschränken.

146 BVerfG v. 7.2.1990, NZA 1990, 389; v. 19.10.1993, NJW 1994, 36.

147 Preis/Bender, NZA-RR 2005, 337 (339).

148 Zöllner, AcP 176 (1976), 221 (221 ff.); Reuter, AcP 189 (1989), 199 (208 ff.).

149 Vgl. Wank in: Hromadka, Änderung von Arbeitsbedingungen, S. 65.

150 Moll, S. 104 f.

151 KR-Lipke, § 14 TzBfG Rn. 31.

III. Der Kontrollmaßstab der §§ 305 ff. BGB

Im Folgenden soll zunächst auf den Anwendungsbereich der §§ 305 ff. BGB und auf die Besonderheiten bei der Einbeziehung vorformulierter Widerrufsvorbehalte eingegangen werden. Den Schwerpunkt stellt die nachfolgende Inhalts- und Transparenzkontrolle vorformulierter Widerrufsvorbehalte dar. Rechtsgrundlage für die Kontrolle sind die §§ 307 ff. BGB. Zunächst stellt sich die Frage, ob entsprechende Klauseln überhaupt kontrollbedürftig sind. Eine Einschränkung ergibt sich aus § 307 Abs. 3 BGB, wonach nur Vertragsbedingungen, durch die von Rechtsvorschriften abgewichen wird, einer Kontrolle unterliegen. Fraglich ist mithin, ob dies bei Widerrufsvorbehalten der Fall ist. Bei Bejahung dieser Frage ist zu überprüfen, ob der Widerrufsvorbehalt den Anforderungen der §§ 307 ff. BGB standhält und damit eine vertragliche Grundlage für die Ausübung des Widerrufs darstellt. Dabei ist zu unterteilen in die sich aus § 307 Abs. 1 S. 1, Abs. 2 bzw. § 308 Nr. 4 BGB ergebenden Anforderungen, die dem materiellen Bereich zuzuordnen sind und die formellen, sich aus dem Transparenzgebot des § 307 Abs. 1 S. 2 BGB ergebenden Anforderungen. Trotz der Intention der Angleichung der Rechtslage im Arbeitsrecht an diejenige des allgemeinen Zivilrechts[152] sind gem. § 310 Abs. 4 S. 2 BGB bei der Anwendung der §§ 305 ff. BGB die Besonderheiten des Arbeitsrechts angemessen zu berücksichtigen. Demnach muss im Rahmen der Inhaltskontrolle überprüft werden, ob eine von den allgemeinen zivilrechtlichen Maßstäben abweichende Beurteilung gerechtfertigt ist.[153] Sofern dies verneint wird, finden die §§ 307 ff. BGB uneingeschränkt Anwendung. Die durch die Streichung der Bereichsausnahme beabsichtigte Gewinnung von Rechtssicherheit wird damit wieder relativiert. Der Vorbehalt führt in der Kautelarjurisprudenz zu neuen Fragen. Anstelle einer Vertiefung soll an dieser Stelle auf die umfangreiche Literatur verwiesen werden.[154] Im Anschluss an die Darstellung der Inhalts- und Transparenzkon-

---

152 BT-Drucks 14/6857, S. 54.

153 Preis, Der Arbeitsvertrag, I C Rn. 92; Schaub/Koch/Neef/Schrader/Vogelsang-Schrader, § 2 Rn. 6a; Lindemann, AuR 2004, 201 (204 f.) zufolge besteht im Bereich einseitiger Leistungsbestimmungsrechte keine arbeitsrechtliche Besonderheit, denn wie im Zivilrecht kollidiere das Interesse an möglichst weitgehenden einseitigen Änderungsrechten mit dem Interesse an möglichst vorhersehbaren Vertragsbedingungen.

154 Steinau-Steinrück von/Hurek, NZA 2004, 965; Thüsing, NZA 2002, 591; Richardi, NZA 2002, 1057 (1061); Singer, RdA 2003, 194 (198 f.); Lingemann, NZA 2002, 181 (183); Westphalen von-Thüsing, Arbeitsverträge, Rn. 104 ff.; Preis, NZA-Beil. 2003, 19 (25 f.); ders., Der Arbeitsvertrag, I C Rn. 89 ff.; Annuß, BB 2002, 458 (460 f.); Leder/Morgenroth, NZA 2002, 952 (955); Wolf/Lindacher/Pfeiffer-Stoffels, Anh. zu § 310 BGB Rn. 16 ff.; Hromadka, NJW 2002, S. 2523 (2528); Reinecke, DB 2002, 583 (584 f.); Lindemann, S. 139 ff.

trolle wird auf den Zeitpunkt der Beurteilung arbeitsvertraglicher Widerrufsvorbehalte und schließlich auf die Rechtsfolgen unwirksamer Widerrufsvorbehalte eingegangen.

1. Der Anwendungsbereich

Die durch die Schuldrechtsreform erfolgte Zäsur im Bereich des Arbeitsrechts führte zur Streichung der bis dahin geltenden Bereichsausnahme des § 23 Abs. 1 AGBG. Das Schutzniveau der Inhaltskontrolle im Arbeitsrecht sollte demjenigen des Zivilrechts angeglichen werden.[155] Daher findet das in das BGB integrierte AGB-Gesetz seit dem 01.01.2002 auch auf das Arbeitsrecht Anwendung, § 310 Abs. 4 BGB. Gem. der Übergangsregelung in Art. 229 § 5 EGBGB gelten die §§ 305 ff. BGB für Verträge, die nach dem 01.01.2002 geschlossen wurden, sofort. Für Verträge, die vor diesem Zeitpunkt geschlossen wurden, gelten die Vorschriften erst seit dem 01.01.2003. Durch diese Regelung sollte den Arbeitgebern die Möglichkeit eingeräumt werden, die sog. Altverträge an die neue Rechtslage anzupassen.

Genauso wenig wie echte Individualabreden einer Kontrolle nach den §§ 305 ff. BGB unterliegen[156], sind auch Kollektivverträge gem. § 310 Abs. 4 S. 1 BGB vom Anwendungsbereich des AGB-Rechts erfasst. Sollte eine formularmäßige Klausel im Arbeitsvertrag auf einen Tarifvertrag Bezug nehmen oder mit diesem übereinstimmen und nur dessen Inhalt wiedergeben, unterliegt die Klausel keiner Inhaltskontrolle gem. den §§ 307 ff. BGB.[157] Da sich diese Arbeit ausschließlich mit der arbeitsvertraglichen Entgeltflexibilisierung befasst, kann die Frage, ob eine Kontrolle nach anderen Vorschriften vorzunehmen ist, dahinstehen.

2. Die Einbeziehungskontrolle

Im Arbeitsrecht besteht gem. § 310 Abs. 4 S. 2, 2. Hs. BGB die Besonderheit, dass die sonst üblichen Anforderungen an die Einbeziehung der Vertragsbedingungen nach § 305 Abs. 2, 3 BGB nicht gelten. Dies ist darauf zurückzuführen, dass die Nachweispflicht nach § 2 NachwG für ausreichend erachtet wird.[158] Demnach muss der Arbeitgeber dem Arbeitnehmer spätestens einen Monat nach Beginn des Arbeitsverhältnisses einen schriftlichen Nachweis der wesentlichen Arbeitsbedingungen aushändigen. Auch Änderungen der wesentlichen Ver-

155 BTDrucks 14/6857, S. 54.

156 S. S. 41 ff. dieser Arbeit.

157 APS-Greiner, Vor § 14 TzBfG Rn. 51; BAG v. 27.7.2005, NZA 2006, 40 (46).

158 BTDrucks 14/6857, S. 54.

tragsbedingungen sind dem Arbeitnehmer gem. § 3 S. 1 NachwG schriftlich mitzuteilen. Zu den wesentlichen Vertragsbedingungen zählen neben den synallagmatischen Pflichten auch Regelungen, die die synallagmatischen Pflichten modifizieren.[159] Der Widerrufsvorbehalt als eine den Entgeltanspruch modifizierende Regelung ist mithin nachweispflichtig. Allerdings ist der Nachweis nach ganz überwiegender Auffassung keine Wirksamkeitsvoraussetzung bezüglich der nachzuweisenden Vertragsbedingung.[160] Anderenfalls könnte der Arbeitgeber durch das schlichte Nichterfüllen der Anforderungen des NachwG den Inhalt des Arbeitsvertrages bzw. unter Umständen sogar das Bestehen des Arbeitsvertrags einseitig bestimmen. Der durch das NachwG bezweckte Schutz des Arbeitnehmers vor Unkenntnis der Arbeitsbedingungen würde leer laufen.

Von Seiten der Literatur wird geltend gemacht, dass die Regelungen des NachwG die Vorschrift des § 305 Abs. 2 BGB nicht ersetzen könnten, da diese nicht das Zustandekommen des Vertrages regelten, sondern einen wirksamen Vertragsschluss voraussetzten.[161] Diese Bedenken werden allerdings für nicht gewichtig erachtet, da gem. § 305 Abs. 1 BGB ohnehin nur die Vertragsbedingungen Bestandteil des Arbeitsvertrags würden, die der Arbeitgeber dem Arbeitnehmer bei Abschluss des Vertrages stelle.[162] Darüber hinaus steht der Arbeitnehmer auch deswegen nicht schutzlos da, weil das NachwG lediglich § 305 Abs. 2 BGB, nicht aber die §§ 145 ff. BGB ersetzen soll. Letztere setzen eine Willensübereinkunft voraus, so dass damit der Vertrag zustande kommt.[163] Nach den §§ 145 ff. BGB kann die Einbeziehung von Flexibilisierungsabreden auch konkludent oder durch betriebliche Übung erfolgen.[164]

Im Rahmen der Einbeziehungskontrolle ist ferner relevant, ob überraschende Klauseln vorliegen, die gem. § 305c BGB nicht Vertragsbestandteil werden. Ob Widerrufsvorbehalte für den Arbeitnehmer überraschend sind, lässt sich nicht pauschal beantworten. Ausschlaggebend ist ihre optische Gestaltung. Sie müssen drucktechnisch oder durch eine aussagekräftige Überschrift klar hervorgehoben und dürfen nicht versteckt werden[165], anderenfalls kann ihr Inhalt überraschend wirken. Wegen ihrer weiten Verbreitung sind Widerrufsvorbehalte je-

---

159 Lindemann, S. 110.

160 Palandt-Weidenkaff, Einf v § 611 BGB Rn. 75b; Thüsing/Lambrich, NZA 2002, 1361 (1367); vgl. auch EuGH v. 8.2.2001, AP § 2 NachwG Nr. 4; BAG v. 21.8.1997, AP § 4 BBiG Nr. 1.

161 Annuß, BB 2002, 458 (460); Richardi, NZA 2002, 1057 (1058 f.).

162 Richardi, NZA 2002, 1057 (1058 f.).

163 Vgl. BeckOK-BGB-Eckert, § 145 BGB Rn. 2 (Stand: 1.11.2011); Lindemann, S. 110.

164 Lindemann, S. 106.

165 ErfK-Preis, §§ 305-310 BGB Rn. 29.

doch in der Regel nicht objektiv überraschend.[166] Aber auch das subjektive Überraschungsmoment wird regelmäßig fehlen, da der Abschluss des Arbeitsvertrags für den Arbeitnehmer kein Massengeschäft darstellt.[167] Anders stellt sich dies hingegen dar, wenn betriebsübliche Leistungen erst nach längerer Zeit unter einen Vorbehalt gestellt werden. In diesem Fall müssen die Arbeitnehmer nicht mit einer Änderung der Bedingungen rechnen, sofern kein klarer Hinweis erfolgt.[168]

3. Die Inhaltskontrolle von Widerrufsvorbehalten

a) Kontrollbedürftigkeit

Nach dem Prinzip der Vertragsfreiheit gem. Art. 2 Abs. 1 GG, § 241 BGB ist es den Arbeitsvertragsparteien grundsätzlich unbenommen, Verträge mit beliebigem Inhalt abzuschließen. Vertragsbestandteile, die ihrer Art nach nicht durch Gesetz oder andere Rechtsvorschriften geregelt, sondern von den Parteien festgelegt werden, wie z. B. das Entgelt, unterliegen daher grundsätzlich keiner Inhaltskontrolle nach den §§ 305 ff. BGB.[169] Ein funktionierender Wettbewerb setzt voraus, dass die Vertragsparteien ihre Hauptpflichten autonom festlegen können.[170] Zudem ist es nicht Aufgabe des Richters, über die §§ 305 ff. BGB einen „gerechten Preis" zu finden.[171] Die Kontrollfreiheit der Hauptabreden findet ihre gesetzliche Grundlage in § 307 Abs. 3 BGB, wonach eine Inhaltskontrolle nur hinsichtlich solchen Bestimmungen stattfindet, durch die von Rechtsvorschriften abweichende oder diese ergänzende Regelungen vereinbart werden. Dabei ist der Begriff der Rechtsvorschriften weit auszulegen, so dass hierzu nicht nur alle materiellen Gesetze, sondern auch ungeschriebene Rechtsgrundsätze, Richterrecht und Tarifverträge, die normative Geltung beanspruchen, fallen.[172] Die Formulierung des § 307 Abs. 3 BGB allein vermag im Einzelfall wenig zu helfen. Vorzugswürdig ist die zugrunde liegende Regelung in Art. 4

---

166 ErfK-Preis, §§ 305-310 BGB Rn. 29; Schnitker/Grau, BB 2002, 2120 (2122).

167 Preis-Lindemann/Urmersbach, Arbeitsformen, S. 51.

168 Däubler/Bonin/Deinert-Däubler, § 305c BGB Rn. 19a; Ricken, DB 2006, 1372 (1375 f.).

169 BAG 27.7.2005, NZA 2006, 40 (45); Preis, Der Arbeitsvertrag, II V 70 Rn. 8; Hromadka, NJW 2002, 2523 (2526); Däubler, NZA 2001, 1329 (1334); BGH v. 12.3.1987, ZIP 1987, 640 (646); v. 24.9.1998, NJW 1999, 864; BTDrucks 14/7052, S. 188.

170 ErfK-Preis, §§ 305-310 BGB Rn. 36.

171 BAG v. 31.8.2005, NZA 2006, 324 (328).

172 ErfK-Preis, §§ 305-310 BGB Rn. 35; auf § 612 Ab. 2 BGB kann nicht abgestellt werden, da diese Vorschrift das Fehlen einer Vergütungsregelung voraussetzt, Gotthardt, ZIP 2002, 277 (282).

Abs. 2 Richtlinie 93/13/EWG[173], die jedenfalls ergänzend herangezogen werden kann:

> „Die Beurteilung der Missbräuchlichkeit der Klauseln betrifft weder den Hauptgegenstand des Vertrags noch die Angemessenheit zwischen dem Preis bzw. dem Entgelt und den Dienstleistungen bzw. den Gütern, die die Gegenleistung darstellen, sofern diese Klauseln klar und verständlich abgefasst sind."

Aus dieser Vorschrift geht unmissverständlich hervor, dass die von den Parteien festgelegten Hauptpflichten nicht zu den kontrollbedürftigen Regelungen des Vertrages gehören. Zusammenfassend lässt sich sagen, dass zu den kontrollfreien Regelungen solche gehören, die Art, Umfang und Güte der geschuldeten Leistung festlegen und ohne deren Vorliegen mangels Bestimmtheit oder Bestimmbarkeit des wesentlichen Vertragsinhalts nicht mehr von einem wirksamen Vertrag ausgegangen werden kann.[174]

Hingegen sind sog. Preisnebenabreden, d. h. Abreden, die nicht unmittelbar den Preis betreffen, sondern sich nur mittelbar auf diesen auswirken, kontrollfähig.[175] Hierunter fallen insbesondere einseitige Leistungsbestimmungsrechte, die dem Verwender das Recht einräumen, die Hauptleistungspflichten einzuschränken, zu verändern, auszugestalten oder zu modifizieren[176], mithin auch der Widerrufsvorbehalt. Als Leitbild sei der zu festen Konditionen abgeschlossene Vertrag heranzuziehen.[177] Behalte sich der Arbeitgeber die nachträgliche Änderung von Vergütungsbestandteilen vor, stelle dies eine Abweichung vom Grundsatz „pacta sunt servanda" dar.[178] Eine Loslösung vom Vertrag sei grundsätzlich nur unter den gesetzlichen Voraussetzungen (z. B. §§ 323 Abs. 1, 324, 326 Abs. 5 BGB) möglich.[179] Allerdings setzt diese Ansicht voraus, dass man die Abrede über den Widerrufsvorbehalt ausklammert und nicht als Teil des „pactum" betrachtet.[180] Dies kann nur schwerlich vertreten werden, denn die Kontrollbedürf-

---

173 AblEG Nr. L 95/29 v. 21.4.1993.

174 BAG v. 27.7.2005, NZA 2006, 40 (45); BGH v. 22.11.2000, NJW 2001, 1132 (1133); v. 23.6.1999, NJW 1999, 3558 (3559).

175 Preis, Der Arbeitsvertrag, II V 70 Rn. 8; HWK-Gotthardt, § 307 BGB Rn. 8.

176 BAG v. 13.4.2010, NZA-RR 2010, 457 (458); v. 11.10.2006, NZA 2007, 87 (88 f.); Gotthardt, Rn. 271.

177 Hromadka, NJW 2002, 2523 (2526).

178 BAG v. 12.1.2005, NZA 2005, 465 (467); a. A. Zöllner, NZA 1997, 121 (123); nach Hromadka in: Festschrift Konzen, S. 321 ff. m. w. N. weichen die Leistungsbestimmungsrechte zwar nicht vom Grundsatz des pacta sunt servanda ab, allerdings vom Grundsatz einer bestimmten Vertragsgestaltung.

179 BAG v. 11.10.2006, NZA 2007, 87 (89).

180 MünchHdbArbR-Krause, § 56 Rn. 15; krit. Hanau, ZIP 2005, 1661 (1663); Schimmelpfennig, NZA 2005, 603 (604) zählt zum „pactum" gerade auch die Widerruflichkeit.

tigkeit des Widerrufsvorbehalts steht nur in Frage, wenn dieser Inhalt des Vertrages, mithin Teil des „pactums“ ist. Zudem geht aus § 346 Abs. 1 BGB ausdrücklich hervor, dass die Möglichkeit der Abstandnahme vom Vertrag auch auf vertraglichem Vorbehalt beruhen kann. Die Kontrollbedürftigkeit ist jedoch mit Blick auf die Vorschrift des § 307 Abs. 2 Nr. 2 BGB zu bejahen. Aus ihr geht hervor, dass der Vertragspartner des Verwenders besonderen Schutz verdient, wenn eine unangemessene Verkürzung oder Modifikation der Leistung, die ihm nach dem Vertrag geschuldet wird, droht.[181] Die vertragswesentlichen Rechte und Pflichten dürfen nicht durch einschränkende Klauseln in gravierender Weise ausgehöhlt werden.[182] Daher muss § 307 Abs. 3 BGB mit Blick auf § 307 Abs. 2 Nr. 2 BGB ausgelegt werden. Auch § 308 Nr. 4 BGB macht nur Sinn, wenn man Vertragsbestimmungen, die einen Änderungsvorbehalt enthalten, als kontrollbedürftig einstuft. Darüber hinaus weichen Widerrufsvorbehalte von § 362 Abs. 1 BGB ab, denn der Arbeitgeber behält sich vor, Erfüllung auch dann eintreten zu lassen, wenn er eine andere als die ursprünglich vereinbarte Vergütung zahlt.[183]

b) Die materiellen Anforderungen

Die Inhaltskontrolle von vorformulierten Widerrufsvorbehalten ist anhand der §§ 307 ff. BGB vorzunehmen, wobei sich die §§ 308, 309 BGB als gegenüber § 307 BGB speziellere Normen erweisen. Verstößt die Klausel gegen ein Klauselverbot, wird die Unangemessenheit der Benachteiligung unwiderleglich vermutet.[184] Für den hier in Rede stehenden Widerrufsvorbehalt ist von den Klauselverboten der §§ 308, 309 BGB allein § 308 Nr. 4 BGB einschlägig. Aus § 308 Nr. 4 BGB geht hervor, dass Leistungsänderungsvorbehalte grundsätzlich unzulässig sind. Etwas anderes gilt nur, wenn die Änderung für den anderen Vertragsteil zumutbar ist. Um dies zu beurteilen, ist eine Interessenabwägung vorzunehmen, wobei auf die typische Interessenlage der an Geschäften dieser Art normalerweise Beteiligten abzustellen ist.[185] Allerdings sind die individuellen Besonderheiten nur solange auszublenden, als sich diese nicht zu einer eigenen typischen Fallgruppe ihrerseits generalisieren lassen und insofern eine Dif-

---

181 Preis, Der Arbeitsvertrag, II V 70 Rn. 8; vgl. auch BGH v. 24.3.1999, NJW 1999, 2279 (2280).

182 Vgl. Stoffels, § 15 Rn. 452.

183 Schrader/Müller, RdA 2007, 145 (148); Erman-Roloff, § 308 BGB Rn. 31.

184 Hromadka, NJW 2002, 2523 (2526).

185 Erman-Roloff, § 308 BGB Rn. 33; Ulmer/Brandner/Hensen-Schmidt, § 308 Nr. 4 BGB Rn. 9; Däubler/Dorndorf/Bonin/Deinert-Dorndorf/Bonin (2008), § 308 BGB Rn. 31a, 33b.

ferenzierung geboten ist.[186] Von der Zumutbarkeit ist auszugehen, wenn die Interessen des Verwenders an der Leistungsänderung die Interessen des anderen Vertragsteils überwiegen oder zumindest gleichwertig sind.[187] Dabei muss nicht nur die künftige Leistungsänderung, sondern auch die infolge des Widerrufsvorbehalts geschaffene Ungewissheit für den Arbeitnehmer zumutbar sein.[188] Darlegungs- und beweispflichtig für die Zumutbarkeit des Änderungsvorbehalts ist der Verwender.[189]

Auch bei der Beurteilung, ob eine unangemessene Benachteiligung gem. § 307 Abs. 1 S. 1, Abs. 2 BGB vorliegt, sind die Interessen der Vertragspartner abzuwägen.[190] Unangemessenen ist die Benachteiligung, wenn sie nicht durch begründete und billigenswerte Interessen des Arbeitgebers gerechtfertigt ist oder durch gleichwertige Vorteile ausgeglichen wird.[191] Vorrangig ist zu prüfen, ob sich die unangemessene Benachteiligung aus Abs. 2 ergibt. Liegen die Voraussetzungen dieser Vorschrift vor, wird eine unangemessene Benachteiligung vermutet.[192] Nur wenn dies nicht der Fall ist, ist auf die Generalklausel des Abs. 1 zurückzugreifen. Grundsätzlich ist auch bei der Inhaltskontrolle nach § 307 BGB ein genereller typisierender Prüfungsmaßstab anzulegen.[193] Da es sich beim Arbeitsvertrag aber um einen Verbrauchervertrag handelt[194], sind gem. § 310 Abs. 3 Nr. 3 BGB als Ergänzung des generellen Prüfungsmaßstabs auch die den Vertragsschluss begleitenden Umstände zu berücksichtigen.[195] Dies beruht darauf, dass nach § 310 Abs. 3 Nr. 2 BGB auch Einzelverbraucherverträge und damit einzelne Arbeitsverträge inhaltlich zu kontrollieren sind. Als Pen-

---

186 Däubler/Dorndorf/Bonin/Deinert-Dorndorf/Deinert (2008), § 308 BGB Rn. 33b, § 307 BGB Rn. 76 ff.

187 BGH v. 17.2.2004, NJW 2004, 1588; v. 21.9.2005, NJW 2005, 3567 (3569); MünchKomm-Kieninger, § 308 Nr. 4 BGB Rn. 7.

188 Däubler/Bonin/Deinert-Bonin, § 308 BGB Rn. 5; Staudinger-Coester-Waltjen, § 308 Nr. 4 BGB Rn. 6.

189 Erman-Roloff, § 308 BGB Rn. 36.

190 Palandt-Grüneberg, § 307 BGB Rn. 8; BAG v. 18.5.2011, AP § 22, 23 BAT Zulagen Nr. 47; v. 27.7.2005, NZA 2006, 40 (46); v. 7.12.2005, NZA 2006, 423 (427).

191 Zundel, NJW 2006, 1237 (1241); BGH v. 14.1.1987, NJW 1987, 2431; v. 4.7.1997, NJW 1997, 3022 (3023).

192 BAG v. 27.7.2005, NZA 2006, 40 (46).

193 BAG v. 7.12.2005, NZA 2006, 423 (427); ErfK-Preis, §§ 305-310 BGB Rn. 42.

194 Palandt-Weidenkaff, Einf v § 611 BGB Rn. 7b, 75b; Däubler, NZA 2001, 1329 (1333); BTDrucks 14/7052, S. 190 („Da Arbeitnehmer auch Verbraucher sind…"); BAG v. 14.1.2009, NZA 2009, 666 (667); v. 14.8.2007, NZA 2008, 170 (172); v. 25.5.2005, NZA 2005, 1111 (1115); v. 15.2.2007, NZA 2007, 614 (615); a. A. Hromadka, NJW 2002, 2523 (2524); Annuß, NJW 2002, 2844 (2844 ff.).

195 Vgl. BAG v. 7.12.2005, NZA 2006, 423 (427).

dant dazu steht die Vorschrift des § 310 Abs. 3 Nr. 3 BGB. Dem Wortlaut zufolge kann die Erweiterung des Prüfungsmaßstabs sowohl nichtigkeitsbegründend als auch geltungserhaltend wirken.[196] Zu den konkret-individuellen Umständen zählen etwa die individuelle Ausprägung des Kräfteverhältnisses und die konkrete Verhandlungsposition, wobei die typische Unterlegenheit des Arbeitnehmers bereits im Rahmen der generalisierenden Betrachtungsweise zu beachten ist.[197] So sind etwa eine bei Vertragsschluss erfolgte Überrumpelung oder mangelnde Aufklärung berücksichtigungsfähig.[198] Die Darlegungs- und Beweislast für die Tatsachen, aus denen sich die unangemessene Benachteiligung ergibt, liegt beim Arbeitnehmer.[199]

Bei der Beurteilung der Zumutbarkeit bzw. der unangemessenen Benachteiligung ist das Erscheinungsbild des gesamten Vertrages und nicht nur der einzelnen Vertragsklausel zu berücksichtigen.[200] So können sich einerseits summierende Effekte zum Nachteil des Verwenders auswirken, andererseits können aber auch kompensierende Effekte gegen die Unzumutbarkeit bzw. eine unangemessene Benachteiligung sprechen.

Die dargestellten Grundsätze zeigen, dass sich die Prüfung der Zumutbarkeit und die der unangemessenen Benachteiligung der vertraglichen Regelung ähnlich gestaltet und daher im Ergebnis kaum ein Unterschied besteht. Ob sich die Inhaltskontrolle nun ausschließlich nach § 307 BGB oder auch nach 308 Nr. 4 BGB richtet, wird in Rechtsprechung und Literatur unterschiedlich beurteilt. Im Folgenden wird dargestellt, welche Ansichten hierzu vertreten werden und welche Voraussetzungen und Grenzen für Widerrufsvorbehalte daraus im Einzelnen abgeleitet werden.

aa) Die Rechtsprechung des Bundesarbeitsgerichts

(1) Die normative Grundlage der Inhaltskontrolle

Dem BAG zufolge richtet sich die Wirksamkeit des Widerrufsvorbehalts nach § 308 Nr. 4 BGB als der gegenüber § 307 BGB spezielleren Norm.[201] Da § 308 Nr. 4 BGB aber § 307 BGB konkretisiere, seien auch dessen Wertungen heranzuziehen.

---

196 Vgl. BAG v. 31.8.2005, NZA 2006, 324 (328).

197 Däubler/Bonin/Deinert-Deinert, § 307 BGB Rn. 88 f.

198 Moll, S. 112.

199 AnwK-ArbR-Hümmerich/Ebeling, § 307 BGB Rn. 72.

200 ErfK-Preis, §§ 305-310 BGB Rn. 47; BGH v. 26.10.1994, NJW 1995, 254.

201 BAG v. 12.1.2005, NZA 2005, 465 (467); v. 11.10.2006, NZA 2007, 87 (89); v. 11.2.2009, NZA 2009, 428 (430).

(2) Die Grenzwerte

Darüber, dass Widerrufsvorbehalte nicht zwangsläufig eine unangemessene Benachteiligung darstellen, sind sich die Senate einig.[202] Fraglich ist aber, wo die Grenze zu ziehen ist zwischen einem Widerrufsvorbehalt, der gerade noch zulässig ist und einem Vorbehalt, der die Grenzen der Gestaltungsfreiheit überschreitet. Da die Grundsätze der früheren Rechtsprechung zu Widerrufsvorbehalten nach wie vor herangezogen werden, sollen diese kurz dargestellt werden.

Wie bereits angesprochen, wurden Widerrufsvorbehalte nach der überholten Rechtsprechung des BAG am Kündigungsschutz (§ 2 KSchG) gemessen, infolge dessen der Kernbereich des Arbeitsverhältnisses nicht angetastet werden durfte.[203] Dies führte dazu, dass lediglich ein verhältnismäßig kleiner Teil der Gesamtbezüge widerruflich ausgestaltet werden konnte.[204] So hielt es das BAG für unbedenklich, Weihnachtsgratifikationen[205], Jubiläumsprämien[206] und übertarifliche Leistungs- und Erschwerniszulagen[207] unter den Vorbehalt des Widerrufs bzw. der Freiwilligkeit zu stellen. Allerdings stellte sich die problematische Grenzfrage, ab wann die Gestaltung im Einzelfall einen Eingriff in den Kernbereich bedeutete.

Mit Urteil vom 07.01.1971[208] hat das BAG einen Eingriff in den Kernbereich bei einer Leistungszulage in Höhe von 20% des tariflichen Bruttogehalts abgelehnt. Auch bei einer Leistungszulage in Höhe von 19 bis 31% des Tariflohns sei der Kernbereich nicht tangiert[209], ebenso wenig bei einer widerruflich ausgestalteten Provision in Höhe von 15% des Gesamteinkommens.[210] Noch großzügiger war die Rechtsprechung bei sog. „Entwicklungsklauseln" in Chefarztverträgen.[211] Diese seien auch im Falle eines widerruflich ausgestalteten

---

202 BAG v. 13.4.2010, NZA-RR 2010, 457 (459); v. 11.10.2006, NZA 2007, 87 (89); v. 26.1.2005, NZA-RR 2005, 389 (391 f.).

203 BAG v. 15.8.2000 – 1 AZR 475/99 n. v.; v. 15.11.1995, NZA 1996, 603 (605).

204 BAG v. 7.1.1971, AP § 315 BGB Nr. 12, wonach das Tarifgehalt allerdings unangetastet bleiben musste; v. 9.6.1967, AP § 611 BGB Lohnzuschläge Nr. 5.

205 BAG v. 27.10.1978, AP § 611 BGB Gratifikation Nr. 97.

206 BAG v. 3.11.1987, AP § 77 BetrVG 1972 Nr. 25.

207 BAG v. 9.6.1965, AP § 315 BGB Nr. 10; v. 30.8.1972, AP § 611 BGB Lohnzuschläge Nr. 6; v. 13.5.1987, NZA 1988, 95 (96); v. 7.1.1971, AP § 315 BGB Nr. 12; v. 15.11.1995, NZA 1996, 603 (605).

208 AP § 315 BGB Nr. 12.

209 BAG v. 13.5.1987, NZA 1988, 95 (95 f.).

210 BAG v. 15.11.1995, NZA 1996, 603 (606).

211 BAG v. 28.5.1997, AP § 611 BGB Arzt-Krankenhaus-Vertrag Nr. 36; v. 9.1.1980, AP § 611 BGB Arzt-Krankenhaus-Vertrag Nr. 6; v. 7.9.1972, AP § 767 ZPO Nr. 2; v. 15.12.1976, AP § 611 BGB Arzt-Krankenhaus-Vertrag Nr. 3; v. 15.1.1992, ArztR 1993, 148.

Vergütungsbestandteils in Höhe von 35-40% nicht zu beanstanden.[212] Abgestellt wurde bei der Beurteilung nicht nur auf den prozentualen widerruflichen Anteil, sondern ebenso auf das verbleibende Einkommen.

Die großzügige Rechtsprechung führte nur in wenigen Fällen zur Unwirksamkeit des Vorbehalts. So etwa in einem Fall, in dem dem Arbeitgeber das Recht zustehen sollte, die festgelegte Arbeitszeit später einseitig nach Bedarf zu reduzieren.[213] Das LAG Hamm hat eine Klausel für unwirksam erklärt, die es ermöglichte, die einem Außendienstmitarbeiter zugesagte Provision ohne dessen Verschulden auf Null zu reduzieren.[214]

Seit der Schuldrechtsreform wurden diese Wertungen – insbesondere die Unantastbarkeit des Kernbereichs – vom BAG weitergeführt, wobei es auf die konkrete Anwendbarkeit des KSchG nicht mehr ankommt.[215] Nach der aktuellen Rechtsprechung des BAG ist die Vereinbarung eines Widerrufsvorbehalts gem. § 308 Nr. 4 BGB zumutbar, „wenn der Widerruf nicht grundlos erfolgen soll, sondern wegen der unsicheren Entwicklung der Verhältnisse als Instrument der Anpassung notwendig ist".[216] Wegen der Ungewissheit der wirtschaftlichen Entwicklung des Unternehmens habe der Arbeitgeber ein anerkennenswertes Interesse an flexiblen Entgeltbestandteilen, wobei aber der Kernbereich weiterhin veränderungsresistent sei. Dabei differenziert das BAG zwischen synallagmatischen und nicht synallagmatischen Leistungen und hält einen Widerrufsvorbehalt im Rahmen der §§ 305 ff. BGB dann für zulässig, wenn die im Gegenseitigkeitsverhältnis stehenden widerruflichen Vergütungsbestandteile nicht mehr als 25% des Gesamtverdienstes ausmachen und der Tariflohn nicht unterschritten wird.[217] Bezieht sich der Widerruf auf eine Leistung, die nicht im Gegenseitigkeitsverhältnis steht, sondern Ersatz für Aufwendungen darstellt, die an sich der Arbeitnehmer selbst tragen muss (z. B. Fahrtkostenersatz, U-Bahn-

---

212 BAG v. 28.5.1997, AP § 611 BGB Arzt-Krankenhaus-Vertrag Nr. 36, wobei das Tarifgehalt unberührt blieb; krit. Reinecke, NJW 2005, 3383 (3386 ff.).

213 BAG v. 12.12.1984, NZA 1985, 321; ebenso BAG v. 31.1.1985 – 2 AZR 393/83.

214 LAG Hamm v. 16.10.1989, ZIP 1990, 880.

215 BAG v. 11.10.2006, NZA 2007, 87 (89); v. 12.1.2005, NZA 2005, 465 (467); zust. Schnitker/Grau, BB 2002, 2120 (2123); Däubler/Dorndorf/Bonin/Deinert-Dorndorf/Bonin (2008), § 308 BGB Rn. 32; krit. Kort, SAE 2005, 307 (314); a. A. Lingemann, NZA 2002, 181 (190 f.).

216 BAG v. 12.1.2005, NZA 2005, 465 (467); v. 11.10.2006, NZA 2007, 87 (89); v. 13.4.2010, NZA-RR 2010, 457 (459).

217 BAG v. 12.1.2005, NZA 2005, 465 (467); v. 11.10.2006, NZA 2007, 87 (89); v. 7.12.2005, NZA 2006, 423 (428); krit. Bayreuther, ZIP 2007, 2009 (2010); krit. Preis/Lindemann, AuR 2005, 229 (229 ff.).

Ticket oder Essenszuschuss), so darf der widerrufliche Teil nicht mehr als 30% des Gesamtverdienstes ausmachen.[218]

Diese präjudiziellen Grenzen gelten zumindest für den Regelfall, womit zwangsläufig die Frage einhergeht, ob der Kernbereich in atypischen Fällen flexibel ist. Je nach Stellung des Arbeitnehmers im Unternehmen, der Laufzeit des Vertrags oder der Einflussnahmemöglichkeit des Arbeitnehmers könnten Abweichungen geboten sein. Zu dieser Frage hat das BAG bislang noch nicht Stellung genommen.

(3) Die Anforderungen an den Widerrufsgrund

Neben der Einhaltung der prozentualen Grenzen ist die Vereinbarung des Widerrufsrechts gem. § 308 Nr. 4 BGB nur zumutbar, wenn die Ausübung an einen Grund geknüpft ist.[219] Das bedeutet in inhaltlicher Hinsicht, dass ein Widerrufsgrund gegeben sein muss, der den Widerruf unter Berücksichtigung von „Art und Höhe der Leistung, die widerrufen werden soll, nach der Höhe des verbleibenden Verdienstes und der Stellung des Arbeitnehmers im Unternehmen" typischerweise rechtfertigt. Dies gelte unabhängig von der Bezeichnung des Grundes als sachlich, hinreichend, triftig oder schwerwiegend.[220] Aufgrund dieser recht jungen Rechtsprechung des BAG liegen noch keine Entscheidungen vor, die Aufschluss darüber geben, welche Gründe grundsätzlich geeignet sind, den Widerruf zu rechtfertigen. Auch wenn das BAG zunächst andeutete, dass ein Widerruf auf wirtschaftliche Gründe gestützt werden könne[221], kann dies seit der Entscheidung vom 13.04.2010[222] nicht mehr angenommen werden. Nicht jeder Grund, der wirtschaftliche Aspekte betreffe, könne als Sachgrund anerkannt werden.[223]

(4) Begrenzung des zeitlichen Umfangs

Grundsätzlich ist darüber nachzudenken, den Widerruf zeitlich zu begrenzen. Dies würde beispielsweise im Falle des Widerrufs aus wirtschaftlichen Gründen bedeuten, dass der Arbeitnehmer den Widerruf nur für den Zeitraum der wirtschaftlichen Krise hinnehmen muss. Während eine solche Begrenzung in der älteren Rechtsprechung zumindest im Rahmen einer Änderungskündigung für

218 BAG v. 11.10.2006, NZA 2007, 87 (89).

219 BAG v. 12.1.2005, NZA 2005, 465 (467).

220 BAG v. 12.1.2005, NZA 2005, 465 (467); nach BAG v. 11.2.2009, NZA 2009, 428 (430) ist ein triftiger Grund erforderlich.

221 BAG v. 12.1.2005, NZA 2005, 465 (468); v. 11.10.2006, NZA 2007, 87 (90).

222 NZA-RR 2010, 457.

223 Ähnlich bereits BAG v. 11.2.2009, NZA 2009, 428 (432).

erforderlich gehalten wurde[224], finden sich in neueren Entscheidungen keine Ausführungen hierzu.

(5) Erfordernis einer Widerrufsfrist

Daneben stellt sich die Frage, ob es erforderlich ist, den Widerruf – ähnlich wie eine Kündigung – an eine Frist zu knüpfen. Die Rechtsprechung lehnt eine solche Ausübungsfrist ab, da es hierfür keinen Ansatz im Gesetz gebe.[225] Allenfalls im Rahmen der Ausübungskontrolle käme die Einräumung einer Frist in Betracht, wenn der Widerruf auf eine noch nicht eingetretene, aber schon absehbare Entwicklung abstelle.[226]

Zusammenfassend lässt sich sagen, dass sich die Rechtsprechung zwar an die frühere „Kernbereichs-Rechtsprechung" anlehnt[227], jedoch deutlich hinter dieser zurück bleibt.[228] Während nach der früheren Rechtsprechung bei Spitzenverdienern ein höherer Anteil widerruflich ausgestaltet werden konnte als bei anderen Arbeitnehmern[229], deutet die neuere Rechtsprechung auf eine allgemeingültige Grenze des widerruflich gestaltbaren Entgeltbestandteils hin.[230] Zudem zieht die Rechtsprechung mittlerweile den Tariflohn als untere Grenze heran[231], was sich aus früheren Entscheidungen nicht ergibt. Im Großen und Ganzen hat das BAG eindeutige Grundsätze aufgestellt, die es dem Vertragsgestalter leichter machen, Widerrufsvorbehalte entsprechend auszugestalten.

bb) Die Rechtsprechung des Bundesgerichtshofes

Für die Wirksamkeit vorformulierter Änderungsvorbehalte setzt der BGH voraus, dass diese bei unsicherer Entwicklung des Schuldverhältnisses als Instrument der Anpassung notwendig sind und die Gründe, die zur Ausübung des Vorbehalts führen, sowie Richtlinien und Grenzen seiner Ausübung so konkret

---

224 BAG v. 20.8.1998, AP § 2 KSchG 1969 Nr. 50; anders sieht dies die Instanzrechtsprechung, LAG Hamm v. 19.4.1999, NZA-RR 1999, 568 (571).

225 BAG v. 12.1.2005, NZA 2005, 465 (467, 469); so auch bereits BAG v. 15.11.1995, NZA 1996, 603 (607); offen gelassen in BAG v. 14.12.2010, NZA 2011, 569.

226 BAG v. 12.1.2005, NZA 2005, 465 (468).

227 Vgl. BAG v. 11.10.2006, NZA 2007, 87 (89); v. 12.1.2005, NZA 2005, 465 (467).

228 Vgl. Küttner-Kania, Änderungsvorbehalte, Rn. 5.

229 BAG v. 28.5.1997, AP § 611 BGB Arzt-Krankenhaus-Vertrag Nr. 36; v. 9.1.1980, AP § 611 BGB Arzt-Krankenhaus-Vertrag Nr. 6; v. 7.9.1972, AP § 767 ZPO Nr. 2; v. 15.12.1976, AP § 611 BGB Arzt-Krankenhaus-Vertrag Nr. 3.

230 BAG v. 12.1.2005, NZA 2005, 465; v. 11.10.2006, NZA 2007, 87 (89); gegen die Zulässigkeit von Entwicklungsklauseln: Hümmerich, § 1 Rn. 53.

231 BAG v. 12.1.2005, NZA 2005, 465 (467); v. 11.10.2006, NZA 2007, 87.

wie möglich angegeben werden.[232] Die Notwendigkeit setze schwerwiegende oder triftige Gründe voraus.[233]

Damit erweist sich diese Rechtsprechung gegenüber der des BAG strenger. Das BAG lässt die Bezeichnung der Gründe als sachlich, hinreichend, triftig oder schwerwiegend dahinstehen. Ob sich damit im Ergebnis Unterschiede ergeben, ist zweifelhaft, denn schließlich kommt es darauf an, ob der vereinbarte Grund den Widerruf typischerweise rechtfertigt.

cc) Die Rechtsprechung der Instanzgerichte

Auch die Instanzrechtsprechung bewertet den Widerrufsvorbehalt am Maßstab des § 308 Nr. 4 in Verbindung mit § 307 BGB.[234]

Aus einer Entscheidung des LAG Hamm[235] geht hervor, dass ein jederzeitiger unbeschränkter Widerruf gem. den §§ 307 Abs. 1 S. 2, 308 Nr. 4 BGB unwirksam ist. Auch das ArbG Düsseldorf setzt für die Wirksamkeit der Klausel einen Grund voraus.[236] Anders hingegen entschied das LAG Berlin[237], dass – aufgrund der im Arbeitsrecht geltenden Besonderheiten – der Widerruf nicht bereits deswegen unwirksam sei, weil die entsprechende Klausel keine Widerrufsgründe enthalte.[238] Die Besonderheit sei der vom BAG entwickelte Grundsatz, wonach der Arbeitgeber eine zusätzliche Leistung, zu deren Erbringung er nicht verpflichtet sei, ohne Angabe von Gründen unter einen Widerrufsvorbehalt stellen könne, sofern er nicht gegen den Änderungskündigungsschutz verstoße.[239] Mit dem Zweck einer freiwilligen Leistung sei es nicht vereinbar, den Arbeitgeber durch die vorherige Festlegung auf bestimmte Widerrufsgründe zu binden. Diese Besonderheit finde Berücksichtigung, indem dem Arbeitgeber die Angabe bestimmter Widerrufsgründe erlassen werde.

---

232 BGH v. 19.10.1999, NJW 2000, 651 (652).

233 BGH v. 23.6.2005, NJW 2005, 3420 (3421); v. 6.10.1999, NJW 2000, 515 (516); v. 12.1.1994, NJW 1994, 1060 (1061 ff.); v. 21.12.1983, NJW 1984, 1182 (1183).

234 LAG Hamm v. 11.5.2004, NZA-RR 2004, 515 (517); LAG Berlin v. 30.3.2004, NZA-RR 2005, 20 (22); ArbG Düsseldorf v. 18.9.2003, DB 2004, 81.

235 LAG Hamm v. 11.5.2004, NZA-RR 2004, 515 (517 f.); nach LAG Hamm v. 11.10.2011 – 14 Sa 543/11 n. v. kann ein Widerruf der Nutzung des Dienstwagens nicht allein auf die Freistellung von der Arbeitsleistung gestützt werden.

236 ArbG Düsseldorf v. 18.9.2003, DB 2004, 81; so auch das LAG Köln v. 14.1.2011 – 10 Sa 934/10 n. v.

237 LAG Berlin v. 30.3.2004, NZA-RR 2005, 20 (22).

238 So auch LAG Rheinland-Pfalz v. 14.10.2004, AE 2005, 170; zust. i. E. Schnitker/Grau, BB 2002, 2120 (2124); Annuß, BB 2002, 458 (462); Lingemann, NZA 2002, 181 (190).

239 LAG Berlin v. 30.3.2004, NZA-RR 2005, 20 (22).

Die uneinheitliche Rechtsprechung der Instanzgerichte ist nicht zuletzt darauf zurückzuführen, dass das BAG zum damaligen Zeitpunkt noch keine klaren Grundsätze aufgestellt hatte. Von daher verwundert es nicht, dass sich das LAG Berlin mittlerweile der gegenteiligen Auffassung angeschlossen hat.[240]

Nach der jüngsten Rechtsprechung des LAG Niedersachsen muss die Vertragsklausel eine Ankündigungsfrist für den Widerruf entsprechend § 622 Abs. 1 BGB von vier Wochen vorsehen.[241] Diese Anforderung resultiert aus einer Abwägung des Interesses des Arbeitgebers, die Privatnutzung eines Dienstwagens nur so lange gewähren zu müssen, wie der Dienstwagen auch einen beruflichen Nutzen hat und dem Interesse des Arbeitnehmers, sich auf den Wegfall der Privatnutzung einstellen und gegebenenfalls ein Ersatzfahrzeug beschaffen zu können. Auf diesem Weg stellt das LAG Niedersachsen die Zumutbarkeit eines solchen Widerrufsvorbehalts her.

dd) Die Auffassung der Literatur

An dieser Stelle ist der Frage nachzugehen, welche Konsequenzen die Literatur aus der Anwendung der §§307 ff. BGB für Widerrufsvorbehalte ableitet. Die Auffassungen variieren nicht nur hinsichtlich des anzuwendenden Prüfungsmaßstabs, sondern vor allem auch hinsichtlich den sich daraus ergebenden Voraussetzungen und Grenzen für Widerrufsvorbehalte. Während Teile der Literatur davon ausgehen, dass der bislang geltende Maßstab weiterhin heranzuziehen sei und keine Verschärfung des Prüfungsmaßstabs aus § 308 Nr. 4 BGB hergeleitet werden könne[242], sehen andere wiederum die bisherige Rechtsprechung als überholt an und gehen von einer Verschärfung des Prüfungsmaßstabs aus.[243] Dies resultiere zum einen aus den Anforderungen des Transparenzgebotes[244], zum anderen aus den Anforderungen, die die entsprechende Richtlinie stelle.[245] So sind gem. Nr. 1 j) und k) des Anhangs zu Art. 3 Abs. 3 der RL 93/13/EWG[246]

240 Vgl. LAG Berlin v. 19.8.2005, NZA-RR 2006, 68 (69).

241 LAG Niedersachsen v. 14.9.2010 – 13 Sa 462/10 n. v. (Widerruf der Privatnutzung eines Dienstwagens).

242 Lingemann, NZA 2002, 181 (190 f.); Annuß, BB 2002, 458 (462); Richardi, NZA 2002, 1057 (1063); Henssler/Westphalen von-Henssler, § 310 BGB Rn. 6 und Thüsing, NZA 2002, 591 (594) halten an der bisherigen Rechtsprechung als arbeitsrechtliche Besonderheit fest.

243 Preis, NZA-Beil. 2003, S. 20; Schnitker/Grau, BB 2002, 2120 (2123); Wolf/Lindacher/Pfeiffer, Anh. zu § 310 BGB Rn. 118.

244 Wolf/Lindacher/Pfeiffer, Anh. zu § 310 BGB Rn. 118.

245 Vgl. etwa Palandt-Grüneberg, § 308 BGB Rn. 25; Ulmer/Brandner/Hensen-Schmidt (2006), § 308 Nr. 4 BGB Rn. 15.

246 AblEG Nr. L 95/29 v. 21.4.1993.

triftige Gründe für einen Änderungsvorbehalt erforderlich.[247] Aber auch die Tatsache, dass die bisherige Inhaltskontrolle als nicht einheitlich und ungenügend kritisiert wurde und durch die Streichung der Bereichsausnahme Rechtssicherheit geschaffen werden sollte[248], belege, dass die Inhaltskontrolle ausgeweitet werden sollte.[249] Bereits an dieser Stelle wird deutlich, dass die Streichung der Bereichsausnahme im Arbeitsrecht nicht nur bestehende Unsicherheiten beseitigt, sondern auch neue Rechtsfragen aufgeworfen hat.

Unabhängig davon, ob als Kontrollmaßstab § 307 BGB oder § 308 Nr. 4 BGB angewendet wird, bedarf es einer Abwägung des Interesses des Arbeitgebers an einer flexiblen Gestaltung mit dem Interesse des Arbeitnehmers am Vertragsinhaltsschutz. In diesem Rahmen wird die Berücksichtigung vielfältiger Aspekte befürwortet. Von Bedeutung seien etwa die Art der flexibilisierten Leistung[250], die jeweilige Einflussmöglichkeit des Arbeitnehmers hinsichtlich Eintritt und Umfang der Änderung[251] sowie seine Stellung im Betrieb[252], die Höhe des Vergütungsbestandteils, der widerrufen werden soll sowie der verbleibenden Vergütung.[253] Einfluss und Stellung im Betrieb seien eng verknüpft, da der Einfluss umso größer sei, je höher die Stellung des Arbeitnehmers sei.[254]

Aus der Bewertung und Abwägung der verschiedenen Belange und Positionen der Arbeitsvertragsparteien resultieren die Anforderungen und Grenzen, die die unterschiedlichen Literaturmeinungen für Widerrufsvorbehalte aufstellen. Nach der Darstellung des anzuwendenden Kontrollmaßstabes wird dieser im Einzelnen erörtert.

---

247 Vgl. Grabitz/Hilf-Pfeiffer, A 5 Anh. zu Art. 3 Abs. 3 Nr. 1 lit. j) Rn. 90 f.

248 BTDrucks 14/6857 S. 54.

249 Bergwitz, AuR 2005, 210 (214).

250 Preis, Der Arbeitsvertrag, II V 70 Rn. 12; KR-Rost, § 2 KSchG Rn. 48e; Thüsing, Rn. 263; Wiedemann, AP § 4 TVG Übertariflicher Lohn und Tariflohnerhöhung Nr. 10; Lindemann, AuR 2004, 201 (205 f.); Preis-Lindemann/Urmersbach, Arbeitsformen, S. 53 f.; Däubler/Bonin/Deinert-Bonin, § 308 BGB Rn. 34 ff.; MünchHdbArbR-Krause, § 56 Rn. 22.

251 Preis, Der Arbeitsvertrag, II V 70 Rn. 12; Preis-Lindemann/Urmersbach, Arbeitsformen, S. 53; MünchHdbArbR-Krause, § 56 Rn. 22; Thüsing, Rn. 263.

252 Preis-Lindemann/Urmersbach, Arbeitsformen, S. 53; Thüsing, Rn. 263; Hromadka/Maschmann, § 7 Rn. 50e; Singer, RdA 2006, 362 (369); KR-Rost, § 2 KSchG Rn. 48c; a. A. Bergwitz, AuR 2005, 210 (213).

253 Thüsing, Rn. 263.

254 Preis-Lindemann/Urmersbach, Arbeitsformen, S. 53.

(1) Die normative Grundlage der Inhaltskontrolle

Im Schrifttum herrscht ein argumentationsfreudiger Streit darüber, ob sich die Inhaltskontrolle von Widerrufsvorbehalten ausschließlich nach § 307 BGB oder auch nach § 308 Nr. 4 BGB richtet. Während von einem Großteil der Literatur § 308 Nr. 4 für einschlägig gehalten wird[255], nehmen andere die Inhaltskontrolle ausschließlich nach Maßgabe des § 307 BGB vor.[256] Zum Teil wird Letzteres damit begründet, dass § 308 Nr. 4 BGB nur anwendbar sei, sofern es sich um Leistungen des Verwenders handele.[257] Wende man diese Vorschrift an, würde hinsichtlich Leistung und Gegenleistung ein unterschiedlicher Maßstab gelten, zumal bei § 307 BGB im Falle eines Verbrauchervertrages die den Vertragsschluss begleitenden Umstände Berücksichtigung fänden gem. § 310 Abs. 3 Nr. 3 BGB.[258] Eine derart unterschiedliche Behandlung sei nur schwerlich zu rechtfertigen. Andere argumentieren, dass nur so ein Wertungswiderspruch zur Befristung von Entgeltbestandteilen, die an § 307 Abs. 1 BGB zu messen sei, verhindert werden könne.[259] Zudem wird die ausschließliche Anwendung von § 307 BGB damit begründet, dass § 308 Nr. 4 BGB auf einmalige Warenaustauschverträge zugeschnitten sei und für Arbeitsverhältnisse, die langfristig angelegt seien, nicht passe.[260] Schließlich spreche auch der Sinn und Zweck des § 308 Nr. 4 BGB, eine ungerechtfertigte Haftungsfreizeichnung des Verwenders

255 ErfK-Preis, §§ 305-310 BGB Rn. 53; ders., Der Arbeitsvertrag, II V 70 Rn. 10, 18; v. Hoyningen-Huene/Linck, § 2 KSchG Rn. 62; Hromadka/Maschmann, § 7 Rn. 50e; MünchAnwHdb-Kolvenbach/Glaser, § 23 Rn. 16; Lakies in: AR-Blattei, Rn. 307; Thüsing, Rn. 274; Reinecke, NZA 2005, 953 (956); Diekmann/Bieder, DB 2005, 722 (724); Annuß, BB 2002, 458 (462); Sievers, NZA 2002, 1182 (1184); Schnitker/Grau, BB 2002, 2120 (2122 f.); Mohnke, S. 345; nach AnwK-ArbR-Elz, § 315 BGB Rn. 54 regelt § 308 Nr. 4 BGB die sachlichen Anforderungen und § 307 Abs. 1 S. 2 BGB die Anforderungen an die konkrete Formulierung.

256 Hanau/Hromadka, NZA 2005, 73 (75); Deich, § 12 D. 2. c.bb. (2.); Gotthardt, ZIP 2002, 277 (285); Lindemann, AuR 2004, 201 (204); dies., S. 133; Preis/Lindemann, NZA 2006, 632 (634); Hümmerich, NZA 2003, 753 (760) differenziert insofern nicht zwischen Widerrufs- und Freiwilligkeitsvorbehalten; Moll, S. 107.

257 Lindemann, AuR 2004, 201 (204); Gotthardt, ZIP 2002, 277 (285); KR-Rost, § 2 KSchG Rn. 48b; Ulmer/Brandner/Hensen-Schmidt, § 308 Nr. 4 Rn. 4; a. A. Wolf/Horn/ Lindacher, AGB-Gesetz, § 10 Nr. 4 Rn. 7 für die Vorgängernorm (§ 10 Nr. 4 AGBG); Staudinger-Coester-Waltjen, § 308 Nr. 4 BGB Rn. 2.

258 Lindemann, AuR 2004, 201 (204).

259 Hanau/Hromadka, NZA 2005, 73 (75).

260 Hanau/Hromadka, NZA 2005, 73 (76).

zu verhindern[261], gegen die Anwendung, denn in Bezug auf die Vergütungspflicht seien keine Gewährleistungsansprüche des Arbeitnehmers denkbar.[262]

Die Gegenauffassung wendet ein, dass aus § 308 Nr. 3 BGB der Umkehrschluss gezogen werden könne, dass § 308 Nr. 4 BGB auch für Dauerschuldverhältnisse gelte, da diese Vorschrift gerade keinen entsprechenden Ausschluss enthalte.[263] Auch die Vorgängervorschrift des § 10 Nr. 4 AGBG sei auf Dauerschuldverhältnisse wie die Miete angewendet worden, so dass der grundsätzliche Zuschnitt auf Austauschverträge nicht entgegenstehe.[264] Die Auffassung, die die ausschließliche Anwendung des § 307 BGB mit der Geltung einheitlicher Prüfungsmaßstäbe begründe, fände im Gesetz keine Stütze.[265] Eine weitere Meinung in der Literatur weist darauf hin, dass kein praktisches Bedürfnis für die ausschließliche Anwendung des § 307 BGB bestehe, da die unbestimmten Rechtsbegriffe „Zumutbarkeit" und „unangemessene Benachteiligung" ohnehin gleiche Ergebnisse herbeiführten.[266]

Letztlich hat der Meinungsstreit kaum praktische Relevanz, da die vielfältigen Meinungen in der Literatur zu den Voraussetzungen und Grenzen von Widerrufsvorbehalten weniger auf die unterschiedlichen Ansichten zum anzuwendenden Prüfungsmaßstab zurückzuführen sind als auf eine unterschiedliche Bewertung der Interessen der Arbeitsvertragsparteien.

(2) Die Grenzwerte

Die Rechtsprechung des BAG, die neben dem Erfordernis eines Widerrufsgrundes die Einhaltung konkreter Grenzwerte voraussetzt, findet von Seiten der Literatur nicht stets Zustimmung.[267] Ein Großteil der Literatur geht allerdings gar nicht näher auf eine bestimmte Prozentgrenze ein, sondern stellt die Anforderungen an den Widerrufsgrund in den Vordergrund.

261 Zu dem entsprechenden § 10 Nr. 4 AGBG vgl. Erman-Hefermehl (1993), § 10 Nr. 4 AGBG Rn. 9; Ulmer/Brandner/Hensen-Schmidt (2001), § 10 Nr. 4 Rn. 1.

262 Deich, § 12 D. 2. c. bb. (2.).

263 Diekmann/Bieder, DB 2005, 722 (724); für die Anwendbarkeit auch auf Dauerschuldverhältnisse: Däubler/Bonin/Deinert-Bonin, § 308 BGB Rn. 2; APS-Künzl, § 2 KSchG Rn. 90; Palandt-Grüneberg, § 308 BGB Rn. 24; vgl. auch LAG Hamm v. 11.5.2004, NZA-RR 2004, 515 (518).

264 Maties, DB 2005, 2689 (2691).

265 Schnitker/Grau, BB 2002, 2120 (2122).

266 Mohnke, S. 345.

267 Preis, Der Arbeitsvertrag, II V 70 Rn. 19 hält die Grenzwerte nicht für zwingend und präzisierungsbedürftig. Unklar MünchAnwHdb-Melms, § 8 Rn. 92b; krit. Thüsing, Rn. 263, 275; zust. v. Hoyningen-Huene/Linck, § 2 Rn. 63.

Eine Auffassung hält sich zwar im Hinblick auf konkrete Grenzwerte zurück, führt allerdings aus, dass eine Kürzung jedenfalls nur dann angemessen im Sinne des § 307 BGB sei, wenn sie der entstandenen Mehrbelastung entspreche.[268]

Manche Stimmen halten die Entscheidungen des BAG, in denen die Zulässigkeit eines widerruflich ausgestalteten Vergütungsbestandteils in Höhe von 15%, 20% bzw. 19 bis 31% bejaht wird, für bedenklich.[269] Vielmehr sei die Grenze für die Widerruflichkeit dort anzusiedeln, wo das Entgelt der „Normalleistung" entspreche.[270] Maßgeblich sei stets die vom Arbeitnehmer erreichte „konstante Proportionsbeziehung", die nur gewahrt sei, solange als Untergrenze der „Normallohn" bzw. der Mindestdurchschnittsverdienst zuzüglich der in der jeweiligen Branche üblichen Leistungen (Prämien, Gratifikationen etc.) herangezogen werde. Lediglich im Bereich der echten Sonder- und Spitzenleistungen komme bei Vorliegen eines sachlichen Grundes eine einseitige Änderung durch den Arbeitgeber in Betracht.

Für problematisch wird die Heranziehung eines konkreten Schwellenwertes auch deswegen gehalten, weil die Herstellung von Einzelfallgerechtigkeit auf diese Weise nicht erzielt werden könne.[271] So könne etwa ein Spitzenverdiener nicht genauso wie ein Arbeitnehmer mit weitaus geringerem Verdienst behandelt werden. Die Grenzziehung könne bei Geringverdienern eine viel stärkere Wirkung als bei Spitzenverdienern haben. Ebenso wenig sei eine Gleichbehandlung von laufenden überobligatorischen Zahlungen und solchen, die einmalig erbracht würden, sachgerecht. Vorzugswürdig sei eine Unterscheidung, die sich an dem orientiere, was nach vertraglicher Vereinbarung zum Synallagma gehöre. Ein Widerruf, der sich auf überobligatorische Leistungen beziehe, auf deren dauerhaften Erhalt der Arbeitnehmer nicht vertrauen dürfe, sei in der Regel unbedenklich, zumindest sofern er an sachliche Gründe geknüpft sei.[272]

Vereinzelt wird vertreten, dass die Aufteilung in einen Kernbereich, der nur betroffen sei, sofern der widerrufliche Vergütungsbestandteil einen bestimmten Anteil am Gesamtverdienst ausmache, und in einen Bereich außerhalb dieses

---

268 Preis, Der Arbeitsvertrag, II V 70 Rn. 25; vgl. auch BAG v. 22.4.1986, AP § 1 BetrAVG Unterstützungskassen Nr. 8.

269 KDZ-Zwanziger (2008), § 2 KSchG Rn. 29; auch Preis in: Festschrift Kissel, S. 892 und Henssler, SAE 1988, 164 (165) bezweifeln, dass diese zum Teil drastischen Eingriffe noch als „unwesentlich" bezeichnet werden können und den Kernbereich nicht berühren.

270 KDZ-Zwanziger (2008), § 2 KSchG Rn. 29.

271 Diekmann/Bieder, DB 2005, 722 (724 f.); so auch Wiedemann in: Festschrift Buchner, S. 950.

272 Diekmann/Bieder, DB 2005, 722 (725).

Kernbereichs willkürlich und nicht zu begründen sei.[273] Sofern die Rechtsprechung auf die Umgehung des Änderungskündigungsschutzes abstelle, sei es plausibler, synallagmatische Vergütungsregelungen grundsätzlich dem Kernbereich zuzuordnen. Ein Eingriff in den Kernbereich führe allerdings nur dann zur Unwirksamkeit der Widerrufsklausel, wenn kein sachlicher Grund vorliege.

Andererseits wird von Seiten der Rechtsprechung die im Randbereich vorgenommene Grenzziehung zwischen synallagmatischen und nicht synallagmatischen Entgeltbestandteilen kritisiert.[274] Aus Gründen der Rechtsklarheit sei von einem einheitlichen Wert von 25% auszugehen. Lediglich bei Spitzenverdienern könne das widerrufliche Volumen auf 35-40% erhöht werden.[275] Diese Meinung wird nicht von allen geteilt. Schließlich richteten auch diese Arbeitnehmer ihren Lebensstil an ihrem Einkommen aus.[276] Gerade Arbeitnehmer, die langfristige Verbindlichkeiten eingegangen seien, könnten durch einen Widerruf in erhebliche wirtschaftliche Bedrängnis geraten.[277]

Die Begriffe „Spitzenposition/Spitzenverdienst" bieten wiederum Anlass für Kritik.[278] Es handele sich um reichlich unbestimmte Kriterien, die kein taugliches Unterscheidungsmerkmal seien, um unterschiedliche Grenzen zu rechtfertigen. Der dahinter stehende Gedanke, dass bestimmte Positionen auch besonders gelagerte Interessen mit sich brächten, sei jedoch im Rahmen der Interessenabwägung zu berücksichtigen.

Für die Ansicht in der Literatur, die sich in Bezug auf die einzuhaltenden Grenzwerte der Rechtsprechung anschließt, stellt sich die Frage, welcher Grenzwert gilt, wenn mehrere Vergütungsbestandteile widerruflich ausgestaltet werden. Nach überwiegender Auffassung seien dann beide Grenzwerte zu be-

273 Friedrich, S. 277 f.; dieser Auffassung ist zugute zu halten, dass sie mit der Rechtsprechung des BAG, das die Vergütungspflicht des Arbeitgebers zum Kernbestand des Arbeitsverhältnisses zählt, in Einklang steht, vgl. BAG v. 31.1.1985 – 2 AZR 393/83.

274 MünchHdbArbR-Krause, § 56 Rn. 19; so auch Singer, RdA 2006, 362 (369).

275 Singer, RdA 2006, 362 (369); für eine weitergehende Grenze auch Reinecke, BB 2008, 554 (555); Hromadka/Schmitt-Rolfes, NJW 2007, 1777 (1781); Reiserer, NZA-Beil. 2010, 39 (40); wohl auch Willemsen/Jansen, RdA 2010, 1 (3); besonders großzügig hinsichtlich Entwicklungsklauseln in Chefarztverträgen ist Nebendahl in: Festschrift 25 Jahre ARGE Arbeitsrecht im DAV, S. 113 (133); a. A. Hümmerich, NJW 2005, 1759 (1761); Benecke, AuR 2006, 337 (338); wohl auch Reinecke, NJW 2005, 3383 (3388), zumindest bei jungen Chefärzten; Münzel, NZA 2011, 886 (892) hält die für Widerrufsvorbehalte aufgestellten Grundsätze bei Entwicklungsklauseln für nicht einschlägig.

276 Bergwitz, AuR 2005, 210 (213).

277 So hat das ArbG Kempen v. 30.6.1999, ArztR 2000, 120 entschieden, dass die Reduzierung des Chefarztgehalts um 35% nicht mehr zumutbar sei.

278 Willemsen/Grau, NZA 2005, 1137 (1139).

achten.[279] Nach der Entscheidung des BAG v. 11.10.2006 gelte für die synallagmatischen Leistungen die 25%-Grenze und für das flexibel gewährte Entgelt insgesamt die 30%-Grenze. Nur so könne der anerkannten AGB-Dogmatik, dass die in Rede stehende Klausel stets auch im Zusammenhang mit dem übrigen Vertragsinhalt bewertet werden müsse, Rechnung getragen werden.[280] Ungeklärt ist bislang allerdings noch, ob nur Entgeltbestandteile, zwischen denen ein sachlicher Zusammenhang besteht[281] oder sämtliche flexibel gewährte Entgeltbestandteile zusammenzurechnen sind[282].

Weiterhin wird die Frage aufgeworfen, ob eine Klausel mit einem Widerrufsvorbehalt unwirksam „wird", wenn die widerrufliche Leistung (z. B. ein flexibler Vergütungsbestandteil) bei Vereinbarung unterhalb von 25% des Gesamtverdienstes lag, allerdings im laufenden Arbeitsverhältnis diese Prozentgrenze überschreitet.[283] Es wird vertreten, dass dann die Ausübung des Widerrufs nach § 315 BGB unwirksam sei, nicht aber die Klausel selbst.[284] Daher sei es sinnvoll, in den Widerrufsvorbehalt eine Widerrufsgrenze von 25% der Gesamtvergütung aufzunehmen.

Zur Ermittlung der jährlichen Gesamtvergütung seien sämtliche Vergütungsbestandteile des Arbeitnehmers heranzuziehen.[285] Allerdings wird empfohlen, den widerruflichen Vergütungsbestandteil nicht mitzuzählen, denn so erhalte man einen zugunsten des Arbeitnehmers geringeren Wert.[286]

Kritisiert wird von Seiten der Literatur, dass die Rechtsprechung als untere Grenze den Tariflohn heranzieht.[287] Es wird angenommen, dass diese vom BAG aufgestellte Voraussetzung nicht nur im Falle der Tarifgebundenheit der Partei-

---

279 Willemsen/Grau, NZA 2005, 1137 (1139); Willemsen/Jansen, RdA 2010, 1 (3); Däubler/Dorndorf/ Bonin/Deinert-Dorndorf/Bonin (2008), § 308 BGB Rn. 33a; Worzalla, NZA-Beil. 2006, 122 (123).

280 Willemsen/Grau, NZA 2005, 1137 (1139).

281 So Worzalla, NZA-Beil. 2006, 122 (123); so auch Willemsen/Grau, NZA 2005, 1137 (1139); Annuß, BB 2006, 1333 (1339) unter Berufung auf den Summierungseffekt; vgl. auch BGH v. 26.10.1994, NJW 1995, 254 (255); krit. Schmiedl, NZA 2006, 1195 (1197) wegen der Möglichkeit der Umgehung durch geschickte Vertragsgestaltung.

282 So Willemsen/Jansen, RdA 2010, 1 (3); Bayreuther, BB 2009, 102 (103 f.).

283 Bauer/Chwalisz, ZfA 2007, 339 (345).

284 Bauer/Chwalisz, ZfA 2007, 339 (345).

285 HWK-Gotthardt, Anh. §§ 305-310 BGB, Rn. 31.

286 Lembke, NJW 2010, 321 (322).

287 Küttner-Kania, Änderungsvorbehalte, Rn. 5; krit. auch Rieble, NZA-Beil. 2000, 34 (40), der als Vergleichsbezug das marktübliche Entgelt vorschlägt. So auch Weber, S. 134; Bayreuther, ZIP 2007, 2009 (2010) plädiert dafür, diese Einschränkung ganz aufzugeben.

en gilt[288], denn dann wäre dies ohnehin eine Selbstverständlichkeit, da eine Abweichung vom Tarifvertrag nur zugunsten der Arbeitnehmer möglich ist, § 4 Abs. 3 TVG. Die Rechtsprechung könne nur so verstanden werden, dass auch nicht tarifgebundene Arbeitgeber den Tariflohn nicht unterschreiten dürften. Dadurch fungiere der Tariflohn als eine Art „Normallohn", was jedoch – insbesondere durch das Gesetz – nicht vorgesehen sei.[289] Zudem begegne diese Voraussetzung im Hinblick auf nicht tarifgebundene Unternehmen Bedenken, denn eine solche Sichtweise sei mit der negativen Koalitionsfreiheit des Art. 9 Abs. 3 GG nicht zu vereinbaren.[290] Dies würde dazu führen, dass ein nicht tarifgebundener Arbeitgeber bei der Gewährung zusätzlicher Vergütungsbestandteile, die er unter einen Widerruf stelle, an den Tariflohn gebunden sei, während dies nicht der Fall sei, solange er keine zusätzlichen Vergütungsbestandteile gewähre.[291] Die Situation stelle sich für ihn daher sinnvoller dar, wenn er keine zusätzlichen Vergütungsbestandteile gewähre. Dieses Ergebnis erscheint höchst fragwürdig. Bedenklich sei die Heranziehung des Tariflohns auch deswegen, weil im Umkehrschluss davon ausgegangen werden müsse, dass ein Widerrufsvorbehalt nie wirksam vereinbart werden könne, wenn ein Arbeitnehmer ein darunter liegendes Entgelt erhalte.[292] Mittlerweile stellt die Rechtsprechung hinsichtlich nicht tarifgebundener Arbeitsvertragsparteien auf das regelmäßige Entgelt ab[293], so dass sich die Bedenken vermutlich erledigt haben.

Zusammenfassend lässt sich festhalten, dass ein Teil der Literatur die von der Rechtsprechung aufgestellten Grenzwerte befürwortet, allerdings überwiegend die Bindung nicht tarifgebundener Arbeitgeber an den Tariflohn ablehnt. Daneben gibt es aber auch Stimmen, die konkrete Schwellenwerte allgemein oder zumindest im Hinblick auf sog. Spitzenverdiener ablehnen.

(3) Die Anforderungen an den Widerrufsgrund

Auffällig ist, dass sich die Stimmen zur konkreten Höhe der widerruflich ausgestaltbaren Vergütung zurückhalten, während sich zahlreiche Meinungen finden, die sich mit dem Erfordernis und der Intensität eines Widerrufgrundes auseinandersetzen. Dies ist vermutlich darauf zurückzuführen, dass sich die meisten Au-

---

288 Bayreuther, ZIP 2007, 2009 (2010); Benecke, AuR 2006, 338 (339); a. A. Reiserer, NZA-Beil. 2010, 39 (40); Hromadka/Schmitt-Rolfes, NJW 2007, 1777 (1781) stellen bei nicht tarifgebundenen Arbeitnehmern auf den üblichen Lohn ab.

289 Küttner-Kania, Änderungsvorbehalte, Rn. 5.

290 Bayreuther, ZIP 2007, 2009 (2010).

291 Bayreuther, ZIP 2007, 2009 (2010).

292 Diepold, S. 186.

293 BAG v. 19.12.2006, NZA 2007, 809 (810).

toren den Grenzwerten der Rechtsprechung anschließen und vorrangig die Frage nach dem Grund als problematisch sehen – zumal insofern keine eindeutige und präzise Rechtsprechung existiert. Allerdings kann die Zurückhaltung auch daraus resultieren, dass die Aufstellung konkreter Grenzwerte schwierig und risikobehaftet ist.

Nach nahezu unumstrittener Ansicht wird ein Grund für den Widerruf vorausgesetzt.[294] Eine andere Frage ist die nach dem Gewicht des Grundes, wozu vielfältige Meinungen vertreten werden. Von der Mehrheit der Stimmen wird ein sachlicher Grund vorausgesetzt.[295] Es gibt aber auch Autoren, die sachliche Gründe für nicht genügend erachten und triftige Gründe verlangen.[296] Letzteres wird zum Teil mit Art. 3 Abs. 3 Nr. 1 k) des Anhangs der EG-Richtlinie 93/13/EWG[297] begründet[298], demzufolge die Wirksamkeit der Klausel einen triftigen Grund für die Änderung voraussetzt. Ein Änderungsvorbehalt sei mithin nur bei Vorliegen eines triftigen Grundes zumutbar im Sinne des § 308 Nr. 4 BGB.[299] Darauf, worin der Unterschied zwischen einem sachlichen und einem triftigen Grund liegt, wird hingegen nicht eingegangen. Es erscheint naheliegend, dass es sich wohl lediglich um sprachliche Divergenzen handelt.

Da es im Hinblick auf die §§ 307, 308 Nr. 4 BGB für erforderlich gehalten wird, dass die Gründe im angemessenen Verhältnis zum Umfang des vorbehaltenen Bestimmungsrechts stehen[300], lassen sich im Schrifttum zahlreiche Meinungen finden, die eine Dreiteilung der Entgeltbestandteile zur Beurteilung der Zulässigkeit von Widerrufsvorbehalten vornehmen: Während der Kernbereich

---

294 Junker, § 1 Rn. 83.

295 Hromadka/Maschmann, § 7 Rn. 50f.; Thüsing, Rn. 275; Hanau/Hromadka, NZA 2005, 73 (77); Willemsen/Grau, NZA, 2005, 1137 (1139); HWK-Thüsing, § 611 BGB Rn. 512; Sievers, NZA 2002, 1182 (1184); Bayreuther, ZIP 2007, 2009 (2011); so bereits Henssler, SAE 1988, 164 (165).

296 Däubler, NZA 2001, 1329 (1336); Maties, DB 2005, 2689 (2693); Palandt-Grüneberg, § 308 BGB Rn. 25; Ulmer/Brandner/Hensen-Schmidt (2006), § 308 Nr. 4 BGB Rn. 15 (in der neueren Auflage (2011) finden sich hierzu keine Ausführungen); Däubler/Bonin/Deinert-Bonin, § 308 BGB Rn. 4, 43; vgl. auch BGH v. 23.6.2005, NJW 2005, 3420 (3421); v. 11.10.2007, NJW-RR 2008, 134 (135).

297 AblEG Nr. L 95/29 v. 21.4.1993.

298 Palandt-Grüneberg, § 308 BGB Rn. 25; Ulmer/Brandner/Hensen-Schmidt (2006), § 308 Nr. 4 BGB Rn. 15; Däubler/Bonin/Deinert-Bonin, § 308 BGB Rn. 4; Diekmann/Bieder, DB 2005, 722 (725); MünchKomm-Kieninger, § 308 Nr. 4 BGB Rn. 3; vgl. auch BGH v. 23.6.2005, NJW 2005, 3420 (3421); zwar bestand für Arbeitsverträge kein Umsetzungszwang, allerdings hat sich der nationale Gesetzgeber bei der Schaffung des AGB-Rechts an deren Direktiven orientiert, so dass er sich auch daran festhalten lassen muss.

299 Däubler/Bonin/Deinert-Bonin, § 308 BGB Rn. 4.

300 Vgl. etwa KR-Rost, § 2 KSchG Rn. 48e.

des Arbeitsverhältnisses keiner Änderung zugänglich sei[301], wird im Randbereich eine weitere Abstufung vorgenommen. Handele es sich bei den widerruflichen Leistungen um solche, die nicht im Synallagma stünden oder habe der Arbeitnehmer Einfluss auf den Eintritt und Umfang der Änderung, seien willkürfreie und nachvollziehbare Gründe für mögliche Änderungen ausreichend.[302] Solche Gründe seien gegeben, wenn sich die Sach- oder Rechtslage derart ändere, dass eine Kürzung nahe liege.[303] Bei im Gegenseitigkeitsverhältnis stehenden widerruflichen Leistungen, auf deren Änderung der Arbeitnehmer keinen Einfluss habe, sei ein konkreter Widerrufsgrund erforderlich, der die Anforderungen der §§ 1, 2 KSchG erfülle.[304] Der Tariflohn müsse stets unangetastet bleiben.[305]

Kritisiert wird von anderen Teilen der Literatur, dass eine Kategorisierung, wie die zuvor dargestellte, zu Asymmetrien zur nachgelagerten Ausübungskontrolle führe.[306] Für die Ermessensentscheidung gälten schließlich deutlich geringere Anforderungen als für die soziale Rechtfertigung einer Änderungskündigung nach den §§ 1 Abs. 2, 2 KSchG.

Andere Stimmen lehnen eine Dreiteilung aufgrund der Abgrenzungsprobleme ab.[307] Stattdessen wird eine Aufteilung in einen Kernbereich und in einen Randbereich vorgenommen. Ersterer liege bei ca. 70% der Bezüge und sei veränderungsfest, genauso wie der gesamte Bereich der Tarifentgelte. Im Randbereich könne sich der Arbeitgeber eine Änderung vorbehalten, was allerdings das

301 Preis, II V 70 Rn. 18 ff.; ErfK-Preis, §§ 305-310 BGB Rn. 58 f.; KR-Rost, § 2 KSchG Rn. 48 ff.; Däubler/Bonin/Deinert-Bonin, § 308 BGB Rn. 35; MünchHdbArbR-Krause, § 56 Rn. 22.

302 ErfK-Preis, §§ 305-310 BGB Rn. 54; ders., Der Arbeitsvertrag, II V 70 Rn. 25; so auch KR-Rost, § 2 KSchG Rn. 48e; Moll, S. 178; Lindemann, S. 339; ebenso Wolf/Lindacher/Pfeiffer-Stoffels, Anh. zu § 310 BGB Rn. 126; Däubler/Bonin/Deinert-Bonin, § 308 BGB Rn. 45; MünchHdbArbR-Krause, § 56 Rn. 22; ähnlich auch Thüsing/Mengel, 2.3.3.3.

303 Preis, Der Arbeitsvertrag, II V 70 Rn. 25.

304 ErfK-Preis, §§ 305-310 BGB Rn. 54; ders., Der Arbeitsvertrag, II V 70 Rn. 21; so auch Deich, § 12 D. 2. c. bb. (2.) (a.); Lindemann, S. 326 f.; KR-Rost, § 2 KSchG Rn. 48e; Thüsing/Mengel, 2.3.3.3 hält Gründe, die eine betriebsbedingte Kündigung rechtfertigen, für ausreichend, aber nicht für erforderlich; so auch noch Westphalen von-Thüsing (2006), Arbeitsverträge, Rn. 117; krit. Singer, RdA 2006, 362 (365 f.); a. A. Bergwitz, AuR 2005, 210 (216), demzufolge triftige oder schwerwiegende Gründe genügen. Ebenso: Wolf/Lindacher/Pfeiffer-Stoffels, Anh. zu § 310 BGB Rn. 126; Däubler/Bonin/Deinert-Bonin, § 308 BGB Rn. 43; MünchHdbArbR-Krause, § 56 Rn. 22.

305 Preis/Lindemann, NZA 2006, 632 (635).

306 Willemsen/Grau, NZA 2005, 1137 (1139).

307 Hanau/Hromadka, NZA 2005, 73 (77 f.); so auch Thüsing, Rn. 275.

Vorliegen eines sachlichen Grundes voraussetze.[308] Das Erfordernis eines Widerrufgrundes, der eine betriebsbedingte Kündigung rechtfertigen könnte, verwische die Grenzen zwischen der Änderungskündigung und dem bereits im Arbeitsvertrag angelegten Widerrufsvorbehalt.[309] Zudem sei ein vertraglich vereinbarter Widerrufsvorbehalt überflüssig, wenn auf die Anforderungen abgestellt würde, die auch an die Änderungskündigung zu stellen seien.[310] Aber auch das Erfordernis schwerwiegender Gründe sei nicht vertretbar, denn zum einen sei eine Abgrenzung im Randbereich schwierig und zum anderen bestehe im Randbereich kein derart schutzwürdiges Vertrauen des Arbeitnehmers, das einen so strengen Maßstab rechtfertigen könnte.[311] Zum anderen wird das Erfordernis schwerwiegender oder triftiger Gründe mit der Begründung abgelehnt, dass eine unzumutbare Benachteiligung auch durch die Billigkeitskontrolle ausgeschlossen werde.[312] Bei zu hohen Anforderungen an den Widerrufsgrund würde zudem eine Überprotektion des Arbeitnehmers herbeigeführt.[313] Eine weitere Auffassung erwähnt, dass Widerrufsvorbehalte bei freiwilligen Zusatzleistungen auf Grund der langfristigen Anlage eines Arbeitsverhältnisses nicht ebenso strengen Anforderungen im Rahmen des § 308 Nr. 4 BGB unterworfen sein könnten wie Vorbehalte hinsichtlich Verträgen, die sich in dem punktuellen Austausch von Waren erschöpften.[314] Der Auffassung, die das Erfordernis schwerwiegender Gründe mit dem Argument ablehnt, dass der Arbeitnehmer bereits auf Grund der Billigkeitskontrolle ausreichend geschützt sei[315], wird wiederum entgegengehalten, dass die Klausel- von der Ausübungskontrolle zu trennen sei.[316]

(4) In Betracht kommende Widerrufsgründe

Als ausreichender Widerrufsgrund kämen neben der wirtschaftlichen Lage des Unternehmens, des Betriebs oder der Betriebseinheit[317] etwa der Wegfall eines

308 Hanau/Hromadka, NZA 2005, 73 (77 f.); so auch Bayreuther, ZIP 2007, 2009 (2011), der aber willkürfreie Gründe ausreichen lässt, sofern der Arbeitnehmer Einfluss auf den Eintritt der Änderungen hat.

309 Thüsing, Rn. 275.

310 Bayreuther, ZIP 2007, 2009 (2011).

311 Thüsing, Rn. 275.

312 Henssler, RdA 2002, 129 (138 f.).

313 Singer, RdA 2003, 194 (203); Sievers, NZA 2002, 1182 (1184).

314 Lingemann, NZA 2002, 181 (190).

315 So Henssler, RdA 2002, 129 (138 f.).

316 Schnitker/Grau, BB 2002, 2120 (2123).

317 Preis, Der Arbeitsvertrag, II V 70 Rn. 21; nach LAG Hamm v. 19.4.1999, NZA-RR 1999, 568 (571) ist nicht auf die Verhältnisse des gesamten Unternehmens bzw. Konzerns abzustellen.

besonderen Erschwernisses sowie Gründe im Leistungsbereich als auch der Wegfall des Zwecks einer Zulage[318] in Betracht.[319] Werde ein Widerruf auf eine Veränderung der wirtschaftlichen Rahmenbedingungen gestützt, müsse dieser Grund die Qualität eines dringenden betrieblichen Erfordernisses erlangen, schließlich habe der Arbeitnehmer auf die Veränderung keinerlei Einfluss.[320] Davon sei auszugehen, wenn ohne den Widerruf in absehbarer Zeit eine wirtschaftliche Notlage des Betriebes eintreten würde. Eine unmittelbar bevorstehende Notlage könne nicht verlangt werden, da zu diesem Zeitpunkt eine Sanierung nur noch schwer möglich sei.[321] Der Arbeitgeber sei dann angehalten, ein schlüssiges Sanierungskonzept vorzulegen.[322] Ein Auftrags- oder Umsatzrückgang im Unternehmen berechtige nur dann zum Widerruf, wenn der Rückgang zu einem derart verminderten Arbeitsanfall führe, dass das Bedürfnis zur Weiterbeschäftigung entfalle.[323] Teilweise wird ergänzt, dass der Arbeitgeber sich auf den Arbeitsplatzerhalt im Betrieb nur dann berufen könne, wenn zugleich sichergestellt sei, dass auch der konkret betroffene Arbeitnehmer von dem Widerruf profitiere.[324] Letzteres ist darauf zurückzuführen, dass im Rahmen der Beurteilung der Zumutbarkeit gem. § 308 Nr. 4 BGB die Interessen der Vertragsparteien abzuwägen sind und es auf die Interessen Dritter nicht ankommt. Für angemessen werden jedenfalls nur solche Gründe gehalten, die auf der spezifischen Unsicherheit der Entwicklung beruhen.[325]

(5) Begrenzung des zeitlichen Umfangs

Vereinzelt wird dazu geraten, den zeitlichen Umfang der Änderung ausdrücklich zu begrenzen, um bei einer Verbesserung der wirtschaftlichen Situation wieder zu den ursprünglichen Arbeitsbedingungen zurückzukehren.[326] Schließlich falle

---

318 Preis, Der Arbeitsvertrag, II V 70 Rn. 21; vgl. auch BAG v. 15.11.1995, NZA 1996, 603 (605 f.).

319 Preis, Lehrbuch, § 39 II. 3. a).

320 Preis, Der Arbeitsvertrag, II Z 5 Rn. 18; nach Bergwitz, AuR 2005, 210 (215) ist jedenfalls ein pauschaler Verweis auf die allgemein schlechte Wirtschaftslage nicht ausreichend.

321 Deich, § 12 D. 2. c. bb. (2.) (a.).

322 Preis, Der Arbeitsvertrag, II Z 5 Rn. 18; Lindemann, S. 201.

323 Preis, Der Arbeitsvertrag, II Z 5 Rn. 18.

324 Bergwitz, AuR 2005, 210 (215).

325 KR-Rost, § 2 KSchG Rn. 48e.

326 Preis, Der Arbeitsvertrag, II V 70 Rn. 22; so auch Lindemann, S. 326 für die regelmäßige Vergütung; Deich, § 12 D. 2. c. bb. (2.) (a.); Moll, S. 125; Bergwitz, AuR 2005, 210 (216).

dann der Zweck des Widerrufs weg.[327] Zudem stehe eine solche Anforderung mit der Rechtsprechung des BAG[328] zur Änderungskündigung in Einklang, wonach im Anschluss der Sanierung wieder zu den ursprünglichen Bedingungen zurückgekehrt werden müsse.[329]

Gegen diese Auffassung wird eingewandt, dass der Arbeitgeber dadurch schlechter gestellt würde als durch eine Änderungskündigung.[330] Wenn die Voraussetzungen der Änderungskündigung erfüllt sein müssten, dann könne die Rechtsfolgenseite nicht schwächer ausgeprägt sein, indem eine zeitliche Beschränkung erforderlich sei. Schließlich führe eine Änderungskündigung zur dauerhaften Veränderung.

(6) Erfordernis einer Widerrufsfrist

Weiterhin wird empfohlen, den Widerruf eines Entgeltbestandteils an eine Frist zu knüpfen, um dem Arbeitnehmer die Möglichkeit zu geben, sich auf die verminderte Vergütung einzustellen.[331] Der Widerruf könne materiell wie eine (Änderungs-)kündigung wirken, bei der in der Regel eine Frist eingehalten werden müsse.[332] Der Ansicht des BAG, dass sich im Gesetz keine Stütze für eine Auslauffrist finden lasse, wird entgegengehalten, dass sich das Fristerfordernis aus der Interessenabwägung, mithin aus § 307 BGB ergebe.[333] Dabei komme eine Orientierung an den gesetzlichen Kündigungsfristen des § 622 Abs. 2 BGB in Betracht.[334] Jedenfalls sollte die Frist einen Zeitraum von einem Monat nicht unterschreiten.[335] Andere sehen die Grenze bei vier Monaten.[336] Nach mehrheit-

327 Deich, § 12 D. 2. c. bb. (2.) (a.).

328 Vgl. BAG v. 20.08.1998, NZA 1999, 255 (256).

329 Moll, S. 125.

330 Maties, DB 2005, 2689 (2694).

331 Bergwitz, AuR 2005, 210 (216); Moll, S. 125; KR-Rost, § 2 KSchG Rn. 52; Richardt, S. 150 ff. prüft dies im Rahmen der Ausübungskontrolle; so auch Gaul, ZTR 1998, 245 (247); Preis, Der Arbeitsvertrag, II V 70 Rn. 22, zumindest für laufende Vergütungsbestandteile; so auch Lindemann, S. 326; Deich, § 12 D. 2. c. bb. (2.) (a.); Friedrich, S. 282; a. A. Hromadka/Maschmann, § 7 Rn. 50f; BAG v. 12.1.2005, NZA 2005, 465 (467).

332 Richardt, S. 151.

333 Moll, S. 177 f.

334 Preis, Der Arbeitsvertrag, II V 70 Rn. 22.

335 Preis, Der Arbeitsvertrag, II V 70 Rn. 22.

336 Moll, S. 125.

licher Auffassung ist die Vereinbarung einer Widerrufsfrist allerdings nicht zwingend.[337]

ee) Eigene Stellungnahme

Auch wenn die neuere Rechtsprechung des BAG[338] in einigen Bereichen die erwünschte Klarheit mit sich bringt, so bleiben doch in anderen Bereichen viele Fragen offen. Nach wie vor ist unklar, ob die aufgestellten Grenzen absolut, insbesondere auch für Arbeitnehmer mit gehobenen Einkünften gelten oder ob insoweit höhere Grenzen heranzuziehen sind. Zudem stellt sich die Frage, ob für mehrere widerruflich ausgestaltete Vergütungsbestandteile die Grenze von 25 bzw. 30% nur gilt, wenn zwischen diesen ein sachlicher Zusammenhang besteht oder ob diese auch gilt, wenn ein solcher Zusammenhang nicht besteht.

Im Rahmen der Abwägung kann die Zustimmung bzw. Billigung des Arbeitnehmers zum Arbeitsvertrag bzw. zu der den Widerrufsvorbehalt enthaltenden Klausel nicht zu dessen Nachteil wirken. Eine vertragliche Vereinbarung wird nicht ausschließlich durch den Vertragsschluss wirksam. Sie muss zudem auch einen rechtlich zulässigen Inhalt haben. Ebenso wie der Kündigungsschutz unverzichtbar ist, kann auch der Inhalt eines Vertrages nicht durch Zustimmung wirksam werden.

(1) Die normative Grundlage der Inhaltskontrolle

Fraglich ist zunächst, welche Vorschrift als normative Grundlage für die Inhaltskontrolle heranzuziehen ist. Bedenkt man, dass die Klauselverbote des AGB-Gesetzes, das im Arbeitsrecht keine Anwendung fand, nahezu unverändert ins BGB übernommen wurden, spricht dies eher gegen eine Anwendung des § 308 Nr. 4 BGB. Da die Streichung der Bereichsausnahme erst kurz vor Abschluss des Gesetzgebungsverfahrens erfolgte, scheint die Anwendung dieser Vorschrift auf Arbeitsverträge nicht bedacht worden zu sein. Es liegt der Schluss nahe, dass § 308 Nr. 4 BGB auf lang andauernde Schuldverhältnisse wie das Arbeitsverhältnis nicht zugeschnitten ist. Wie auch von Seiten der Literatur erwähnt[339], ist dem jedoch eine Absage zu erteilen, da bereits die Vorgängernorm auf Dauerschuldverhältnisse wie die Miete angewandt wurde. Der Flexibilisierungsbedarf allein kann nicht als Besonderheit des Arbeitsrechts angesehen werden, da er auch anderen Dauerschuldverhältnissen – wie insbesondere in den

337 HWK-Gotthardt, Anh. §§ 305-310 BGB Rn. 31; KR-Rost, § 2 KSchG Rn. 52; Bergwitz, AuR 2005, 210 (216).

338 Insbesondere die Entscheidungen vom 12.1.2005, NZA 2005, 465 und vom 11.10.2006, NZA 2007, 87.

339 Maties, DB 2005, 2689 (2691).

§§ 558 ff. BGB zum Ausdruck kommt – immanent ist. Eine Angleichung der Rechtslage bringt nicht stets stimmige Lösungen mit sich, sondern kann auch dazu führen, dass unpassend wirkende Ergebnisse in Kauf genommen werden müssen, um insgesamt eine Harmonisierung zu erreichen. Es ist kein Grund ersichtlich, warum im Arbeitsrecht anders vorgegangen werden sollte als im Zivilrecht.

Die Geltung unterschiedlicher Prüfungsmaßstäbe – je nachdem, ob es um die Leistung des Arbeitgebers oder um die des Arbeitnehmers geht – unterliegt keinen Bedenken, da sich im Ergebnis kaum Unterschiede ergeben. Da die Vorschrift des § 308 BGB die Generalklausel des § 307 Abs. 1 BGB nach ihrem Wortlaut für bestimmte vorkommende Vertragsgestaltungen konkretisiert, ist im Rahmen der Inhaltskontrolle auf Erstere abzustellen. Es entspricht allgemeinen Grundsätzen, dass eine spezielle Regelung die generelle Vorschrift verdrängt.

(2) Die Grenzwerte

Eine weitgehende Unterstellung der Leistung unter den Vorbehalt der Widerruflichkeit würde eine vertragszweckgefährdende Einschränkung einer wesentlichen Hauptpflicht, der Zahlung der Vergütung, mit sich bringen. Andererseits ist die gesetzliche Wertung zu berücksichtigen, wonach aus betrieblichen Gründen sogar eine Kündigung des Arbeitsverhältnisses zulässig ist. Durch den Widerruf ändert sich allerdings das Äquivalenzverhältnis; die Kündigung führt dazu, dass dieses Verhältnis komplett aufgehoben wird, so dass nicht – a maiore ad minus – davon ausgegangen werden kann, dass jedenfalls dann, wenn eine Kündigung möglich ist, auch ein Widerruf erfolgen könne. Der Arbeitnehmer muss vor einer Aushöhlung seiner Ansprüche geschützt werden. Jedenfalls ist eine Anpassung des Vertrages nur insoweit zulässig, wie sich die Verhältnisse ändern. Bei wirtschaftlichen Verlusten beispielsweise bilden diese die äußerste Grenze für den Widerruf.

Begrüßenswert ist die von der Rechtsprechung konkret festgelegte Grenze von 25 bzw. 30%. Diese trägt zur Rechtssicherheit bei, da sie eindeutig ist und etwaige Vertragsklauseln leicht zu gestalten sind. Gegenüber dem Gleichgewichtskriterium der Umgehungsrechtsprechung, das versagt, wenn sich Leistung und Gegenleistung proportional verringern, sind die konkreten Grenzen ein großer Gewinn. Die Widerruflichkeit in Höhe von 25 bzw. 30% ist ein ausgewogener Kompromiss zwischen dem Interesse an einem möglichst unveränderlichen Bestand des Arbeitsverhältnisses und den veränderlichen Rahmenbedingungen. Zudem wird dieser Grenzwert – zumindest hinsichtlich Sondervergütungen – durch § 4a EFZG gestützt. Sofern ein Widerrufsrecht für den Fall krankheitsbedingter Fehlzeiten vereinbart wird, ist dieses nach § 4a EZFG auf ein Viertel des Arbeitsentgelts, das auf einen Arbeitstag entfällt, begrenzt.[340]

Noch nicht ganz geklärt ist allerdings die Frage, bei welchen Leistungen die 30%-Grenze einschlägig ist. Das BAG hat seine Rechtsprechung mit Urteil vom 11.10.2006[341] lediglich dahingehend konkretisiert, dass die 30%-Grenze nur für nicht synallagmatische Vergütungsbestandteile gelte. Der Rechtsklarheit förderlich wäre das Abstellen auf die Nebenleistungen, bezüglich derer das BAG eine erleichterte Änderungskündigung zugelassen hat.[342] Zu diesen Nebenleistungen zählen etwa die kostenlose Beförderung zum Betrieb sowie Fahrkosten- und Mietzuschüsse.

Andererseits sprechen aber auch gute Gründe für die Ablehnung eines konkreten Maßstabes. Anderenfalls könnte ein Entgeltbestandteil, der so gerade nicht mehr den Kernbereich betrifft, widerrufen werden, während ein Entgeltbestandteil in nur wenig höherem Umfang nur bei Vorliegen der strengen Voraussetzungen der Änderungskündigung entfallen könnte. Dies erscheint höchst fragwürdig, wenn man bedenkt, dass beide Konstellationen die gleichen finanziellen Auswirkungen für den Arbeitnehmer haben können. Allerdings besteht ein großes Bedürfnis nach Rechtsklarheit, die erheblich gefährdet wäre, lehnte man eine konkrete Grenze ab. Eine Grenzziehung bringt stets die unerwünschte Nebenfolge mit sich, dass nahezu identisch gestaltete Klauseln unterschiedlich zu behandeln sind, je nachdem, ob sie die Grenze so gerade überschreiten oder diese gerade noch eingehalten wird. Für den Klauselverwender bringt die eindeutige Rechtsprechung des BAG den Vorteil, dass dieser weiß, wie er die Klausel gestalten muss, damit sich diese im Rahmen des Zulässigen bewegt. Es ist daher unproblematisch möglich, die Klausel so zu gestalten, dass die aufgestellten Grenzwerte gerade nicht überschritten werden.

Eine höchst umstrittene Frage ist die nach der Möglichkeit der Abweichung von den Grenzwerten im Falle einer gehobenen Stellung des Arbeitnehmers. Wenn man bedenkt, dass das Gesamtentgelt in einem Fall sehr nahe am Existenzminimum, am Tarifentgelt oder am Üblichen liegen kann, im anderen Fall hingegen sehr weit hiervon entfernt, erscheint es sachgerecht, eine Differenzierung vorzunehmen. Die Aussage, dass die Vertragsfreiheit umso weniger eingeschränkt werden dürfe, je stärker die Stellung des Arbeitnehmers sei[343], da eine Störung der Vertragsparität dann nicht in gleichem Maße gegeben sei wie bei anderen Arbeitnehmern, verdient allerdings keine Zustimmung. Dabei handelt es

340 Vgl. dazu auch Singer, RdA 2006, 362 (368).

341 NZA 2007, 87.

342 BAG v. 27.3.2003, NZA 2003, 1029.

343 Vgl. Reinecke, BB 2008, 554 (555).

sich allein um eine Frage des Vorliegens Allgemeiner Arbeitsbedingungen (vgl. § 305 Abs. 1 S. 3 BGB). Das Gesetz differenziert nur zwischen vorformulierten und ausgehandelten Vertragsbedingungen und nimmt keine weitere Abstufung im Rahmen vorformulierter Vertragsbedingungen vor. Dieser Entscheidung des Gesetzgebers muss Rechnung getragen werden. Gegen eine differenzierende Betrachtungsweise je nach Stellung des Arbeitnehmers spricht das Gebot von Rechtsklarheit und –sicherheit. Zum einen wäre unklar, ab welcher Verantwortungs- bzw. Einkommensschwelle dieses Kriterium erfüllt sein soll, zum anderen würde sich die Frage stellen, welche Grenze für sog. Spitzenverdiener gilt. Darüber hinaus müsste eine weitere Abstufung vorgenommen werden, denn auch zwischen den sog. Spitzenverdienern gibt es noch erhebliche Unterschiede. Allein dieser Aspekt zeigt, dass nur eine einheitliche Grenze zur Rechtssicherheit beitragen kann. Darüber hinaus scheitert eine Berücksichtigung des Vergütungsniveaus auch am Leitgedanken des § 307 Abs. 3 BGB, der eine Preiskontrolle – die Kontrolle des Verhältnisses von Leistung und Gegenleistung – verhindern will. Das bedeutet, dass auch die Intensität der Kontrolle unabhängig vom Vergütungsniveau stattfinden muss, denn dieses ist allein von den Vertragsparteien festzulegen.

Im Rahmen der Beurteilung der unangemessenen Benachteiligung wird in die Abwägung das Interesse des Arbeitnehmers an einer am kalkulierbaren Einkommen ausgerichteten Lebensplanung einbezogen. Dieses Interesse besteht unabhängig vom jeweiligen Vergütungsniveau. Da Arbeitnehmer mit Spitzenverdiensten in der Regel auch ihren Lebensstil daran ausrichten, erscheint es ungerechtfertigt, bei diesen höhere Grenzen der Widerruflichkeit zu ziehen. Es ist davon auszugehen, dass auch diese Arbeitnehmer ihr Arbeitsentgelt entsprechend einplanen und ein Widerruf von Vergütungsbestandteilen sich ebenso gravierend auswirken kann wie bei Arbeitnehmern mit niedrigerem Gehalt, insbesondere bei der Eingehung langfristiger Verbindlichkeiten. Im Übrigen stellt ein höheres Entgelt nicht selten einen Ausgleich dafür dar, dass die betroffenen Arbeitnehmer oftmals lange studiert haben und während dieser Zeit kein Einkommen erzielen konnten.[344] Durch eine höhere Beteiligung am unternehmerischen Risiko würde dieser Ausgleich vereitelt. Zudem besteht in den vom BAG entschiedenen Fällen die Besonderheit, dass die Verringerung der Vergütung bei den sog. Spitzenverdienern auf die Änderung des Aufgabenbereichs zurückzuführen ist. Um eine solche Konstellation geht es hier nicht. Auch besteht im Bereich der Chefarztverträge die Besonderheit, dass die gesetzlichen Vorgaben im Gesundheits- und Krankenhauswesen einer ständigen Änderung unterliegen, eine Abhängigkeit von finanziellen Mitteln besteht und die medizinische Wis-

344 Moll, S. 176.

senschaft und Technik ständig fortentwickelt wird.[345] Darüber hinaus wird dem Chefarzt im Anstellungsvertrag keineswegs ein Privatliquidationserlös in genau festgelegter Höhe zugesagt, sondern ihm wird lediglich die Möglichkeit eingeräumt, durch eigene Tätigkeit privatärztliche Liquidationserlöse zu erzielen.[346] In den hier relevanten Fällen sind die widerruflichen Vergütungsbestandteile regelmäßig der Höhe nach konkretisiert, was ein darauf gerichtetes Vertrauen mit sich bringt. All die im Bereich der Chefarztverträge gegebenen Umstände führen zu solch gewichtigen praktischen Bedürfnissen für eine Anpassung, dass notwendigerweise auch eine damit verbundene Überschreitung der sonst üblichen Grenzwerte hingenommen werden muss.

Die Rechtsprechung des BAG kann mithin nur so verstanden werden, dass die aufgestellten Grenzwerte absolut gelten und die aufgezählten Aspekte wie die Stellung des Arbeitnehmers und der verbleibende Verdienst nur zur Beantwortung der Frage, ob überhaupt ein anerkennenswertes Flexibilisierungsinteresse besteht bzw. ob ein ausreichender Grund für den Widerruf vorliegt, herangezogen werden können.

Die von der Literatur aufgeworfene Frage, ob ein Widerrufsvorbehalt unwirksam „wird", wenn er bei Vereinbarung eine Leistung unterhalb 25% des Gesamtverdienstes betrifft, diese Grenze aber im laufenden Arbeitsverhältnis überschritten wird[347], ist zu verneinen. Für die Beurteilung der Wirksamkeit eines Widerrufsvorbehalts ist schließlich nur der Zeitpunkt des Vertragsschlusses entscheidend. Dass sich die Umstände nachträglich ändern, kann dem Arbeitgeber nicht vorgeworfen werden. Insofern kann dies lediglich im Rahmen der Ausübungskontrolle Bedeutung haben.

Enthält der Arbeitsvertrag mehrere widerruflich ausgestaltete Vergütungsbestandteile, dürfen diese insgesamt die 30%-Grenze nicht überschreiten. Handelt es sich ausschließlich um synallagmatische Leistungen, dürfen diese insgesamt nicht mehr als 25% der Gesamtvergütung ausmachen. Dies geht aus der Entscheidung des BAG vom 11.10.2006[348] eindeutig hervor. Die Formulierung „darüber hinaus" impliziert, dass das BAG den Fall vor Augen hatte, in dem neben synallagmatischen auch nicht im Gegenseitigkeitsverhältnis stehende Vergütungsbestandteile widerruflich sind. Nur ein solches Verständnis macht Sinn. Hintergrund der konkreten Grenzwerte ist, dass der Kernbereich des Arbeitsverhältnisses nicht angetastet werden darf, um nicht das Wirtschaftsrisiko des Un-

345 Vgl. BAG v. 28.5.1997, AP § 611 BGB Arzt-Krankenhaus-Vertrag Nr. 36.
346 Nebendahl in: Festschrift 25 Jahre ARGE Arbeitsrecht im DAV, S. 113 (129).
347 Bauer/Chwalisz, ZfA 2007, 339 (345).
348 NZA 2007, 87.

ternehmens auf den Arbeitnehmer zu verlagern.[349] Dies kann nur erreicht werden, wenn die widerruflichen Vergütungsbestandteile insgesamt den Kernbereich unangetastet lassen. Aus diesem Grund kann auch nicht verlangt werden, dass die Vergütungsbestandteile nur dann zu summieren sind, wenn zwischen ihnen ein sachlicher Zusammenhang besteht. Vielmehr sind, unabhängig von einem etwaigen Zusammenhang, alle Vergütungsbestandteile zusammenzurechnen. Auch die Entscheidung des BAG enthält keine Einschränkung dahingehend, dass die Grenze nur für sachlich im Zusammenhang stehende Vergütungsbestandteile gilt.

Problematisch ist die Bezugnahme auf den Tariflohn bzw. den marktüblichen Lohn. Für die Heranziehung des Tariflohns als Untergrenze spricht zwar, dass dieser das Ergebnis eines Machtkampfes zwischen Arbeitgeber- und Arbeitnehmervertretern ist und dadurch die Vertragsparität gewährleistet, die im Falle von vorformulierten Widerrufsvorbehalten regelmäßig gestört ist. Allerdings findet durch das Abstellen auf den Tariflohn bzw. den marktüblichen Lohn schließlich doch eine Art Preiskontrolle statt, die durch § 307 Abs. 3 BGB unterbunden werden soll. Sachgerechter wäre es, diese Einschränkung ganz aufzugeben. Tarifgebundene Parteien sind ohnehin an den Tariflohn gebunden, was sich unmittelbar aus § 4 Abs. 3 TVG ergibt. Tarifungebundene Parteien können bereits aufgrund der Koalitionsfreiheit nicht an den Tariflohn gebunden werden. Für die Heranziehung der marktüblichen Vergütung als Untergrenze findet sich kein rechtfertigender Grund. Zum einen bewirkt sowohl die 25 bzw. 30%-Grenze als auch die Grenze der Sittenwidrigkeit (§ 138 BGB) einen Schutz des Arbeitnehmers, zum anderen ist diese Einschränkung weder mit der Vertragsfreiheit noch mit § 307 Abs. 3 BGB vereinbar.

(3) Die Anforderungen an den Widerrufsgrund

§ 2 KSchG muss die oberste Grenze darstellen, da flexible Vergütungsbestandteile keinesfalls strengeren Anforderungen unterliegen können als die Möglichkeit der Änderungskündigung. Schließlich handelt es sich bei Letzterer um das einschneidendere Mittel, da sie unter Umständen zur Beendigung des gesamten Arbeitsverhältnisses führen und den Arbeitnehmer unvermittelt treffen kann. Da im Falle eines ausdrücklichen Vorbehalts das Vertrauen weniger schutzwürdig ist, muss sich der Prüfungsmaßstab entsprechend reduzieren.[350] Auch wenn vorgebracht wird, dass der Vorbehalt durch konkludente Einbeziehung Vertragsin-

349 Vgl. BAG v. 12.1.2005, NZA 2005, 465 (467).

350 Vgl. auch Preis, Vertragsgestaltung, S. 419.

halt werden[351] und der Widerruf den Arbeitnehmer daher unvermittelt treffen kann, können keine strengeren Anforderungen gelten, da jedenfalls nicht der Bestand des Arbeitsverhältnisses gefährdet ist.

Gegen das Erfordernis triftiger oder schwerwiegender Gründe spricht ein Vergleich mit den Anforderungen an die Befristung von Arbeitsverträgen. Gem. 14 Abs. 1 TzBfG sind sachliche Gründe für die Befristung ausreichend. Ist lediglich der Inhalt, nicht jedoch der Bestand des Arbeitsverhältnisses gefährdet, erscheint es sachwidrig, höhere Anforderungen zu verlangen. Letztlich handelt es sich aber auch nur um eine Begrifflichkeit, die unterschiedlich definiert werden kann. Es ist eine Frage des Einzelfalls, ob ein Grund vorliegt, der den Widerruf typischerweise rechtfertigt. Ist dies der Fall, spielt es keine Rolle, ob der Grund als sachlich, schwerwiegend oder triftig eingestuft wird.

Fraglich ist, ob die Aussage des BAG, dass ein Widerrufsgrund erforderlich ist, der den Widerruf typischerweise rechtfertigt, so verstanden werden muss, dass der Widerrufsgrund mit der Art der Leistung „parallel“ geht.[352] Darf also eine Leistungszulage nur widerrufen werden, wenn die Leistung des Arbeitnehmers nachlässt oder kann der Widerruf auch auf eine schlechte Ertragslage des Unternehmens abstellen? Es spricht viel dafür, dass ein Gleichlauf erforderlich ist. Anderenfalls kann schwerlich davon gesprochen werden, dass ein Grund gegeben ist, der den Widerruf „typischerweise rechtfertigt“. So hat auch das BAG entschieden, dass es unbillig sei, eine leistungsunabhängige Arbeitsmarktzulage wegen Schlechtleistung des Arbeitnehmers zu widerrufen.[353]

(4) In Betracht kommende Widerrufsgründe

Eine unmittelbare Existenzgefährdung des Betriebs kann nicht verlangt werden, da in diesem Fall eine Entgeltabsenkung die Insolvenz in nur wenigen Fällen verhindern kann. Andererseits können allein finanzielle Schwierigkeiten nicht ausreichend sein. Dies ist auf den im allgemeinen Zivilrecht bestehenden Grundsatz zurückzuführen, dass Geldmangel allein den Schuldner nicht entlasten kann.[354] Wirtschaftliche Gründe können zwar einen Widerruf rechtfertigen, allerdings müssen diese konkretisiert werden, indem der Widerruf zum Beispiel

---

351 Nach Wank in: Hromadka, Änderung von Arbeitsbedingungen, S. 45 reicht ein konkludenter Vorbehalt; so auch Hromadka, DB 1995, 1609 (1610); APS-Künzl, § 2 KSchG Rn. 107; vgl. auch BAG v. 3.11.1987, EzA § 77 BetrVG 1972 Nr. 20.

352 Dafür wohl Kania, DB 1998, 2418 (2419); Schmiedl, NZA 2006, 1195 (1199); so bereits Rüthers, SAE 1966, 18 (19); a. A. Bayreuther, ZIP 2007, 2009 (2011).

353 BAG v. 16.12.1982 – 2 AZR 147/81 n. v.; so auch Hanau, ZIP 2005, 1661 (1664).

354 Vgl. BAG v. 20.1.2000, NZA 2000, 592 (594); v. 12.11.1998, AP § 2 KSchG 1969 Nr. 51.

an den Rückgang des Unternehmensumsatzes um einen gewissen Prozentsatz geknüpft wird. Empfehlenswert ist in begrifflicher Hinsicht die Annäherung an die Sprache der Finanz- oder der Betriebswirtschaft.[355] So können Kennzifferneveränderungen, bilanzielle Größen oder Prozentsätze vom EBITA[356] oder EBITDA[357] zur besseren Verständlichkeit beitragen, da es sich um allgemein anerkannte Bezugsgrößen handelt.

Andererseits ist auch denkbar, dass der Widerruf auf den Wegfall eines besonderen Erschwernisses oder auf schlechte Leistungen des Arbeitnehmers gestützt wird. Letztere bedürfen dann allerdings wieder einer näheren Konkretisierung. Schlechte Leistungen können etwa vorliegen, wenn eine bestimmte Anzahl an Kundenbeschwerden überschritten wird oder eine bestimmte Anzahl von Produkten nicht hergestellt werden konnte. Eine andere Frage ist, ob sich dann nicht aus Gründen einer stärkeren Motivationswirkung anstelle der Kürzung von Leistungen der Abschluss einer Zielvereinbarung mit dem Inaussichtstellen eines Bonusanspruchs bei Erbringung einer konkret festgelegten Leistung anbietet.

Der Widerruf eines Essenszuschusses kann auf die Eröffnung einer Betriebskantine gestützt werden, der Widerruf einer Fahrtkostenzulage auf die Einsetzung eines Bustransfers zum Betrieb.

Die genannten Beispiele zeigen, dass die in Betracht kommenden Widerrufsgründe in erster Linie von dem Grund der Gewährung des entsprechenden Vergütungsbestandteils abhängen. Daher sollte sich der Vertragsgestalter bei der Angabe des Widerrufgrundes an dem Grund für die Leistungsgewährung orientieren.

(5) Begrenzung des zeitlichen Umfangs

Unter dem Gesichtspunkt der Fürsorgepflicht des Arbeitgebers gegenüber seinen Arbeitnehmern erscheint es sachgerecht, den zeitlichen Umfang der Änderung zu begrenzen. Ein zwingendes Erfordernis kann daraus allerdings nicht abgeleitet werden. Zum einen kann eine positive Entwicklung nie ausgeschlossen werden, zum anderen ist sie regelmäßig sogar das Ziel der Verringerung der Personalkosten. Der Arbeitgeber würde zu stark eingeschränkt, wenn er die unter den Vorbehalt gestellten Vergütungsbestandteile nur zeitweise, nicht aber dauerhaft einstellen könnte. Der Vorbehalt soll gerade dazu dienen, dem Arbeitgeber Flexibilität einzuräumen, um ihn zur Erbringung weiterer Leistungen zu animieren.

---

355 Vgl. auch Hümmerich, BB 2007, 1498 (1499).

356 EBITA bedeutet „earnings before interest, taxes and amortization".

357 EBITDA steht für „earnings before interest, taxes, depreciation and amortization".

(6) Erfordernis einer Widerrufsfrist

Eine Ausübungsfrist von vier Monaten ermöglicht dem Arbeitgeber nicht mehr, flexibel auf veränderte Rahmenbedingungen zu reagieren. Aber auch eine kürzere Frist kann nicht verlangt werden. Damit der Arbeitnehmer sich rechtzeitig auf die Kürzung seines Entgeltsanspruchs einstellen kann, erscheint es zwar sinnvoll, diesen frühzeitig auf den Widerruf hinzuweisen, allerdings ist der Arbeitgeber hierzu nicht verpflichtet. Aufgrund des arbeitsvertraglichen Vorbehalts ist der Arbeitnehmer darauf vorbereitet, dass der betreffende Vergütungsbestandteil unter bestimmten Umständen widerrufen werden kann. Er muss hiermit stets rechnen, bedarf mithin keines weiteren Schutzes.

4. Die Transparenzkontrolle

Die wohl weitreichsten Änderungen hinsichtlich Widerrufsvorbehalten seit der Schuldrechtsreform sind auf das Transparenzgebot zurückzuführen. Gem. § 307 Abs. 1 S. 2 BGB kann sich die unangemessene Benachteiligung auch daraus ergeben, dass die Klausel nicht klar und verständlich ist. Die Forderung nach Klarheit und Verständlichkeit der Regelung soll der Gefahr vorbeugen, dass der Vertragspartner des Klauselverwenders von der Durchsetzung bestehender Rechte abgehalten wird.[358] Eine intransparente Gestaltung könne insbesondere dazu führen, dass der Arbeitnehmer zu einer falschen Beurteilung veranlasst werde, ob der Vertrag für ihn günstig und damit akzeptabel sei.[359]

In diesem Bereich zeigt sich die uneinheitliche Rechtsprechung bezüglich Flexibilisierungsklauseln besonders deutlich. Während einige Vertragsbestimmungen als intransparent verworfen werden[360], verhält sich das BAG in anderen Fällen eher zurückhaltend.[361] An dieser Stelle sollen zunächst die Ansichten von Rechtsprechung und Literatur zu den Anforderungen an transparente Widerrufsvorbehalte dargestellt werden.

---

358 Preis, Der Arbeitsvertrag, II V 70 Rn. 51; BAG v. 14.9.2011 – 10 AZR 526/10.

359 Däubler/Bonin/Deinert-Bonin, § 307 BGB Rn. 147.

360 BAG v. 12.1.2005, NZA 2005, 465 (468); v. 11.10.2006, NZA 2007, 87 (89 f.); v. 13.4.2010, NZA-RR 2010, 457 (459 f.); v. 30.7.2008, NZA 2008, 1173 (1178 f.); v. 24.10.2007, NZA 2008, 40 (42).

361 BAG v. 27.8.2008, NZA 2009, 49 (52).

aa) Die Rechtsprechung

Obwohl bereits nach herkömmlicher Auffassung die Transparenz der Entgeltabreden gefordert wurde[362], ergibt sich eine entscheidende Rechtsänderung gegenüber dem früheren Rechtszustand daraus, dass nunmehr eine dogmatische Grundlage des Transparenzgebots besteht. Die bisher ergangenen Entscheidungen zeigen sehr deutlich, dass mit der Gesetzesänderung eine Verschärfung der Anforderungen einhergeht.[363]

Nach dem Kontrollmaßstab der §§ 307, 308 Nr. 4 BGB müsse die Regelung nicht nur klar und verständlich sein, sondern dürfe auch als solche nicht unangemessen benachteiligen.[364] Das bedeute, dass die Klausel die Angemessenheit und Zumutbarkeit erkennen lassen müsse. Denn nur so bestehe für den Arbeitnehmer die Möglichkeit, die Zumutbarkeit des Widerrufsvorbehalts überprüfen zu lassen.[365] Das BAG fügt sich der Intention des Gesetzgebers, die Rechtslage im Arbeitsrecht an diejenige des Zivilrechts anzupassen und fordert in Anlehnung an die zu der gleichlautenden Vorgängervorschrift des § 10 Nr. 4 AGBG ergangenen Rechtsprechung des BGH[366], dass die Voraussetzungen und der Umfang etwaiger Änderungen in der Vereinbarung konkret genannt sein müssen. Ein hinreichend transparenter Widerrufsvorbehalt setze voraus, dass eindeutig sei, auf welche Leistungen sich der Widerruf beziehe und unter welchen Voraussetzungen er ausgeübt werden könne, damit der Arbeitnehmer erkennen könne, was auf ihn zukomme.[367] Dies erfordere die Angabe der Widerrufsgründe[368], wobei die Angabe der „Richtung" ausreichend sei (wirtschaftliche Grün-

362 BAG v. 7.9.1982, AP § 3 TVArb Bundespost Nr. 1; vgl. auch BGH v. 21.12.1983, NJW 1984, 1182 (1183); v. 26.11.1984, NJW 1985, 623 (628).

363 A. A. Gotthardt, ZIP 2002, 277 (286), der davon ausgeht, dass mit der Kodifizierung des Transparenzgebots nur eine Klarstellung, hingegen keine Änderung der bisherigen Rechtsprechung gewollt sei.

364 BAG v. 12.1.2005, NZA 2005, 465 (467 f.).

365 ArbG Düsseldorf v. 18.9.2003, DB 2004, 81.

366 BGH v. 19.10.1999, NJW 2000, 651 (652); v. 20.1.1983, NJW 1983, 1322 (1325); v. 8.10.1997, NJW 1998, 454 (456); a. A. BGH v. 6.3.1986, NJW 1986, 1803; Moll in: Festschrift 25 Jahre ARGE Arbeitsrecht im DAV, S. 91 (100) kritisiert die Übertragung der Grundsätze des BGH.

367 BAG v. 12.1.2005, NZA 2005, 465 (468).

368 BAG v. 12.1.2005, NZA 2005, 465 (468); v. 11.10.2006, NZA 2007, 87 (89 f.); LAG Hamm v. 11.5.2004, NZA-RR 2004, 515 (518); a. A. LAG Hamm v. 21.9.2004 – 19 Sa 575/04 n. v.; a. A. auch LAG Berlin v. 30.3.2004, NZA-RR 2005, 20 (22); die Angabe eines sachlichen Grundes wurde von der früheren Rechtsprechung nicht vorausgesetzt, BAG v. 07.01.1971, AP § 315 BGB Nr. 12; v. 7.10.1982, EzA § 315 BGB Nr. 28; v. 13.5.1987, NZA 1988, 95 (96); v. 15.11.1995, NZA 1996, 603.

de, Leistung oder Verhalten des Arbeitnehmers).[369] Vorausgesetzt wird weiterhin, dass der Grad der Störung (wirtschaftliche Notlage des Unternehmens, negatives wirtschaftliches Ergebnis einer Betriebsabteilung, Gewinnrückgang, Nichterreichen erwarteter wirtschaftlicher Ziele, unterdurchschnittliche Leistung des Arbeitnehmers oder schwerwiegende Pflichtverletzung des Arbeitnehmers) konkretisiert wird, sofern sich der Arbeitgeber hierauf berufen will „und nicht schon allgemein auf die wirtschaftliche Entwicklung, die Leistung oder das Verhalten des Arbeitnehmers gestützte Gründe nach dem Umfang des Änderungsvorbehalts ausreichen und nach der Vertragsregelung auch ausreichen sollen".[370]

Der zweite Teil der Aussage bringt weniger Klarheit, sondern erhebliche Rechtsunsicherheit mit sich und führt zu neuen Fragen. Das BAG hat zunächst offen gelassen, wann es ausreicht, die Richtung des Widerrufgrundes anzugeben und wann eine Konkretisierung notwendig ist. Vermutlich sah sich das BAG aufgrund der weitverbreiteten Verunsicherung veranlasst, nicht mehr auf diese sehr allgemeine Aussage zurückzugreifen, sondern dem Verwender Klarheit zu bringen. In seiner Entscheidung vom 13.04.2010[371] führte das BAG Folgendes aus:

> „Der Sachgrund muss in der Klausel in einer Weise konkretisiert werden, die für den Arbeitnehmer deutlich macht, was gegebenenfalls auf ihn zukommt. Der Arbeitnehmer muss erkennen können, unter welchen Voraussetzungen er mit einem Widerruf rechnen muss."

Die ohnehin recht strengen Anforderungen an die Transparenz arbeitsvertraglicher Widerrufsvorbehalte wurden durch diese Entscheidung weiter verschärft.[372] In Abweichung von früheren Entscheidungen wird der allgemeine Hinweis auf „wirtschaftliche Gründe" für den Widerruf der Überlassung eines Dienstwagens und der privaten Nutzung als nicht ausreichend erachtet.[373] Begründet wird dies damit, dass ein so weitgehender Begriff dazu führe, dass der Klauselverwender letztlich selbst bestimmen könne, was darunter falle. Nicht jeder wirtschaftliche Grund sei ein Sachgrund im Sinne der §§ 308 Nr. 4, 307 BGB.

---

369 BAG v. 12.1.2005, NZA 2005, 465 (468); v. 11.10.2006, NZA 2007, 87 (89 f.); ob die Inanspruchnahme von Erziehungsurlaub zur Ausübung des Widerrufrechts berechtigt, hat das BAG bislang offen gelassen, BAG v. 10.5.1995, NJW 1996, 276 (278).

370 BAG v. 11.10.2006, NZA 2007, 87 (90); v. 12.1.2005, NZA 2005, 465 (468).

371 NZA-RR 2010, 457 (459).

372 Vgl. Gaul/Kaul, BB 2011, 181; sehr kritisch gegenüber dieser Entscheidung Hunold, NZA 2010, 1276.

373 BAG v. 13.4.2010, NZA-RR 2010, 457 (460); a. A. LAG Berlin-Brandenburg v. 24.11.2008 – 2 Sa 1462/08 n. v. (Vorinstanz) sowie v. 12.10.2011 – 15 Sa 1557/11 n. v.

Grundlegende Zweifel hinsichtlich der Gestaltung von Widerrufsvorbehalten kann auch diese Entscheidung nicht beseitigen. Letztlich spiegelt sie nur die Unsicherheit wieder, der auch das BAG zu unterliegen scheint. Dies zeigt sich vor allem auch im Zusammenspiel mit der Entscheidung vom 20.04.2011[374], in der das BAG wieder dazu übergeht, die Angabe der Richtung, aus der der Widerruf möglich sein soll, also auch wirtschaftliche Gründe, für ausreichend zu erachten.

Jedenfalls dürften an den Klauselverwender keine unzumutbaren Anforderungen gestellt werden.[375] Allgemeine Floskeln wie „wichtiger Grund" oder „zwingender betrieblicher Anlass" düften aber nicht ausreichend sein.[376] Die bislang gebräuchliche Klausel, die einen „jederzeitigen Widerruf" oder einen „Widerruf nach freiem Ermessen" des Arbeitgebers vorsieht, ist mit dem geltenden Recht nicht mehr vereinbar. Die Klausel sei unabhängig davon zu betrachten, welche Widerrufsgründe objektiv in Betracht zu ziehen seien.[377] Auch wenn die tatsächlichen Umstände grundsätzlich zur Zumutbarkeit des Widerrufs führten, in der Klausel aber diese Umstände nicht geregelt seien, könne sich der Arbeitgeber nicht auf den Widerrufsvorbehalt stützen. Entscheidend sei allein, welche Gründe die Klausel vorsehe. Zu beanstanden seien daher auch solche Klauseln, die unzulässigerweise ein Risiko regelten, das sich letztendlich nicht realisiert habe.

Nicht übersehen werden darf, dass es bei diesen von der Rechtsprechung aufgestellten Anforderungen an die Transparenz eines Widerrufsvorbehalts nur um die Frage der Ausgestaltung der konkreten Klausel geht. Das tatsächliche Bestehen des Widerrufsgrundes ist erst im Zusammenhang mit der konkreten Ausübung des Widerrufs zu prüfen.

Neben den Anforderungen an die inhaltliche Gestaltung der Klausel stellt sich die Frage, ob eine Klausel allein wegen ihrer Intransparenz die Folge der Unwirksamkeit nach sich zieht[378] oder ob die Gefahr einer inhaltlichen Benachteiligung dazu treten muss. Während sich die Literatur mit dieser Frage eingehend auseinandersetzt, hält sich das BAG bislang zurück. Allerdings muss aufgrund der bisherigen Rechtsprechung der Schluss gezogen werden, dass das

374 NZA 2011, 796.

375 LAG Hamm 11.5.2004, NZA-RR 2004, 515 (518).

376 Vgl. BGH v. 20.1.1983, DB 1983, 1296 (1298).

377 BAG v. 13.4.2010, NZA-RR 2010, 457 (459).

378 Bejahend BTDrucks 14/6040, S. 153 f.; BGH v. 5.11.1998, NJW 1999, 635 (637); v. 22.11.1995, NJW 1996, 455 (456).

BAG allein die Intransparenz für die Unwirksamkeit der Klausel genügen lässt.[379]

bb) Die Literatur

Aufgrund der wenig eindeutigen Rechtsprechung des BAG herrscht in der Literatur weitgehend Uneinigkeit und Verunsicherung darüber, wie genau die Widerrufsklauseln formuliert sein müssen, um dem Transparenzgebot zu entsprechen.[380] Nach überwiegender Auffassung erfordert die Transparenz einer Klausel, dass diese so formuliert ist, dass für den Arbeitnehmer ersichtlich ist, welche Leistungen widerruflich ausgestaltet sind und unter welchen Voraussetzungen der Widerruf ausgeübt werden kann.[381] Entweder müsse der Widerrufsgrund konkret genannt werden[382] oder es müsse angegeben werden, wofür eine Zulage gewährt werde[383], da in diesem Fall aus der Angabe des Zwecks der Zulage auf den Widerrufsgrund geschlossen werden könne. Nicht ausreichend sei die bloße Bezeichnung der Leistung als „freiwillige übertarifliche Zulage".[384]

Allerdings dürften an den Klauselverwender auch keine unzumutbaren Anforderungen gestellt werden, denn die zukünftige Entwicklung sei bei Dauerschuldverhältnissen nicht immer gut zu überblicken.[385] Die durch das Transparenzgebot bezweckte Rechtssicherheit des Vertragspartners dürfe nicht dazu führen, dass das Flexiblisierungspotential der entsprechenden Regelung verloren

379 Vgl. BAG v. 11.10.2006, NZA 2007, 87 (90); v. 12.1.2005, NZA 2005, 465 (468); wohl auch v. 13.4.2010, NZA-RR 2010, 457 (459 f.), das diese Frage letztlich offen lassen konnte.

380 Für strenge Anforderung: Bergwitz, AuR 2005, 210 (216); ErfK-Preis, §§ 305-310 BGB Rn. 54, 60; KR-Rost, § 2 KSchG Rn. 48e; Schrader/Müller, RdA 2007, 145 (150); für geringe Anforderungen: Bayreuther, ZIP 2007, 2009 (2011); ders., ZfA 2011, 45 (53 ff.); Worzalla, NZA-Beil. 2006, 122 (124); Hromadka/Schmitt-Rolfes, NJW 2007, 1777 (1781); Reinecke, BB 2008, 554 (554, 557); Leder, RdA 2010, 93 (94); Wiedemann, RdA 2009, 186 (189).

381 Preis, Der Arbeitsvertrag, II V 70 Rn. 11; KR-Rost, § 2 KSchG Rn. 48e; Erman-Roloff, § 308 BGB Rn. 34; Thüsing, Rn. 276 verlangt zudem, dass die Beschränkung auf den Kernbereich zum Ausdruck kommt.

382 Sievers, NZA 2002, 1182 (1184); Gotthard, ZIP 2002, 277 (288); Lindemann, AuR 2004, 201 (207); ErfK-Preis, §§ 305-310 BGB Rn. 60; Thüsing, Rn. 276; so bereits Hartung, DB 1979, 1275 (1277) und Preis in: Festschrift Kissel, S. 906; a. A. Lingemann, NZA 2002, 181 (190 f.).

383 Preis, Der Arbeitsvertrag, II V 70 Rn. 23; Seel, MDR 2004, 1393 (1394).

384 Preis, Der Arbeitsvertrag, II V 70 Rn. 29; vgl. BAG v. 16.5.2000, NZA 2003, 147 (149).

385 KR-Rost, § 2 KSchG Rn. 48e.

gehe.[386] Die strengen Anforderungen der Rechtsprechung hätten eine „kontraproduktive Steuerungswirkung".[387] Letztlich führten sie dazu, dass Arbeitgeber von der Gewährung zusätzlicher Vergütungsbestandteile abgehalten würden, um sich nicht in wirtschaftlichen Krisen an diesen festhalten lassen zu müssen.

Die Angabe der Widerrufsgründe dürfe kein Selbstzweck sein, sondern müsse vor dem Hintergrund betrachtet werden, dass der Arbeitnehmer die Verlässlichkeit der Leistung sicher abschätzen können müsse.[388]

Vereinzelt wird die konkrete Nennung der Widerrufsgründe für entbehrlich gehalten.[389] Dies wird damit begründet, dass die bisherige Rechtsprechung des BAG als Besonderheit des Arbeitsrechts i. S. v. § 310 Abs. 4 S. 2 HS. 1 BGB fortzuführen sei.

Die Zusammenfassung unter Oberbegriffen wie „Änderung der tatsächlichen und rechtlichen Umstände" wird von den Stimmen in der Literatur, die die Angabe eines Widerrufgrundes für erforderlich halten, kritisiert. Ein solcher Hinweis führe zu einer Leerformel und trage damit nicht zur Transparenz bei.[390] Vereinzelt wird die Angabe generalisierender Gründe aber auch für ausreichend angesehen, da anderenfalls die Gefahr bestünde, dass der Arbeitgeber auf das für den Arbeitnehmer einschneidendere Mittel des Freiwilligkeitsvorbehalts zurückgreife.[391] Dagegen wird vorgebracht, dass der Arbeitgeber bei allgemein gehaltenen Widerrufsgründen Gefahr laufe, dass der Widerrufsvorbehalt nicht hinreichend konkret und damit intransparent sei.[392] Wegen des Verbots der geltungserhaltenden Reduktion sei die Klausel dann insgesamt unwirksam. Ein Widerruf könne nicht mehr erfolgen, auch wenn ein solcher aufgrund der eingetretenen Umstände an sich für den Arbeitnehmer zumutbar wäre. Von anderen Stimmen wird eine Konkretisierung jedenfalls dann verlangt, wenn es anderenfalls zu Leerformeln komme.[393] Kompromissbereit wird teilweise auch vorge-

386 Moll, S. 118.

387 Diekmann/Bieder, DB 2005, 722; ähnlich Schnitker/Grau, BB 2002, 2120 (2124).

388 Bayreuther, ZfA 2011, 45 (55).

389 Lingemann, NZA 2002, 181 (190); Schnitker/Grau, BB 2002, 2120 (2124); in diese Richtung auch Annuß, BB 2002, 458 (462); a. A. nunmehr Lingemann, NJW 2007, 536 (539).

390 Vgl. Hromadka in: Festschrift Dieterich, S. 273; ähnlich auch Bayreuther, NZA-Beil. 2006, 3 (10, 13).

391 Schimmelpfennig, NZA 2005, 603 (607) im Falle des widerruflich ausgestalteten Aufwendungsersatzes; Worzalla, NZA-Beil. 2006, 122 (124).

392 Thüsing/Leder, BB 2005, 1563 (1567).

393 Weber, S. 136.

schlagen, die Gründe so konkret wie möglich anzugeben, wobei aber eine beispielhafte Aufzählung genüge.[394]

Der Zusatz der Rechtsprechung, dass anstatt der Richtung der Widerrufsgründe unter Umständen auch der Grad der Störung angegeben werden könne, führte in der Literatur zu einer lebhaften Diskussion. Einerseits wird diese Aussage als Selbstverständlichkeit kritisiert.[395] Schließlich sei evident, dass der dem Arbeitgeber eingeräumte Gestaltungsspielraum nicht ausgenutzt werden müsse, sondern sich dieser auch stärker als erforderlich binden könne. Vereinzelt wird aus der Rechtsprechung aber auch geschlossen, dass eine Konkretisierung verpflichtend sei.[396] Überwiegend wird jedoch davon ausgegangen, dass die Eingriffvoraussetzungen umso konkreter formuliert werden müssten, je weiter der Umfang des Änderungsvorbehalts greife – sowohl hinsichtlich der Höhe als auch der Art der Leistung.[397] Andere Autoren verstehen den zweiten Teil der Aussage so, dass letztlich der Parteiwille darüber entscheide, wie konkret die Widerrufsgründe angegeben würden.[398] Mit der Entscheidung des BAG vom 13.04.2010[399] könnte sich die Diskussion erledigt haben. Zunächst sind allerdings die Reaktionen der Literatur abzuwarten.[400]

In der Literatur findet sich auch eine Auffassung, die hinsichtlich der Konkretisierung der Widerrufsgründe danach differenziert, ob es sich um einen Widerrufsvorbehalt handelt, der im Zusammenhang mit der Gewährung der widerruflichen Leistung im Vertrag oder der bei der wiederholten Gewährung einer nicht vertraglich geregelten Leistung ausgesprochen wird.[401] Im letzteren Falle sei der Arbeitnehmer weniger schutzbedürftig, da sich die infolge betrieblicher Übung entstandene Vertragsänderung für den Arbeitnehmer als lediglich rechtlich vorteilhaft darstelle. Er erhalte eine zusätzliche Leistung, ohne dafür eine

394 Lindemann, AuR 2004, 201 (206); Bergwitz, AuR 2005, 210 (216); ähnlich Hanau/Hromadka, NZA 2005, 73 (77).

395 Thüsing, Rn. 276.

396 Reiserer, NZA-Beil. 2010, 39; so auch Singer, RdA 2006, 362 (370); Däubler/Bonin/Deinert-Bonin, § 308 BGB Rn. 33.

397 Schimmelpfennig, NZA 2005, 603 (607); Worzalla, NZA-Beil. 2006, 122 (124); Bauer/Chwalisz, ZfA 2007, 339 (344); Moll, S. 177; Kroeschell, NZA 2008, 1393 (1394); MünchAnwHdb-Kolvenbach/Glaser, § 23 Rn. 18; Wolf/Lindacher/Pfeiffer-Stoffels, Anh. zu § 310 BGB Rn. 126; Lingemann, NJW 2007, 536 (539); MünchHdbArbR-Krause, § 56 Rn. 17.

398 Kort, SAE 2005, 307 (313).

399 NZA-RR 2010,457 (460).

400 Maaß, ArbRAktuell 2011, 59 konstatierte bereits, dass mit dieser Rechtsprechung eine weitere Verschärfung der Anforderungen an Widerrufsvorbehalte einhergehe.

401 Maties, DB 2005, 2689 (2692).

Gegenleistung erbringen zu müssen. Daher wird in diesem Fall ein geringeres Maß an Konkretisierung gefordert.

Eine andere Auffassung differenziert unter dem Blickwinkel der Risikozuweisung danach, ob der Widerruf auf Gründe gestützt wird, die in den Verantwortungsbereich des Arbeitnehmers fallen oder ob es um Widerrufsgründe aus der Unternehmenssphäre geht.[402] Während im ersten Fall der Vorbehalt näher zu konkretisieren und dem Arbeitnehmer bekannt zu machen sei, könne das Anpassungsbedürfnis im anderen Fall großzügig umschrieben werden.

Lange Zeit war unklar, ob die Angabe „wirtschaftliche Gründe" ausreichend ist.[403] Mittlerweile hat das BAG diese Frage zu Lasten vieler Klauselverwender verneint.[404] Die oftmals erfolgte Berufung auf „wirtschaftliche Gründe" wurde als Leerformel kritisiert. Für den Arbeitnehmer biete die Klausel keinerlei Klarheit. Daraus wird geschlossen, dass auch ein Verweis auf die Leistung oder das Verhalten des Arbeitnehmers künftig nicht mehr ausreichend sein werde.[405]

Ein Teil der Literatur ist der Auffassung, dass die Intransparenz einer Klausel durch eine Aufklärung des Arbeitnehmers bei Vertragsschluss über Inhalt und Bedeutung der Klausel kompensiert werden könne.[406] Hergeleitet wird diese Möglichkeit zum einen aus § 305b BGB[407], zum anderen aus den Grundsätzen zur Berücksichtigung des Gesamtzusammenhangs des Vertrags.[408] Allerdings sei eine Einschränkung dahingehend vorzunehmen, dass nur Informationen, die für die Entscheidung des Arbeitnehmers über den Abschluss des Vertrags relevant seien, Berücksichtigung fänden.[409]

In der Literatur wird eingehend über die Frage diskutiert, ob im Falle einer intransparenten Klausel allein die Unklarheit ausreicht, um von der Unwirksam-

---

402 Wiedemann in: Festschrift Buchner, S. 951; ähnlich auch Schimmelpfennig, NZA 2005, 603 (607).

403 Zust. wohl Worzalla, NZA-Beil. 2006, 122 (124); Leder, RdA 2010, 93 (97); Seitz/Reiche, BB 2009, 1862 (1866); ablehnend Schrader/Müller, RdA 2007, 145 (150); vgl. auch Singer, RdA 2006, 362 (367).

404 BAG v. 13.4.2010, NZA-RR 2010, 457 (460) (s. auch der Leitsatz der Redaktion).

405 S. Schwarz, GWR 2010, 469.

406 Köndgen, NJW 1989, 943 (951); Ulmer/Brandner/Hensen-Fuchs, § 307 BGB Rn. 346; Wolf/Horn/ Lindacher-Wolf, AGB-Gesetz, § 9 Rn. 144; vgl. auch BAG v. 26.5.1993, NZA 1993, 1029 (1030); BGH v. 13.6.1996, ZIP 1996, 1289 (1290 f.); krit. Staudinger-Coester, § 307 BGB Rn. 202 f.

407 Köndgen, NJW 1989, 943 (951).

408 Ulmer/Brandner/Hensen-Fuchs, § 307 BGB Rn. 346; Staudinger-Coester, § 307 BGB Rn. 203.

409 Ulmer/Brandner/Hensen-Fuchs, § 307 BGB Rn. 346; Staudinger-Coester, § 307 BGB Rn. 203.

keit der Klausel auszugehen[410] oder ob zusätzlich die Gefahr der inhaltlichen Benachteiligung des anderen Teils bestehen muss.[411] Einer Auffassung zufolge geht Letzteres regelmäßig mit der Intransparenz einher.[412] Dass allein die Intransparenz einer Klausel nicht zur Unwirksamkeit führe, resultiere aus dem geänderten Text in § 307 BGB, der in § 307 Abs. 3 S. 2 BGB neben Abs. 1 S. 2 auch Abs. 1 S. 1 in Bezug nehme.[413] Das bedeute, dass nur eine kombinierte Anwendung zur Unwirksamkeit führe.

Der Gegenauffassung zufolge führe die Intransparenz – unabhängig davon, dass Klauseln, die inhaltlich nicht zu beanstanden, aber intransparent seien, schwer vorstellbar seien – dem Wortlaut des Gesetzes zufolge („auch daraus“) ohne weiteres zur Unwirksamkeit.[414] Das bedeute allerdings nicht, dass jede noch so geringfügige Unklarheit eine unangemessene Benachteiligung darstelle.[415] Der Wortlaut („kann“) impliziere, dass die Intransparenz erst noch im Hinblick auf ihre Unangemessenheit zu würdigen sei. Auch die Systematik des Gesetzes wird für diese Auffassung herangezogen.[416] Denn durch § 307 Abs. 3 S. 2 BGB würden auch preis- und leistungsbestimmende Klauseln der Transparenzkontrolle unterworfen, obwohl diese gem. § 307 Abs. 3 S. 1 BGB von der inhaltlichen Angemessenheitskontrolle ausgenommen seien. Daraus sei der Umkehrschluss zu ziehen, dass allein die Intransparenz ausreiche, um eine unangemessene Benachteiligung anzunehmen. Auch auf europäischer Ebene wird angenommen, dass die Klausel unverbindlich ist, wenn der Änderungsgrund in der Klausel nicht ausdrücklich genannt wird.[417]

Andererseits erfährt diese Auffassung aber auch Kritik, da die Folge eine Flut von Prozessen und Revisionen wäre.[418] Die Regelung des § 307 Abs. 1 S. 2 BGB bringe durch die Formulierung „kann“ zum Ausdruck, dass die Intranspa-

410 Bejahend: Däubler/Bonin/Deinert-Bonin, § 307 BGB Rn. 153; Palandt-Grüneberg, § 307 BGB Rn. 24 (a. A. noch Palandt-Grüneberg (2010), § 307 BGB Rn. 20); Lingemann, NZA 2002, 181 (187); Köndgen, NJW 1989, 943 (950); krit. Ulmer/Brandner/Hensen-Fuchs, § 307 BGB Rn. 354.

411 Für Letzteres: Dauner-Lieb/Henssler/Preis-Nobbe, S. 42 ff.; Schnitker/Grau, BB 2002, 2120 (2124); Staudinger-Coester, § 9 AGBG Rn. 124; Koch, WM 2002, 2175.

412 Palandt-Grüneberg, § 307 BGB Rn. 24.

413 Palandt-Grüneberg (2010), § 307 BGB Rn. 20.

414 Däubler/Bonin/Deinert-Bonin, § 307 BGB Rn. 151 f.

415 Däubler/Bonin/Deinert-Bonin, § 307 BGB Rn. 152; darauf machen auch Wißmann/Schneider, EWiR § 307 BGB 4/08, S. 645 (646) aufmerksam und werfen dem BAG eine zu restriktive Anwendung des § 307 Abs. 1 S. 2 BGB vor.

416 Däubler/Bonin/Deinert-Bonin, § 307 BGB Rn. 153.

417 Grabitz/Hilf-Pfeiffer, A 5 Anh. zu Art. 3 Abs. 3 Nr. 1 lit. j) Rn. 90 f.

418 Dauner-Lieb/Henssler/Preis-Nobbe, S. 43.

renz für die Unwirksamkeit der Klausel gerade nicht ausreichend sei.[419] Zudem berge die Konzentration auf die – teilweise leichter festzustellende – Intransparenz die Gefahr, dass eine Auseinandersetzung mit der inhaltlichen Ausgewogenheit der Klausel vernachlässigt werde.[420] Dies würde dem Schutzzweck des AGB-Rechts widersprechen. Der Verwender einer Klausel, die zunächst „nur" wegen der Intransparenz für unwirksam erklärt werde, solle darauf vertrauen können, dass eine Klausel, die klar und verständlich sei, Bestand haben werde.[421] Der Schwerpunkt der AGB-Kontrolle müsse mithin auf der Überprüfung der inhaltlichen Angemessenheit liegen.

cc) Eigene Stellungnahme

Auffällig ist, dass die Schuldrechtsmodernisierung eine wesentliche Verschärfung der bisherigen Rechtsprechung mit sich gebracht hat. Viele Verträge müssen an die neue Rechtsprechung angepasst werden, was nicht nur erhebliche Kosten mit sich bringt, sondern auch Unsicherheit bei der konkreten Gestaltung.

Die Auffassung, die davon ausgeht, dass der Änderungsvorbehalt auch stillschweigend Vertragsinhalt werden kann[422], ist mit dem Transparenzgebot nicht mehr vereinbar. Dieses erfordert zumindest die eindeutige Angabe, dass sich der Arbeitgeber vorbehält, bestimmte Vergütungsbestandteile zu widerrufen. Fraglich ist, ob darüber hinaus weitere Angaben erforderlich sind.

Es ist zu berücksichtigen, dass die Zulässigkeit der Änderungsvorbehalte nicht durch zu hohe Anforderungen an die Transparenz konterkariert wird, denn diese ist schließlich wegen der Unsicherheit der künftigen Entwicklung überhaupt erst anerkannt worden. Die Einflussfaktoren, die zur Änderung der Rahmenbedingungen führen, sind gerade im Arbeitsrecht so zahlreich und vielseitig, dass gesicherte Prognosen zum Zeitpunkt des Abschlusses des Arbeitsvertrags und daher konkrete Regelungen kaum möglich sind.[423] Der Arbeitgeber muss daher auf Instrumente zurückgreifen können, die es ihm ermöglichen, im Konfliktfall flexibel zu reagieren, ohne dass er deren Voraussetzungen bereits im Vorfeld weitgehend konkretisieren muss. Zu hohe Anforderungen an die Transparenz belasten den Widerrufsvorbehalt mit Gestaltungsrisiken und animieren damit zur Flucht in den Freiwilligkeitsvorbehalt.[424] Für den Arbeitnehmer bietet

419 Schnitker/Grau, BB 2002, 2120 (2124).
420 MünchKomm-Kieninger, § 307 BGB Rn. 53.
421 MünchKomm-Kieninger, § 307 BGB Rn. 53.
422 So Hromadka, DB 1995, 1609 (1610); Wank in: Hromadka, Änderung von Arbeitsbedingungen, S. 45; APS-Künzl, § 2 KSchG Rn. 107.
423 BAG v. 13.4.2010, NJOW 2010, 2625 (2627).
424 Vgl. Leder, RdA 2010, 93 (97).

aber der Widerrufsvorbehalt einen besseren Schutz. Diese Aspekte könnten dafür sprechen, dass eine Angabe der Widerrufsgründe im Vertrag nicht erforderlich ist. Auch die Systematik des Gesetzes spricht gegen dieses Erfordernis, schließlich enthält § 308 Nr. 4 BGB im Gegensatz zu § 308 Nr. 3 BGB nicht den Zusatz „im Vertrag angegebenen Grund".

Andererseits ist die Verschärfung der Anforderungen an die Transparenz aber auch begrüßenswert. Insbesondere im Arbeitsrecht muss dem Vertragspartner ein Vergleich der Marktbedingungen ermöglicht werden, da der Arbeitsvertrag regelmäßig seine Existenzgrundlage bildet. Die Markttransparenz wird durch die Vergütung modifizierende Regelungen, wie Widerrufsvorbehalte, erheblich reduziert, so dass der Vertragsgestaltung besondere Aufmerksamkeit zu schenken ist. Ein hinreichend transparenter Vertrag kann zudem dazu führen, dass Meinungsverschiedenheiten und somit auch gerichtliche Streitigkeiten zwischen den Arbeitsvertragsparteien von vornherein verhindert werden. Ein Arbeitnehmer wird eine Regelung, die explizit ausführt, unter welchen Voraussetzungen ein Widerruf erfolgen kann und in welcher Höhe sein Entgeltanspruch davon betroffen ist, eher akzeptieren als wenn die vertragliche Regelung den Anschein erweckt, der Arbeitgeber könne Entgeltbestandteile willkürlich widerrufen. Eine transparente Vertragsgestaltung liegt damit auch im Interesse des Arbeitgebers. Für ihn mindert sich das Risiko einer gerichtlichen Klärung und der Nichtigkeit der Klausel mit der Folge des Bestehens eines unbegrenzten Anspruchs.[425] Zudem wird in der Gesetzesbegründung erwähnt, dass die Streichung der Bereichsausnahme Rechtssicherheit herbeiführen soll und das Schutzniveau im Arbeitsrecht nicht hinter demjenigen des Zivilrechts zurückbleiben dürfe.[426] Letzteres kann nur erreicht werden, wenn auch die Transparenzerfordernisse korrelieren. Nach der Rechtsprechung des BGH zum AGB-Gesetz sind die Gründe für die Ausübung eines einseitigen Leistungsbestimmungsrechts möglichst konkret zu nennen.[427]

Auch wenn ein Vergleich mit § 308 Nr. 3 BGB gegen das Erfordernis der Angabe etwaiger Widerrufsgründe spricht, kann die Systematik des Gesetzes auch die Gegenauffassung stützen. Aus § 307 BGB geht eindeutig hervor, dass die Transparenzkontrolle einen eigenständigen Anwendungsbereich hat. Würde man lediglich das Vorliegen etwaiger Gründe für den Widerrufsvorbehalt verlangen, wäre damit lediglich der Anwendungsbereich der Angemessenheits-

425 Vgl. Preis, Der Arbeitsvertrag, II V 70 Rn. 113.

426 BTDrucks 14/6857, S. 54.

427 Vgl. BGH v. 21.12.1983, NJW 1984, 1182 (1183); v. 20.1.1983, NJW 1983, 1322 (1325); v. 26.11.1984, NJW 1985, 623 (624 ff.).

bzw. Zumutbarkeitskontrolle betroffen. Das Transparenzgebot liefe weitgehend leer. Dies kann der Gesetzgeber nicht gewollt haben.

Entscheidend ist letztlich, dass der Arbeitnehmer zumindest in Grundzügen vorausplanen können muss. Dies gelingt ihm nur, wenn er weiß, wann er mit einem Widerruf rechnen muss. Die Transparenz des Widerrufsvorbehalts setzt damit die Angabe der Widerrufsgründe im Vertrag voraus.

Die bisherige Rechtsprechung des BAG, wonach entweder die Richtung des Widerrufsgrundes oder – sofern sich der Arbeitgeber hierauf berufen will – der Grad der erforderlichen Störung anzugeben war, führt zu einer Leerformel. Für den Klauselverwender sind allein die Mindestanforderungen an die Vertragsgestaltung entscheidend. Darum wäre es ausreichend gewesen zu formulieren, dass zumindest die Richtung, aus der der Widerruf erfolgen könne, anzugeben sei. Dass das BAG dies aber nicht als ausreichend erachtet, hat es mittlerweile klargestellt. Nunmehr ist eine Konkretisierung insoweit erforderlich, als für den Arbeitnehmer ersichtlich sein muss, unter welchen Voraussetzungen er mit einem Widerruf rechnen muss.[428] Aufgrund der eher allgemein gehaltenen Floskeln ist nach wie vor unklar, welche Anforderungen an die Formulierung zu stellen sind.

Bei der Beantwortung der Frage, inwieweit die Widerrufsgründe zu konkretisieren sind, ist zu berücksichtigen, dass für den Arbeitnehmer entscheidend ist, dass er sich rechtzeitig auf die Nichtgewährung einstellen bzw. diese unter Umständen sogar verhindern kann. Im Falle nicht von ihm zu beeinflussender Gründe wird dies dadurch erreicht, dass ihm detailliert offen gelegt wird, an welche Umstände das Entfallen des Vergütungsbestandteils geknüpft wird. Unmissverständlich ist zum Beispiel die Nennung bilanzieller Größen oder Prozentsätze. Knüpft der Widerruf an Leistungen oder Pflichtverletzungen des Arbeitnehmers an, besteht für diesen regelmäßig ein erhebliches Interesse daran, genau zu wissen, wie er sich verhalten kann, um den Widerruf zu verhindern.[429] Dies erfordert wiederum eine detaillierte Beschreibung des möglichen Widerrufgrundes und nicht lediglich eine generalisierende Angabe. Ein solches Verständnis ist am ehesten mit der jüngsten Rechtsprechung des BAG in Einklang zu bringen, wonach für den Arbeitnehmer ersichtlich sein muss, unter welchen Voraussetzungen der Widerruf möglich ist. Der Begriff „Voraussetzungen" ist enger als der Begriff „Richtung". Die Angabe der Richtung, aus der der Widerruf möglich sein soll, kann daher nicht mehr ausreichend sein.

Zuzugestehen ist der eher großzügigen Auffassung in der Literatur jedoch, dass die Aufzählung aller in Betracht kommenden Gründe wegen der unsicheren Entwicklung der Verhältnisse in der Zukunft nicht möglich ist. Auch könnten

428 Vgl. BAG v. 13.4.2010, NZA-RR 2010, 457 (459).

429 Vgl. Schimmelpfennig, NZA 2005, 603 (607).

allzu viele Details zur Unüberschaubarkeit des Regelwerkes führen und die Allgemeinen Geschäftsbedingungen könnten ihre Rationalisierungsfunktion nicht mehr erfüllen. Demnach ist eine Konkretisierung der Widerrufsgründe nur insoweit zu fordern, als diese dem Arbeitgeber noch einen – wenn auch geringen – Spielraum belassen, damit dieser nicht alle in Betracht kommenden Gründe einzeln aufzählen muss. Dadurch darf jedoch keine Willkür ermöglicht werden. Dann nämlich geht der Widerrufsgrund zu weit. Vielmehr darf der Spielraum nur Gründe umfassen, die für den Arbeitnehmer nachvollziehbar und somit vorhersehbar sind. Besonderes Augenmerk ist daher darauf zu legen, dass der Widerrufsgrund mit dem Zweck der Gewährung des widerruflichen Vergütungsbestandteils im Zusammenhang steht.

Mit der Intention, Unsicherheiten für die Vertragspraxis zu vermeiden, ist ein abgestufter Maßstab, der je nach Umfang bzw. Art der widerruflichen Leistung unterschiedliche Anforderungen an die Konkretisierung stellt, nicht zu vereinbaren.[430] Die Frage nach Klarheit und Verständlichkeit kann nicht je nach Auswirkung des Widerrufsvorbehalts variieren. So kann eine Klausel, die einen Widerrufsvorbehalt enthält, der sich lediglich auf einen geringen Teil der Vergütung bezieht, nicht transparent sein, während eine nahezu identische Klausel, die sich nur bezüglich des Umfangs des Widerrufsvorbehalts unterscheidet, als intransparent angesehen wird. Fragen der Zumutbarkeit und der Transparenz werden vermischt. Während bei der Frage der Zumutbarkeit eine Abstufung möglich ist, müssen die Anforderungen an die Konkretisierung in jedem Fall einheitlich sein.

Von der Literatur bislang unbeantwortet ist die Frage, ob auch verschiedenartige Widerrufsgründe in eine Widerrufsklausel aufgenommen werden können.[431] Aufgrund der Rechtsprechung des BAG, die festlegt, dass „die" Richtung der Widerrufsgründe anzugeben ist, sollte davon ausgegangen werden, dass eine Kombination mehrerer Richtungen nicht möglich ist. Auch der Sinn und Zweck des Transparenzgebotes, für den Arbeitnehmer Klarheit zu bringen, spricht gegen die Aufnahme verschiedenartiger Widerrufsgründe. Letztlich ergibt sich dies bereits daraus, dass sich der Widerruf auf eine ganz bestimmte Leistung beziehen muss. Diese Leistung wird in der Regel die Richtung des Widerrufsgrundes vorgeben, denn Letzterer muss den Widerruf typischerweise rechtfertigen. Das setzt eine gewisse Parallele voraus. So kann etwa der Widerruf einer

430 Anders aber: Schimmelpfennig, NZA 2005, 603 (607); Worzalla, NZA-Beil. 3/2006, 122 (124); Bauer/Chwalisz, ZfA 2007, 339 (344); Moll, S. 177; Kroeschell, NZA 2008, 1393 (1394); MünchAnwHdb-Kolvenbach/Glaser, § 23 Rn. 18; Wolf/Lindacher/Pfeiffer-Stoffels, Anh. zu § 310 BGB Rn. 126; Lingemann, NJW 2007, 536 (539); MünchHdbArbR-Krause, § 56 Rn. 17; KR-Rost, § 2 KSchG Rn. 48e.

431 Krit. Willemsen/Jansen, RdA 2010, 1 (2).

Leistungszulage nur auf eine Verschlechterung der Leistungen gestützt werden, wohingegen eine Erfolgsbeteiligung wohl in erster Linie wegen finanzieller Verluste widerrufen wird. Die Rechtfertigung des Widerrufs aus mehreren unterschiedlichen Gründen wird daher im Regelfall nicht möglich sein.

Sollten mehrere gleichartige Widerrufsgründe aufgenommen werden, ist es ratsam, den Vertrag so zu gestalten, dass sich die einzelnen Widerrufsgründe gesondert streichen lassen. Für den Arbeitgeber bietet dies den Vorteil, dass trotz der Unwirksamkeit eines Teils der Regelung die übrige Klausel aufrechterhalten werden kann, sofern ein aus sich heraus verständlicher Klauselrest verbleibt.[432]

Bei der Formulierung etwaiger Widerrufsvorbehalte sollte der Fall einer nachträglich eintretenden Tarifbindung des Unternehmens (etwa aufgrund des Abschlusses eines Firmentarifvertrages oder des Beitritts zu einem Arbeitgeberverband) berücksichtigt werden. Da sich der widerrufliche Anteil, der Rechtsprechung zufolge, nicht auf das Tarifgehalt beziehen darf, besteht die Gefahr, dass die ursprünglich wirksame Klausel aufgrund der Tarifbindung nunmehr zu weit geht. Für diesen Fall sollte bereits im Voraus Sorge getragen werden, indem eine Klausel des Inhalts aufgenommen wird, dass sich der widerrufliche Anteil im Falle einer nachträglich eintretenden Tarifbindung des Unternehmens entsprechend reduziert.

Schließlich bedarf es noch einer Auseinandersetzung mit der Frage, ob neben die Intransparenz der Klausel die Gefahr der inhaltlichen Benachteiligung des anderen Teils treten muss, damit diese dem Unwirksamkeitsverdikt unterfällt. Sowohl der Wortlaut der Vorschrift als auch die Systematik des Gesetzes lassen keinen Zweifel daran, dass dies nicht der Fall ist. Dieser Schluss ist bereits aus der Formulierung in § 307 Abs. 1 S. 2 BGB „auch daraus ergeben" zu ziehen. Wenn neben die Intransparenz die Gefahr einer inhaltlichen Benachteiligung dazu treten müsste, hätte diese Kombination klar zum Ausdruck gebracht werden müssen. Der Begriff „kann" bedeutet lediglich, dass nicht jede Intransparenz zur Unwirksamkeit führt. Dass in § 307 Abs. 3 S. 2 sowohl auf § 307 Abs. 1 S. 2 BGB als auch auf Abs. 1 S. 1 Bezug genommen wird, ist darauf zurückzuführen, dass es sich bei Abs. 1 S. 2 um eine Konkretisierung von Abs. 1 S. 1 handelt, so dass die Vorschriften immer im Zusammenhang zu sehen sind. Die Voraussetzungen ergeben sich aber ausschließlich aus Abs. 1 S. 2. Allein die aus § 307 Abs. 3 BGB folgende Konsequenz, dass eine intransparente Klausel einer weiteren Kontrolle entzogen sein kann, spricht dafür, dass allein die Intransparenz zur Unwirksamkeit führen kann. Ansonsten hätte das Transpa-

432 Einzelheiten finden sich unter dem Abschnitt „Die Rechtsfolgen unwirksamer Widerrufsvorbehalte".

renzgebot keinen eigenständigen Anwendungsbereich, was aber ersichtlich der Fall ist. Der Argumentation, dass der Verwender einer Klausel, die zunächst „nur“ wegen der Intransparenz für unwirksam erklärt werde, darauf vertrauen können solle, dass eine Klausel, die klar und verständlich sei, Bestand haben werde, kann nicht gefolgt werden. Möchte jemand den Vorzug Allgemeiner Geschäftbedingungen genießen, hat er für deren Wirksamkeit Sorge zu tragen. Rügt das Gericht eine Klausel unter einem bestimmten Gesichtspunkt, bedeutet das nicht zugleich, dass damit auch alle übrigen Bedenken beseitigt sind. Es entspricht allgemeinen Grundsätzen, dass das Gericht einen Fall nicht zwangsläufig unter allen in Betracht kommenden Gesichtspunkten prüft. Vertrauensschutz kann sich daraus nicht ergeben.

Abschließend ist festzuhalten, dass nach hier vertretener Auffassung nicht nur eine ausdrückliche Regelung des Widerrufsvorbehalts, sondern auch eine konkrete Angabe der Umstände, die einen Widerruf auslösen können, erforderlich ist. Auch im Hinblick auf die aktuelle Rechtsprechung des BAG ist eine Konkretisierung des Störungsgrades empfehlenswert. Die Literatur äußert sich differenzierend, wobei eine Reaktion auf die aktuelle Rechtsprechung zunächst abzuwarten ist.

5. Zeitpunkt der Beurteilung

Für die Beurteilung der Klausel anhand der §§ 305 ff. BGB ist der Zeitpunkt des Vertragsschlusses entscheidend.[433] Eine nachträgliche Änderung der tatsächlichen Umstände kann daher auf die zuvor gegebene Wirksamkeit der Klausel keinen Einfluss haben. Allein im Rahmen der Ausübungskontrolle könnte eine Änderung der tatsächlichen Umstände Relevanz haben. Der sachliche Grund für den Widerruf des Vergütungsbestandteils muss schließlich im Zeitpunkt der Widerrufserklärung vorliegen.[434]

6. Die Rechtsfolgen unwirksamer Widerrufsvorbehalte

a) Wirksamkeit des übrigen Vertrages

Die Rechtsfolgen unwirksamer Allgemeiner Geschäftsbedingungen sind nunmehr auch für das Arbeitsrecht in § 306 BGB geregelt. Ausgangspunkt ist, dass der Vertrag gem. § 306 Abs. 1 BGB – in Abweichung von § 139 BGB – grundsätzlich wirksam bleibt, auch wenn einzelne Bestimmungen ganz oder teilweise nicht Vertragsbestandteil geworden oder unwirksam sind. Eine Ausnahme von dieser Grundregel ist nach § 306 Abs. 3 nur zu machen, wenn das Festhalten an

433 Palandt-Grüneberg, § 307 BGB Rn. 7.

434 Preis, Vertragsgestaltung, S. 417.

dem Vertrag auch unter Berücksichtigung der nach § 306 Abs. 2 BGB vorzunehmenden Lückenfüllung eine unzumutbare Härte für eine Vertragspartei darstellen würde. Nur dann ist der Vertrag insgesamt unwirksam. Allerdings stellt sich die Frage, ob § 306 Abs. 3 BGB überhaupt Anwendung findet. In der Literatur finden sich Stimmen, die diese Frage verneinen. Aufgrund Art. 6 Abs. 1 der Richtlinie 93/13/EWG[435], die im Wege der richtlinienkonformen Auslegung des nationalen Rechts Berücksichtigung finden müsse, komme eine Unwirksamkeit des gesamten Vertrages gem. § 306 Abs. 3 BGB nicht in Betracht, denn die Richtlinie sehe vor, dass der Vertrag – abgesehen von der missbräuchlichen Klausel – grundsätzlich bindend bleibe.[436] Dem ist jedoch nicht zu folgen. Bereits die Einschränkung „grundsätzlich" bedeutet, dass Ausnahmen möglich sind. Um eine solche Ausnahme handelt es sich bei § 306 Ab. S. 3 BGB. Allerdings wird es der sich auf § 306 Abs. 3 BGB berufenden Vertragspartei kaum möglich sein, Umstände darzulegen, die eine unzumutbare Härte begründen. In der Regel ist daher der Inhalt des nach § 306 Abs. 1 BGB aufrechtzuerhaltenden Vertrages zu ermitteln.

b) Teilbarkeit der Klausel

Zunächst ist die Teilaufrechterhaltung der unzulässigen Vertragsbestimmung durch die Begrenzung der Unwirksamkeit in Betracht zu ziehen.[437] Ausgangspunkt ist die Frage, ob die Klausel vom Wortlaut her wegen eines eigenständigen grammatikalischen Sinns eine Trennung ermöglicht.[438] Die Teilaufrechterhaltung darf nicht dazu führen, dass die Klausel umformuliert werden muss. Neben der sprachlichen muss auch eine inhaltliche Trennung möglich sein.[439] Das ist nach dem sog. „blue-pencil-test" der Fall, wenn der unwirksame Teil gestrichen werden kann und der übrig bleibende Teil noch verständlich ist und einen eigenständigen Regelungscharakter aufweist.[440] Nur wenn der unwirksame Teil der Klausel von so einschneidender Bedeutung ist, dass ohne ihn eine gänz-

---

435 AblEG Nr. L 95/29 v. 21.4.1993.

436 Vgl. Diekmann/Bieder, DB 2005, 722 (727); a. A. Willemsen/Grau, RdA 2003, 321 (323); Preis, Vertragsgestaltung, S. 352.

437 Willemsen/Grau, RdA 2003, 321 (323).

438 AnwK-ArbR-Hümmerich (2008), § 306 BGB Rn. 7.

439 Palandt-Grüneberg, § 306 BGB Rn. 7; BAG v. 18.5.2011, AP § 22, 23 BAT Zulagen Nr. 47.

440 BAG v. 12.3.2008, NZA 2008, 699 (701); v. 6.5.2009, NZA 2009, 783 (784); BGH v. 28.5.1984, NJW 1984, 2816 (2817); Willemsen/Grau, RdA 2003, 321 (323); krit. Thüsing, BB 2006, 661 und Bayreuther, NZA 2004, 953 (956).

lich neue, von dem vorherigen Inhalt der Klausel völlig abweichende Regelung übrig bliebe, erfasst die Unwirksamkeit die Gesamtklausel.[441]

Im Falle eines Widerrufsvorbehalts wäre zum Beispiel daran zu denken, unangemessene bzw. unzumutbare Gründe für einen Widerruf zu streichen, während die der Inhaltskontrolle standhaltenden Gründe aufrechterhalten bleiben. Kritisiert wird, dass dieses Vorgehen zu immer ausgefeilteren Formulierungen führe mit der Nennung möglichst vieler Einzelfälle, damit die Klausel soweit wie möglich aufrechterhalten werden könne.[442] Dem ist jedoch entgegenzuhalten, dass die Klausel bereits aufgrund ihrer Intransparenz unwirksam ist, wenn die Nennung zahlreicher Widerrufsgründe zur Unübersichtlichkeit und damit zur Unklarheit beim Arbeitnehmer führt. Allein das Transparenzgebot wird den Vertragsgestalter von immer ausgefeilteren Formulierungen abhalten. Schwierigkeiten bereitet allerdings die Beantwortung der Frage, wann eine Trennung der Klausel möglich ist. Während über die sprachliche Teilbarkeit in den seltensten Fällen gestritten werden kann, ist für die inhaltliche Teilbarkeit nach dem Sinn und Zweck des wirksamen Vertragsbestandteils zu fragen. Kann diesem weiterhin Rechnung getragen werden, bestehen an der Teilbarkeit der Klausel in der Regel keine Zweifel. Jedenfalls kommt die Aufrechterhaltung der Klausel nicht in Fällen der quantitativen Teilbarkeit in Betracht. Ist ein Rechtsgeschäft allein wegen des Übermaßes einer bestimmten Leistung nichtig, würde die Aufrechterhaltung der Klausel nach dem blue-pencil-test dem Verbot der geltungserhaltenden Reduktion zuwiderlaufen.[443]

c) *Verbot der geltungerhaltenden Reduktion*

In der Vergangenheit führte die arbeitsgerichtliche Rechtsprechung unangemessene Klauseln auf ihren gerade noch zulässigen Inhalt zurück.[444] Seit dem 01.01.2002 ist eine solche Vorgehensweise nicht mehr denkbar. Durch § 306 Abs. 2 BGB hat das Verbot geltungserhaltender Reduktion eine gesetzliche Grundlage gefunden.[445] Die Vorschrift regelt ausdrücklich, dass die Lücke im

441 LAG Hamm v. 4.5.2004 – 19 Sa 360/04 n. v.

442 Thüsing/Leder, BB 2005, 938 (944).

443 Vgl. dazu Wolf/Lindacher/Pfeiffer-Stoffels, Anh. zu § 310 BGB Rn. 78.

444 BAG v. 6.9.1995, AP § 611 BGB Ausbildungsbeihilfe Nr. 23; v. 16.3.1994, AP § 611 BGB Ausbildungsbeihilfe Nr. 18; v. 15.12.1993, AP § 611 BGB Ausbildungsbeihilfe Nr. 17; v. 15.5.1985, AP § 611 BGB Ausbildungsbeihilfe Nr. 9.

445 BAG v. 4.3.2004, NZA 2004, 727 (734); LAG Hamm v. 11.5.2004, NZA-RR 2004, 515 (519); v. 4.5.2004 – 19 Sa 360/04 n. v.; v. 21.9.2004 – 19 Sa 575/04 n. v.; Schlewing, RdA 2011, 92; Lindemann, AuR 2004, 201 (208); gegen eine geltungserhaltende Reduktion im Zivilrecht: BGH v. 17.5.1982, BB 1982, 1750 (1752); v. 24.9.1985, BB 1986, 1186 (1187); v. 3.11.1999, NJW 2000, 1110 (1113); Erman-Hefermehl (1993),

Vertrag anhand dispositiven Rechts zu schließen ist. Würde eine Klausel im Rahmen des gerade noch Zulässigen aufrechterhalten, würde dadurch dem Verwender jegliches Risiko bei der Formulierung vorgefasster Vertragswerke abgenommen.[446] Ziel des AGB-Gesetzes ist es, auf einen angemessenen Inhalt der in der Praxis verwendeten Allgemeinen Geschäftsbedingungen hinzuwirken.[447] Dem würde eine Aufrechterhaltung der Klausel im Rahmen des Zulässigen entgegenlaufen. Zudem würde die Privatautonomie der Parteien missachtet, wenn der Richter den Vertragsinhalt selbst anordnen könnte und auch dem Transparenzgebot würde widersprochen.[448] Das Verbot der geltungserhaltenden Reduktion kann auch nicht dadurch außer Kraft gesetzt werden, dass man die geltungserhaltende Reduktion als Besonderheit des Arbeitsrechts ansieht.[449] Mit dem Verbot der geltungserhaltenden Reduktion soll bezweckt werden, dass derjenige, der einseitig Vertragsbedingungen stellt, auch einseitig die Folgen der Unwirksamkeit, die er zu vertreten hat, tragen soll.[450] In dieser Hinsicht ist der Arbeitnehmer nicht weniger schutzwürdig als andere Vertragspartner, die mit vorformulierten Vertragsbedingungen konfrontiert werden. Die Situation im Arbeitsrecht ist mit derjenigen im Zivilrecht vergleichbar.[451] Eine unterschiedliche Behandlung ist mithin nicht gerechtfertigt. Der BGH hat das Reduktionsverbot auch auf andere Dauerschuldverhältnisse angewandt.[452] Es liegt nun in der Hand

---

§ 6 AGBG Rn. 9; Ulmer/Brandner/Hensen-Schmidt (2001) § 6 Rn. 14 f.; Stoffels, § 20 Rn. 595; Wolf/Horn/Lindacher-Lindacher, AGB-Gesetz, § 6 Rn. 26 ff.; im Arbeitsrecht: ErfK-Preis, §§ 305-310 BGB Rn. 104; Annuß, BB 2002, 458 (462); Däubler/Bonin/Deinert-Deinert, § 307 BGB Rn. 133; Diekmann/Bieder, DB 2005, 722 (726); Wolf, RdA 1988, 270 (276); Singer, RdA 2003, 194 (203 f.); so auch bereits BGH v. 30.1.1998, ZIP 1999, 80 (82); v. 23.6.1999, NZA 1999, 1164 ff.; gegen ein generelles Verbot: Söllner, ZfA 2003, 145 (157 ff.); Willemsen/Grau, RdA 2003, 321 (326 ff.); Hager, JZ 1996, 175; Stoffels, NZA 2005, 726 (727 f.); Hanau/Hromadka, NZA 2005, 73 (78); Hromadka, NJW 2002, 2523 (2529); Thüsing, BB 2002, 2666 (2674); Schnitker/Grau, BB 2002, 2120 (2126); wohl auch Bayreuther, NZA 2004, 953.

446 Preis, Vertragsgestaltung, S. 351, 358.

447 BAG v. 3.11.1999, NJW 1999, 1110 (1113).

448 Stoffels, Rn. 596; Preis, Vertragsgestaltung, S. 358.

449 So aber Westphalen von-Thüsing (2006), Arbeitsverträge, Rn. 58; vgl. auch Gotthardt, ZIP 2002, 277 (289); Söllner, ZfA 2003, 145 (159); Thüsing, NZA 2002, 591 (594); ähnlich Lingemann, NZA 2002, 181 (187), wonach aber nicht die geltungserhaltende Reduktion selbst eine Besonderheit des Arbeitsrechts darstelle, sondern diese sei durch Besonderheiten des Arbeitsrechts geprägt.

450 BAG v. 4.3.2004, NZA 2004, 727 (734).

451 So auch Lindemann, AuR 2004, 201 (208).

452 BGH v. 7.6.1989, NJW 1989, 2247 (2249); v. 10.9.1997, NJW 1997, 3437 (3439); v. 3.11.1999, NJW 2000, 1110 (1113).

der Rechtsprechung, präzise Vorgaben zu schaffen, damit sich der Arbeitgeber nicht des Vorwands bedient, es sei nur schwer ersichtlich, was zulässig sei.[453]

Die hinter dem Verbot der geltungserhaltenden Reduktion stehende Forderung an den Verwender, klare Regelungen zu treffen, ist allerdings unerfüllbar, wenn die Unwirksamkeit der Klausel auf einer späteren, bei der Verwendung noch nicht vorhersehbaren Änderung der Rechtslage beruht. Dem Klauselverwender kann daher nur vorgeworfen werden, dass er den Klauselinhalt nicht an die neue Rechtslage angepasst hat, was jedoch angesichts der hohen Anforderungen an die Änderungskündigung nicht immer möglich ist. Auch die Literatur übt Kritik an dem Verbot der geltungserhaltenden Reduktion.[454] Dem Präventionsargument müsse entgegengehalten werden, dass die Unwirksamkeit vieler Klauseln nicht darauf zurück gehe, dass der Verwender seinen Vertragspartner bewusst benachteiligen wolle, sondern auf die sich ständig wandelnde Rechtsprechung.[455] Der Grad zwischen gerade noch zulässiger und unzulässiger Vertragsgestaltung sei schmal und somit nicht immer eindeutig. Eine geltungserhaltende Reduktion sei daher zumindest in Betracht zu ziehen, wenn es um Klauseln gehe, deren rechtliche Bewertung unsicher sei (u. a. Widerrufs- und Freiwilligkeitsvorbehalte).[456] Weiterhin verliere das Präventionsargument auch dadurch an Gewicht, dass für den Arbeitnehmer – im Gegensatz zu anderen Vertragspartnern – bereits ein ausreichender Schutz durch die betrieblichen Mitbestimmungsrechte und die Billigkeitskontrolle bestehe.[457] Aufgrund der erschwerten Möglichkeit der Änderungskündigung müsse der Notwendigkeit einseitiger Leistungsbestimmungsrechte auch auf der Rechtsfolgenseite der Klauselkontrolle entsprochen werden.[458] Formularbedingungen in Arbeitsverträgen seien Bestandteil des betrieblichen Ordnungsgefüges, so dass deren vollständige Unwirksamkeit zu einem ungleich tieferen Eingriff führe als die Reduktion der Klausel.

Diese Argumente sprechen zwar dafür, die Lücke im Vertrag nicht hinzunehmen, bieten allerdings keinerlei Anhaltspunkte, die gegen eine ergänzende Vertragsauslegung sprechen. Ganz im Gegenteil: es sind gerade die genannten Argumente, die sich zur Begründung einer ergänzenden Vertragsauslegung heranziehen lassen. Dabei handelt es sich um die sachgerechtere Lösung, da eine beiden Seiten entsprechende Vertragsgestaltung fingiert wird anstelle einer Auf-

---

453 Diese Begründung wurde bislang zur Rechtfertigung der geltungserhaltenden Reduktion herangezogen, vgl. etwa BAG v. 14.1.2009, NZA 2009, 666 (668 f.).

454 Vgl. Bayreuther, NZA 2004, 953; Willemsen/Grau, RdA 2003, 321 (327 f.).

455 Bayreuther, NZA 2004, 953.

456 Ähnlich auch Willemsen/Grau, RdA 2003, 321 (327 f.).

457 Bayreuther, NZA 2004, 953 (954); Willemsen/Grau, RdA 2003, 321 (327 f.).

458 Willemsen/Grau, RdA 2003, 321 (327 f.).

rechterhaltung der Klausel nach dem gerade noch Zulässigen. Im letzten Fall würde die Rechtsfolge einseitig zu Lasten des Arbeitnehmers gehen, wofür sich keine Rechtfertigung findet. Die ergänzende Vertragsauslegung hingegen setzt voraus, dass sich im Vertrag Anhaltspunkte für den hypothetischen Parteiwillen finden lassen, so dass diese Vorgehensweise auch vertraglich gerechtfertigt werden kann. Der Besonderheit im Arbeitsrecht, dass es häufig an dispositiven Normen fehlt, kann auf diesem Weg Rechnung getragen werden.

Es drängt sich allerdings die Frage auf, wo die Grenze zu ziehen ist zwischen einer zulässigen Teilaufrechterhaltung der Klausel nach dem blue-pencil-test und einer unzulässigen Aufrechterhaltung der Klausel im Rahmen des gerade noch Zulässigen. Dass diese Grenze fließend ist, zeigt folgendes Beispiel[459]: Gibt der Arbeitgeber bei Vereinbarung eines Widerrufsvorbehalts in der Klausel den Grund für den Widerruf anhand eines Oberbegriffs an und konkretisiert diesen anhand von Unterbegriffen, läuft er Gefahr, dass die Klausel wegen des Verbots der geltungserhaltenden Reduktion insgesamt für unwirksam erklärt wird, wenn das Gericht den Oberbegriff für zu weit hält. Wird hingegen nur einer von mehreren Unterbegriffen für zu weit gehalten, kann der Rest der Klausel nach dem blue-pencil-test aufrechterhalten werden. Im Falle der Teilbarkeit der Klausel wird nicht eine zu weitgehende Klausel neu gefasst, sondern eine teilbare Klausel wird ohne ihren unwirksamen Bestandteil in ihrem zulässigen Inhalt aufrechterhalten.[460] Das kann „mehr" sein als das gerade noch Zulässige. Die Frage der geltungserhaltenden Reduktion der Klausel stellt sich nur, wenn die Unwirksamkeit der Klausel aus einem Verstoß gegen das Übermaßverbot resultiert.[461]

d) Lückenschließung durch dispositives Recht

Stellt sich heraus, dass die Lücke im Vertrag den Interessen der Vertragspartner zuwiderläuft, ist die Schließung der Lücke in Betracht zu ziehen. Eine solche Vorgehensweise bringt die divergierenden Interessen am ehesten in Ausgleich, da sie flexibler ist als die Alles-oder-Nichts-Lösung des § 306 Abs. 1 oder Abs. 3. Das Gesetz selbst gibt die Lösung vor. Nach § 306 Abs. 2 BGB tritt das dispositive Recht an die Stelle der unwirksamen Klausel, allerdings nur insoweit, als entsprechende Rechtssätze auch existieren.[462] Darunter fallen auch die

459 Vgl. Leder, RdA 2010, 93 (97).
460 BAG v. 14.1.2009, NZA 2009, 666 (668).
461 Wolf/Lindacher/Pfeiffer-Stoffels, Anh. zu § 310 BGB Rn. 78.
462 Preis, Vertragsgestaltung, S. 358.

von Rechtsprechung und Lehre herausgebildeten Rechtsgrundsätze.[463] An diesem Punkt stellt sich das eigentliche Problem. Gesetzliche Vorschriften zur Lückenfüllung sind im Arbeitsrecht rar und auch an gesetzlichen Leitbildbestimmungen mangelt es.[464] Das führt dazu, über die Schließung der Vertragslücke mittels ergänzender Vertragsauslegung nachzudenken. Das sollte allerdings nicht darüber hinwegtäuschen, dass ein nicht den Anforderungen der §§ 307 ff. BGB genügender Widerrufsvorbehalt grundsätzlich rechtsunwirksam ist mit der Folge des vollständigen Verlusts vertragsimmanenter Flexibilisierungsmöglichkeiten.

e) Lückenschließung durch ergänzende Vertragsauslegung

Wie bereits angesprochen, kann sich die Unwirksamkeitsfolge im Arbeitsrecht als problematisch erweisen. Dies ist unter anderem darauf zurückzuführen, dass sich der Arbeitgeber, anders als bei anderen Dauerschuldverhältnissen, nur schwer vom Vertrag lösen kann und auch die Möglichkeit, die unwirksame Klausel durch eine andere zu ersetzen, wegen der hohen Anforderungen an die Änderungskündigung stark eingeschränkt ist.[465] In § 306 Abs. 3 BGB kommt die Wertung zum Ausdruck, dass es nicht bei der bloßen Unwirksamkeit einer Klausel verbleiben kann, wenn das Festhalten am Vertrag für eine Vertragspartei eine unzumutbare Härte darstellen würde.[466] Daher ist im Einzelfall eine ergänzende Vertragsauslegung nach §§ 133, 157 BGB als Anwendung dispositiven Rechts nach § 306 Abs. 2 BGB in Betracht zu ziehen.[467] Dies setzt voraus, dass die gesetzlichen Vorschriften keine angemessene, den Interessen der Parteien gerecht werdende Lösung bieten[468] und die Lücke im Vertrag nicht hingenommen werden kann.[469] Es ist zu ermitteln, welche Vereinbarung die Parteien getroffen hätten, wenn ihnen die Unwirksamkeit der Klausel bekannt gewesen wäre, wobei es nicht auf die subjektive Vorstellung der Parteien ankommt, sondern darauf,

---

463 Palandt-Grüneberg, § 306 BGB Rn. 12 ;BGH v. 14.5.1996, NJW 1996, 2092 (2093 f.); v. 11.7.1996, NJW 1996, 2786 (2788 f.).

464 Vgl. AnwK-ArbR-Hümmerich (2008), § 308 Rn. 46; Gotthardt, Rn. 330.

465 Hromadka in: Festschrift Dieterich, S. 276; zu den Schwierigkeiten, unwirksame Klauseln in alten Arbeitsverträgen zu ändern, Wisskirchen/Stühm, DB 2003, 2225.

466 Vgl. BAG v. 14.1.2009, NZA 2009, 666 (669); krit. zum „Unzumutbarkeitskriterium“: Uffmann, RdA 2011, 154.

467 ErfK-Preis, §§ 305-310 BGB Rn. 104; krit. Bieder, RdA 2011, 142.

468 ErfK-Preis, §§ 305-310 BGB Rn. 104; nach LAG Hamm v. 11.5.2004, NZA-RR 2004, 515 (520) fehlt es bereits an dieser Voraussetzung, da die Vorschriften zur Änderungskündigung eine angemessene Lösung böten; Bergwitz, AuR 2005, 210 (215) zufolge bestehe wegen § 611 Abs. 1 BGB keine gesetzliche Lücke.

469 BAG v. 28.11.2007, NZA 2008, 293 (295).

was die Parteien bei angemessener Abwägung ihrer Interessen nach Treu und Glauben redlicherweise vereinbart hätten.[470] Dabei muss der sich im Inhalt des Vertrages manifestierte Parteiwille berücksichtigt werden.[471] Bei Fehlen entsprechender Anhaltspunkte im Vertrag kann keine ergänzende Vertragsauslegung vorgenommen werden.[472]

In der Literatur wird vorgebracht, dass nicht unter Berufung auf die Besonderheiten des Arbeitsrechts im Sinne des § 310 Abs. 4 S. 2 BGB an den Grundsätzen der früheren Rechtsprechung festgehalten werden könne.[473] Dabei werde verkannt, dass es sich bei § 308 Nr. 4 BGB bereits um eine Vorschrift mit Wertungsmöglichkeit handele, die arbeitsrechtlichen Besonderheiten mithin schon bei Prüfung dieser Vorschrift Berücksichtigung fänden und daher nicht nochmal im Rahmen der Korrektur des AGB-Rechts herangezogen werden könnten. Dem ist auch deswegen zuzustimmen, weil durch das Festhalten an der früheren Rechtslage unberücksichtigt gelassen würde, dass mit der Geltung der §§ 305 ff. BGB im Arbeitsrecht ein anderer Kontrollmaßstab existiert und die neue Rechtslage nicht durch die Anwendung alter Grundsätze konterkariert werden darf.

Die ergänzende Vertragsauslegung ist kein Vorwand, um dem Reduktionsverbot in anderem Gewand Geltung zu verschaffen. Die Rechtsinstitute unterscheiden sich erheblich nach ihrem gedanklichen Ansatzpunkt und ihrer Wirkungsweise.[474] Die Ermittlung des gerade noch zulässigen Inhalts einer Klausel im Wege der geltungserhaltenden Reduktion erfolgt bereits auf Tatbestandsebene, so dass eine Vertragslücke gar nicht erst entsteht. Auf die ergänzende Vertragsauslegung kann nur zurückgegriffen werden, wenn die Lücke nicht durch die gesetzlichen Vorschriften geschlossen werden kann. Dieses Instrument stellt auf die beiderseitigen Interessen ab und versucht, diese in Ausgleich zu bringen. Im Gegensatz dazu wird bei der geltungserhaltenden Reduktion das gerade noch Zulässige ermittelt.

---

470 BAG v.11.10.2006, NZA 2007, 87 (90); krit. Bayreuther, NZA 2004, 953 (956).

471 Vgl. BAG v. 7.12.2005, NZA 2006, 423 (428).

472 Vgl. BAG v. 24.10.2007, NZA 2008, 40 (44).

473 AnwK-ArbR-Hümmerich (2008), § 308 BGB Rn. 47; Däubler/Bonin/Deinert-Däubler, § 307 BGB Rn. 293 geht davon aus, dass die Rechtsprechung die bisherige Praxis und die Üblichkeiten in der fraglichen Branche berücksichtigen wird.

474 Willemsen/Grau, RdA 2003, 321 (325); Stoffels, Rn. 596, 616; a. A. Hager, JZ 1996, 175 (176 f.); vgl. auch LAG Köln v. 1.2.2001, NZA-RR 2001, 461 (463 f.), das die Frage offen ließ, ob eine geltungserhaltende Reduktion oder eine ergänzende Vertragsauslegung vorzunehmen sei.

Grundsätzlich sind die Gerichte genauso wenig wie zur geltungserhaltenden Reduktion zur ergänzenden Vertragsauslegung berechtigt.[475] Der Ausnahmecharakter dieses Instituts erfordere eine krasse Störung des Gleichgewichts, damit nicht der Präventionszweck der Inhaltskontrolle vereitelt werde.[476] So sei ein ersatzloser Wegfall der Klausel insbesondere nicht zu beanstanden, wenn ein arglistig agierender Arbeitgeber bewusst unwirksame Vertragsbedingungen in den Vertrag integriere.[477] Mittels dieses Rechtsinstituts darf dem Klauselverwender nicht das Risko der unzulässig zu weit gefassten Klausel vollständig genommen werden, mithin eine Vertragshilfe allein zu seinen Gunsten darstellen.

Auf dem Wege der ergänzenden Vertragsauslegung kommt das BAG auch in den sog. „Altfällen" zu einer sachgerechten Lösung, indem es die neuen Anforderungen präziser Vertragsgestaltung mit der Fairness gegenüber dem Arbeitgeber, der in den sog. „Altverträgen" die neuen Beurteilungsgrundsätze noch nicht berücksichtigen konnte, verbindet.[478] Bei den „Altverträgen" handelt es sich um solche, die vor dem 01.01.2002 abgeschlossen wurden. Die Entscheidung des BAG vom 30.07.2008 hat erhebliche Einschränkungen des Vertrauensschutzes bei Altverträgen mit sich gebracht. Sind nach dem 01.01.2002 Vertragsänderungen vorgenommen worden, liegt nunmehr kein Altvertrag mehr vor mit der Folge, dass eine ergänzende Vertragsauslegung ausgeschlossen ist.[479] Ist dies nicht der Fall, gilt das neue Schuldrecht einschließlich des § 310 Abs. 4 BGB gem. Art. 229 § 5 S. 2 EGBGB seit dem 01.01.2003. Der Grund für die – zumindest im Bereich des Arbeitsrechts – sehr kurze Übergangsregelung liegt darin, dass der Gesetzgeber des Schuldrechtsmodernisierungsgesetzes im Bereich des Zivilrechts kein Bedürfnis für eine weite Übergangsregelung sah.[480] Erst kurz vor Abschluss des Gesetzgebungsverfahrens wurde die Bereichsausnahme des Arbeitsrechts gestrichen und dabei verkannt, dass die Rechtslage für das in das AGB-Recht einbezogene Arbeitsrecht völlig neu war, die Übergangsregelung mithin diese Neuerung nicht ausreichend berücksichtigte. Die Rechtsprechung sah sich zu einer verfassungsrechtlich gebotenen Korrektur der

---

475 BAG v. 19.12.2006, NZA 2007, 809 (812); zust. Däubler/Bonin/Deinert-Deinert, § 307 BGB Rn. 136; auch Stoffels in: Wolf/Lindacher/Pfeiffer, Anh. zu § 310 BGB Rn. 75a macht auf den Ausnahmecharakter aufmerksam; vgl. auch Lakies in: AR-Blattei, Rn. 317 f.; BAG v. 13.4.2010, NZA-RR 2010, 457 (460); v. 19.12.2006, NZA 2007, 809 (812).

476 Vgl. BAG v. 11.4.2006, NZA 2006, 1042 (1045 f.).

477 Wolf/Lindacher/Pfeiffer-Stoffels, Anh. zu § 310 BGB Rn. 75a.

478 So etwa BAG v. 20.4.2011, NZA 2011, 796 (797).

479 BAG v. 30.7.2008, NZA 2008, 1173 (1179); krit. Lingemann/Gotham, DB 2008, 2307 (2308).

480 Preis, NZA-Beil. 2003, 19 (28).

Rückwirkung gesetzlicher Neuregelungen veranlasst.[481] Die Unwirksamkeit eines Widerrufsvorbehalts in einem Altvertrag wegen ausschließlich mangelnder Transparenz führe zu einem unverhältnismäßigen Eingriff in die Privatautonomie.[482] Dem Umstand, dass der Klauselverwender zum Zeitpunkt des Abschlusses des Vertrages die nunmehr bestehenden Transparenzerfordernisse nicht habe beachten und vorhersehen können, sei Rechnung zu tragen.

Der 9. Senat des BAG setzt für eine ergänzende Vertragsauslegung voraus, dass der Arbeitgeber zumindest den Versuch unternommen hat, die Klausel an die neue Rechtslage anzupassen und die Anpassung nur am Widerstand des Arbeitnehmers scheiterte.[483] Der Arbeitnehmer müsse ein entsprechendes Vertragsangebot redlicherweise annehmen. Auch Stimmen in der Literatur befürworten einen Verstoß gegen Treu und Glauben nach § 242 BGB, wenn sich der Arbeitnehmer auf die Unwirksamkeit der Klausel beruft, obwohl der Arbeitgeber den Versuch einer Vertragsanpassung unternommen hat, die nur an seinem Widerstand gescheitert ist.[484] Andere lehnen diese Voraussetzung ab.[485] Die ge-

481 BAG v. 11.10.2006, NZA 2007, 87 (90); v. 12.1.2005, NZA 2005, 465 (468); zust. Bauer/Chwalisz, ZfA 2007, 339 (346); Stoffels, NZA 2005, 726 (729 f.); Schimmelpfennig, NZA 2005, 603 (608); Hunold, NZA-RR 2008, 449 (451); Nebendahl in: Festschrift 25 Jahre ARGE Arbeitsrecht im DAV, S. 113 (137); Hanau/Hromadka, NZA 2005, 73 (78); Palandt-Grüneberg (2010), Vorb v § 307 BGB Rn. 10; krit. Däubler/Bonin/Deinert-Deinert, § 307 BGB Rn. 137; anders entschied das BAG mit Urteil v. 11.4.2006, NZA 2006, 1042 (1045 f.) als auch v. 19.12.2006, NZA 2007, 809 (812), indem es konsequent die neue Rechtslage angewendete; dafür wohl auch Singer, RdA 2006, 362 (373); Diekmann/Bieder, DB 2005, 722.

482 BAG v. 11.10.2006, NZA 2007, 87 (90); LAG Niedersachsen v. 17.1.2006, NZA-RR 2006, 289 (290).

483 BAG v. 19.12.2006, NZA 2007, 809 (812); so auch LAG Köln v. 14.1.2011 – 10 Sa 934/10 n. v.; in diese Richtung tendiert auch BAG v. 11.2.2009, NZA 2009, 428 (431 f.) und v. 10.12.2008, DB 2009, 684 (685), wobei die Frage aber letztlich offen gelassen wurde; offen gelassen auch vom BAG v. 24.10.2007, NZA 2008, 40 (44); krit. Bauer/Chwalisz, ZfA 2007, 339 (346 f.); ablehnend LAG Rheinland-Pfalz v. 11.8.2011 – 11 Sa 211/11 n. v.

484 Singer, RdA 2003, 194 (204); in diesen Fällen eine geltungserhaltende Reduktion der Altklausel befürwortend Bergwitz, AuR 2005, 210 (215 f.); Hanau/Hromadka, NZA 2005, 73 (78); Preis, NZA-Beil. 2003, 19 (29); Gotthardt, Rn. 353; Armbrüster/Wiese DStR 2003, 334 (339); Wisskirchen/Stühm, DB 2003, 2225 (2227); Lindemann, S. 245. Gegen eine geltungserhaltende Reduktion spricht jedoch, dass in einem unbeschränkten Widerrufsrecht nicht ein an bestimmte Gründe gebundenes Widerrufsrecht als Minus enthalten ist.

485 BAG v. 20.4.2011, NZA 2011, 796 (797); Wolf/Lindacher/Pfeiffer-Stoffels, Anh. zu § 310 BGB Rn. 78; Stoffels, NZA 2005, 726 (730); Gaul in: Festschrift Hromadka, S. 108 Fn. 42.

genteilige Auffassung wird unter anderem deswegen kritisiert, weil eine Verpflichtung zur Annahme eines Vertragsangebots nicht erkennbar sei.[486] Zudem würde es praktisch nicht vorkommen, dass die erforderliche Vertragsänderung am Widerstand des Arbeitnehmers scheitere, wenn bislang problematische Klauseln gesetzeskonform geändert werden sollten.[487] Zudem sei die Formulierung gesetzeskonformer Verträge während der Übergangsfrist mit erheblichen praktischen Problemen verbunden gewesen, weil die Entwicklung der Rechtsprechung noch nicht abzusehen war.[488]

Diesem Einwand ist jedoch entgegenzuhalten, dass es sehr wohl vorkommen kann, dass ein Arbeitnehmer ein Angebot auf Vertragsänderung in der Hoffnung ablehnt, dass die Klausel aufgrund des Reduktionsverbots für insgesamt unwirksam erklärt wird. Wirkt ein Arbeitnehmer einerseits bei der Beseitigung der Unwirksamkeit einer Klausel nicht mit, beruft er sich dann aber andererseits auf die Unwirksamkeit, verhält er sich widersprüchlich. Mithin ist der Auffassung zuzustimmen, die davon ausgeht, dass der Arbeitnehmer in diesem Fall rechtsmissbräuchlich handele. Ein Anpassungsversuch des Arbeitgebers kann jedoch nicht als zwingende Voraussetzung einer ergänzenden Vertragsauslegung gesehen werden. Gerade im Bereich der Widerrufsvorbehalte wird die Unwirksamkeit vieler Klauseln auf die bestehende Rechtsunsicherheit zurückzuführen sein. Viele Arbeitgeber sind verunsichert, wie transparente Klauseln zu gestalten sind, was nicht zuletzt auf die uneinheitliche und missverständliche Rechtsprechung zurückzuführen ist. Aufgrund dieser Rechtsunsicherheit ist ein Anpassungsversuch häufig gar nicht denkbar.

Der BGH weist darauf hin, dass es an einer planwidrigen Regelungslücke als Voraussetzung der ergänzenden Vertragsauslegung fehle, wenn der Klauselverwender eine Regelung als bewusst abschließend gewählt habe.[489] Davon sei beispielsweise auszugehen, wenn der Verwender eine bestimmte Klausel auch nach Bekanntwerden einschlägiger Rechtsprechung, wonach diese Klausel unwirksam ist, wählt. Dem BGH ist darin zuzustimmen, dass es bei einer abschließenden Regelung an einer planwidrigen Regelungslücke fehlt. Das setzt allerdings voraus, dass der Arbeitgeber tatsächlich Kenntnis von der entsprechenden Rechtsprechung hat. Anderenfalls kann ihm der Wille einer bewusst abschließenden Regelung nicht unterstellt werden.

Im Rahmen der Ermittlung des mutmaßlichen Parteiwillens wird davon ausgegangen, dass die Vertragspartner bei Kenntnis der nunmehr geltenden Rechts-

486 Gaul in: Festschrift Hromadka, S. 108 Fn. 42.

487 Moll, S. 251.

488 BAG v. 20.4.2011, NZA 2011, 796 (797).

489 BGH v. 4.7.2002, NJW 2002, 3098 (3099).

lage den Widerruf zumindest bei wirtschaftlichen Verlusten vereinbart hätten.[490] Zu berücksichtigen sei, dass der Arbeitnehmer zum Zeitpunkt der Vereinbarung sogar in ein freies Widerrufsrecht eingewilligt habe.[491] Auch für den Arbeitnehmer, der mit der Wahl konfrontiert wird, entweder eine freiwillige Leistung bis auf Widerruf bei wirtschaftlichen Verlusten oder überhaupt nicht zu bekommen, erscheint erstere Wahl naheliegender. Ob daneben auch andere Widerrufsgründe dem mutmaßlichen Parteiwillen entsprechen können, wurde bislang nicht entschieden.

Die Lösung mittels der ergänzenden Vertragsauslegung wird von Teilen der Literatur kritisiert.[492] Zum einen könne diese nicht über die Lücke im Vertrag hinweg helfen, wenn unterschiedliche Gestaltungsmöglichkeiten in Betracht kämen und nicht eindeutig sei, welche die Parteien gewählt hätten.[493] Zum anderen sei, sofern die vorformulierte Klausel ein jederzeitiges, unbeschränktes Widerrufsrecht enthalte, die Unterstellung, eine redlich denkende Partei hätte sich anders verhalten, eine den Parteiwillen ignorierende Fiktion.[494] Darüber hinaus wird geltend gemacht, dass das BAG mit dem Institut der ergänzenden Vertragsauslegung die Übergangsregelung in Art. 229 § 5 S. 2 EGBGB übergehe.[495] Schließlich wird auch vorgebracht, dass es inkonsequent sei, eine geltungserhaltende Reduktion abzulehnen, dann aber über den Weg der ergänzenden Vertragsauslegung die Klausel „am Leben“ zu halten.[496]

Bedenkt man, dass an die Wirksamkeit einer Änderungskündigung, die zur Abänderung eines unklar formulierten Widerrufsvorbehalts notwendig wäre, sehr hohe Anforderungen gestellt werden, erscheint die Lösung über die ergänzende Vertragsauslegung vorzugswürdig.[497] Dies gilt umso mehr, solange keine gängige Rechtsprechung zu der Frage, wie konkret die Widerrufsgründe angegeben werden müssen, existiert. Problematisch ist, dass dadurch ein Teil des Risikos der Unwirksamkeit der Klausel auf den Arbeitnehmer verlagert wird, obwohl ihn die Rechtsordnung als so schutzwürdig ansieht, dass die in Rede stehende Vertragsgestaltung als nicht mehr zulässig erachtet wird. Dies ist jedoch

490 BAG v. 12.1.2005, NZA 2005, 465 (468); v. 11.10.2006, NZA 2007, 87 (90); Gaul in: Festschrift Hromadka, S. 109.

491 BAG v. 12.1.2005, AP § 308 BGB Nr. 6.

492 Vgl. etwa Lakies in: AR-Blattei, Rn 317 f.; Diekmann/Bieder, DB 2005, 722 (726); AnwK-ArbR-Hümmerich/Ebeling, § 308 BGB Rn. 10; Bieder, NZA-Beil. 2011, 142.

493 Lakies in: AR-Blattei, Rn. 317.

494 Lakies in: AR-Blattei, Rn. 318; vgl. auch Diekmann/Bieder, DB 2005, 722 (726).

495 AnwK-ArbR-Hümmerich/Ebeling, § 308 BGB Rn. 10; Bieder, NZA-Beil. 2011, 142.

496 Diekmann/Bieder, DB 2005, 722 (726); Weber, S. 146.

497 Zust. Schimmelpfennig, NZA 2005, 603 (608); krit. Diekmann/Bieder, DB 2005, 722 (726).

hinzunehmen, da auch der Arbeitgeber hinsichtlich seines Vertrauens auf den Fortbestand der Rechtslage schutzbedürftig ist. Im Rahmen der ergänzenden Vertragsauslegung geht es darum, eine beiden Seiten entsprechende Lösung zu finden.

Allerdings kann der Vertrauensschutzgedanke nicht für unbegrenzte Zeit herangezogen werden. Mittlerweile ist nicht nur die Übergangszeit des Art. 229 § 5 S. 2 EGBGB abgelaufen, sondern es sind bereits viele Jahre verstrichen, in denen es zu zahlreichen Entscheidungen seitens des BAG gekommen ist. Dadurch wurden dem Arbeitgeber zahlreiche Hinweise für eine zulässige Vertragsgestaltung an die Hand gegeben, infolgedessen es problematisch erscheint, ihm weiterhin Vertrauensschutz einzuräumen.

Fraglich ist, ob nicht ein Vergleich zu den Fällen der Rückzahlung von Fortbildungskosten gezogen werden kann. Ist eine Rückzahlungsklausel unwirksam, weil sie eine zu lange Bindungsdauer des Arbeitnehmers vorsieht, kommt eine ergänzende Vertragsauslegung in Betracht, wenn es für den Arbeitgeber schwierig war, die zulässige Bindungsdauer im Einzelfall zu bestimmen.[498] Dies wird damit begründet, dass keine festen Maßstäbe der Rechtsprechung existierten und der Verwender somit nicht wisse, wie die Gerichte entscheiden würden.[499] Die von der Rechtsprechung für unwirksame Rückzahlungsklauseln entwickelten Grundsätze könnten auf unwirksame Widerrufsvorbehalte übertragen werden. Auch im Falle der Vereinbarung eines Widerrufsvorbehalts besteht ein Prognoserisiko. Für den Arbeitgeber ist nämlich nach wie vor unklar, wie konkret etwaige Widerrufsgründe in der Klausel anzugeben sind. Vereinbaren die Arbeitsvertragsparteien beispielsweise ein unbeschränktes Widerrufsrecht, kommt eine Lösung über das Institut der ergänzenden Vertragsauslegung mangels schutzwürdigen Vertrauens nicht in Betracht, denn dass ein solches Widerrufsrecht mit der geltenden Rechtslage nicht vereinbar ist, ist seit langem gängige Rechtsprechung. Anders ist dies jedoch, sofern beispielsweise ein Widerrufsrecht auf Gründe im Leistungsbereich des Arbeitnehmers gestützt wird, denn insofern existiert noch keine einschlägige Rechtsprechung. Es ist mithin zu fragen, ob sich das Prognoserisiko verwirklicht hat oder ob seit langem gängige und einschlägige Rechtsprechung nicht beachtet wurde. Dabei kommt es nicht darauf an, ob es sich um einen „Altvertrag" handelt, denn schutzwürdiges Vertrauen hängt nach der hier vertretenen Lösung primär von der Rechtsprechung ab. Daneben ist entscheidend, dass der mutmaßliche Parteiwille aus dem Inhalt des Vertrages oder den Umständen seines Zustandekommens geschlossen werden kann. Es muss zumindest die Richtung des Parteiwillens „angedeutet" sein,

498 BAG v. 14.1.2009, NZA 2009, 666 (669); v. 15.9.2009, NZA 2010, 342 (346).
499 Söllner, ZfA 2003, 145 (158).

nur dann kann der Vertrag ausgelegt werden. Und nur dann kann davon ausgegangen werden, dass der „ergänzte" Vertrag dem mutmaßlichen Willen beider Parteien entspricht. Beachtet man diese Einschränkung, wird auch die Kritik, dass der Parteiwille ignoriert werde[500], wirkungslos. Gegenüber der von vielen Stimmen vertretenen Alles-oder-Nichts-Lösung verdient dieser Kompromiss zwischen dem Vertrauensschutz des Arbeitnehmers und dem des Arbeitgebers klaren Vorzug.

Auch wenn das Institut der ergänzenden Vertragsauslegung vielfach kritisiert wird, bietet dieses eine die unterschiedlichen Interessen der Vertragsparteien berücksichtigende Lösung. Dabei ist stets zu fragen, ob neben dem Arbeitnehmer auch der Arbeitgeber mangels einschlägiger und eindeutiger Rechtsprechung schutzwürdig ist. Nur wenn dies bejaht wird, ist der Vertrag ergänzend auszulegen.

IV. Die Ausübungskontrolle gem. § 315 BGB

Da es sich beim Widerrufsvorbehalt um ein einseitiges Leistungsbestimmungsrecht des Arbeitgebers handelt, findet neben der Klausel- auch eine Ausübungskontrolle nach Maßgabe des § 315 BGB statt.[501] Während diese heute eine zweite Kontrollebene darstellt, stützte sich die frühere Rechtsprechung nahezu ausschließlich auf die Ausübungskontrolle nach § 315 BGB und ließ die Klausel an sich unbeanstandet.[502] Mittlerweile liegt der Schwerpunkt auf der Klauselkontrolle. Aber auch wenn die Klausel an sich einer Überprüfung anhand der §§ 305 ff. BGB standhält, kann die Ausübung des Widerrufs im Einzelfall unzulässig sein.

Zu beachten ist, dass die Ausübung des Widerrufs vor Fälligkeit der Leistung erfolgen muss.[503] Eine Rückwirkung des Widerrufs ist ausgeschlossen.[504] Die Bezeichnung „Widerruf" deckt sich nicht mit der im Bürgerlichen Recht

500 So Lakies in: AR-Blattei, Rn. 318; Diekmann/Bieder, DB 2005, 722 (726).

501 BAG v. 12.1.2005, NZA 2005, 465 (468); Gaul, ZTR 1998, 245 (246); APS-Künzl, § 2 KSchG Rn. 110 ff.; krit. Diekmann/Bieder, DB 2005, 722 (727); Henssler, SAE 1988, 164 bezeichnet den Widerrufsvorbehalt als negative Ausprägung eines einseitigen Leistungsbestimmungsrechts.

502 Vgl. BAG v. 13.5.1987, NZA 1988, 95; v. 22.10.1980 – 5 AZR 825/78; 7.1.1971, AP § 315 BGB Nr. 12.

503 AnwK-ArbR-Elz, § 315 BGB Rn. 48; KDZ-Zwanziger (2008), § 2 KSchG Rn. 77a; BAG v. 11.4.2000, AP § 611 BGB Gratifikation Nr. 227.

504 BAG v. 27.7.1972, AP BGB § 611 Gratifikation Nr. 75; v. 27.4.1982, DB 1982, 2406 (2407); a. A. BAG v. 9.6.1965 – 1 AZR 388/64.

üblichen Rückwirkungsfolge.[505] Alles andere wäre mit dem Vertrauen des Arbeitnehmers, der sich im Rahmen seiner Arbeitsleistung regelmäßig nicht unwesentlich von der Aussicht auf die widerruflich ausgestaltete Leistung bestimmen lässt, nicht zu vereinbaren.

Besondere Aufmerksamkeit ist der Frage zu schenken, ob der Arbeitgeber bei der Ausübung des Widerrufs an billiges Ermessen gebunden ist oder ob es sich bei § 315 BGB lediglich um eine Auslegungsregel handelt. Dazu existieren in Rechtsprechung und Literatur verschiedene Ansätze, die nachfolgend dargestellt werden. Weiterhin ist zu prüfen, ob die in der Widerrufsklausel genannten Voraussetzungen der Ausübung tatsächlich vorliegen.[506] So hat das LAG Köln Letzteres in einer Entscheidung abgelehnt, in der der Widerruf für den Fall vorgesehen wurde, dass „es die Geschäftslage erfordert" und das Unternehmen daraufhin eine Umsatzrendite von mehr als 10% und eine Eigenkapitalverzinsung von mehr als 20% erzielt hat.[507] Für das Vorliegen der Voraussetzungen des Widerrufs ist ausschließlich der Zeitpunkt der Ausübung entscheidend.[508] Unerheblich ist, ob sich die wirtschaftliche Lage nach Ausspruch des Widerrufs verbessert, zumindest, sofern die Verbesserung nicht sicher voraussehbar war.[509]

Schließlich verdient auch der Gleichbehandlungsgrundsatz Beachtung.[510] Demnach darf ein Widerruf nicht nur gegenüber bestimmten Arbeitnehmern ausgeübt werden, sofern keine sachlichen Differenzierungsgründe vorliegen.[511] Andererseits kann die Ausübung des Widerrufs gegenüber einzelnen Arbeitnehmern aber auch gerade erforderlich sein, um eine Gleichbehandlung der Arbeitnehmer herbeizuführen. Ist die unterschiedliche Behandlung nicht gerechtfertigt, kann der benachteiligte Arbeitnehmer verlangen, nach Maßgabe der begünstigten Arbeitnehmer behandelt zu werden.[512]

---

505 Wiedemann in: Festschrift Buchner, S. 949.

506 BAG v. 15.8.2000 – 1 AZR 458/99; Willemsen/Jansen, RdA 2010, 1 (3); Bayreuther, ZIP 2007, 2009 (2011); MünchHdbArbR-Krause, § 56 Rn. 23; nach Thüsing, Rn. 277 handelt es sich dabei um die Prüfung der Tatbestandsvoraussetzungen, die nicht unter die Ausübungskontrolle falle.

507 LAG Köln v. 16.10.2006, NZA-RR 2007, 120 (121 f.).

508 Vgl. Däubler/Bonin/Deinert-Bonin, § 308 BGB Rn. 46.

509 BAG v. 15.8.2000 – 1 AZR 458/99 n. v.

510 Küttner-Kania, Änderungsvorbehalte, Rn. 9; Hromadka, DB 1995, 1609 (1611); vgl. auch Henssler, SAE 1988, 164 (165).

511 AnwK-ArbR-Elz, § 315 BGB Rn. 51; vgl. auch BAG v. 10.12.2008, NZA 2009, 258 (bei Vereinbarung eines Freiwilligkeitsvorbehalts); sowie BAG v. 21.12.1970, NJW 1971, 1149 (1150); v. 22.12.1970, AP § 305 BGB Billigkeitskontrolle Nr. 2.

512 BAG v. 10.12.2008, NZA 2009, 258 (260).

1. Die Auffassung der Rechtsprechung

Die Rechtsprechung des BAG zum Ausübungsmaßstab unterlag einem ständigen Wandel. Zunächst wurde entschieden, dass viel dafür spreche, dass ein Widerruf nach freiem Ermessen nicht in Betracht komme, sondern nur nach billigem Ermessen ausgeübt werden dürfe.[513] Während diese Aussage in der Entscheidung vom 30.08.1972[514] dahingehend generalisiert wurde, dass der Widerruf übertariflicher Lohnbestanteile nur nach billigem Ermessen erfolgen könne, wies das BAG in seiner Entscheidung vom 16.03.1982[515] auf den dispositiven Charakter des § 315 BGB hin. Allerdings betraf der entschiedene Fall keinen Arbeitsvertrag, sondern den Dienstvertrag eines selbstständigen Handelsvertreters. Wenig später kehrte das BAG dahin zurück, den Widerruf stets nur noch nach billigem Ermessen zuzulassen.[516] Daraufhin folgte dann aber wieder eine Modifikation dahingehend, dass ein Widerrufsvorbehalt nach freiem Ermessen jedenfalls dann unzulässig sei, wenn sich dieser auf Bestandteile der laufenden Vergütung beziehe.[517] In diesem Fall deutete das BAG den Widerrufsvorbehalt nach freiem Ermessen in einen solchen nach billigem Ermessen um.[518] Begründet wurde das Erfordernis billigen Ermessens damit, dass es nicht möglich sei, zugleich auf den Änderungskündigungsschutz nach § 2 KSchG und auf den Schutz durch gerichtliche Ermessenskontrolle nach § 315 Abs. 3 BGB zu verzichten. Anderenfalls könne das Äquivalenzverhältnis unkontrolliert verändert werden. Spätestens seit der Anwendbarkeit der §§ 305 ff. BGB ist ein Widerruf nach freiem Ermessen ausgeschlossen.[519]

Der Arbeitgeber handele im Sinne billigen Ermessens gem. § 315 BGB, wenn er die wesentlichen Umstände des Falles abgewogen und die beiderseitigen Interessen angemessen berücksichtigt habe.[520] Das bedeute, dass ein sachli-

513 BAG v. 9.6.1967, AP § 611 BGB Lohnzuschläge Nr. 5; v. 7.1.1971, AP § 315 BGB Nr. 12.

514 AP § 611 BGB Lohnzuschläge Nr. 6 mit Anm. Herschel.

515 EzA § 315 BGB Nr. 27; so auch LAG Rheinland-Pfalz v. 10.3.1987, NZA 1987, 393 (394).

516 BAG v. 7.10.1982, EzA § 315 BGB Nr. 28; so auch BAG v. 15.11.1995, NZA 1996, 603 (606).

517 BAG v. 13.5.1987, NZA 1988, 95 (96).

518 Das LAG Hamm v. 11.5.2004, NZA-RR 2004, 515 (516, 519) hält diese Rspr. für mit dem Verbot der geltungserhaltenden Reduktion unvereinbar.

519 Vgl. BAG v. 30.07.2008, NZA 2008, 1173 (1175); vgl. auch BAG v. 12.1.2005, NZA 2005, 465 (469).

520 BAG v. 7.7.2011 – 6 AZR 151/10 n. v.; v. 13.5.1987, NZA 1988, 95 (96); LAG Berlin v. 30.3.2004, NZA-RR 2005, 20 (21); LAG Düsseldorf v. 30.11.2005 – 12 Sa 1210/05.

cher Grund für den Widerruf vorliegen müsse.[521] Ein Indiz für die Wahrung billigen Ermessens sei die Beteiligung des Betriebsrats, der die Interessen der Arbeitnehmer vertrete.[522] Darlegungs- und beweispflichtig für die Einhaltung billigen Ermessens ist die Partei, der das Recht zur Leistungsbestimmung zusteht[523], mithin der Arbeitgeber. Im Rahmen der Ausübungskontrolle kommt es nicht darauf an, ob der Arbeitgeber dem Arbeitnehmer die Umstände und Interessen, die er in seine Entscheidung eingestellt hat, mitgeteilt hat.[524] Maßgeblich ist allein, ob die vom Arbeitgeber getroffene Bestimmung objektiv billigem Ermessen entspricht.

Die Rechtsprechung zieht im Rahmen der Ausübung des Widerrufs die Einräumung einer Auslauffrist in Betracht.[525] Eine solche sei unter Umständen geboten, wenn ein Widerruf aufgrund einer noch nicht eingetretenen, aber schon absehbaren Entwicklung erfolgen solle.[526] Über einen solchen Fall wurde bislang noch nicht entschieden.

2. Die Auffassung der Literatur

In der Literatur wird teilweise dafür plädiert, den Schwerpunkt auf die Ausübungskontrolle zu setzen.[527] Aufgrund der arbeitsrechtlichen Besonderheiten – insbesondere der schwierigen Prognose hinsichtlich der künftigen Entwicklung – sei eine großzügige Beurteilung einseitiger Leistungsbestimmungsrechte geboten. Andere Stimmen vertreten, dass der Inhaltskontrolle gem. den §§ 305 ff. BGB der Vorrang zukommen müsse.[528] Die Billigkeitskontrolle weise nur insoweit eine eigenständige Bedeutung auf, als sie Aspekte betreffe, die nicht mit dem Widerrufsgrund zusammenhingen.[529]

---

521 BAG v. 9.6.1967, AP § 611 BGB Lohnzuschläge Nr. 5; v. 13.5.1987, NZA 1988, 95 (96); v. 30.8.1972, AP § 611 BGB Lohnzuschläge Nr. 6; krit. Wiedemann, Anm. zu BAG v. 22.8.1979, AP § 4 TVG Übertariflicher Lohn und Tariflohnerhöhung Nr. 11.

522 BAG v. 21.4.1993, NZA 1994, 476 (477); zust. Mauer, NZA 2002, 540 (544).

523 BAG v. 9.6.1965, AP § 315 BGB Nr. 10; v. 13.5.1987, NZA 1988, 95 (96).

524 BAG v. 7.7.2011 – 6 AZR 151/10.

525 BAG v. 12.1.2005, NZA 2005, 465 (469); LAG Düsseldorf v. 30.11.2005, 12 Sa 1210/05.

526 BAG v. 12.1.2005, NZA 2005, 465 (469).

527 Schnitker/Grau, BB 2002, 2120 (2124); Bauer/Chwalisz, ZfA 2007, 339 (345).

528 ErfK-Preis, § 611 BGB Rn. 384; Thüsing/Mengel, 2.3.3.3; Bayreuther, ZIP 2007, 2009 (2011); Schimmelpfennig, NZA 2005, 603 (609).

529 Thüsing, Rn. 277; ähnlich auch Schimmelpfennig, NZA 2005, 603 (609).

Ein Teil der Literatur hält einen Widerrufsvorbehalt nach freiem Ermessen für zulässig[530], zumindest dann, wenn er sich nicht auf die laufende Vergütung bezieht.[531] § 315 BGB enthalte nur eine Auslegungsregel, so dass eine andere Regelung durch die Vertragsparteien aufgrund des dispositiven Charakters der Norm möglich sein müsse.[532] Dabei bedeute freies Ermessen, dass die Bestimmung nicht offenbar unbillig sein dürfe.[533] Teilweise wird ein Widerruf nach freiem Ermessen zumindest dann für zulässig gehalten, wenn auch ein Freiwilligkeitsvorbehalt vereinbart werden kann.[534] Denn wenn die Leistungen ohne jeden Rechtsanspruch ausgestaltet werden könnten, müsse es erst recht möglich sein, einen Widerrufsvorbehalt nach freiem Ermessen zu vereinbaren.

Andere gehen in Anlehnung an die Rechtsprechung davon aus, dass ein Widerruf grundsätzlich nur nach billigem Ermessen erfolgen dürfe.[535] Dadurch erhalte der Arbeitnehmer zumindest einen dem Kündigungsschutz angenäherten Schutz vor willkürlichen einseitigen Änderungen.[536] Vereinzelt wird vorgebracht, dass die Zweifelsregelung des § 315 BGB für Dauerschuldverhältnisse wie Arbeitsverträge wegen des persönlichen Abhängigkeitsverhältnisses nicht passe und die Ausübung des Widerrufsvorbehalts aus diesem Grund nur nach billigem Ermessen erfolgen könne.[537]

Die Einhaltung billigen Ermessens erfordere, dass ein sachlicher Grund für den Widerruf vorliege, der zu dem Zweck der Leistung im Verhältnis stehe.[538] An dieser Voraussetzung fehlt es beispielsweise, wenn ein Arbeitnehmer überdurchschnittliche Qualität leistet und dafür eine Leistungszulage erhält, diese dann aber wegen krankheitsbedingter Fehlzeiten widerrufen wird.[539]

---

530 Hromadka, RdA 1992, 234 (241); ders., DB 1995, 1609 (1613) im Falle freiwilliger Leistungen; Henssler, SAE 1988, 164; Schimmelpfennig, NZA 2005, 603 (609).

531 Dörner/Luczak/Wildschütz-Dörner, Rn. 618; Moll, S. 126, zumindest bei nicht synallagmatischen Leistungen.

532 Henssler, SAE 1988, 164; so auch Schimmelpfennig, NZA 2005, 603 (609).

533 Hromadka, DB 1995, 1609 (1611).

534 Kania, DB 1998, 2418 (2419); Rieble, NZA-Beil. 2000, 34 (41); so auch MünchHdb-ArbR-Hanau, § 60 Rn. 109; im Ergebnis auch Hromadka, RdA 1992, 234 (241); ähnlich auch Hueck, RdA 1968, 201 (206).

535 KR-Rost, § 2 KSchG Rn. 49; KDZ-Zwanziger, § 2 KSchG Rn. 40; Küttner-Kania, Änderungsvorbehalte, Rn. 9; Söllner in: Hromadka, Änderung von Arbeitsbedingungen, S. 23; Hromadka/Maschmann, § 7 Rn. 50f; Zöllner, NZA 1997, 121 (125); Annuß, BB 2002, 458 (462).

536 KR-Rost, § 2 KSchG Rn. 49.

537 Leuchten, NZA 1994, 721 (725).

538 Preis-Lindemann/Urmersbach, Arbeitsformen, S. 69.

539 BAG v. 1.3.1990, ZTR 1990, 291 (292); so bereits BAG v. 7.1.1971, AP § 315 BGB Nr. 12.

Die Vorgehensweise des BAG, die Einhaltung billigen Ermessens zu prüfen, auch wenn der Widerruf nach freiem Ermessen vorbehalten wurde[540], wird kritisiert. Dies sei mit dem nunmehr geltenden Verbot der geltungserhaltenden Reduktion nicht vereinbar.[541]

Die Einräumung einer Auslauffrist wird im Rahmen der Ausübung nur vereinzelt in Betracht gezogen.[542] Aus der Rechtsprechung des BAG, dass eine solche unter Umständen geboten sei, wenn ein Widerruf aufgrund einer noch nicht eingetretenen, aber schon absehbaren Entwicklung erfolgen solle[543], wird geschlossen, dass es zukünftig zulässig sei, einen Widerruf schon vor Eintritt des Widerrufgrundes zu erklären, wenn auch mit Blick auf eine absehbare Entwicklung und unter Einhaltung einer Auslauffrist.[544]

Der im Rahmen der Ausübungskontrolle zu beachtende Verhältnismäßigkeitsgrundsatz setzt Teilen des Schrifttums zufolge voraus, dass zunächst nicht synallagmatische Leistungen und erst wenn der Widerruf solcher Leistungen nicht mehr zum Ausgleich der Mehrbelastungen ausreiche, solche im Gegenseitigkeitsverhältnis widerrufen würden.[545]

3. Eigene Stellungnahme

Die Geltung der §§ 305 ff. BGB darf auf den Maßstab der Ausübungskontrolle keinen Einfluss haben, denn Inhalts- und Ausübungskontrolle sind strikt voneinander zu trennen. In der Regel wird die Wirksamkeit des vereinbarten Widerrufsvorbehalts allerdings die Bejahung billigen Ermessens bei der Ausübung des Widerrufs im Einzelfall mit sich bringen. Schließlich setzt die Wirksamkeit der vertraglichen Klausel bereits eine Interessenabwägung und die Vereinbarung eines sachlichen Grundes für den Widerruf voraus. Liegt dieser sachliche Grund, der Ergebnis einer Interessenabwägung ist, dann tatsächlich vor, wahrt der Arbeitgeber mit dem Widerruf regelmäßig auch billiges Ermessen. Unabhängig davon dürfte die Ausübung nach freiem Ermessen oder gar freiem Belieben nicht zulässig sein. Der Arbeitnehmer, dessen Existenzgrundlage das auf Dauer angelegte Arbeitsverhältnis ist, bedarf eines besonderen Schutzes, nicht nur vor unzulässigen arbeitsvertraglichen Klauseln, sondern auch vor der Ausübung ein-

540 Vgl. etwa BAG v. 13.5.1987, NZA 1988, 95 (96).

541 Henssler, RdA 2002, 129 (139); Maties DB 2005, 2689 (2693); LAG Hamm v. 11.5.2004, NZA-RR 2004, 515 (516 ff.); a. A. LAG Berlin v. 30.3.2004, NZA-RR 2005, 20 (21).

542 Bauer/Chwalisz, ZfA 339 (346); KDZ-Zwanziger, § 2 KSchG Rn. 40.

543 BAG v. 12.1.2005, NZA 2005, 465 (469).

544 Schimmelpfennig, NZA 2005, 603 (606).

545 Preis, Lehrbuch, § 39 II. 3. b).

seitiger Bestimmungsrechte nach freiem Ermessen. Der Schutz des Arbeitnehmers wäre unvollständig, wenn er nur im Rahmen vertraglicher Vereinbarungen geschützt würde. Daher bedarf es der Einhaltung billigen Ermessens bei Ausübung des Widerrufs.

Rechtsfolge eines Widerrufs, der der Ausübungskontrolle nicht standhält, ist die Unwirksamkeit des konkreten Widerrufs. Die Klausel an sich bleibt sanktionslos fortbestehen und kann für einen nachfolgenden Widerruf herangezogen werden. Die Folgen eines nicht billigem Ermessens entsprechenden Widerrufs sind mithin nicht so weitreichend wie die eines unangemessenen bzw. unzumutbaren Widerrufsvorbehalts.

V. Mitbestimmungsrechte des Betriebsrats

Nach § 87 Abs. 1 Nr. 10 BetrVG steht dem Betriebsrat bei Fragen der betrieblichen Lohngestaltung ein Mitbestimmungsrecht zu. Unter den Begriff „Lohn" fallen alle Leistungen des Arbeitgebers, die Vergütungscharakter haben.[546] Dabei kommt es auf die Regelmäßigkeit der Zahlung nicht an, auch Einmalzahlungen gehören dazu. Das Mitbestimmungsrecht wird nur ausgelöst im Falle eines kollektiven Tatbestands[547], also bei Vorliegen einer generellen und abstrakten Regelung.[548] Es darf nicht lediglich die Regelung von Einzelfällen beabsichtigt sein.[549] Bezweckt wird durch die Mitbestimmung des Betriebsrats Verteilungsgerechtigkeit im Rahmen der zur Verfügung stehenden Mittel.[550]

Aufgrund der unternehmerischen Entscheidungsfreiheit kann der Arbeitgeber, ohne Beteiligung des Betriebsrats, festlegen, ob und mit welchem finanziellen Aufwand eine übertarifliche Leistung gezahlt wird.[551] Auch über den Widerruf kann er frei entscheiden, wenn nicht eine Neuverteilung des Zulagenvolumens geplant ist. Bei der Aufstellung von Verteilungsgrundsätzen ist der Betriebsrat hingegen zu beteiligen[552], genauso bei einer Änderung der Verteilungsgrundsätze.[553] Eine solche Änderung tritt ein, wenn der Arbeitgeber die Zulagen nur teilweise widerruft, so dass sich das Verhältnis der Zulagen unterschiedli-

546 Preis-Lindemann/Urmersbach, Arbeitsformen, S. 65.

547 Thüsing/Mengel, 2.1.

548 BAG v. 3.12.1991, NZA 1992, 749 (756).

549 BAG v. 22.9.1992, AP § 87 BetrVG 1972 Lohngestaltung Nr. 54; vgl. dazu auch Fitting/Engels/ Schmidt/Trebinger/Linsenmaier, § 87 BetrVG Rn. 424.

550 Preis-Lindemann/Urmersbach, Arbeitsformen, S. 65.

551 Preis, Der Arbeitsvertrag, II V 70 Rn. 100, 103; BAG v. 13.1.1987, NZA 1987, 386 (387).

552 BAG v. 3.6.2003 – 1 AZR 314/02 n. v.

553 Preis, Der Arbeitsvertrag, II V 70 Rn. 101.

cher Arbeitnehmer zueinander verändert und für eine anderweitige Verteilung des Zulagenvolumens ein Regelungsspielraum verbleibt.[554] Anders ist dies jedoch, wenn die Kürzung der Zulage gegenüber allen Arbeitnehmern zum gleichen Prozentsatz erfolgt.[555] Auch bei einem vollständigen Widerruf besteht ein Mitbestimmungsrecht, wenn der Arbeitgeber Richtlinien für die Gründe und Modalitäten des Widerrufs einführen will.[556]

Die Vorschrift des § 77 Abs. 3 BetrVG, die festlegt, dass Arbeitsentgelt und sonstige Arbeitsbedingungen, die durch Tarifvertrag geregelt sind oder üblicherweise geregelt werden, nicht Gegenstand einer Betriebsvereinbarung sein können, schließt das Mitbestimmungsrecht nicht aus.[557] Das BAG hat entschieden, dass Angelegenheiten, in denen der Betriebsrat nach § 87 Abs. 1 BetrVG ein Mitbestimmungsrecht habe, nicht von § 77 Abs. 3 BetrVG erfasst seien.[558] Der Tarifvorrang des § 87 Abs. 1 BetrVG führt nur dann zu einem Ausschluss der Mitbestimmung durch den Betriebsrat, wenn eine inhaltliche und abschließende tarifliche Regelung besteht.[559]

Wird der Betriebsrat übergangen und kann sein Mitbestimmungsrecht nach § 87 Abs. 1 Nr. 10 BetrVG nicht ausüben, ist der Widerruf gegenüber dem Arbeitnehmer unwirksam.[560] Bis zur Einigung des Arbeitgebers mit dem Betriebsrat besteht daher ein Anspruch auf die Zulage.

VI. Musterformulierung eines Widerrufsvorbehalts

Abhängig vom konkreten Vergütungsbestandteil, der widerrufen werden soll, kommen etwa folgende Formulierungen in Betracht:

> „Die Zahlung der übertariflichen Zulage erfolgt unter dem Vorbehalt des Widerrufs. Die Ausübung des Widerrufsrechts kann erfolgen, wenn ein dringendes betriebliches Erfordernis vorliegt, insbesondere wenn der Jahresgewinn des Betriebs unter ...% des Jahresumsatzes sinkt. Dabei ist eine Frist von...Monat(en) einzuhalten. Übersteigt der Jahresgewinn die Grenze von ...% des Jahresumsatzes wieder, wird die Zulage wieder gewährt."[561]

554 Preis, Der Arbeitsvertrag, II V 70 Rn. 101.
555 BAG v. 3.12.1991, NZA 1992, 749 (758); vgl. auch BAG v. 26.8.2008, NZA 2008, 1426 (1428).
556 BAG v. 17.12.1980, AP § 87 BetrVG 1972 Lohngestaltung Nr. 4.
557 BAG v. 3.12.1991, NZA 1992, 749 (752 f.).
558 BAG v. 24.2.1987, NZA 1987, 639 (649).
559 BAG v. 3.12.1991, NZA 1992, 749 (754 f.).
560 BAG v. 3.12.1991, NZA 1992, 749 (759); Preis, Der Arbeitsvertrag, II V 70 Rn. 108.
561 Preis, Der Arbeitsvertrag, II V 70 Rn. 17.

Ab Januar nächsten Jahres erhält der Arbeitnehmer eine Leistungszulage in Höhe von ... € monatlich. Diese steht unter dem Vorbehalt des Widerrufs, der ausgeübt werden kann, wenn nicht die Anzahl der Kundenbeschwerden bis zum Ablauf des ersten Halbjahres um 10% reduziert wurde.

VII. Zwischenergebnis

Festzuhalten bleibt, dass Entgeltbestandteile grundsätzlich unter den Vorbehalt der Widerruflichkeit gestellt werden können, um die Vergütung des Arbeitnehmers an veränderte Rahmenbedingungen anpassen zu können. Zunächst findet eine Überprüfung der vertraglichen Regelung anhand der §§ 307, 308 Nr. 4 BGB statt. Demnach können Vergütungsbestandteile, die zur Arbeitsleistung des Arbeitnehmers im Gegenseitigkeitsverhältnis stehen, widerruflich ausgestaltet werden, wenn diese nicht mehr als 25% der Gesamtvergütung ausmachen. Bei nicht synallagmatischen Leistungen kann sich der widerrufliche Teil auf bis zu 30% der Gesamtvergütung beziehen. Sind sowohl synallagmatische als auch nicht synallagmatische Vergütungsbestandteile widerruflich ausgestaltet, gilt für Erstere die 25%-Grenze und für alle widerruflich ausgestalteten Entgeltbestandteile insgesamt die 30%-Grenze. Der Widerrufsvorbehalt muss zudem an einen sachlichen Grund geknüpft werden, der den Widerruf typischerweise rechtfertigt. Dabei sind insbesondere Gründe in Betracht zu ziehen, die mit dem Grund für die Gewährung des in Rede stehenden Vergütungsbestandteils korrelieren. Aus der vertraglichen Klausel muss sich weder die zeitliche Begrenzung des Widerrufs ergeben, noch ist eine Auslauffrist zu fordern.

Besonderes Augenmerk ist auf eine transparente Vertragsgestaltung zu legen. Diese bringt nicht nur Gewissheit für den Arbeitnehmer, sondern führt auch zu einer besseren Kalkulierbarkeit der Kosten einer Sonderleistung für den Arbeitgeber, da sie das Risiko der Intransparenz der Klausel mit der Folge der Unwirksamkeit des Widerrufsvorbehalts minimiert. Die Klausel, die den Widerrufsvorbehalt enthält, muss konkrete Gründe für die Ausübung des Widerrufs nennen, damit der Arbeitnehmer in etwa weiß, wann er mit einem Widerruf des Vergütungsbestandteils rechnen muss.

Hält der Widerrufsvorbehalt einer Kontrolle anhand der §§ 305 ff. BGB nicht stand, fällt die entsprechende Klausel im Regelfall gem. § 306 Abs. 1 ersatzlos weg. Ist die vertragliche Regelung hingegen nicht zu beanstanden, erfolgt eine Überprüfung des konkreten Widerrufs auf Einhaltung billigen Ermessens gem. § 315 BGB. Wurde dieses nicht eingehalten, ist lediglich der konkrete Widerruf, nicht hingegen die vertragliche Regelung unwirksam.

Auch wenn der Widerrufsvorbehalt individualrechtlich zulässig ist, stellt sich daneben noch die Frage nach der Wirksamkeit unter mitbestimmungsrechtlichen Aspekten. Ändern sich durch den Widerruf die Verteilungsgrundsätze, kann der Betriebsrat nach § 87 Abs. 1 Nr. 10 BetrVG mitbestimmen. Wird das Mitbestimmungsrecht übergangen, ist der Widerruf gegenüber dem Arbeitnehmer unwirksam.

Aufgrund der vielfältigen Ansichten zu den Voraussetzungen an Widerrufsvorbehalte wäre eine dem Anhang zu Art. 3 Abs. 3 der RL 93/13/EWG Nr. 1 j) vergleichbare Regelung, in der Klauseln für unwirksam erklärt werden, die eine einseitige Änderungsbefugnis ohne triftigen und im Vertrag aufgeführten Grund vorsehen, wünschenswert. Dadurch würde dem Schutz- und Informationsbedürfnis des Vertragspartners ausreichend Rechnung getragen und die Diskussion darüber, welche Anforderungen § 308 Nr. 4 BGB an Änderungsvorbehalte stellt, könnte endlich beendet werden. Ein solcher Vorschlag konnte bislang nicht durch ein Arbeitsvertragsgesetz umgesetzt werden. Insofern bleibt zunächst eine weitere Konkretisierung durch die Rechtsprechung abzuwarten. Bis dahin ist dem Vertrauensschutz des Arbeitgebers auf der Rechtsfolgenseite Rechnung zu tragen, sofern sich für ihn das Prognoserisiko verwirklicht. Durch die Verschärfung der Anforderungen an die Transparenz wird der Schutz des Arbeitnehmers erheblich verstärkt. Allerdings sollte auch nicht darüber hinweggetäuscht werden, dass mit der neuen Rechtsprechung ein Großteil der Flexibilität verloren gegangen ist.

B. Der Freiwilligkeitsvorbehalt

Durch den Freiwilligkeitsvorbehalt soll das Entstehen eines Anspruchs auf die unter den Vorbehalt gestellte Leistung von vornherein ausgeschlossen werden, so dass der Arbeitgeber stets neu entscheiden kann, ob und unter welchen Voraussetzungen er die Leistung gewährt.[562] Auch die Entscheidung, in welcher Höhe und an welche Arbeitnehmer gezahlt werden soll, steht dem Arbeitgeber frei.[563] Der arbeitnehmerseitige Anspruch entsteht somit erst bei der vorbehaltlosen Zusage des Arbeitgebers bzw. mit der tatsächlichen Auszahlung.[564] Bis zu diesem Zeitpunkt kann der Arbeitgeber die Leistung schlicht aussetzen, ohne eine diesbezügliche Erklärung abgeben zu müssen. Der Freiwilligkeitsvorbehalt führt nicht dazu, dass die freiwillig gezahlte Leistung ohne Rechtsgrund erbracht

562 BAG v. 8.12.2010, NZA 2011, 628 (630); v. 14.9.2011 – 10 AZR 526/10 n. v.

563 BAG v. 6.12.1995, NZA 1996, 1027 (1028).

564 BAG v. 6.12.1995, NZA 1996, 1027; Preis-Deich, Arbeitsformen, S. 527; Reiserer, DB 1997, 426 (428).

wurde und daher zurückgefordert werden kann.[565] Sobald der Anspruch entstanden ist, besteht auch ein Rechtsgrund.

Ursprünglich gewann der Freiwilligkeitsvorbehalt im Gratifikationsrecht bei der Verhinderung einer betrieblichen Übung an Bedeutung. An diesem Anwendungsbereich hat sich im Wesentlichen nichts geändert.[566] Die Bedeutung des Freiwilligkeitsvorbehalts zur Verhinderung einer betrieblichen Übung ist dadurch noch gestiegen, dass das BAG jüngst die Wirksamkeit doppelter Schriftformklauseln verneint hat.[567] Zudem hat der Freiwilligkeitsvorbehalt dadurch neue Bedeutung erlangt, dass das BAG diesen auch zur Beurteilung der Frage heranzieht, ob eine individuelle Zusage durch konkludentes Verhalten entstanden ist.[568] Auf der anderen Seite werden in der Literatur seit langem Stimmen laut, die das Ende des Freiwilligkeitsvorbehalts prophezeien bzw. diesen zumindest in Frage stellen.[569]

Die Wirkung des Freiwilligkeitsvorbehalts gilt grundsätzlich nur für die Zukunft.[570] Für das laufende Jahr, für das der Arbeitgeber die Leistung zugesagt oder bereits erbracht hat, besteht also eine Verpflichtung zur Zahlung.[571] Anders ist dies aber, wenn noch keine Leistung zugesagt, sondern allenfalls in Aussicht gestellt wurde. Dann besteht auch für den laufenden Bezugszeitraum kein Anspruch[572], so dass sich der Arbeitgeber auch für diesen Zeitraum auf den Freiwilligkeitsvorbehalt berufen kann. In Abkehr von seiner früheren Rechtsprechung[573] nimmt nun auch das BAG an, dass Ansprüche auch für den laufenden Bezugszeitraum ausgeschlossen sind, wenn die Klausel einen Freiwilligkeitsvorbehalt des Inhalts enthält, dass „Ansprüche für die Zukunft auch aus wieder-

565 HWK-Thüsing, § 611 BGB Rn. 509; Schmiedl, NZA 2006, 1195 (1197); a. A. Rieble, NZA-Beil. 2000, 34 (42), der eine Rückforderung allerdings wegen § 814 BGB für ausgeschlossen hält.

566 ErfK-Preis, §§ 305-310 BGB Rn. 68; vgl. auch Bayreuther, BB 2009, 102; BAG v. 30.7.2008, NZA 2008, 1173 (1174, 1176); v. 18.3.2009, NZA 2009, 535 (536).

567 BAG v. 20.5.2008, NZA 2008, 1233; vgl. dazu Bauer/Medem, ArbRAktuell 2011, 3..

568 BAG v. 21.4.2010, NZA 2010, 808; vgl. dazu Salamon, NZA 2010, 1272.

569 Gaul in: Festschrift Hromadka, S. 99 ff. (Titel: „Der Abschied vom Freiwilligkeitsvorbehalt“); Preis, NZA 2009, 281; Preis, Der Arbeitsvertrag, II V 70 Rn. 69; Annuß, zitiert in Ludwig/Rein, NZA 2010, 865 (66); a. A. Seel, MDR 2004, 1393 (1396); Preis, Vertragsgestaltung, S. 416.

570 Preis,, Vertragsgestaltung, S. 415; BAG v. 26.6.1975, DB 1975, 2089.

571 MünchAnwHdb-Boudon, § 18 Rn. 128.

572 BAG v. 21.1.2009, NZA 2009, 310; so bereits BAG v. 6.12.1995, NZA 1996, 1027; vgl. auch Lakies, Vertragsgestaltung und AGB im Arbeitsrecht, Kapitel 5 Rn. 249.

573 BAG v. 26.6.1975, AP § 611 BGB Gratifikation Nr. 86; v. 18.10.1961, AP Art. 3 GG Nr. 69; v. 4.3.1961, AP § 611 BGB Gratifikation Nr. 21.

holten Zahlungen nicht hergeleitet werden können".[574] Die nicht mehr haltbare Auffassung in der Literatur, dass sich der Arbeitgeber auf den Freiwilligkeitsvorbehalt nur für einen zukünftigen Bezugszeitraum berufen könne[575], ist vor allem darauf zurückzuführen, dass in älteren Entscheidungen in der Regel ein Anspruch in seinen Voraussetzungen bereits mit bzw. vor Ausspruch des Freiwilligkeitsvorbehalts konkretisiert wurde, was zum damaligen Zeitpunkt keinen Bedenken unterlag. In diesem Fall kann sich auch heute der Freiwilligkeitsvorbehalt nicht auf den laufenden Bezugszeitraum erstrecken, da dem Arbeitnehmer in diesem Fall ein Anspruch zusteht. Eine solche Gestaltung ist aber nunmehr bereits mit dem Transparenzgebot nicht mehr vereinbar.[576] Die Frage, ob sich der Freiwilligkeitsvorbehalt nur auf einen künftigen oder auch auf den laufenden Bezugszeitraum beziehen darf, kann mithin nicht pauschal beantwortet werden, sondern hängt von der Gestaltung des Vertrages ab. Ausschlaggebend ist, ob ein Anspruch auf die in Rede stehende Leistung nur vage in Aussicht gestellt wurde oder ob dem Arbeitnehmer bereits ein konkreter Anspruch eingeräumt wurde. Nur im ersteren Fall kann sich der Freiwilligkeitsvorbehalt auch auf den laufenden Bezugszeitraum erstrecken. Der Streit, ob eine Einstellung der Leistung unter Berufung auf den Freiwilligkeitsvorbehalt nur für die Zukunft oder auch für die Vergangenheit zulässig ist, sollte damit endgültig beendet sein.

Unter Umständen stellt sich die Frage, ob ein Freiwilligkeitsvorbehalt nach den Grundsätzen der betrieblichen Übung dann keine Wirkung entfaltet, wenn ein solcher lange Zeit nicht realisiert wurde.[577] Dies würde voraussetzen, dass ein schutzwürdiges Vertrauen des Arbeitnehmers dahingehend besteht, dass der Arbeitgeber nicht beliebig von seiner bisherigen Praxis abweichen wird. Gegen das Entstehen einer betrieblichen Übung spricht jedoch, dass der Freiwilligkeitsvorbehalt bereits das Entstehen eines Anspruchs verhindert. Aufgrund einer betrieblichen Übung können jedoch lediglich bestehende Ansprüche gesichert, nicht jedoch neue Ansprüche begründet werden. Im Übrigen liefe der Freiwilligkeitsvorbehalt, mit dem sich der Arbeitgeber eine gewisse Flexibilität einräumen will, leer, wenn letztlich trotz des Vorbehalts ein Anspruch entstehen könnte.

574 BAG v. 5.6.1996, NZA 1996, 1028 (1029); v. 6.12.1995, NZA 1996, 1027; v. 11.4.2000, NZA 2001, 24 (25); so auch LAG Brandenburg v. 26.1.2006, 3 Sa 546/05; vgl. auch MünchAnwHdb-Boudon, § 18 Rn. 132; MünchAnwHdb-Kolvenbach/Glaser, § 23 Rn. 8; Palandt-Weidenkaff, § 611 BGB Rn. 83.

575 Preis,, Vertragsgestaltung, S. 415.

576 Ausführliches dazu im Abschnitt „Das Vorliegen einer unangemessenen Benachteiligung".

577 In diese Richtung wohl BAG v. 17.11.1998, AP § 242 BGB Gleichbehandlung Nr. 162.

I. Die Vereinbarung

Ein Freiwilligkeitsvorbehalt muss besonders vereinbart sein[578] und ergibt sich nicht bereits aus der Arbeitgeberleistung als solcher. Nach der bisherigen Rechtsprechung kann der Vorbehalt im Arbeitsvertrag enthalten sein, wenn eindeutig ist, welche Leistungen davon erfasst sein sollen.[579] Für möglich wird auch ein Vorbehalt im Zusammenhang mit dem Leistungsversprechen oder der Auszahlung gehalten.[580] Mittlerweile zweifelt das BAG daran, ob allein ein vertraglicher Vorbehalt das Entstehen eines Anspruchs ausschließen kann, sofern bei der Gewährung der unter den Vorbehalt gestellten Leistungen nicht auf den Vorbehalt verwiesen wird.[581]

Erklärt der Arbeitgeber im Zusammenhang mit der erstmaligen Gewährung einen Freiwilligkeitsvorbehalt, unterlässt diesen aber bei weiteren Zahlungen, ist auf die konkreten Umstände des Einzelfalles abzustellen, um das Entstehen einer betrieblichen Übung zu beurteilen.[582] Ein Anspruch aus betrieblicher Übung kann dadurch verhindert werden, dass der Arbeitgeber eindeutig nur zu einer bestimmten Zeit oder für eine bestimmte Zeit leistet.[583] Die Vereinbarung eines Vorbehalts ist in diesem Fall nicht erforderlich.

578 Reiserer, NZA-Beil. 2010, 39 (40).

579 BAG v. 21.1.2009, NZA 2009, 310 (312); v. 30.7.2008, NZA 2008, 1173 (1177); v. 12.1.2000, NZA 2000, 944 (945); v. 2.9.1992, EzA § 611 BGB Gratifikation, Prämie Nr. 95; LAG Rheinland-Pfalz v. 10.6.2011 – 6 Sa 46/11 n. v.; vgl. auch Bauer/Medem, ArbRAktuell 2011, 3; Jensen, NZA-RR 2011, 225 (231); Reiserer, NZA-Beil. 2010, 39 (40); Lindemann/Simon, BB 2008, 2795 (2799); Schaub-Linck, § 35 Rn. 67; so bereits Kania, DB 1998, 2418 (2419); Bayreuther, ZfA 2011, 45 (62) hält sogar einen „Generalvorbehalt" für möglich.

580 LAG München v. 23.2.2011 – 5 Sa 928/10 n. v.; nach BAG v. 4.10.1956, NJW 1956, 1853 (1854) und v. 6.9.1994, NZA 1995, 418 war dies noch zwingend; auch nach Richardt, S. 104 bedarf es einer ständigen Wiederholung; so auch Strick, NZA 2005, 723 (726), sofern regelmäßige Zahlungen betroffen sind.

581 BAG v. 14.9.2011 – 10 AZR 526/10 n. v.; krit. auch ErfK-Preis, §§ 305-310 BGB Rn. 68.

582 Das LAG Düsseldorf v. 26.9.1995, LAGE § 242 BGB Betriebliche Übung Nr. 18 hält eine Wiederholung des Ausschlusses eines Anspruchs nicht für erforderlich; so auch MünchHdbArbR-Krause, § 56 Rn. 7.

583 BAG v. 28.2.1996, NZA 1996, 758 (759); v. 16.4.1997, NZA 1998, 423 (424).

II. Der Kontrollmaßstab für die Überprüfung vorformulierter Freiwilligkeitsvorbehalte

Im Folgenden geht es nur um Freiwilligkeitsvorbehalte in vorformulierten Vertragsabreden.[584] Hinsichtlich der Kontrolle von Freiwilligkeitsvorbehalten in individuell ausgehandelten Verträgen kann auf die obigen Ausführungen zum Widerrufsvorbehalt verwiesen werden. In der Praxis der Vertragsgestaltung haben diese kaum Bedeutung.

1. Die Rechtsprechung des Bundesarbeitsgerichts

Die frühere Rechtsprechung deutete Freiwilligkeitsvorbehalte, die sich auf die laufende Vergütung oder Leistungen der betrieblichen Altersversorgung bezogen, in Widerrufsvorbehalte um[585] und prüfte nahezu ausschließlich, ob die Einstellung der unter Vorbehalt gestellten Leistung billigem Ermessen im Sinne des § 315 BGB entsprach[586] bzw. ob der vertragliche Vorbehalt hinreichend transparent war.[587] Sofern keine Umdeutung der Freiwilligkeitsvorbehalte in Widerrufsvorbehalte vorgenommen wurde, sondern der Freiwilligkeitsvorbehalt als solcher geprüft wurde, fand überhaupt keine Kontrolle bzw. nur eine Überprüfung anhand des Gleichbehandlungsgrundsatzes statt.[588]

Seit der Streichung der Bereichsausnahme im Arbeitsrecht und der Integration des AGB-Rechts in das BGB überprüft das BAG Freiwilligkeitsvorbehalte anhand der §§ 305 ff. BGB.[589] Während in der Entscheidung vom 30.07.2008[590] erstmals problematisiert wurde, ob es sich beim Freiwilligkeitsvorbehalt überhaupt um eine Vertragsbedingung im Sinne des § 305 BGB handelt, wurde dies

584 Friedrich, S. 130 f. zufolge bestehe ohnehin kein Unterschied zwischen vorformulierten und ausgehandelten Freiwilligkeitsvorbehalten.

585 BAG v. 22.10.1980 – 5 AZR 825/78; v. 7.9.1982, AP § 3 TVArb Bundespost Nr. 1; v. 17.5.1973, NJW 1973, 1946; v. 5.7.1979, AP § 242 BGB Ruhegehalt-Unterstützungskassen Nr. 9; v. 14.12.1956, BAGE 3, 327.

586 BAG v. 22.10.1980 – 5 AZR 825/78; v. 17.5.1973, NJW 1973, 1946.

587 BAG v. 7.9.1982, AP § 3 TVArb Bundespost Nr. 1.

588 BAG v. 4.10.1956, NJW 1956, 1853; v. 27.6.1958, AP § 611 BGB Gratifikation Nr. 7; v. 26.6.1975, AP § 611 BGB Gratifikation Nr. 86; v. 26.6.1975, DB 1975, 2089; v. 2.9.1992, AP § 611 BGB Gratifikation, Prämie Nr. 95; v. 6.12.1995, NZA 1996, 1027; v. 28.2.1996, NZA 1996, 758; v. 5.6.1996, NZA 1996, 1028; v. 12.1.2000, NZA 2000, 944.

589 BAG v. 25.4.2007, NZA 2007, 853; v. 24.10.2007, NZA 2008, 40; v. 21.1.2009, NZA 2009, 310; v. 18.3.2009, NZA 2009, 535.

590 NZA 2008, 1173 (1174 f.).

zuvor als auch in den nachfolgenden Entscheidungen ohne weiteres angenommen.[591]

Aufgrund der Zurückhaltung der früheren Rechtsprechung existieren – anders als beim Widerrufsvorbehalt – keine Wertungen, die auf die aktuelle Rechtsprechung zum Freiwilligkeitsvorbehalt Einfluss haben. Seit der Geltung der §§ 305 ff. BGB wurden erstmals konkrete Grundsätze für die Kontrolle vorformulierter Freiwilligkeitsvorbehalte aufgestellt.

2. Die Auffassung der Literatur

Im älteren Schrifttum finden sich – was wohl vor allem auf das damalige Fehlen verbindlicher Grundsätze zurückzuführen ist – vielfältige Ansichten zur Beurteilung von Freiwilligkeitsvorbehalten. Während teilweise eine Heranziehung der zu Widerrufsvorbehalten aufgestellten Grundsätze befürwortet wurde[592], spielten für andere lediglich die Gesichtspunkte von Bestimmtheit und Transparenz eine Rolle.[593] Teilweise fand auch nur eine Auseinandersetzung mit der Frage der Zulässigkeit von Freiwilligkeitsvorbehalten statt, ohne dass auf den Kontrollmaßstab und die damit einhergehenden Voraussetzungen eingegangen wurde.[594]

An den gegensätzlichen Auffassungen in der Literatur hat sich wenig geändert, lediglich der Ansatz ist ein anderer. Während seit der Schuldrechtsreform teilweise die Anwendung der §§ 305 ff. BGB bejaht wird[595], finden sich nicht nur vereinzelt Meinungen dahingehend, dass Freiwilligkeitsvorbehalte keiner AGB-Kontrolle unterliegen.[596] Gestützt wird erstere Annahme vor allem auf das

591 BAG v. 25.4.2007, NZA 2007, 853 (853); v. 24.10.2007, NZA 2008, 40 (41); 21.1.2009, NZA 2009, 310; v. 18.3.2009, NZA 2009, 535 (536).

592 Richardt, S. 107 ff.; MünchHdbArbR-Hanau (1992), § 60 Rn. 100; krit. Preis in: Festschrift Kissel, S. 887.

593 Preis in: Festschrift Kissel, S. 904; ders., Vertragsgestaltung, S. 414 f.; KDZ-Zwanziger (2001), § 2 KSchG Rn. 90.

594 Junker/Oechsler/Steckhan/Wank-Wank, S. 115.

595 Däubler/Bonin/Deinert-Bonin, § 307 BGB Rn. 198; Lindemann/Simon, BB 2008, 2795 (2799); Preis/ Lindemann, NZA 2006, 632 (636 f.); ErfK-Preis, §§ 305-310 BGB Rn. 71; ders., Der Arbeitsvertrag, II V 70 Rn. 46; Bayreuther, ZfA 2011, 45 (58 ff.); Seel, MDR 2004, 1393 (1395); Lakies in: AR-Blattei, Rn. 424 ff.; Zundel, NJW 2006, 1237 (1240); Schrader/Müller, RdA 2007, 145 (147); Willemsen/Grau, NZA 2005, 1137 (1140 f.); Schramm, NZA 2007, 1325 (1326); Lembke, NJW 2010, 257 (261 f.) beruft sich auf eine richtlinienkonforme Auslegung des § 307 BGB vor dem Hintergrund des Anhangs zu Art. 3 Abs. 3 Nr. 1 lit. c der Richtlinie 93/13/EWG.

596 Thüsing/Leder, BB 2005, 1563 (1567 f.); Thüsing, Rn. 268; Ulrici, BB 2005, 1902 (1903 f.); MünchHdbArbR-Krause, § 56 Rn. 11; Hromadka/Schmitt-Rolfes, NJW 2007, 1777 (1780); Hanau/Hromadka, NZA 2005, 73 (74 f.); Natzel, SAE 2006, 225 (226); Reiserer, NZA-Beil. 2010, 39 (40); Wolf/Lindacher/Pfeiffer-Stoffels, Anh. zu § 310

Bedürfnis nach einer Harmonisierung der Kontrollmaßstäbe. Wegen der im Wesentlichen gleichen Zielsetzung der verschiedenen Instrumente müsse auch bei Freiwilligkeitsvorbehalten eine Angemessenheitskontrolle vorgenommen werden.[597] Anderenfalls könne sich der Arbeitgeber durch eine entsprechende Gestaltung einer Inhaltskontrolle entziehen. Die Kontrollgrundsätze bei Leistungsbestimmungsrechten dürften aber durch Freiwilligkeitsvorbehalte nicht umgangen werden (arg. e. § 306a BGB).[598] Teilweise wird die Gegenauffassung auch unter Berufung auf einen Zirkelschluss abgelehnt.[599] Ob eine Vertragsbindung entstehe, sei gerade Gegenstand der rechtlichen Prüfung und könne so nicht im Vorhinein gegen die Kontrollbedürftigkeit sprechen.

Die Gegenauffassung stützt sich vor allem auf das Argument, dass Voraussetzung für eine AGB-Kontrolle ein bindender Vertrag sei, der Arbeitgeber mit dem Freiwilligkeitsvorbehalt aber eine solche Bindung gerade verhindere.[600] Ein Angebot setze als Willenserklärung einen Geschäfts- oder Rechtsfolgewillen voraus.[601] Der Arbeitgeber weise aber durch den Freiwilligkeitsvorbehalt darauf hin, dass er gerade keine Rechtsfolge im Sinne einer Erfüllungspflicht herbeiführen wolle. Der Freiwilligkeitsvorbehalt ziele nicht darauf ab, ein Rechtsverhältnis zu gestalten, sondern die Entstehung eines solchen zu verhindern.[602] Daher liege keine Vertragsbedingung im Sinne des § 305 Abs. 1 S. 1 BGB vor[603], sondern es handele sich um einen einseitigen Hinweis des Arbeitgebers zur Verhinderung des Entstehens einer betrieblichen Übung.[604] Auch eine Betrachtung

---

BGB Rn. 129; ders., AGB-Recht, § 15 Rn. 459; differenzierend Maties, DB 2005, 2689 (2695); differenzierend auch Ricken, DB 2006, 1372 (1374 f.).

597 ErfK-Preis, §§ 305-310 BGB Rn. 71; Schramm, NZA 2007, 1325 (1326); Däubler/ Bonin/Deinert-Bonin, § 307 BGB Rn. 198; Bayreuther, ZfA 2011, 45 (59 f.).

598 Preis/Lindemann, NZA 2006, 632 (636); so auch Lakies in: AR-Blattei, Rn. 427.

599 Lakies in: AR-Blattei, Rn. 425; so auch Däubler/Bonin/Deinert-Bonin, § 307 BGB Rn. 198.

600 Hanau/Hromadka, NZA 2005, 73 (75); Hromadka/Schmitt-Rolfes, NJW 2007, 1777 (1780); Moll in: Festschrift 25 Jahre ARGE Arbeitsrecht im DAV, S. 91 (95); Thüsing/Leder, BB 2005, 1563 (1567 f.); vgl. auch Weber, S. 128.

601 Sprenger, BB 2007, 1902.

602 Ulrici, BB 2005, 1902 (1904).

603 Thüsing, Rn. 268; Thüsing/Leder, BB 2005, 1563 (1567 f.); Ulrici, BB 2005, 1902 (1903 f.); MünchHdbArbR-Krause, § 56 Rn. 11; Hromadka/Schmitt-Rolfes, NJW 2007, 1777 (1780); differenzierend Ricken, DB 2006, 1372 (1374 f.); offen gelassen v. BAG 30.7.2008, NZA 2008, 1173 (1174 ff.); a. A. ErfK-Preis (2007), §§ 305-310 BGB Rn. 25, demzufolge sogar eine Vertragsbedingung vorliegt, wenn lediglich auf der Gehaltsabrechnung die Zulage mit dem Zusatz „freiwillige Leistung ohne Rechtsanspruch für die Zukunft" vermerkt ist.

604 Ulrici, BB 2005, 1902 (1903 f.); vgl. auch Ricken, DB 2006, 1372 (1374 Fn. 39).

der Rechtsfolge spreche dafür, den Freiwilligkeitsvorbehalt keiner Inhaltskontrolle zu unterziehen, denn anderenfalls könnten Arbeitgeber von der Gewährung freiwilliger Leistungen abgeschreckt werden.[605]

Es seien die allgemeinen Vorschriften (§§ 134, 138 BGB) heranzuziehen, denn Kern des Vorwurfs sei, dass die rechtsverbindlich zugesagte Gegenleistung des Arbeitgebers zu gering bemessen sei.[606] Stelle der Arbeitgeber durch die Vereinbarung von Freiwilligkeitsvorbehalten das Vertrauen des Arbeitnehmers auf eine angemessene Vergütung infrage, sei § 242 BGB der richtige Maßstab.[607]

Im Hinblick auf den anzuwendenden Kontrollmaßstab wird weiterhin eine differenzierende Auffassung vertreten, die darauf abstellt, ob der Arbeitgeber die Leistung im Vertrag benennt und unter einen Freiwilligkeitsvorbehalt stellt oder ob er die Leistung – ohne vertragliche Grundlage – wiederholt unter Freiwilligkeitsvorbehalt erbringt.[608] Während im ersten Fall eine Inhaltskontrolle nach § 307 Abs. 1, 2 BGB erfolgen müsse, fehle im zweiten Fall der objektive Erklärungstatbestand einer Willenserklärung des Arbeitgebers, so dass kein Vertragsschluss vorliege. Demzufolge dürfe auch keine AGB-Kontrolle erfolgen.

Differenziert wird teilweise auch danach, ob der Freiwilligkeitsvorbehalt bereits im Zusammenhang mit der ursprünglichen Leistung erklärt wird oder ob dieser erst zur Aufhebung des bestehenden Anspruchs durch gegenläufige betriebliche Übung eingebracht werden soll.[609] Solle von vornherein ein Anspruch durch den Freiwilligkeitsvorbehalt ausgeschlossen werden, liege bereits keine Willenserklärung vor. Der Vorbehalt sei Teil des tatsächlichen Verhaltens des Arbeitgebers und stelle mithin keine Vertragsbedingung im Sinne des § 305 BGB dar. Dies gelte auch für einen in einem Formulararbeitsvertrag enthaltenen Freiwilligkeitsvorbehalt. Auch dieser werde lediglich kundgegeben. Im Fall der negativen betrieblichen Übung unter Beifügung eines Freiwilligkeitsvorbehalts hingegen sei in dem Verhalten des Arbeitgebers eine Willenserklärung zu sehen, denn um den entstandenen Anspruch aufheben zu können, bedürfe es eines Angebots auf Abänderung bzw. Aufhebung.[610]

---

605 Hanau/Hromadka, NZA 2005, 73 (74).

606 Wolf/Lindacher/Pfeiffer-Stoffels, Anh. zu § 310 BGB Rn. 130; Stoffels, § 15 Rn. 459.

607 Wolf/Lindacher/Pfeiffer-Stoffels, Anh. zu § 310 BGB Rn. 130; vgl. auch Moll in: Festschrift 25 Jahre ARGE Arbeitsrecht im DAV, S. 91 (94); Hanau/Hromadka, NZA 2005, 73 (74); Thüsing, Rn. 268.

608 Maties, DB 2005, 2689 (2695); so auch Preis, NZA 2009, 281 (285); wohl auch Ulrici, BB 2005, 1902 (1903 f.), dessen Beitrag allerdings auch nur die betriebliche Übung behandelt.

609 Ricken, DB 2006, 1372 (1374 f.).

610 Ricken, DB 2006, 1372 (1375); vgl. auch Ulrici, BB 2005, 1902 (1904).

3. Eigene Stellungnahme

Die pauschale Ablehnung der §§ 305 ff. BGB kann nicht auf Zustimmung stoßen. Wird bereits das Vorliegen einer Vertragsbedingung in Frage gestellt, zieht das nicht nur die Ablehnung einer Inhaltskontrolle nach sich, sondern auch eine Transparenzkontrolle müsste unterbleiben.

Für die Beurteilung, ob es sich beim Freiwilligkeitsvorbehalt um eine nach den §§ 305 ff. BGB zu kontrollierende Vertragsbedingung handelt, bedarf es zunächst einer Auseinandersetzung mit der Frage, ob ein Freiwilligkeitsvorbehalt zwischen den Parteien vereinbart werden muss und damit eine Vertragsbedingung darstellt oder ob dieser auch Wirkung entfalten kann, wenn er sich lediglich in einem einseitigen Hinweis erschöpft. Für die Annahme, dass es sich beim Freiwilligkeitsvorbehalt um eine Vertragsbedingung und nicht lediglich um einen einseitigen Hinweis handelt, spricht Folgendes: Durch den Freiwilligkeitsvorbehalt soll ein Teil des Rechtsverhältnisses im Ganzen (Arbeitsverhältnis) zwischen den Parteien ausgestaltet werden, denn die Tatsache, dass der einzelne Anspruch und damit ein diesbezügliches Rechtsverhältnis verhindert werden soll, wirkt sich auf das gesamte Rechtsverhältnis der Parteien aus.[611] Die Gestaltung eines Vertrages bedarf aber grundsätzlich einer Vereinbarung zwischen den Parteien (vgl. § 311 Abs. 1 BGB).[612] Der Freiwilligkeitsvorbehalt ist mit einem negativen Schuldanerkenntnis (§ 397 Abs. 2 BGB) vergleichbar, das ebenfalls einer Vereinbarung der Parteien bedarf.[613]

Aber selbst wenn das Entstehen eines Anspruchs durch einen einseitigen Hinweis des Arbeitgebers verhindert werden kann[614], führt dies nicht zum Ausschluss der §§ 305 ff. BGB, denn der Grad zwischen vorformulierten Vertragsbedingungen und einseitigen Hinweisen ist schmal und eine Abgrenzung schwierig. Vorformulierte Vertragsbedingungen werden vom Arbeitgeber einseitig vorgegeben, wobei allerdings der Vertrag erst durch das Einverständnis, also durch die Annahme des Arbeitnehmers zustande kommt. Auch der einseitige Hinweis erfolgt von Seiten des Arbeitgebers, wobei es aber keiner Annahme durch den Arbeitnehmer bedarf. Häufig liegt eine Annahme aber ohnehin vor, da der einseitige Hinweis nur Teil eines zwischen den Parteien abgeschlossenen

---

611 Ähnlich auch Wiedemann, RdA 2009, 186 (187).

612 Nach Ulrici, BB 2005, 1902 (1904) genügt ein einfacher Hinweis, um das Entstehen eines Anspruchs zu verhindern, schließlich bestimme der Verwender damit nur den Inhalt seiner eigenen Willenserklärung.

613 Vgl. auch LAG Düsseldorf v. 11.4.2008 – 9 Sa 115/08, das feststellt, dass Verträge auch über das Nichtbestehen eines Schuldverhältnisses abgeschlossen werden können (§ 397 Abs. 2 BGB).

614 So z. B. Ulrici, BB 2005, 1902 (1904).

Vertrages ist. Nach außen hin ergeben sich in der Regel keine Unterschiede. Auch die Vorschrift des § 308 BGB, in der sowohl von Vereinbarungen als auch Bestimmungen die Rede ist, spricht dafür, keine Differenzierung vorzunehmen. Dabei kann dahinstehen, ob der Begriff „Bestimmung" mit dem des „einseitigen Hinweises" übereinstimmt, denn entscheidend ist, dass die Kontrolle nach § 308 nicht ausschließlich vom Vorliegen einer Vereinbarung abhängt. Legitimieren ließe sich die Anwendbarkeit der §§ 305 ff. BGB auch mit der Vorschrift des § 306a BGB. Denn sollte der Ausschluss jeden Rechtsanspruchs durch einen einseitigen Hinweis erfolgen können und die Anwendbarkeit der Vorschriften des AGB-Rechts infolgedessen ausgeschlossen sein, werden gerade diese Vorschriften umgangen.

Dass an der Anwendbarkeit der §§ 305 ff. BGB auf Freiwilligkeitsvorbehalte kein Zweifel gehegt werden kann, ergibt sich aber vor allem aus einem anderen Grund. In der Literatur wird nicht ausreichend differenziert zwischen dem Freiwilligkeitsvorbehalt und der Rechtsfolge, die dieser auslöst. Zunächst stellt sich die Frage nach dem Vorliegen eines Freiwilligkeitsvorbehalts. Eine andere Frage ist die nach der Wirkung eines solchen Vorbehalts, nämlich ob dieser eine Bindung des Arbeitgebers bezüglich bestimmter Leistungen verhindert. Die Ablehnung der §§ 305 ff. BGB mit der Begründung, dass Voraussetzung der AGB-Kontrolle eine vertragliche Bindung des Arbeitgebers sei, diese durch den Freiwilligkeitsvorbehalt aber gerade verhindert werde, ist zu undifferenziert. Der Freiwilligkeitsvorbehalt muss schließlich verbindlich sein, anderenfalls würde er leer laufen. Allein dies ist für die Anwendbarkeit der §§ 305 ff. BGB entscheidend, nicht die Frage, ob etwaige Leistungen des Arbeitgebers verbindlich sind.

III. Der Kontrollmaßstab der §§ 305 ff. BGB

Da sich hinsichtlich des Anwendungsbereichs der §§ 305 ff. BGB und der Einbeziehungskontrolle von Freiwilligkeitsvorbehalten keine Unterschiede zum Widerrufsvorbehalt ergeben, soll an dieser Stelle unmittelbar auf die Inhaltskontrolle eingegangen werden.

1. Die Inhalts- und Transparenzkontrolle von Freiwilligkeitsvorbehalten

a) Kontrollbedürftigkeit

Die Frage nach der Kontrollbedürftigkeit deckt sich teilweise mit der Frage nach dem anzuwendenden Kontrollmaßstab bei der Überprüfung vorformulierter Freiwilligkeitsvorbehalte. In der Literatur wird nur unzureichend danach differenziert, ob die Vorschriften der §§ 305 ff. BGB insgesamt nicht zur Anwendung kommen oder ob eine AGB-Kontrolle grundsätzlich vorzunehmen ist, die Inhaltskontrolle aber an der Hürde des § 307 Abs. 3 S. 1 BGB scheitert. Die Unterscheidung ist deswegen bedeutsam, weil es bei Ablehnung der §§ 305 ff. BGB insgesamt auch nicht auf die Transparenz der Klausel ankommen kann und auch § 305c Abs. 2 BGB dürfte keine Anwendung finden.[615]

Nachdem die grundsätzliche Anwendbarkeit der Vorschriften über Allgemeine Geschäftsbedingungen bejaht wurde, soll es in diesem Abschnitt ausschließlich um die Frage der Anwendbarkeit der Vorschriften über die Inhaltskontrolle (§§ 307, 308, 309 BGB) gehen. Diese ist nach § 307 Abs. 3 S. 1 BGB zu bejahen, wenn durch vorformulierte Vertragsbedingungen von Rechtsvorschriften abgewichen wird oder Letztere ergänzt werden.

Im Zusammenhang mit einer monatlich zu zahlenden Zulage hat das BAG entschieden, dass der Ausschluss jeden Rechtsanspruchs von Rechtsvorschriften, nämlich vom Grundsatz „pacta sunt servanda" abweiche und daher gem. § 307 Abs. 3 S. 1 BGB der Inhaltskontrolle unterliege.[616] Nach § 611 BGB begründe das Arbeitsverhältnis beiderseitige Hauptleistungspflichten. Für den Arbeitgeber bestehe die Pflicht zur Zahlung der vereinbarten Vergütung. Behalte sich dieser nun die Entscheidung über die weitere Gewährung der als unmittelbare Gegenleistung für die Arbeitsleistung gezahlten Vergütung vor, weiche dieser Freiwilligkeitsvorbehalt von dem Wesen des Arbeitsvertrages ab.[617]

Dieser Rechtsprechung wird von Seiten der Literatur entgegengehalten, es fehle an einer von § 307 Abs. 3 S. 1 BGB vorausgesetzten von Rechtsvorschriften abweichenden Regelung. Die Annahme, dass ein Freiwilligkeitsvorbehalt vom Grundsatz „pacta sunt servanda" abweiche und daher kontrollbedürftig sei[618], liege auf der Grenze zu einem Zirkelschluss, denn der Grundsatz der Vertragsfreiheit ermögliche den Parteien, die Reichweite der vertraglichen Bindungswirkung selbst festzulegen.[619] Bei Vereinbarung eines Freiwilligkeitsvorbehalts fehle es bereits an einem „pactum", von dem abgewichen werden kön-

615 Inkonsequent insoweit Sprenger, BB 2007, 1902 (1903); Thüsing, ABG-Kontrolle, Rn. 271; BAG v. 30.7.2008, NZA 2008, 1173.

616 BAG v. 25.4.2007, NZA 2007, 853 (853 f.); für die Kontrollbedürftigkeit bereits BGH v. 12.1.1994, NJW 1994, 1060 (1064); in den nachfolgenden Entscheidungen ging das BAG – soweit ersichtlich – nicht auf diese Frage ein.

617 So auch LAG Düsseldorf v. 11.4.2008 – 9 Sa 115/08.

618 So BAG v. 25.4.2007, NZA 2007, 853 (854).

619 Bieder, NZA 2007, 1135 (1137); ähnlich auch Hromadka/Schmitt-Rolfes, NJW 2007, 1777 (1780).

ne.[620] An der Rechtsprechung wird kritisiert, dass die einheitliche Erklärung des Arbeitgebers künstlich in zwei Teile aufgespalten werde, die „Zusage" der Leistung einerseits und den Vorbehalt der Freiwilligkeit andererseits.[621] Zudem wird aus dem Grundsatz, dass Klauseln, die den Inhalt der Hauptleistungspflichten festlegen, nicht kontrollfähig sind, der Schluss gezogen, dass dies erst recht für Klauseln gelten müsse, die regelten, was überhaupt Hauptleistung des Vertrages sein solle.[622]

Andererseits wird im Schrifttum vertreten, dass es sich bei Freiwilligkeitsvorbehalten um „Preisnebenabreden" handele, die das Hauptleistungsversprechen modifizierten.[623] Werde Letzteres derart eingeschränkt, dass eine Vertragszwecksgefährdung vorliege, ergebe sich das Erfordernis der Inhaltskontrolle aus § 307 Abs. 2 Nr. 2 BGB.[624] Diese Vorschrift beeinflusse die Auslegung des § 307 Abs. 3 S. 1 BGB. Darüber hinaus wird der Auffassung, die die Inhaltskontrolle mit der Begründung ablehnt, dass eine Überprüfung der Angemessenheit der Vergütung durch § 307 Abs. 3 S. 1 BGB verhindert werden solle[625], entgegengehalten, dass gerade nicht das Verhältnis zwischen Leistung und Gegenleistung kontrolliert werde, sondern die Bedingungen, unter denen der Arbeitgeber einseitig in diese Relation eingreifen dürfe.[626]

Zuzustimmen ist dieser Auffassung, dass die Annahme der Kontrollbedürftigkeit von Freiwilligkeitsvorbehalten tatsächlich nicht dazu führt, dass das Verhältnis von Leistung und Gegenleistung kontrolliert wird, denn dem Umfang der unter den Vorbehalt gestellten Leistungen wird gerade keine Bedeutung beigemessen.[627] Allerdings werden genauso wenig die Bedingungen kontrolliert, unter denen der Arbeitgeber in diese Relation eingreifen darf. Durch den Freiwilligkeitsvorbehalt soll ja gerade kein Anspruch begründet werden, so dass sich dieser auch nicht auf Leistungen erstreckt, die aufgrund ihrer Verbindlichkeit bereits Teil der Relation sind. Der Freiwilligkeitsvorbehalt legt mithin nicht Bedingungen fest, unter denen der Arbeitgeber in die Relation von Vergütung und Arbeitsleistung eingreifen darf, sondern Bedingungen, unter denen bestimmte Vergütungsbestandteile gerade kein Teil dieser Relation werden. An dieser Stel-

620 Thüsing, Rn. 268; so auch MünchArb-Krause, § 56 Rn. 11; Schimmelpfennig, NZA 2005, 603 (604); so jetzt auch BAG v. 30.7.2008, NZA 2008, 1173 (1175) bezüglich Sonderzahlungen und v. 21.1.2009, NZA 2009. 310 (312).

621 Sprenger, BB 2007, 1902.

622 Bieder, NZA 2007, 1135 (1137).

623 Schramm, NZA 2007, 1325 (1326).

624 ErfK/Preis §§ 305-310 BGB Rn. 71.

625 Z. B. Leder, RdA 2010, 93 (94).

626 Schrader/Müller, RdA 2007, 145 (147).

627 Vgl. etwa BAG v. 25.4.2007, NZA 2007, 853 (854).

le zeigt sich das ausschlaggebende Argument für die Ablehnung der Kontrollbedürftigkeit: Durch den arbeitsvertraglichen Freiwilligkeitsvorbehalt wird das Entstehen eines Anspruchs verhindert, so dass sich dieser gerade nicht auf ein Hauptleistungsversprechen bezieht, das modifiziert wird, sondern es wird geregelt, was unter Umständen zur Hauptleistungspflicht werden kann oder gerade nicht. Klauseln, die die Hauptleistungspflicht festlegen, sind aber nach § 307 Abs. 3 S. 1 BGB einer Inhaltskontrolle entzogen.

Dies stellt auch keinen Widerspruch zu der Annahme dar, dass es bei der Beurteilung des Kontrollmaßstabes zur Überprüfung vorformulierter Freiwilligkeitsvorbehalte nicht auf die Wirkung dieses Vorbehalts ankommen dürfe. Schließlich geht aus § 307 Abs.3 BGB eindeutig hervor, dass die Kontrollbedürftigkeit von der Wirkung der Klausel abhängt.

b) Das Vorliegen einer unangemessenen Benachteiligung

Da sowohl die Rechtsprechung als auch ein Teil der Literatur die Vornahme einer Inhaltskontrolle befürworten, sollen die Ansichten dazu zunächst vorgestellt werden. Daneben wird auf die Transparenzkontrolle, die zunehmend an Bedeutung gewinnt, eingegangen. Auch wenn die Kontrollbedürftigkeit von Freiwilligkeitsvorbehalten nach hier vertretener Auffassung abzulehnen ist, erfolgt im Anschluss eine Auseinandersetzung mit den Auffassungen in Rechtsprechung und Literatur, um zu untersuchen, ob die Kontrollbedürftigkeit nicht aus Gründen der Notwendigkeit materieller Anforderungen bejaht werden muss.

aa) Die Rechtsprechung des Bundesarbeitsgerichts

An der grundsätzlichen Zulässigkeit von Freiwilligkeitsvorbehalten wurde seit jeher kein Zweifel gehegt.[628] Mit der Geltung der §§ 305 ff. BGB wurde eine gesetzliche Grundlage geschaffen, die es der Rechtsprechung ermöglichte, konkrete Grundsätze für die Überprüfung von Freiwilligkeitsvorbehalten aufzustellen.

Seit der Schuldrechtsreform beschäftigte sich das BAG erstmals in seiner Entscheidung vom 25.04.2007[629] mit einem Freiwilligkeitsvorbehalt. Die zugrunde liegende Klausel deklarierte eine monatlich zu zahlende Leistungszulage als freiwillig, deren Zahlung ohne Anerkennung einer Rechtspflicht erfolge. In seiner Entscheidung erklärte der 5. Senat die Klausel für unangemessen benach-

628 BAG v. 4.10.1956, NJW 1956, 1853; v. 27.6.1958, AP § 611 BGB Gratifikation Nr. 7; v. 26.6.1975, AP § 611 BGB Gratifikation Nr. 86; v. 2.9.1992, AP § 611 BGB Gratifikation, Prämie Nr. 95; v. 6.12.1995, NZA 1996, 1027; v. 5.6.1996, NZA 1996, 1028; v. 12.1.2000, NZA 2000, 944.

629 NZA 2007, 853.

teiligend im Sinne des § 307 Abs. 2 Nr. 1 BGB.[630] Dies wurde damit begründet, dass der Ausschluss jeden Rechtsanspruchs bei laufendem Arbeitsentgelt dem Zweck des Arbeitsvertrags widerspreche. Der Arbeitgeber erhalte die Möglichkeit, über seine Gegenleistung zu disponieren, während der Arbeitnehmer zur vollständigen Erbringung seiner Arbeitsleistung verpflichtet sei. Dadurch werde die synallagmatische Verknüpfung der Leistungen gelöst. Zu berücksichtigen sei ferner, dass die zugesagte Zahlung nicht nur ohne jegliche Erklärung, sondern auch ohne Grund eingestellt werden könne. Der Arbeitnehmer genieße schutzwürdiges Vertrauen darauf, dass die monatlich zugesagte Zahlung der Vergütung beständig sei, nicht nur hinsichtlich der Grundvergütung, sondern auch hinsichtlich zusätzlicher regelmäßiger Zahlungen, die von den Parteien als Teil der Arbeitsvergütung und damit als unmittelbare Gegenleistung vereinbart worden seien.[631] Der Umfang der unter Freiwilligkeitsvorbehalt stehenden Leistungen spiele dabei keine Rolle, so dass die für Widerrufsvorbehalte aufgestellten Höchstgrenzen keine Beachtung finden.[632] Dem Flexibilisierungsinteresse des Arbeitgebers könne mit Anrechnungs- und Widerrufsvorbehalten ausreichend Rechnung getragen werden.

Kurz nach der Entscheidung des 5. Senats setzte sich der 10. Senat des BAG mit einem Freiwilligkeitsvorbehalt auseinander. Dieser beschäftigte sich ausschließlich mit der Transparenz der arbeitsvertraglichen Klausel. Während bislang ein Freiwilligkeitsvorbehalt hinsichtlich Leistungen, deren konkrete Anspruchsvoraussetzungen sowie Höhe im Vertrag genannt waren, nicht beanstandet wurde[633], kann auf diese Rechtsprechung wegen des nunmehr geltenden Transparenzgebotes nicht mehr zurückgegriffen werden.[634] Werde dem Arbeitnehmer durch den Arbeitsvertrag ein konkreter Anspruch eingeräumt, der in Voraussetzungen und Höhe präzise formuliert sei, bestimme eine andere Klausel aber, dass die entsprechende Leistung freiwillig erfolge und keinen Rechtsanspruch für die Zukunft begründe, sei der Vorbehalt intransparent und damit unwirksam.[635] Die Klausel, die beinhalte, dass dem Arbeitnehmer eine Leistung

---

630 BAG v. 25.4.2007, NZA 2007, 853 (854 f.); krit. Bieder, NZA 2007, 1135 (1138 f.).

631 So auch BAG v. 14.9.2011 – 10 AZR 526/10 n. v.

632 Bestätigt durch BAG v. 18.3.2009, NZA 2009, 535 (536).

633 BAG v. 25.4.2007, NZA 2007, 853; v. 6.12.1995, NZA 1996, 1027; v. 5.6.1996, NZA 1996, 1028 (1029); v. 12.1.2000, NZA 2000, 944 (945).

634 BAG v. 24.10.2007, NZA 2008, 40.

635 BAG v. 24.10.2007, NZA 2008, 40; bestätigt durch BAG v. 30.7.2008, NZA 2008, 1173 (1178); v. 10.12.2008, NZA 2009, 258 (259); v. 10.12.2008, DB 2009, 684 (685); offen gelassen in 10.12.2008, NZA 2009, 258 (259); so im Ergebnis bereits die danach wieder aufgegebene Rechtsprechung des BAG v. 26.6.1975, DB 1975, 2089 (2089 f.);

gewährt werde, stehe im Widerspruch zur nachfolgenden Klausel, wonach ein Rechtsanspruch nicht entstehe. Aufgrund der unklar abgefassten Klausel bestehe die Gefahr, dass der Arbeitnehmer von der Durchsetzung seines Anspruchs auf die Bonuszahlung abgehalten werde. Trotz der Klarheit und Verständlichkeit der einzelnen Regelungen bewirkt ihr systematisches Zusammenspiel eine Unklarheit.[636] Dabei bestünden keine Zweifel im Sinne des § 305c Abs. 2 BGB.[637] Diese Vorschrift setze voraus, dass auf der Grundlage anerkannter Auslegungsgrundsätze eine Restunsicherheit zwischen mehreren gleich vertretbaren Alternativen gegeben sei. Allerdings könne auch bei großzügigster Auslegung nicht davon ausgegangen werden, dass eine Alternative der vollständige Wegfall des Freiwilligkeitsvorbehalts sei. Trotz einer gegebenenfalls bestehenden Unsicherheit ist für den Arbeitnehmer ersichtlich, dass die Zusage nicht einschränkungslos gelten soll. Diese Unsicherheit zieht die Unwirksamkeit der Klausel nach sich, allerdings nicht nach § 305c Abs. 2 BGB, sondern wegen fehlender Transparenz nach § 307 Abs. 1 S. 2 BGB.

Die bislang übliche Klausel

> „Der Arbeitnehmer erhält eine Leistungszulage in Höhe von … €. Die Zahlung erfolgt als freiwillige Leistung ohne Anerkennung einer Rechtspflicht. Aus der Zahlung können für die Zukunft keinerlei Rechte hergeleitet werden.“

erweist sich mit Blick auf die geänderte Rechtsprechung als unwirksam. Aufgrund der Formulierung „Der Arbeitnehmer erhält eine Leistungszulage in Höhe von … €“ wird eine Verpflichtung zur Zahlung begründet. Das Gleiche gilt, wenn die Rede davon ist, dass der Arbeitgeber die Zulage „gewährt“ oder „zahlt“. Der Freiwilligkeitsvorbehalt steht dazu im Widerspruch, da er den zuvor begründeten Anspruch wieder entzieht. Dies dürfte dazu führen, dass ein Großteil der arbeitsvertraglichen Klauseln, die Freiwilligkeitsvorbehalte beinhalten, unwirksam ist.

In den nachfolgenden Entscheidungen ergänzte das BAG seine Rechtsprechung zu Freiwilligkeitsvorbehalten.

So führte es aus, dass ein Freiwilligkeitsvorbehalt regelmäßig nicht nach § 308 Nr. 4 BGB unwirksam sei.[638] Bei einer klar und verständlich formulierten Klausel fehle es bereits an einer versprochenen Leistung im Sinne des § 308

---

so auch bereits BAG v. 23.10.2002, NZA 2003, 557 (558); ausdrücklich gegen derartige formellen Anforderungen LAG Hamm v. 9.6.2005, NZA-RR 2005, 624.

636 Vgl. Salamon, NZA 2009, 1076 (1077).

637 BAG v. 24.10.2007, NZA 2008, 40 (41).

638 BAG v. 30.7.2008, NZA 2008, 1173 (1174).

Nr. 4 BGB.[639] Anders sei dies jedoch, wenn eine arbeitsvertragliche Regelung eindeutig einen Anspruch des Arbeitnehmers begründe. Dies führe dazu, dass der Arbeitgeber eine Leistung im Sinne des § 308 Nr. 4 BGB verspreche.[640] Dass die Klausel widersprüchlich sei, wenn diese Leistung zugleich unter einen Freiwilligkeitsvorbehalt gestellt werde[641], gelte erst recht für solche Leistungen, die gezielt das Verhalten des Arbeitnehmers steuern und seine Leistung beeinflussen sollten.

Sofern sich der Freiwilligkeitsvorbehalt auf Sonderzahlungen beziehe, benachteilige die Klausel den Arbeitnehmer nicht unangemessen im Sinne des § 307 Abs. 2 Nr. 1 BGB.[642] Eine Abweichung von § 611 Abs. 1 BGB liege nicht vor, denn bei Vereinbarung eines sog. Zeitlohns (§ 614 S. 2 BGB) bestehe neben der Verpflichtung zur Zahlung des laufenden Arbeitsentgelts keine Verpflichtung zur Gewährung von Sonderleistungen. Auch die Regelung des § 4a EFZG spreche dafür, dass der Arbeitnehmer nicht unangemessen benachteiligt werde. Aus dem Zusammenspiel mit § 12 EFZG ergebe sich, dass der Gesetzgeber den Arbeitnehmer bei Sonderzahlungen für weniger schutzbedürftig halte als beim laufenden Entgelt. Schließlich kann der Arbeitgeber Sonderzahlungen aufgrund Arbeitsunfähigkeit des Arbeitnehmers kürzen, nicht aber das laufende Entgelt. Auch wenn Sonderzahlungen nicht stets für Luxusausgaben verwendet würden, seien sie nicht in dem Maße wie die laufende Vergütung für den gewöhnlichen Lebensunterhalt bestimmt, so dass auf sie eher verzichtet werden könne.[643]

Auf den Zweck der Sonderleistung komme es für die Wirksamkeit des Freiwilligkeitsvorbehalts nicht an.[644] Dadurch wurde erstmals klargestellt, dass Freiwilligkeitsvorbehalte bezüglich Sonderleistungen auch dann zulässig sind, wenn durch sie die Arbeitsleistung zusätzlich vergütet werden soll. Sei ein Freiwilligkeitsvorbehalt nur hinsichtlich Sonderzahlungen zulässig, durch die – zumindest auch – Betriebstreue honoriert werde, würde dies dazu führen, dass der Arbeitgeber den Vertrag mit Stichtags- und Rückzahlungsklauseln versehe. Derartige Klauseln benachteiligten aber den Arbeitnehmer. Das Abstellen auf den Zweck der Sonderleistung würde mithin dem Interesse des Arbeitnehmers zuwider laufen. Für die Wirksamkeit von Freiwilligkeitsvorbehalten komme es nicht

639 Bestätigt durch BAG v. 21.1.2009, NZA 2009, 310 (312); v. 8.12.2010, NZA 2011, 628 (630); v. 10.12.2008, DB 2009, 684.

640 BAG v. 30.7.2008, NZA 2008, 1173 (1178).

641 So bereits BAG v. 24.10.2007, NZA 2008, 40.

642 BAG v. 30.7.2008, NZA 2008, 1173 (1175 ff.); vgl. auch BAG v. 18.3.2009, NZA 2009, 535.

643 BAG v. 30.7.2008, NZA 2008, 1173 (1177).

644 BAG v. 30.7.2008, NZA 2008, 1173 (1177); a. A. LAG Düsseldorf v. 11.4.2008 – 9 Sa 115/08.

darauf an, wie der Arbeitgeber die unter den Vorbehalt gestellten Leistungen deklariere. Maßgeblich sei, ob die Leistungen zusätzlich zum laufenden Entgelt gewährt würden. Wie das BAG selbst erwähnt, ist allerdings eine allgemein gültige Abgrenzung zwischen einer laufenden Zahlung und einer Sonderzahlung nicht möglich.[645] Ein Indiz für das Vorliegen einer Sonderzahlung sei die Zahlung aus einem bestimmten Anlass oder die einmal jährlich erfolgende Zahlung. Charakteristisch sei zudem, dass Sonderzahlungen oftmals an besondere Voraussetzungen, wie z. B. bestimmte individuelle Leistungen oder einen bestimmten Unternehmenserfolg, geknüpft würden.

In diesem Zusammenhang ist auf eine frühere Entscheidung des BAG hinzuweisen, in dem der Begriff des „laufenden Entgelts" als „die versprochene Vergütung für bestimmte Zeitabschnitte oder die Vergütung für eine bestimmte Leistung innerhalb einer genau bemessenen Zeit" definiert wurde.[646] In Rede stand eine quartalsweise in regelmäßiger Höhe gezahlte Anwesenheitsprämie, die nicht dem laufenden Entgelt, sondern der „Sondervergütung" zugeordnet wurde.

In seiner jüngsten Rechtsprechung nimmt das BAG eine unangemessene Benachteiligung nicht nur deswegen an, weil sich der Freiwilligkeitsvorbehalt auf alle zukünftigen Leistungen unabhängig von ihrer Art und ihrem Entstehungsgrund bezieht, sondern auch, weil der vertragliche Vorbehalt spätere Individualabreden gem. § 305b BGB erfasst.[647]

Eine Präzisierung in der Weise, aus welchen Gründen die Einstellung der Leistung unter Berufung auf den Freiwilligkeitsvorbehalt erfolgen kann, wird ebenso wenig gefordert wie eine Ankündigung des Arbeitgebers, die Sonderzahlung nicht zu leisten.[648]

Wie die zuvor dargestellten Entscheidungen zeigen, führt das Transparenzgebots auch beim Freiwilligkeitsvorbehalt zu strengen Anforderungen an die Formulierung. Hinzu kommt, dass die bloße Bezeichnung einer Leistung als „freiwillig" nicht genügt, um das Entstehen eines Anspruchs für die Zukunft zu verhindern.[649] Eine solche Formulierung macht nur kenntlich, dass es sich bei der Leistung um eine solche handelt, die weder gesetzlich noch tarifvertraglich

---

645 BAG v. 30.7.2008, NZA 2008, 1173 (1178).

646 BAG v. 25.7.2001, DB 2001, 2608.

647 BAG v. 14.9.2011 – 10 AZR 526/10 n. v.

648 BAG v. 21.1.2009, NZA 2009, 310 (312); so bereits BAG v. 12.1.2000, NZA 2000, 944 (945); v. 5.6.1996, NZA 1996, 1028 (1029); vgl. auch LAG Düsseldorf v. 16.2.2011 – 17 Sa 1262/10 n. v.

649 So bereits BAG v. 23.10.2002, NZA 2003, 557 (558 f.); v. 1.3.2006, NZA 2006, 746 (748); v. 11.4.2000, NZA 2001, 24 (25); vgl. auch BAG v. 30.7.2008, NZA 2008, 1173 (1174, 1176).

vorgesehen ist.[650] Unklar bleibt, ob damit nur ihre Begründung oder auch die Durchführung freiwillig ist.[651] Der Arbeitgeber muss vielmehr unmissverständlich zum Ausdruck bringen, dass er sich die jederzeitige Lösung von der Leistungszusage vorbehält und keinen Verpflichtungswillen hat.[652] Dies kann etwa dadurch geschehen, dass er die Formulierung „freiwillig und ohne Anerkennung einer Rechtspflicht" wählt.[653]

bb) Die Rechtsprechung des Bundesgerichtshofs

Aus einer älteren Entscheidung des BGH ergibt sich, dass zusätzliche und freiwillige Leistungen, die neben die Hauptleistung treten und denen keine besondere Vertragspflicht gegenübersteht, unter den Vorbehalt der Freiwilligkeit gestellt werden können.[654] Begründet wird dies damit, dass der Arbeitgeber das Versprechen einer freiwilligen Leistung ganz unterlassen könne. Erst recht müsse er den Inhalt und Umfang dieses Versprechens von vornherein ausgestalten können. Anders sei dies aber hinsichtlich Leistungsbestandteilen, die Teil des Hauptleistungsverprechens seien.

cc) Die Rechtsprechung der Instanzgerichte

Vor der Existenz einschlägiger Rechtsprechung des BAG hat das LAG Hamm festgestellt, dass auch nach der Schuldrechtsreform keine Bedenken gegen die Wirksamkeit von Freiwilligkeitsvorbehalten bestünden, sofern sich diese nicht auf im Gegenseitigkeitsverhältnis stehende Leistungen bezögen.[655] Unter dem Aspekt der Transparenz wurde die Klausel, nach der der Arbeitnehmer eine Gratifikation „erhält", auf die aber kein Anspruch besteht, nicht beanstandet.[656]

Auch das LAG Düsseldorf stellt auf das Synallagma ab, lehnt sich dabei allerdings an die vermeintliche Rechtsprechung des BAG vom 25.04.2007[657] an und bejaht eine unangemessene Benachteiligung des Arbeitnehmers, wenn ein variabler Vergütungsbestandteil, deren ausschließlicher Zweck in der zusätzli-

650 Vgl. BAG v. 21.1.2009, NZA 2009, 310 (311).
651 MünchHdbArbR-Hanau (1992), § 60 Rn. 94; vgl. BAG 5.9.1985, AP § 4 TVG Besitzstand Nr. 1.
652 BAG v. 23.10.2002, NZA 2003, 557 (559).
653 BAG v. 25.4.2007, NZA 2007, 853; v. 6.12.1995, NZA 1996, 1027; v. 2.9.1992, EzA § 611 BGB Gratifikation, Prämie Nr. 95.
654 BGH v. 12.1.1994, NJW 1994, 1060 (1064 f.).
655 LAG Hamm v. 9.6.2005, NZA-RR 2005, 624 (625).
656 LAG Hamm v. 9.6.2005, NZA-RR 2005, 624 (625); vgl. auch LAG Baden-Württemberg v. 18.7.2011 – 15 Sa 110/10 n. v.
657 NZA 2007, 853.

chen Abgeltung der Arbeitsleistung besteht, unter einen Freiwilligkeitsvorbehalt gestellt wird.[658] In einer eine Sonderleistung betreffenden Entscheidung führt das LAG Düsseldorf aus, dass dies jedenfalls dann gelte, wenn die im Gegenseitigkeitsverhältnis stehende Sonderleistung 25% der sonstigen Leistungen des Arbeitgebers übersteige.[659] Unerheblich sei, ob die Sonderzahlung monatlich gewährt werde oder lediglich einmalig jährlich.

In den Entscheidungen der Instanzgerichte spiegelt sich generell die Tendenz wieder, die für Widerrufsvorbehalte aufgestellte Grenze auch im Rahmen der Freiwilligkeitsvorbehalte heranzuziehen.[660]

Das LAG München[661] hat jüngst entschieden, dass ein Freiwilligkeitsvorbehalt dann nicht wirksam vereinbart werden kann, wenn der Arbeitgeber zuvor durch die wiederholte und gleichbleibende Mitteilung der Voraussetzungen einer Leistung die Erwartung geweckt habe, bei Erfüllung dieser Voraussetzungen die Leistung zu erhalten. Hierdurch seien bewusste Leistungs- und Verhaltensanreize gesetzt, insbesondere die Mitarbeiter an ihren Arbeitgeber gebunden worden. Sie hätten daher nicht davon ausgehen müssen, dass sich der Vorbehalt auch auf diese Leistungen erstreckt.

dd) Die Auffassung der Literatur

Ein Großteil des Schrifttums, der die Kontrollbedürftigkeit von Freiwilligkeitsvorbehalten bejaht, geht davon aus, dass Leistungen, die freiwillig und unter Ausschluss jeden Rechtsanspruchs gewährt werden, nicht nach § 308 Nr. 4 BGB, sondern am Maßstab des § 307 BGB zu prüfen sind.[662] Schließlich fehle es bei Unterstellung einer Leistung unter den Vorbehalt der Freiwilligkeit an einer versprochenen Leistung.[663]

Die Meinungen in der Literatur, unter welchen Voraussetzungen der Arbeitgeber Leistungen unter den Vorbehalt der Freiwilligkeit stellen kann, gehen auseinander, wobei die Tendenz in Richtung einer restriktiven Kontrolle geht. Die voraussetzungslose Zulassung von Freiwilligkeitsvorbehalten erfuhr schon in

---

658 LAG Düsseldorf v. 18.08.2011 – 5 Sa 490/11; v. 11.4.2008 – 9 Sa 115/08; so auch das LAG Brandenburg v. 26.1.2006 – 3 Sa 546/05

659 LAG Düsseldorf v. 11.4.2008 – 9 Sa 115/08.

660 LAG Köln v. 21.6.2002, NZA-RR 2003, 247 (248); LAG Hessen v. 4.5.2009 – 7 Sa 1607/08 n. v.; a. A. LAG Schleswig-Holstein v. 1.8.2006 – 6 Sa 362/05 n. v.

661 LAG München v. 23.2.2011 – 5 Sa 928/10 n. v.

662 Maties, DB 2005, 2689 (2695); Gaul in: Festschrift Hromadka, S. 105; ErfK-Preis, §§ 305-310 BGB Rn. 72; Däubler/Dorndorf/Bonin/Deinert-Dorndorf/Bonin (2008), § 307 BGB Rn. 196 ff.; a. A. Schrader/Müller, RdA 2007, 145 (149); Tyroller, S. 6.

663 Maties, DB 2005, 2689 (2695); ErfK-Preis, §§ 305-310 BGB Rn. 72; Däubler/Dorndorf/Bonin/Deinert-Dorndorf/Bonin (2008), § 307 BGB Rn. 196.

der Vergangenheit Kritik.[664] Indem der Arbeitgeber seine Gegenleistung einseitig unter den Vorbehalt der Freiwilligkeit stelle, laufe der Arbeitnehmer Gefahr, am Ende „Arbeit ohne Lohn" zu leisten – wobei eine solche Vereinbarung bereits gem. § 138 BGB nichtig bzw. zumindest geeignet sei, das Wesen des Arbeitsvertrages auszuhöhlen.[665] Der Ausschluss des Rechtsanspruchs widerspreche dem Prinzip der Vertragsbindung („pacta sunt servanda"), weil der Arbeitgeber die Verbindlichkeit einer Leistung, die er zusage, wieder nehme.[666] Dadurch werde die Leistung der strikten synallagmatischen Verknüpfung entzogen. Die in der Praxis übliche Vertragsgestaltung, Bestandteile der Gegenleistung als „freiwillig" zu bezeichnen, sei ein Antagonismus, denn aus dem Grundverständnis des gegenseitigen Vertrags könne es keine „freiwillige" Gegenleistung geben.[667] Die gegenteilige Annahme sei auf das Vorverständnis zurückzuführen, der „normale" Arbeitnehmer verdiene nur das Tarifniveau. Gegen die generelle Unzulässigkeit von Freiwilligkeitsvorbehalten spreche jedoch, dass der Arbeitnehmer, der von vornherein keinen Anspruch auf die in Frage stehende Leistung habe und diese auch nicht für eine Gegenleistung erfolge, einen reinen Vorteil erhalte.[668] Es spreche nichts dagegen, diesen Vorteil unter den Vorbehalt der Freiwilligkeit zu stellen.

Dem schließt sich ein Großteil der Literatur – jedenfalls im Ergebnis – an und differenziert danach, ob die unter den Vorbehalt der Freiwilligkeit gestellten Leistungen im synallagmatischen Verhältnis stehen oder nicht und hält nur im letzteren Fall einen Vorbehalt für zulässig.[669] Ein Freiwilligkeitsvorbehalt, der

---

664 Preis, Vertragsgestaltung, S. 414 ff.; ders. in: Festschrift Kissel, S. 888 f.; ders., NZA-Beil. 2006, 115 (121).

665 Preis, Lehrbuch, § 39 II. 5. a); ders., NZA-Beil. 2006, 115 (121).

666 Preis, Vertragsgestaltung, S. 415.

667 Preis in: Festschrift Kissel, S. 888.

668 ErfK-Preis, §§ 305-310 BGB Rn. 72.

669 Kania, DB 1998, 2418 (2419); Lembke, BB 2008, 166 (170); Schrader/Müller, RdA 2007, 145 (149); Willemsen/Grau, NZA 2005, 1137 (1140); Diepold, S. 188; HWK-Gotthardt, Anh. §§ 305-310 BGB Rn. 34; Schramm, NZA 2007, 1325 (1328); Thüsing, Rn. 269 f.; Bauer/Chwalisz, ZfA 2007, 339 (341); Schaub-Linck, § 35 Rn. 70 f.; Lindemann, AuR 2004, 201 (202); Reiserer, NZA 2007, 1249 (1251); Lakies in: AR-Blattei, Rn. 433, der aber auch auf die Probleme der Abgrenzung hinweist und daher empfiehlt, den Freiwilligkeitsvorbehalt den für den Widerrufsvorbehalt aufgestellten Grundsätzen zu unterstellen. Preis-Deich, Arbeitsformen, S. 527 f.; Preis, Der Arbeitsvertrag, II V 70 Rn. 62 ff.; ders., Lehrbuch, § 39 II. 5. b); a. A. Lingemann/Gotham, DB 2008, 2307 (2310); Gaul in: Festschrift Hromadka, S. 110 f.; Däubler/Bonin/Deinert-Bonin, § 307 BGB Rn. 199; äußerst kritisch Annuß, zitiert in Ludwig/Rein, NZA 2010, 865 (866): ein Freiwilligkeitsvorbehalt weiche unabhängig von der Art der Leistung vom gesetzlichen Leitbild des Arbeitsvertrags ab.

sich auf synallagmatische Leistungen beziehe, weiche erheblich von den gesetzlichen Regelungen ab.[670] Aus diesen (u. a. §§ 326, 615 BGB) ergebe sich, dass es sich beim Arbeitvertrag um einen vollkommen zweiseitig verpflichtenden Vertrag handele, wobei Arbeitsleistung und Vergütung in einem konditionellen Synallagma stünden. Zudem dürfe der Arbeitgeber nicht die strengeren Voraussetzungen von Widerrufs- und Anrechnungsvorbehalten durch die Vereinbarung eines Freiwilligkeitsvorbehalts unterlaufen.[671]

Bei der Vereinbarung eines Freiwilligkeitsvorbehalts hinsichtlich nicht synallagmatischen Leistungen wird empfohlen, neben dem Vorbehalt zusätzlich eine Stichtagsregelung oder einen Rückzahlungsvorbehalt zu vereinbaren, um klarzustellen, dass nicht die geleistete Arbeit, sondern ausschließlich Betriebstreue honoriert werden soll.[672] Andere halten gerade diese Kombination für problematisch.[673] Für den Arbeitnehmer stelle sich die Situation so dar, dass er bei Erfüllen der Anspruchsvoraussetzungen, also insbesondere dem Fortbestand des Arbeitsverhältnisses, einen Rechtsanspruch erhalte. Hierzu stehe der Freiwilligkeitsvorbehalt im Widerspruch, denn damit werde ihm der Anspruch im gleichen Atemzug wieder genommen. Das sei intransparent und unangemessen benachteiligend.

Während einige Stimmen die Differenzierung zwischen synallagmatischen und nicht synallagmatischen Vergütungsbestandteilen der Entscheidung des BAG vom 25.04.2007[674] entnehmen, waren andere bereits zuvor der Ansicht, dass nur die nicht im Gegenseitigkeitsverhältnis stehenden Leistungen einer Flexibilisierung durch Freiwilligkeitsvorbehalte zugänglich sind. Vermutlich veranlasste dieses Verständnis den 10. Senat, in seiner Entscheidung vom 30.07.2008[675] klarzustellen, dass sich die Wirksamkeit von Freiwilligkeitsvorbehalten nicht nach ihrem Zweck, sondern nach ihrem Zahlungszeitpunkt richtet.

Andererseits wird – in Anlehnung an die Entscheidungen des BAG vom 25.04.2007 und vom 30.07.2008 – auch vertreten, dass ein Freiwilligkeitsvorbehalt nur unzulässig sei, wenn sich dieser auf einen Gehaltsbestandteil beziehe, der regelmäßig und monatlich gezahlt werde.[676] Beide Kriterien müssten kumulativ vorliegen. Auch diese Auffassung steht im Widerspruch zur Rechtspre-

---

670 Schrader/Müller, RdA 2007, 145 (149).

671 Tyroller, S. 6.

672 Schramm, NZA 2007, 1325 (1328); so in LAG Hamm, NZA-RR 2005, 624.

673 Preis, Lehrbuch, § 39 II. 5. c).

674 NZA 2007, 853.

675 NZA 2008, 1173.

676 Lingemann/Gotham, DB 2008, 2307 (2310); anders noch Lingemann/Gotham, DB 2007, 1754.

chung des BAG, wonach allein maßgeblich ist, ob es sich um laufendes Arbeitsentgelt handelt.[677] Dies sei regelmäßig auch bei einer jährlich erfolgenden Zahlung der Fall.

Sowohl Vertreter der Auffassung, die danach abgrenzen, ob die betreffende Leistung im Synallagma steht oder nicht, als auch Stimmen, die diese Abgrenzung nicht vornehmen, sind der Auffassung, dass der durch die Entscheidung des BAG vom 12.01.2005[678] bestätigte Kernbereichsschutz auch bei Vereinbarung eines Freiwilligkeitsvorbehalts die prinzipielle Grenze einer angemessenen Entgeltflexibilisierung darstelle.[679] Zum Zeitpunkt des Vertragsschlusses stelle sich für den Arbeitnehmer die Situation gleich dar, unabhängig davon, ob die spätere Einstellung der Leistung nur aufgrund einer Erklärung des Arbeitgebers oder durch bloßes „Nichtstun" möglich sei.[680] Der Freiwilligkeitsvorbehalt sei sogar noch intransparenter als der Widerrufsvorbehalt, da die Angabe etwaiger Gründe für die Einstellung entbehrlich sei.

Aufgrund der gleichen Zielrichtung von Freiwilligkeits- und Widerrufsvorbehalten wird von einer Auffassung im Schrifttum erwogen, die Voraussetzungen vollständig zu vereinheitlichen.[681] Demnach sei ein Freiwilligkeitsvorbehalt, der sich auf den Kernbereich des Arbeitsvertrages (20-30% der Vergütung) beziehe, unzulässig. Im Übrigen müsse zwischen synallagmatischen und nicht synallagmatischen Vergütungsbestandteilen differenziert werden. Im ersten Fall erfordere die Wirksamkeit eines Freiwilligkeitsvorbehalts konkrete Gründe für die Einstellung, die hinreichend schwerwiegend sein müssten, um den Vorbehalt typischerweise zu rechtfertigen. Bei nicht im Gegenseitigkeitsverhältnis stehenden Leistungen seien konkrete Gründe ausreichend, die willkürfrei und nachvollziehbar seien.

Vereinzelt wird in der Literatur auch vorgebracht, dass sich die Unwirksamkeit eines Freiwilligkeitsvorbehalts aus einem „Erst-Recht-Schluss" aus der

---

677 BAG v. 30.7.2008, NZA 2008, 1173 (1178); auch das LAG Düsseldorf v. 11.4.2008 – 9 Sa 115/08 stellt fest, dass es unerheblich sei, ob die Leistung monatlich oder jährlich gewährt werde.

678 NZA 2005, 465.

679 Willemsen/Grau, NZA 2005, 1137 (1141); Bayreuther, ZIP 2007, 2009 (2012 f.); ders., ZfA 2011, 45 (62 ff.); Maties, DB 2005, 2689 (2695); Thüsing, Rn. 269 f.; Strick, NZA 2005, 723 (725); Bieder, NZA 2007, 1135 (1139); Zundel, NJW 2006, 1237 (1240); Preis/Lindemann, NZA 2006, 632; Preis, Der Arbeitsvertrag, II V 70 Rn. 46; zumindest hinsichtlich synallagmatischen Leistungen auch Lakies in: AR-Blattei, Rn. 428; Hanau/Hromadka, NZA 2005, 73 (74) für „Kettenvorbehalte"; Schaub-Linck, § 35 Rn. 71 im Falle eines Freiwilligkeitsvorbehalts hinsichtlich laufendem Entgelt; a. A. Lingemann/Gotham, DB 2008, 2307 (2310).

680 Lakies in: AR-Blattei, Rn. 430.

681 Däubler/Bonin/Deinert-Bonin, § 307 BGB Rn. 200b.

Wertung des § 308 Nr. 4 BGB entnehmen lasse, wonach ein jederzeitiger unbeschränkter Widerruf unwirksam sei.[682] Schließlich dürften durch den Freiwilligkeitsvorbehalt nicht die Anforderungen an Widerrufsvorbehalte unterlaufen werden.

Eine weitere Auffassung im Schrifttum zieht aus der Entscheidung des BAG vom 20.05.2008[683] zu Schriftformklauseln den Schluss, dass Freiwilligkeitsvorbehalte und Schriftformklauseln nur noch zulässig sind, wenn sie klar auf das Phänomen der betrieblichen Übung beschränkt sind.[684] Es lasse sich nicht ausschließen, dass der Leistungsgewährung im Einzelfall eine ausdrückliche, mündliche Abrede zugrunde liege. Konsequent sei es daher – wie bei Schriftformklauseln – darauf hinzuweisen, dass von dem Vorbehalt keine Ansprüche erfasst seien, die auf einer ausdrücklichen mündlichen oder schriftlichen Abrede beruhten.[685] Eine mündliche Vereinbarung hat als Individualabrede gem. § 305b BGB schließlich Vorrang vor den schriftlich formulierten Bedingungen.[686] Die betriebliche Übung wird gerade nicht zwischen den Parteien ausgehandelt, sondern einseitig durch das Verhalten des Arbeitgebers bestimmt, so dass diese nicht als Individualabrede im Sinne des § 305b BGB anzusehen ist. Manche Autoren empfehlen bei wiederkehrenden Leistungen neben der Vereinbarung eines Freiwilligkeitsvorbehalts zur Sicherheit zusätzlich die Vereinbarung einer sog. doppelten Schriftformklausel, um das Entstehen einer betrieblichen Übung zu verhindern.[687]

Der Verweis des BAG auf Widerrufs- und Anrechnungsvorbehalte als die interessengerechteren Flexibilisierungsinstrumente findet in der Literatur Kritik, da der Sinn freiwilliger Leistungszulagen als flexibles Anreizsystem verkannt werde.[688]

Weiterhin wird die Berufung auf Vertrauensschutzgesichtspunkte beanstandet, denn wenn in der Klausel eindeutig zum Ausdruck gebracht werde, dass bestimmte Vergütungsbestandteile freiwillig erbracht würden und jederzeit eingestellt werden könnten, werde ein entsprechendes Vertrauen beseitigt.[689] Darüber hinaus sei es auch bedenklich, im Rahmen der Abwägung im Wesentlichen auf die Paritätsstörung abzustellen, denn diese bilde bereits den Grund für die Inhaltskontrolle.

682 Tyroller, S. 6.
683 NZA 2008, 1233.
684 Preis, NZA 2009, 281 (285 f.).
685 Vgl. hierzu Schramm/Kröpelin, DB 2008, 2362 (2365).
686 Vgl. Willemsen/Jansen, RdA 2010, 1 (8).
687 Reiserer, NZA-Beil. 2010, 39 (40); vgl. BAG v. 20.5.2008, NZA 2008, 1233.
688 Sprenger, BB 2007, 1902 (1903).
689 Bieder, NZA 2007, 1135 (1138).

Sachliche Gründe für die Einstellung der Leistung werden von der Mehrheit der Literatur nicht gefordert.[690] Andere Stimmen hingegen sprechen sich für eine Harmonisierung der Flexibilisierungsinstrumente aus und verlangen daher auch für den Freiwilligkeitsvorbehalt eine sachliche Rechtfertigung.[691] Teilweise wird diese Voraussetzung damit begründet, dass der Arbeitnehmer, der in Vorleistung trete, wissen müsse, worauf er sich einlasse.[692] Dem „Harmonisierungsargument“ wird entgegengebracht, dass ein Wertungswiderspruch zum Widerrufsvorbehalt bei einmaligen Leistungen nicht entstehen könne, dies aber der verbleibende Anwendungsbereich sei.[693]

Nur vereinzelt wird eine Ankündigungsfrist gefordert, und dies auch nur für Ausnahmefälle.[694] Dies wird damit begründet, dass auch bei einem Freiwilligkeitsvorbehalt nach langjähriger Gewährung ein Vertrauen des Arbeitnehmers auf die Weitergewährung der Leistung bestehen könne. In diesem Fall müsse er auf die Einstellung der Leistung vorbereitet werden. Im Übrigen könne keine Frist gefordert werden, denn es wäre widersprüchlich, eine Ankündigung der Einstellung zu fordern, obwohl überhaupt kein Anspruch für die Zukunft bestehe.

Eine andere Auffassung folgt der Ansicht des BAG, wonach keine Ankündigung erfolgen müsse[695], allerdings nur für den Fall des Inaussichtstellens von Gratifikationen und sonstigen Sonderzahlungen, die an unternehmensbezogene Ziele geknüpft sind.[696] Gehe es hingegen um Sonderzahlungen, die von den individuellen Leistungen des Arbeitnehmers abhingen, sei höchst fraglich, ob tatsächlich keine Ankündigung erfolgen müsse. Schließlich habe der Arbeitnehmer den Bonus bereits „verdient“.

Neben den inhaltlichen Anforderungen an Freiwilligkeitsvorbehalte wird auch auf das Transparenzgebots eingegangen. Dieses erfordere einen klaren Hinweis auf die Freiwilligkeit sowie den Ausschluss des Anspruchs für die Zu-

690 Schaub-Linck, § 35 Rn. 67; Hanau/Hromadka, NZA 2005, 73 (78); Hromadka/Maschmann, § 7 Rn. 50d; Hromadka/Schmitt-Rolfes, NJW 2007, 1777 (1779); Weber, S. 133; Bayreuther, ZIP 2007, 2009 (2013) weist zu Recht darauf hin, dass der Arbeitgeber, sofern der Wegfall einer Leistung an sachliche Gründe gebunden ist, einen Rechtsanspruch begründet und an die Grundsätze zu Widerrufsvorbehalten gebunden ist.

691 Preis, Lehrbuch, § 39 II. 5. b); ders., Der Arbeitsvertrag, II V 70 Rn. 50; Schrader/Müller, RdA 2007, 145 (149); auch Strick, NZA 2005, 723 (725) fordert die Anwendung gleicher Maßstäbe. In diese Richtung noch AnwK-ArbR-Brors (2008), § 611 BGB Rn. 681 (anders nunmehr AnwK-ArbR-Brors, § 611 BGB Rn. 681).

692 AnwK-ArbR-Brors (2008), § 611 BGB Rn. 681.

693 Gaul in: Festschrift Hromadka, S. 113.

694 Richardt, S. 154 f.

695 BAG v. 30.7.2008, NZA 2008, 1173 (1175).

696 Simon/Greßlin, BB 2008, 2467 (2468).

kunft.[697] Der Arbeitgeber müsse gegenüber dem Arbeitnehmer unmissverständlich seinen fehlenden Verpflichtungswillen zum Ausdruck bringen.[698] Die bloße Bezeichnung einer Leistung als „freiwillig" genüge nicht, um das Entstehen eines Anspruchs für die Zukunft zu verhindern.[699]

Widersprüchlich sei es, Leistungen, die in Voraussetzungen und Höhe präzise formuliert seien, an einen Freiwilligkeitsvorbehalt zu binden, insbesondere sofern diese gezielt das Verhalten und die Leistung des Arbeitnehmers steuern sollten (z. B. Zielvereinbarungen).[700] Durch die vertragliche Regelung dürfe nicht einerseits ein Anspruch begründet, andererseits aber im Folgenden durch den Freiwilligkeitsvorbehalt wieder genommen werden.[701] Um nicht das Risiko der Unwirksamkeit einzugehen, sollten Sonderzahlungen nur noch unverbindlich in Aussicht gestellt werden.[702] Teilweise wird der verbleibende Anwendungsbereich des Freiwilligkeitsvorbehalts nur noch dort gesehen, wo dieser mit einer Leistung verbunden wird, die erkennbar nur einmalig zur Auszahlung gelangen soll.[703]

Die Rechtsprechung des 10. Senats wird von Teilen der Literatur kritisiert.[704] Die Bedeutung des Freiwilligkeitsvorbehalts sei durch die Entscheidung vom 30.07.2008[705] auf ein Minimum reduziert worden. Schließlich führe sie dazu, dass ein solcher Vorbehalt bei Gewinnbeteiligungen, Bonuszahlungen und anderen Leistungen, die nur unter von vornherein festgelegten Bedingungen gewährt würden, nicht vereinbart werden könne.[706] Auf eine Beschreibung der Voraussetzungen dieser Leistungen könne wegen der Steuerungsfunktion nicht verzichtet werden. Anders sei dies lediglich bei nachträglichen freiwilligen Sonderleistungen.[707] Die Rechtsprechung sei auch für den Arbeitnehmer nachteilig. Die Hürde, etwaige Leistungen einzustellen, sei für einen Arbeitgeber erheblich niedriger, wenn er diese Leistungen nur andeute, als wenn er sie im Vertrag nach Voraussetzungen und Höhe präzisiere.[708] Auch habe der Arbeitnehmer lie-

---

697 Bauer/Chwalisz, ZfA 2007, 339 (343); ErfK-Preis, §§ 305-310 BGB Rn. 68.

698 AnwK-ArbR-Elz, § 315 BGB Rn. 46.

699 HWK-Gotthardt, Anh. §§ 305-310 BGB Rn. 36; Natzel, SAE 2006, 225 (227).

700 Thüsing, Rn. 269 f.

701 Gaul in: Festschrift Hromadka, S. 110 ff.; Freihube, DB 2008, 124; Jensen, NZA-RR 2011, 225 (228) zufolge ist die Funktion eines Freiwilligkeitsvorbehalts damit ausschließlich auf die Verhinderung einer betrieblichen Übung beschränkt.

702 Küttner-Kania, Änderungsvorbehalte, Rn. 13.

703 Gaul in: Festschrift Hromadka, S. 112 f.

704 Willemsen/Jansen, RdA 2010, 1 (4); so auch Lembke, NJW 2010, 257 (263).

705 NZA 2008, 1173.

706 Willemsen/Jansen, RdA 2010, 1 (4).

707 Vgl. BAG v. 18.3.2009, NZA 2009, 535.

708 Willemsen/Jansen, RdA 2010, 1 (4).

ber eine schriftlich geregelte „Hoffnung" auf eine etwaige Leistung als überhaupt keine vertragliche Bestimmung.[709] Der Schutz des Arbeitnehmers werde durch die strengen Anforderungen der Rechtsprechung in sein Gegenteil verkehrt. Sofern der Arbeitgeber gehindert sei, Sonderleistungen in Voraussetzungen und Höhe zu präzisieren, könne er auch keinen Anreiz für den Arbeitnehmer setzen. Zudem sei es unsinnig, zu empfehlen, die Klausel so auszugestalten, dass sich kein Hinweis auf das Bestehen eines Anspruchs finde.[710] Denn wenn ein solcher Anspruch nicht formuliert werde, sei letztendlich auch ein Freiwilligkeitsvorbehalt überflüssig. Die Regelungen wären damit inhaltsleer.

Auch wird die Transparenz solcher Freiwilligkeitsvorbehalte, die sich nicht auf eine konkret vereinbarte, sondern lediglich auf eine eventuell zu gewährende Leistung beziehen, in Frage gestellt.[711] Der Arbeitgeber sei praktisch gezwungen, die Möglichkeit der Leistungsgewährung zunächst zu verschweigen, um sie dann nach Vertragsschluss überraschend auszukehren. Es sei zu befürchten, dass der Arbeitgeber dem Arbeitnehmer im Rahmen der Vertragsverhandlungen mündlich suggeriere, dass er eine bestimmte Leistung erhalten werde. Der Arbeitnehmer wird dieses Verhalten aber wohl kaum beweisen können. Die althergebrachte Formulierung „Weihnachtsgeld, aber freiwillig!" habe weit mehr Transparenz mit sich gebracht.

Inkonsequent sei zudem, dass ein Freiwilligkeitsvorbehalt nach wie vor zur Abwehr einer betrieblichen Übung, nicht aber zur Verhinderung einer Anspruchsentstehung kraft Vertragsversprechens dienen könne.[712] Auch eine betriebliche Übung setze eine Erklärung des Arbeitgebers voraus. Der nach den Grundsätzen der betrieblichen Übung entstandene Rechtsanspruch sei aber kein Anspruch minderer Rechtsbeständigkeit. Eine Differenzierung dürfe nicht erfolgen.

Kritik erfährt auch die Entscheidung des BAG vom 24.10.2007[713], wonach die Formulierung „nimmt der Arbeitnehmer an dem im Hause des Arbeitgebers üblichen Bonussystem teil" zum Freiwilligkeitsvorbehalt im Widerspruch steht. Das sei nicht nachvollziehbar, denn zu dem üblichen Bonussystem gehöre gerade auch der Freiwilligkeitsvorbehalt.[714]

Zum Erfordernis der Angabe etwaiger Gründe finden sich bei den Vertretern, die Gründe für die Einstellung fordern, kaum Ausführungen. Lediglich die Auffassung, die die Anforderungen an den Grund davon abhängig macht, ob es

---

709 Lembke, NJW 2010, 257 (263).

710 Preis, Der Arbeitsvertrag, II V 70 Rn. 56.

711 Bayreuther, ZfA 2011, 45 (48 f.).

712 Bayreuther, ZfA 2011, 45 (50).

713 NZA 2008, 40.

714 Lingemann/Gotham, NZA 2008, 509 (510).

sich um synallagmatische Leistungen handelt oder solche, die nicht im Gegenseitigkeitsverhältnis stehen, führt aus, dass eine Angabe in der Klausel erforderlich sei.[715] Sehe die Klausel keinerlei Gründe vor, sei diese unwirksam.

Unter Berufung auf das Transparenzgebot wird von Teilen der Literatur gefordert, dass der Freiwilligkeitsvorbehalt festlegen müsse, auf welche Leistungen er sich beziehe.[716]

ee) Eigene Stellungnahme

Das eigentliche Problem des Freiwilligkeitsvorbehalts besteht darin, dass der Arbeitnehmer vorleistungspflichtig ist. Aufgrund des Inaussichtstellens des unter den Vorbehalt gestellten Vergütungsbestandteils geht der Arbeitnehmer das Risiko ein, sein Potential bestmöglich einzusetzen, ohne letztendlich diesen Vergütungsbestandteil zu erhalten. Der Arbeitgeber schafft mit der unverbindlichen Ankündigung einen Leistungsanreiz, den er nicht einlösen muss.[717] Das Anliegen des Arbeitnehmers liegt darin, nicht in der ständigen Ungewissheit leben zu müssen, bei bloßem Missfallen des Arbeitgebers eine Einbuße seines Arbeitsentgelts befürchten zu müssen.

Wie bereits erwähnt, ist der Freiwilligkeitsvorbehalt aber gem. § 307 Abs. 3 BGB nicht auf seinen Inhalt, sondern lediglich auf seine Transparenz zu überprüfen. Das bedeutet, dass der Vertragsgestalter nur auf eine verständliche Regelung hinwirken muss, wohingegen materielle Erwägungen außer Betracht gelassen werden können. Der Vorbehalt ist weder auf bestimmte Vergütungsbestandteile noch auf eine bestimmte Höhe beschränkt. Allerdings soll in diesem Abschnitt auch auf die von der Rechtsprechung durchgeführte Inhaltskontrolle eingegangen werden. Dadurch soll aufgezeigt werden, dass für eine strenge Kontrolle und einschränkende Voraussetzungen kein Bedürfnis besteht und der Arbeitnehmer allein durch die transparente Gestaltung des Freiwilligkeitsvorbehalts ausreichenden Schutz erfährt.

Einschränkungslos zuzustimmen ist der Rechtsprechung im Hinblick auf die aus § 307 Abs. 1 S. 2 BGB abgeleiteten formellen Anforderungen. Eine Klausel, die dem Arbeitnehmer einerseits einen vertraglichen Anspruch einräumt, diesen andererseits aber mittels eines Freiwilligkeitsvorbehalts wieder nimmt, ist widersprüchlich und damit intransparent. Entweder darf die Leistung, auf die kein Rechtsanspruch begründet werden soll, nur vage in Aussicht gestellt oder ohne vertragliche Grundlage schlicht gewährt werden. Nur dann wird ein entsprechendes Vertrauen des Arbeitnehmers auf den Erhalt der Leistung verhindert.

---

715 Däubler/Bonin/Deinert-Bonin, § 307 BGB Rn. 200b.

716 Jensen, NZA-RR 2011, 225 (231); a. A. Bayreuther, ZfA 2011, 45 (62).

717 Vgl. AnwK-ArbR-Brors, § 611 BGB Rn. 680.

Ob die Rechtsprechung darüber hinaus an materiellen Anforderungen festhalten wird, ist noch nicht klar abzusehen. Nach der auf den ersten Blick nicht einheitlichen Rechtsprechung des BAG stellt sich die Frage, wie sich die Entscheidungen vom 25.04.2007[718] und vom 24.10.2007[719] zueinander verhalten. Naheliegend erscheint es zunächst, davon auszugehen, dass die in der Entscheidung vom 25.04.2007 geäußerte Auffassung durch die vom 24.10.2007 aufgestellten Grundsätze abgelöst werden sollte und insofern neue Anforderungen an einen wirksamen Freiwilligkeitsvorbehalt gestellt wurden. Unterzieht man die Begründungen allerdings einer genaueren Betrachtung, spricht einiges dafür, dass die Urteile nebeneinander Geltung beanspruchen.[720] Während mit der Entscheidung vom 25.04.2007 die materiellen Anforderungen an einen Freiwilligkeitsvorbehalt festgelegt wurden, geht es im späteren Urteil lediglich um die formellen Voraussetzungen. Nach diesem Verständnis legen die Urteile erst in ihrer kumulativen Geltung die Grenzen eines etwaigen Vorbehalts fest.

Die Entscheidung des BAG vom 25.04.2007 steht auch nicht im Widerspruch zur Entscheidung des BAG vom 30.07.2008. Der Unterschied besteht darin, dass sich der Freiwilligkeitsvorbehalt bei der zuerst genannten Entscheidung auf laufendes Entgelt bezog, bei der letztgenanten Entscheidung hingegen auf Sonderzahlungen. Aus der Entscheidung vom 25.04.2007 darf nicht der Schluss gezogen werden, dass ein Vorbehalt nur hinsichtlich Entgeltleistungen, die nicht im Gegenseitigkeitsverhältnis stehen, zulässig ist. Mit seiner Entscheidung wendet sich der Senat lediglich gegen Freiwilligkeitsvorbehalte, die sich auf das laufende Entgelt beziehen. Dabei handelt es sich zwar um Leistungen im Gegenseitigkeitsverhältnis, allerdings kann nicht der Umkehrschluss gezogen werden. Synallagmatische Leistungen stellen nicht stets laufendes Entgelt dar. Die Entscheidung darf nicht über ihren Anwendungsbereich ausgedehnt werden.

Fraglich ist, ob zur Beurteilung der Wirksamkeit eines Freiwilligkeitsvorbehalts nicht ausschließlich darauf abgestellt werden kann, ob der Arbeitgeber dem Arbeitnehmer gleichzeitig einen vertraglichen Anspruch einräumt oder ob er eine Leistung lediglich vage in Aussicht stellt. Denn im letzteren Fall kann der Arbeitnehmer nicht ernsthaft mit dem Erhalt dieser Leistung rechnen, ist mithin nicht derart schutzwürdig, dass die Berufung auf den Freiwilligkeitsvorbehalt missbräuchlich erscheint. Dies gilt unabhängig davon, ob es um laufendes Entgelt oder eine Sondervergütung geht. Auch wenn dem Arbeitnehmer die Gewäh-

---

718 NZA 2007, 853.

719 NZA 2008, 40.

720 Dies geht auch aus den Entscheidungen des BAG v. 30.7.2008, NZA 2008, 1173 (1177) und v. 21.1.2009, NZA 2009, 310 (311) hervor. Wohl auch Preis, NZA 2009, 281 (283); Salamon, NZA 2009, 1076 (1077).

rung laufenden Entgelts in Aussicht gestellt, allerdings ein Anspruch hierauf ausgeschlossen wird, steht er letztlich nicht anders dar, als jemand, dem eine Sondervergütung unter Ausschluss jeglichen Rechtsanspruchs in Aussicht gestellt wird.

Ein solches Verständnis vermeidet insbesondere, dass die Zulässigkeitsanforderungen durch eine geschickte Gestaltung umgangen werden. Würde, wie zuvor vom 5. Senat, darauf abgestellt, ob es sich bei dem unter den Vorbehalt der Freiwilligkeit gestellten Vergütungsbestandteil um laufendes Arbeitsentgelt oder eine Sondervergütung handelt, könnte die Zulässigkeit dadurch herbeigeführt werden, dass einmalige Leistungszulagen unter Freiwilligkeitsvorbehalt wiederholt gewährt würden. Dies verdeutlicht auch der folgende Fall[721]: Zahlt ein Arbeitgeber seinen Arbeitnehmern am Jahresende eine Sonderzahlung in Höhe der monatlichen Bruttovergütung von 2400 € für die im Kalenderjahr geleistete Arbeit und stellt diese Zahlung unter einen Freiwilligkeitsvorbehalt, ist dies nach der Rechtsprechung des BAG nicht zu beanstanden. Zahlt ein anderer Arbeitgeber seinen Arbeitnehmern mit derselben monatlichen Bruttovergütung monatlich eine Leistungszulage in Höhe von 200 € und stellt diese unter einen Freiwilligkeitsvorbehalt, wird dies hingegen für nicht zulässig erachtet. Obwohl in beiden Fällen die geleistete Arbeit in etwa gleich vergütet wird, stellt sich das Ergebnis anders dar.[722]

Durch die Unterscheidung zwischen Sonderzahlungen und laufendem Arbeitsentgelt kann deswegen kein tragfähiges Ergebnis erzielt werden, weil es von der Entgeltpolitik des Unternehmens abhängt, wie die Gesamtvergütung aufgeteilt wird. Zudem kann auch nicht zwangsläufig davon ausgegangen werden, dass der Arbeitnehmer jährliche Sonderzahlungen nicht für den gewöhnlichen Lebensunterhalt verwendet[723], sondern damit Sonderbedarf deckt und daher eher hierauf verzichten kann als auf die laufende Vergütung. Dabei würde verkannt, dass Sonderzahlungen nicht stets für Luxusausgaben bestimmt werden, sondern häufig auch dazu dienen, regelmäßige Ausgaben oder einmalige, aber notwendige Kosten zu bestreiten. Der Arbeitnehmer kann diese Zahlungen genauso eingeplant haben wie das regelmäßige Entgelt, so dass eine Differenzierung nicht zu rechtfertigen ist. Die Schutzbedürftigkeit kann allerdings insofern variieren, als auf die laufende Vergütung gem. § 612 BGB ein Anspruch besteht, auf Sonderzahlungen hingegen nicht. Letztlich hängt das Entstehen eines An-

---

721 Vgl. BAG v. 30.7.2008, NZA 2008, 1173 (1177).

722 Vgl. auch die Entscheidung des LAG Düsseldorf v. 11.4.2008 – 9 Sa 115/08, in der ausdrücklich erwähnt wird, dass es nicht darauf ankommen könne, ob eine Leistung, durch die die Arbeitsleistung honoriert werde, monatlich oder einmal jährlich gewährt werde. Ähnlich auch Schramm, NZA 2007, 1325 (1328).

723 So aber Singer, RdA 2006, 362 (372).

spruchs aber stets von der vertraglichen Regelung ab. Räumt diese dem Arbeitnehmer einen Anspruch auf eine Sonderzahlung ein, ist er genauso schutzwürdig wie im Hinblick auf das laufende Entgelt. Nur so kann eine unter Umständen schwierige Abgrenzung vermieden werden.

Auf den ersten Blick erscheint es nicht nachvollziehbar, die milden Anforderungen an den Freiwilligkeitsvorbehalt für gut zu heißen, da sie letztlich dem Arbeitgeber ohne Bindung an strenge Voraussetzungen ermöglichen, von der Leistung Abstand zu nehmen. Nicht vergessen werden darf aber, dass sich ein Arbeitgeber, der jederzeit und unbeschränkt die Leistung wieder einstellen kann, wohl eher zu der Gewährung bereit ist als jemand, der sich nur schwer wieder davon lösen kann. Eine zu weitgehende Einschränkung der Vertragsfreiheit, die grundsätzlich dem Schutz des Arbeitnehmers dient, würde dazu führen, dass der Schutz in sein Gegenteil verkehrt wird.[724] Der weitgehenden Zulässigkeit von Freiwilligkeitsvorbehalten ist auch zugute zu halten, dass dem Arbeitnehmer dadurch häufig Stichtags- und Rückzahlungsklauseln erspart bleiben. Vor allem aber weiß der Arbeitnehmer von Anfang an, worauf er sich einlässt. Ist dies infolge intransparenter Vertragsgestaltung nicht der Fall, ist die Klausel ohnehin nach § 307 Abs. 1 S. 2 BGB unwirksam.

Die Annahme des BAG, dass es im Rahmen der Inhaltskontrolle nicht auf die Höhe oder den Zweck der freiwilligen Leistung ankomme, zeigt, dass auch die Rechtsprechung großzügigere Anforderungen an Freiwilligkeitsvorbehalte stellt. Zunächst erschien es naheliegend, dass auch das BAG einen anderen Weg einschlagen wird und mit der Entscheidung vom 24.10.2007 den ersten Schritt gegangen ist. Die Rechtsprechung vom 25.04.2007 könnte damit überholt worden sein, so dass der Freiwilligkeitsvorbehalt zukünftig nur noch auf seine Transparenz überprüft wird. Mit seiner Entscheidung vom 14.09.2011 schließt sich nun aber auch der 10. Senat dem 5. Senat an und hält einen Freiwilligkeitsvorbehalt, der sich unterschiedslos auf laufende Leistungen und einmalige Sonderzahlungen bezieht, für unwirksam.[725]

Mit einer Verschärfung der formellen Anforderungen müsste zwangsläufig eine Reduzierung bzw. Aufgabe der materiellen Anforderungen einhergehen, denn wenn der Vertragsgestalter nunmehr gezwungen ist, einen Anspruch gar nicht erst zu begründen bzw. den Anspruch nicht bereits in Voraussetzungen und Höhe zu präzisieren, bedarf der Vertragspartner keines weiteren materiellen Schutzes. Auch wenn das laufende Entgelt vom Freiwilligkeitsvorbehalt betroffen ist, bestehen keine Bedenken, solange keine entsprechenden Hoffnungen durch die arbeitsvertragliche Klausel geweckt wurden, mithin die Klausel hin-

724 Richardt, S. 104.

725 BAG v. 14.9.2011 – 10 AZR 526/10 n. v.

reichend transparent ist. Die ältere Rechtsprechung, die einen Freiwilligkeitsvorbehalt hinsichtlich der laufenden Vergütung für unzulässig hielt, ist darauf zurückzuführen, dass die vertragliche Gestaltung, durch die dem Arbeitnehmer ein konkreter Anspruch eingeräumt wurde, nicht beanstandet wurde. Das Vertrauen des Arbeitnehmers, diesen Vergütungsbestandteil tatsächlich zu erhalten, bedurfte eines besonderen Schutzes. Da entsprechende Klauseln nunmehr bereits aus formellen Gründen gem. § 307 Abs. 1 S. 2 BGB unwirksam sind, besteht kein Bedürfnis, dem Arbeitnehmer darüber hinaus materiellen Schutz zukommen zu lassen.

Bezweckt der Arbeitgeber durch die Gewährung zusätzlicher Leistungen Motivationsanreize zu schaffen, wird er gezwungen, auf andere Flexibilisierungsinstrumente zurückzugreifen. Ohne die Vorgabe konkreter Ziele ist es schwierig, derartige Anreize zu setzen.

Die Begründung im Urteil vom 24.10.2007 ist insofern nicht nachvollziehbar, als dass die Intransparenz daraus abgeleitet wird, dass der Arbeitnehmer (rechtsirrig) annehmen könne, dass trotz der Zusage kein Anspruch auf die entsprechende Leistung bestehe. Im Ergebnis bedeutet dies, dass ein Anspruch – wegen unwirksamen Freiwilligkeitsvorbehalts – besteht, weil der Arbeitnehmer davon ausgehen könnte, dass kein Anspruch besteht. Dies führt zu einem Zirkelschluss. Allgemein bedeute dies, dass eine Klausel unwirksam ist, weil der Vertragspartner von der Wirksamkeit der Klausel ausgehen könnte. Die Begründung ist nicht tragfähig, weil somit letztendlich jede Klausel für unwirksam erklärt werden könnte. Die Intransparenz beruht auf der Widersprüchlichkeit – einerseits wird ein Anspruch eingeräumt, andererseits wird dieser ausgeschlossen.

Auf den ersten Blick erscheint die Auffassung in der Literatur plausibel, dass die Rechtsprechung zur Transparenz zu einer inhaltsleeren Klausel führe.[726] Denn wenn ein Anspruch gar nicht erst begründet wird, ist auch ein Freiwilligkeitsvorbehalt überflüssig. Letztlich muss dieser Auffassung aber entgegengehalten werden, dass derartige Regelungen sehr wohl Sinn haben. So ist ein Freiwilligkeitsvorbehalt zwar überflüssig, wenn ein Anspruch erst gar nicht begründet wird, allerdings kann sich dieser im Laufe der Zeit aus betrieblicher Übung ergeben. Damit besteht weiterhin ein Regelungsbedürfnis.

Im Hinblick darauf, dass die Praxis infolge der geänderten Rechtsprechung dazu tendiert, Sonderzahlungen nicht mehr vertraglich zu fixieren, sondern schlicht zu gewähren, stellt sich die Frage nach der Vereinbarkeit mit § 2 Abs. 1 S. 1, 2 Nr. 6 NachwG. Diese Vorschrift verpflichtet den Arbeitgeber, u. a. Sonderzahlungen, Zuschläge, Zulagen und sonstige Bestandteile des Arbeitsentgelts schriftlich niederzulegen. Dadurch stellt sich für Kautelarjuristen erneut die Fra-

726 S. S. 142 dieser Arbeit.

ge des sichersten Weges. Der schriftliche Nachweis des Vergütungsbestandteils sollte erst erfolgen, wenn der Arbeitgeber sich sicher ist, dass er die Leistung gewähren wird, bestenfalls im Zusammenhang mit der Leistungserbringung. Damit besteht auf diese Leistung ein Anspruch, so dass die schriftliche Fixierung keine Probleme bereitet, wenn nur eindeutig darauf hingewiesen wird, dass dadurch keine Ansprüche für die Zukunft begründet werden.

Nicht näher eingegangen werden muss auf die teilweise von Seiten der Literatur geltend gemachte Forderung nach einem sachlichen Grund. Diese Auffassung verkennt, dass der Arbeitgeber dann eben nicht mehr frei bezüglich der Einstellung der Leistung, sondern an das Vorliegen bestimmter Gründe gebunden wäre. Ein solches Erfordernis widerspricht dem Charakter des Freiwilligkeitsvorbehalts.[727] Auch die Berufung auf das Harmonisierungsargument kann kein anderes Ergebnis rechtfertigen. Anstatt die Voraussetzungen von Widerrufsvorbehalten auf Freiwilligkeitsvorbehalte zu übertragen, könnte genauso gut der umgekehrte Schluss gezogen und die Anforderungen an Freiwilligkeitsvorbehalte auf Widerrufsvorbehalte übertragen werden. Aber auch dann ließe sich wieder in die andere Richtung argumentieren. Es ist mithin kein Argument ersichtlich, dass für das Erfordernis eines sachlichen Grundes spricht. Damit bleibt festzuhalten, dass der Freiwilligkeitsvorbehalt gegenüber dem Widerrufsvorbehalt den Vorteil bietet, dass eine Präzisierung der Voraussetzungen, unter denen die Leistung eingestellt werden kann, nicht erforderlich ist.

Die Einhaltung einer Ankündigungfrist kann vom Arbeitgeber nicht verlangt werden. Entschließt sich der Arbeitgeber, die Leistung unter Berufung auf den Freiwilligkeitsvorbehalt nicht zu erbringen, verhält er sich so, wie dies ohnehin vom Arbeitnehmer erwartet werden muss. Die Ankündigungsfrist hat aber keinen anderen Zweck, als dem Arbeitnehmer die Möglichkeit zu geben, sich auf die Nichtleistung einstellen zu können. Mangels berechtigter Hoffnung, die Leistung tatsächlich zu erhalten, kann die Ankündigungsfrist bei Vereinbarung eines Freiwilligkeitsvorbehalts ihren Zweck somit ohnehin nicht erfüllen.

Zusammenfassend lässt sich festhalten, dass ein Freiwilligkeitsvorbehalt nur noch unwirksam ist, wenn dieser mit anspruchsbegründeten Formulierungen kombiniert wird („erhält“, „nimmt er an dem Bonussystem teil“ o. ä.) oder wenn die Voraussetzungen und Höhe der Leistung präzise formuliert sind. Somit können nicht nur typische Sonderzahlungen wie Urlaubs-, Weihnachts- oder Jubiläumsgeld unter den Vorbehalt der Freiwilligkeit gestellt werden, sondern auch andere Vergütungsbestandteile, wie z. B. Zielboni, Aktienoptionen und Prämien.[728] Hinsichtlich der Transparenz bestehen auch dann keine Bedenken,

727 So auch Schramm, NZA 2007, 1325 (1327).

728 Vgl. auch Lingemann/Gotham, DB 2008, 2307 (2310).

wenn zwar ein ausdrücklicher Anspruch auf eine Leistung begründet wird, diese aber eindeutig nur einmalig gewährt werden soll und sich der Freiwilligkeitsvorbehalt auf künftige Zeiträume erstreckt. Die Transparenzerfordernisse vermeiden einen Konflikt mit dem Grundsatz „pacta sunt servanda".

c) Zeitpunkt der Beurteilung

Da sich die Wirksamkeit des Freiwilligkeitsvorbehalts, ebenso wie die des Widerrufsvorbehalts, danach richtet, ob die entsprechende Klausel den §§ 305 ff. BGB standhält, ist der Zeitpunkt des Vertragsschlusses entscheidend.[729]

2. Die Rechtsfolgen unwirksamer Freiwilligkeitsvorbehalte

Hinsichtlich der Rechtsfolgen unwirksamer Freiwilligkeitsvorbehalte kann im Wesentlichen auf die Ausführungen zum Widerrufsvorbehalt verwiesen werden, da sich insofern kaum Unterschiede ergeben. Das bedeutet, dass die Regelung insoweit unwirksam ist, als ein Anspruch ausgeschlossen wird (§ 306 Abs. 1 BGB).[730] Die Umdeutung eines unwirksamen Freiwilligkeitsvorbehalts in einen Widerrufsvorbehalt kommt nicht in Betracht.[731]

Ist ein Freiwilligkeitsvorbehalt deswegen unwirksam, weil dieser im Widerspruch zu einer Regelung steht, durch die ein Anspruch des Arbeitnehmers auf die Leistung begründet wird, kommt eine teilweise Streichung der Klausel nach dem blue-pencil-test in Betracht. Der Freiwilligkeitsvorbehalt bleibt dann zumindest noch für Leistungen bestehen, die nicht vertraglich geregelt sind.[732] Die Teilaufrechterhaltung wird nur in Ausnahmefällen möglich sein, da diese nicht dazu führen darf, dass die Klausel umformuliert werden muss.

Einer Auffassung in der Literatur zufolge, die die für Widerrufsvorbehalte aufgestellte 25%-Grenze auch bei Freiwilligkeitsvorbehalten heranzieht, ist der Vorbehalt nur für diejenigen Gehaltsbestandteile wirkungslos, die die 25%-Grenze übersteigen.[733] Dies setzt dann allerdings voraus, dass die unter den Vorbehalt gestellten Leistungen objektiv teilbar sind.

Bei den sog. „Altverträgen" ist nach den Grundsätzen der ergänzenden Vertragsauslegung zu prüfen, ob die Arbeitsvertragsparteien, hätten sie die Unwirksamkeit des Freiwilligkeitsvorbehalts gesehen, zumindest ein Widerrufsrecht

---

729 Palandt-Grüneberg, § 307 BGB Rn. 7.

730 BAG v. 24.10.2007, NZA 2008, 40 (42).

731 BAG v. 25.4.2007, NZA 2007, 853 (855); v. 30.7.2008, NZA 2008, 1173 (1179).

732 Salamon, NZA 2009, 1076 (1078).

733 Bayreuther, ZfA 2011, 45 (65).

vereinbart hätten.[734] Dann müsste die neue Rechtslage – insbesondere das Transparenzgebot des § 307 Abs. 1 S. 2 BGB – zu Anforderungen an die Vertragsformulierung geführt haben, die der Arbeitgeber nach bisheriger Rechtslage nicht zu berücksichtigen brauchte.[735] Auch wenn bereits vor der Schuldrechtsreform eine transparente Gestaltung erforderlich war, hat das nunmehr normierte Transparenzgebot zu einer Verschärfung der Anforderungen geführt.[736] Darüber hinaus müsste erkennbar sein, welche Rahmenbedingungen Arbeitnehmer und Arbeitgeber für den Widerruf vorgesehen hätten.[737] Im Regelfall benennt aber eine Klausel, die einen Freiwilligkeitsvorbehalt beinhaltet, keine Gründe für die Einstellung der Leistung. Unklar bleibt, ob eine ergänzende Vertragsauslegung zumindest dann in Frage kommt, wenn die Klausel konkrete und hinreichende Gründe für die Einstellung der Leistung benennt.[738] Allerdings wird dies kaum einmal der Fall sein, da die Angabe etwaiger Gründe für die Einstellung der Leistung der Rechtsnatur des Freiwilligkeitsvorbehalts widerspricht. Schließlich kann die ergänzende Vertragsauslegung auch bereits daran scheitern, dass der Arbeitgeber keinen Versuch einer Vertragsanpassung vorgenommen hat.[739]

Nach Auffassung des 10. Senats fehlt es bereits an neuen Anforderungen an die Vertragsgestaltung, denn die Unklarheitenregel sei bereits vor Inkrafttreten des AGB-Gesetzes anerkannt gewesen.[740] Auch wenn keine Zweifel hinsichtlich der Auslegung eines Freiwilligkeitsvorbehalts bestünden, sondern die Regelung widersprüchlich und damit intransparent sei, müsse es der Verwender gegen sich gelten lassen, dass nur die seinen Vertragspartner begünstigende Regelung wirksam sei. Wenn bereits Zweifel bei der Auslegung zu Lasten des Verwenders

734 Gaul in: Festschrift Hromadka, S. 109; so auch Lingemann/Gotham, DB 2007, 1754 (1755); Schramm, NZA 2007, 1325 (1327).

735 LAG Hamm v. 27.7.2005, NZA-RR 2006, 125 (126); vgl. auch Bauer/Chwalisz, ZfA 2007, 339 (342).

736 Vgl. etwa BAG v. 24.10.2007, NZA 2008, 40; v. 30.7.2008, NZA 2008, 1173.

737 Gaul in: Festschrift Hromadka, S. 109; vgl. auch BAG v. 24.10.2007, NZA 2008, 40 (44); Schramm, NZA 2007, 1325 (1327) hält es für unschädlich, wenn die Klausel keinen Widerrufsgrund enthält, allerdings müsse die 25%-Grenze beachtet und der Tariflohn dürfe nicht unterschritten werden.

738 Offen gelassen in BAG v. 25.4.2007, NZA 2007, 853 (855); in diese Richtung wohl Bauer/Chwalisz, ZfA 2007, 339 (342); Bayreuther, ZIP 2007, 2009 (2012) zufolge sind ältere Freiwilligkeitsklauseln nach den Grundsätzen der ergänzenden Vertragsauslegung als Widerrufsvorbehalte auszulegen und sogar mit Sachgründen zu versehen.

739 BAG v. 19.12.2006, NZA 2007, 809 (812); v. 11.4.2006, NZA 2006, 1042 (1046); offen gelassen in BAG v. 24.10.2007, NZA 2008, 40 (44).

740 BAG v. 20.1.2010, NZA 2001, 445 (446); v. 10.12.2008, NZA-RR 2009, 576 (578); v. 10.12.2008, AP § 307 BGB Nr. 41.

gingen, müsse es erst recht zu seinen Lasten gehen, wenn sich die von ihm formulierten Regelungen widersprächen.

Sinnvoll erscheint es, wie auch bei der ergänzenden Vertragsauslegung im Zusammenhang mit Widerrufsvorbehalten, den Vertrauensschutz des Arbeitnehmers davon abhängig zu machen, ob bereits eindeutige und konkrete Grundsätze der Rechtsprechung bestehen oder ob sich im konkreten Fall das Prognoserisiko verwirklicht hat. In Bezug auf Freiwilligkeitsvorbehalte wird der Vertrauensschutz des Arbeitnehmers nunmehr zu verneinen sein, da die Rechtsprechung zu den Anforderungen an die Transparenz von Freiwilligkeitsvorbehalten eindeutig ist. Eine ergänzende Vertragsauslegung kommt damit nicht in Betracht.

IV. Die Ausübungskontrolle gem. § 315 BGB

Fraglich ist, ob der Freiwilligkeitsvorbehalt wie der Widerrufsvorbehalt zweistufig zu prüfen ist oder ob mangels Leistungsbestimmung nur eine Klauselkontrolle gem. §§ 305 ff. BGB stattfindet.

Dass die ältere Rechtsprechung die Einhaltung billigen Ermessens geprüft hat[741], vermag hier nicht weiterzuhelfen. Schließlich wurden in älteren Entscheidungen Freiwilligkeitsvorbehalte als Widerrufsvorbehalte verstanden, die unstreitig einer Ausübungskontrolle unterliegen.

Rechtsprechung und Literatur sind sich weitgehend einig, dass Freiwilligkeitsvorbehalte keiner Ausübungskontrolle unterliegen.[742] Der Freiwilligkeitsvorbehalt verhindere bereits das Entstehen eines Anspruchs, so dass es keiner Maßnahme des Arbeitgebers bedürfe.[743] Unabhängig davon hat die Rechtsprechung aber eine Bindung des Arbeitgebers an den Gleichbehandlungsgrundsatz befürwortet.[744] Werde eine freiwillige Leistung nach einem erkennbar generali-

---

741 Z. B. BAG v. 21.12.1970, NJW 1971, 1149; v. 22.10.1980 – 5 AZR 825/78; v. 17.5.1973, NJW 1973, 1946.

742 Thüsing/Mengel, 2.3.2; Thüsing, Rn. 268; KDZ-Zwanziger, § 2 KSchG Rn. 45; vgl. auch BAG v. 25.4.2007, NZA 2007, 853; v. 24.10.2007, NZA 2008, 40; v. 30.7.2008, NZA 2008, 1173; v. 21.1.2009, NZA 2009, 310; v. 18.3.2009, NZA 2009, 535: in keiner Entscheidung wird überhaupt auf diese Frage eingegangen; a. A. aber LAG Düsseldorf v. 16.2.2011 – 7 Sa 1262/10 n. v.; ErfK-Preis, §§ 305-310 BGB Rn. 73; Preis/Lindemann, NZA 2006, 632 (637); Maaß, ArbRAktuell 2011, 59; Bayreuther, ZfA 2011, 45 (62) empfiehlt, die Ausübungskontrolle für etwaige „Korrekturen“ anzuwenden.

743 APS-Künzl, § 2 KSchG Rn. 79.

744 BAG v. 13.4.2011, NZA 2011, 1047 (1048); v. 28.3.2007, NZA 2007, 687 (688 f.); v. 25.1.1984, NZA 1984, 323; v. 5.6.1996, NZA 1996, 1028 (1029); v. 6.12.1995, NZA

sierenden Prinzip gewährt und lege der Arbeitgeber gemäß dem mit der Leistung verfolgten Zweck die Anspruchsvoraussetzungen für die Leistung fest, dürften einzelne Arbeitnehmer nur von der Leistung ausgenommen werden, wenn dies sachlichen Kriterien entspreche.[745] Die sachliche Rechtfertigung für die Differenzierung bemesse sich am Zweck der freiwilligen Leistung.[746] Verfahre ein Arbeitgeber entgegen diesem Gebot, könne der benachteiligte Arbeitnehmer verlangen, nach Maßgabe der begünstigten Arbeitnehmer behandelt zu werden.[747]

V. Mitbestimmungsrechte des Betriebsrats

Auch bei freiwilligen Leistungen hat der Betriebsrat im Rahmen der Aufstellung als auch der Änderung der Verteilungsgrundsätze ein Mitbestimmungsrecht gem. § 87 Abs. 1 Nr. 10 BetrVG.[748] Der Dotierungsrahmen, der Zweck und der begünstigte Personenkreis können aber vom Arbeitgeber mitbestimmungsfrei festgelegt werden.[749] Wie ein vollständiger Widerruf ist auch die vollständige Einstellung einer freiwilligen Leistung unter Berufung auf den Freiwilligkeitsvorbehalt mitbestimmungsfrei, sofern keine Neuverteilung des Zulagenvolumens geplant ist.[750] Eine mitbestimmungspflichtige Änderung der Verteilungsgrundsätze ist aber anzunehmen, wenn die Zahlung der unter Freiwilligkeitsvorbehalt erbrachten Leistungen teilweise eingestellt und das übrig bleibende Zulagenvolumen neu verteilt werden soll.[751]

Fraglich ist, wie sich die Verletzung des Mitbestimmungsrechts auswirkt. Im Gegensatz zum Widerruf liegt bei einer Einstellung der Leistung unter Berufung auf den Freiwilligkeitsvorbehalt keine belastende Maßnahme vor. Es ist schließlich keine Erklärung des Arbeitgebers dergestalt erforderlich, dass er die Leistung nun nicht mehr erbringe. Liegt aber keine belastende Maßnahme vor, kann diese auch nicht unwirksam sein mit der Folge, dass die unter Vorbehalt gestellte Leistung weiter gewährt werden muss. Es besteht kein Anhaltspunkt im

---

1996, 1027 (1028); v. 6.12.1990, BB 1991, 2299; so auch Preis/Lindemann, NZA 2006, 632 (637); ErfK-Preis (2010), §§ 305-310 BGB Rn. 72.

745 BAG v. 27.5.2004, NZA 2004, 1399 (1400); v. 28.3.2007, NZA 2007, 687 (688); vgl. auch LAG Rheinland-Pfalz v. 10.2.2011 – 10 Sa 495/10 n. v.

746 BAG v. 12.6.2002, RdA 2003, 119 (123); v. 25.4.1991, NZA 1991, 763 (764).

747 BAG v. 19.3.2003, NZA 2003, 724 (725); v. 21.3.2001, NZA 2001, 782 (784).

748 BAG v. 28.2.2006, NZA 2006, 1426 (1427).

749 Hromadka/Maschmann, § 7 Rn. 45.

750 Richardi-Richardi, § 87 BetrVG Rn. 48 f.; Fitting/Engels/Schmidt/Trebinger/Linsenmaier, § 87 BetrVG Rn. 449 f.

751 Preis, Der Arbeitsvertrag, II V 70 Rn. 101.

Gesetz dafür, dass aus der Verletzung von Mitbestimmungsrechten ein vertraglicher Erfüllungsanspruch resultiert.[752] Das bedeutet im Ergebnis, dass die Übergehung des Betriebsrats keine Sanktionen nach sich zieht.

VI. Musterformulierung eines Freiwilligkeitsvorbehalts

> „Das Unternehmen kann – abhängig vom Geschäftsergebnis/vom Börsenkurs des Unternehmens – einen Bonus gewähren. Ob und in welcher Höhe und nach welchen Grundsätzen der Bonus gezahlt wird, entscheidet das Unternehmen am 30.6. eines jeden Jahres. Dieser Bonus stellt eine freiwillige Leistung aus Anlass eines positiven Geschäftsjahresabschlusses dar. Ein Anspruch darauf wird für die Zukunft auch bei wiederholter Zahlung nicht begründet."[753]

> „Werden dem Angestellten Sonderzahlungen wie Urlaubsgeld, Weihnachtsgeld gewährt, wird hierdurch ein Rechtsanspruch auf Weitergewährung in den folgenden Kalenderjahren nicht begründet. Der Arbeitgeber behält sich vor, jedes Jahr neu zu entscheiden, ob und in welcher Höhe eine Sonderzahlung gewährt wird."[754]

> „Wir freuen uns, Ihnen für das Jahr 2008 eine Sonderzahlung in Höhe von 25.500 € zukommen zu lassen. Die Auszahlung erfolgt mit dem Gehalt für April 2009. Diese Zahlung ist einmalig und schließt zukünftige Ansprüche aus. [...]"[755]

VII. Zwischenergebnis

Die Verschärfung der formellen Anforderungen an Freiwilligkeitsvorbehalte durch die Rechtsprechung des BAG wird kompensiert durch die nachlassenden materiellen Anforderungen. Auch wenn die Vorschriften der §§ 305 ff. BGB grundsätzlich anwendbar sind, scheitert die Inhaltskontrolle von Freiwilligkeitsvorbehalten an § 307 Abs. 3 S. 1 BGB. Durch die arbeitsvertragliche Klausel wird lediglich festgelegt, was Teil der Hauptleistung ist. Eine solche Regelung unterliegt jedoch der Privatautonomie der Parteien und ist einer gerichtlichen Kontrolle entzogen. Lediglich die Transparenz der Klausel ist zu überprüfen.

Es lässt sich festhalten, dass nur noch Raum für einen Freiwilligkeitsvorbehalt bleibt, wenn dieser allgemein im Arbeitsvertrag vereinbart wird, ohne zugleich einen konkreten Anspruch zuzusagen, oder wenn dieser im Zusammenhang mit der konkreten Zahlungsankündigung bzw. der Gewährung der Leistung steht. Der Anwendungsbereich des Freiwilligkeitsvorbehalts hat sich im Gegen-

---

752 Richardt, S. 162; vgl. auch BAG v. 17.11.1998, AP § 242 BGB Gleichbehandlung Nr. 162.

753 Preis, Der Arbeitsvertrag, II V 70 Rn. 66.

754 BAG v. 28.3.2007, NZA 2007, 687; krit. Preis, NZA 2009, 281 (286).

755 Vgl. BAG v. 18.3.2009, NZA 2009, 535.

satz zur früheren Rechtsprechung insofern erweitert, als dieser sich nicht mehr nur auf Gratifikationen und ähnliche Treuevergütungen beziehen kann, sondern auch auf leistungsorientierte Sonderzahlungen. Der Arbeitgeber ist frei darin, die Leistung unter Berufung auf den Ausschluss jeglichen Rechtsanspruchs einzustellen. Es bedarf weder sachlicher Gründe für die Einstellung noch einer vorherigen Ankündigung. Der Arbeitgeber ist lediglich an den Gleichbehandlungsgrundsatz gebunden und muss das Mitbestimmungsrecht des Betriebsrats nach § 87 Abs. 1 Nr. 10 BetrVG beachten, sofern sich durch die Einstellung der Leistung die Verteilungsgrundsätze ändern.

C. Der Anrechnungsvorbehalt

Der Anrechnungsvorbehalt ermöglicht dem tarifgebundenen Arbeitgeber, eine Tariflohnerhöhung auf über- bzw. außertarifliche Zulagen, die er seinen Arbeitnehmern gewährt, anzurechnen. Anderenfalls würde er Gefahr laufen, über den bis dahin gewährten über- bzw. außertariflichen Lohn hinaus die Tariflohnerhöhung zahlen zu müssen. Im Falle der wirksamen Anrechnung erhöht sich lediglich der tariflich abgesicherte Anteil am ansonsten gleich bleibenden Lohn.[756] Der über- bzw. außertarifliche Bestandteil verringert sich mithin um den Betrag der Tariflohnerhöhung („Aufsaugung"). Die Anrechnung ist begrenzt durch den Umfang der Anhebung der tariflichen Vergütung, so dass der Gesamtlohn in jedem Fall unverändert bleibt. Andererseits darf jedoch nicht übersehen werden, dass der vereinbarte höhere Marktwert durch die Anrechnung einseitig geschmälert wird.[757] Der Anrechnungsvorbehalt stellt sich als vorbehaltene Tilgungsbestimmung gem. § 366 Abs. 1 BGB dar.[758]

Von einer Tariflohnerhöhung ist nicht nur bei einer prozentualen Erhöhung des Tarifgehalts auszugehen, sondern auch bei einer rückwirkenden Erhöhung um einen Pauschalbetrag.[759] Bezieht sich die tarifliche Einmalzahlung auf einen konkreten Zeitraum, schließt dies die vollständige Verrechnung einer vorweggenommenen arbeitsvertraglichen Einmalzahlung mit der tariflichen Einmalzah-

---

756 ErfK-Preis, § 611 BGB Rn. 419.

757 Schüren, RdA 1991, 139 (140).

758 BAG v. 25.9.2002, AP § 611 BGB Gratifikation Nr. 241; v. 27.8.2008, NZA 2009, 49 (51); LAG Berlin-Brandenburg v. 21.1.2010 – 25 Sa 2201/09.

759 BAG v. 27.8.2008, NZA 2009, 49 (51); v. 25.6.2002, NZA 2002, 1216; v. 16.4.2002, AP § 4 TVG Übertariflicher Lohn und Tariflohnerhöhung Nr. 38; in der Entscheidung des BAG v. 14.8.2001, NZA 2002, 342 (344) ging es hingegen nicht um eine Tariflohnerhöhung, sondern um eine Sonderzuwendung.

lung nicht aus.[760] Dies gilt insbesondere, wenn darauf hingewiesen wurde, dass es sich bei der arbeitsvertraglichen Einmalzahlung um einen Vorschuss auf spätere rückwirkende Tariflohnerhöhungen handelt. Unerheblich ist auch, aus welchem Grund die Tariflohnerhöhung erfolgt. So kann eine Anrechnung sowohl bei einer allgemeinen Tariflohnerhöhung als auch bei einer individuellen Tarifgruppensteigerung erfolgen.[761] Allerdings fällt unter den Begriff der „Tariflohnerhöhung" nicht die Erhöhung, die unselbstständige Folge einer Arbeitszeitverkürzung mit Lohnausgleich ist, sofern der Tarifvertrag eine monatliche Vergütung und keinen Stundenlohn vorsieht.[762] Schon im allgemeinen Sprachgebrauch könne unter einer Tariferhöhung nur eine Erhöhung des tariflich geschuldeten Entgeltbetrags verstanden werden, nicht aber eine bloße Steigerung des Werts der Arbeitsleistung pro Zeiteinheit.[763] Nur ein solches Verständnis des Anrechnungsvorbehalts entspreche dem Zweck einer übertariflichen Zulage, nämlich das verfügbare Einkommen zu erhöhen. Würde eine Anrechnung auch im Falle der Arbeitszeitverkürzung mit Lohnausgleich erfolgen, würde sich das Gesamtentgelt aber insgesamt verringern.

Im Gegensatz zu anderen Flexibilisierungsinstrumenten bietet der Anrechnungsvorbehalt zwar nicht die Möglichkeit, die Personalkosten aktiv zu reduzieren, allerdings wird zumindest eine Erhöhung der Kosten verhindert. Ein weiterer Unterschied ergibt sich dadurch, dass dieses Instrument nur in Betracht kommt, sofern ein Entgelttarifvertrag besteht. Dabei ist es unerheblich, ob dieser kraft Tarifgebundenheit beider Parteien, kraft Allgemeinverbindlichkeit oder aufgrund einer arbeitsvertraglichen Vereinbarung gilt.

I. Die Vereinbarung

Der Arbeitgeber kann mit dem Arbeitnehmer einen ausdrücklichen Anrechnungsvorbehalt vereinbaren, der im Falle der Erhöhung des Tariflohns eine An-

760 LAG Berlin-Brandenburg v. 21.1.2010 – 25 Sa 2201/09.

761 BAG v. 3.6.2003, BuW 2004, 260 (261); v. 22.9.1992, AP § 87 BetrVG 1972 Lohngestaltung Nr. 54; Preis in: Festschrift Kissel, S. 891.

762 BAG v. 7.2.1996, NZA 1996, 832 (833); v. 19.9.1995, AP § 87 BetrVG 1972 Lohngestaltung Nr. 81; die Entscheidungen des BAG v. 3.6.1987, NZA 1987, 848 und v. 28.10.1987, BB 1988, 702 stehen hierzu nicht im Widerspruch, da es in den dort entschiedenen Fällen um die Erhöhung des tariflichen Stundenlohns ging; so auch in BAG v. 14.6.1989 – 4 AZR 116/89 n. v.; diese Differenzierung hat das BAG in seinem Urteil v. 15.3.2000, NZA 2001, 105 (107) aufgegeben.

763 BAG v. 7.2.1996, NZA 1996, 832 (833); v. 19.9.1995, NZA 1996, 484 (486); Hoß, NZA 1997, 1129 (1130 f.) kritisiert die Differenzierung zwischen Stunden- und Monatsentlohnung, da aus Unternehmenssicht wirtschaftlich kein Unterschied bestünde.

rechnung der übertariflichen Zulage vorsieht. Ob ein ausdrücklicher Vorbehalt Voraussetzung für eine spätere Anrechnung ist oder diese auch ohne Abrede erfolgen kann, ist eine andere Frage und erst im Rahmen der Transparenzkontrolle von Bedeutung.

Anstelle eines Anrechnungsvorbehalts kann der Arbeitsvertrag aber auch die Klausel beinhalten, dass sich der vereinbarte Lohn um den Betrag der Tariflohnerhöhung erhöht („Weitergabe der Tariflohnerhöhung").[764] In diesem Fall ist eine Anrechnung ausgeschlossen.[765] Denkbar ist auch die Vereinbarung eines Anrechnungsverbots, etwa durch die Bezeichnung eines Vergütungsbestandteils als „tariffest" oder „nicht anrechenbar".[766]

Der Anrechnung können Effektivgarantieklauseln („Das bisher geleistete Entgelt soll in vollem Umfang Tariflohn werden.") oder begrenzte Effektivklauseln („Die bisherigen Entgelte sollen als Bestandteil des Individualvertrags erhalten bleiben und die Tariflohnerhöhung, unabhängig von den Vorgaben des Arbeitsvertrages, nicht mit ihnen verrechnet werden.") der Tarifvertragsparteien nicht entgegenstehen.[767] Der Unterschied zwischen den Klauseln besteht darin, dass Erstere dazu führen sollen, das Entgelt aus dem Arbeitsvertrag zum Tarifentgelt zu machen, das in der Zukunft um den tariflichen Erhöhungssatz wächst.[768] Letztere führen dazu, dass die übertarifliche Zulage weiter kraft Arbeitsvertrags geschuldet, der Anspruch darauf aber durch den Tarifvertrag begründet wird. Nach einhelliger Auffassung in Rechtsprechung und Literatur sind beide Arten unwirksam[769], da sie in unzulässiger Weise in das Vertragsgefüge eingreifen.[770] Sie widersprächen nicht nur dem Gleichheitssatz, sondern auch dem Grundsatz, dass günstigere Arbeitsvertragsbedingungen der arbeitsvertraglichen Regelung vorbehalten seien. Fragwürdig erscheint eine neuere Entscheidung, in der das BAG offen ließ, ob eine Effektivklausel wirksam sein kann.[771]

Fraglich ist, ob bei jahrelanger vorbehaltloser Nichtanrechnung eine betriebliche Übung dahingehend entsteht, dass der Arbeitgeber die Tariflohnerhöhung

---

764 ErfK-Preis, § 611 BGB Rn. 419.

765 Vgl. auch Thüsing, Rn. 285 und Thüsing/Mengel, 2.4.2 wonach dies nicht gilt, wenn der Tarifvertrag die Anrechnung ausdrücklich zulässt.

766 MünchAnwHdb-Kolvenbach/Glaser, § 23 Rn. 33.

767 Thüsing/Mengel, 2.4.2; vgl. auch BAG v. 16.6.2004, NZA 2005, 1420 (1424).

768 Hromadka/Maschmann, § 13 Rn. 301 f.

769 BAG v. 16.6.2004, NZA 2005, 1420 (1424); v. 14.2.1963, AP § 4 TVG Effektivklausel Nr. 7; v. 14.2.1968, NJW 1968, 1396 (1398 f.); Thüsing/Mengel, 2.4.2.

770 BAG v. 21.7.1993, AP § 1 TVG Auslegung Nr. 144.

771 BAG v. 17.9.2003, NZA 2004, 437 (440); zurückhaltend auch BAG v. 16.6.2004, NZA 2005, 1420 (1424 f.).

effektiv weitergeben muss. Einerseits wird dies abgelehnt.[772] Ein für das Entstehen einer betrieblichen Übung erforderlicher rechtsgeschäftlicher Wille des Arbeitgebers, den gegenwärtigen übertariflichen Lohnbestandteil dauerhaft und unverändert zum jeweiligen Tariflohn zahlen zu wollen, komme durch die jahrelange Nichtanrechnung nicht zum Ausdruck.[773] Davon könne auch deswegen nicht ausgegangen werden, weil für den Arbeitgeber in der Regel nicht ersichtlich sei, ob er auch bei künftigen Tariflohnerhöhungen in der Lage sein werde, die übertarifliche Zulage weiter zu zahlen.[774] Von Seiten der Literatur wird hinzugefügt, dass die Zahlung von übertariflichen Zulagen zusätzlich zum jeweiligen Tariflohn nicht der Üblichkeit im Arbeitsleben entspreche, demzufolge Arbeitnehmern auch kein entsprechendes Vertrauen zugesprochen werden könne.[775] Als weiteres Argument wird angeführt, dass es bei der betrieblichen Übung um die Frage der Weitergewährung bislang gewährter Leistungen gehe, in diesem Zusammenhang jedoch um die Frage der Erhöhung des Leistungsumfangs.[776] Ein Vertrauen auf eine Lohnsteigerung sei aber weniger schutzwürdig als das Vertrauen auf Weiterzahlung des bisher gewährten Lohns. Andererseits gibt es aber auch Stimmen, die davon ausgehen, dass die Zulage nach dreimaliger aufeinander folgender Nichtanrechnung anrechnungsfest sei.[777] Zuzustimmen ist ersterer Auffassung. Mit dem gleichen Argument, mit dem das Entstehen einer betrieblichen Übung bei der jahrelangen Nichtrealisierung des Freiwilligkeitsvorbehalts abgelehnt wurde, muss das Entstehen einer betrieblichen Übung auch bei der jahrelangen Aufstockung abgelehnt werden. Durch das Institut der betrieblichen Übung können lediglich bestehende Ansprüche gesichert, nicht jedoch neue Ansprüche begründet werden.

II. Der Kontrollmaßstab für die Überprüfung vorformulierter Anrechnungsvorbehalte

In Bezug auf den Anrechnungsvorbehalt stellte die ältere Rechtsprechung zwar allgemeine Grundsätze auf, enthielt sich jedoch jeder Äußerung des anzuwen-

772 BAG v. 16.1.2002, NZA 2002, 632 (633); v. 22.9.1992, AP § 87 BetrVG 1972 Lohngestaltung Nr. 54; v. 8.12.1982, DB 1983, 997 (997 f.); v. 4.6.1980, NJW 1981, 1006; v. 19.7.1978, AP § 4 TVG Übertariflicher Lohn und Tariflohnerhöhung Nr. 10; Thüsing/Mengel, 2.4.2; MünchAnwHdb-Boudon, § 17 Rn. 16; ErfK-Preis, § 611 BGB Rn. 423.

773 BAG v. 16.1.2002, NZA 2002, 632 (633); v. 8.12.1982, DB 1983, 997 (998).

774 So auch ErfK-Preis, § 611 BGB Rn. 423.

775 ErfK-Preis, § 611 BGB Rn. 423.

776 Thüsing/Mengel, 2.4.2.

777 Schirge, AiB 1993, 377 (379); ebenso MünchHdbArbR-Hanau (1992), § 60 Rn. 53.

denden Kontrollmaßstabes.[778] Auch im Schrifttum finden sich nur wenige Ausführungen.[779] Im Vordergrund stand der Grundsatz, dass der Arbeitgeber übertarifliche Zulagen im Falle einer Tariflohnerhöhung grundsätzlich anrechnen konnte, sofern dem Arbeitnehmer die Zulage nicht als selbstständiger Entgeltbestandteil neben dem jeweiligen Tarifentgelt zustand. Dieser Grundsatz beansprucht weiterhin Geltung, wobei mit dem Inkrafttreten der §§ 305 ff. BGB ein normativer Kontrollmaßstab für die Überprüfung von Anrechnungsvorbehalten geschaffen wurde.[780]

III. Der Kontrollmaßstab der §§ 305 ff. BGB

1. Überraschende und mehrdeutige Klauseln

Ebenso wie Widerrufsvorbehalte sind auch Anrechnungsvorbehalte wegen ihrer weiten Verbreitung nicht objektiv überraschend, wenn nicht die entsprechende Klausel im Vertrag „versteckt" ist.[781] Vielmehr muss ein Arbeitnehmer mit der Anrechnung freiwilliger übertariflicher Zulagen auf spätere Tariflohnerhöhungen rechnen.[782]

Die Auslegung einer übertariflichen Zulage als im Falle von Tariflohnerhöhungen anrechenbarer Lohnbestandteil unterliege auch keinen Zweifeln im Sinne des § 305c Abs. 2 BGB.[783] Der durchschnittlich verständige Arbeitnehmer müsse – sofern weder ein besonderer Leistungszweck noch ein Anrechnungsverbot vereinbart sei – davon ausgehen, dass der Arbeitgeber die übertarifliche Zulage auf die Tariflohnerhöhung anrechne und er weiterhin nur den insgesamt vereinbarten Lohn erhalte.

778 Vgl. BAG v. 8.12.1982, DB 1983, 997; v. 22.9.1992, AP § 87 BetrVG 1972 Lohngestaltung Nr. 54; v. 7.2.1996, NZA 1996, 832 (833); v. 22.9.1992, NZA 1993, 668; so auch noch BAG v. 23.9.2009, AP § 4 TVG Nr. 44; lediglich in BAG v. 22.8.1979, AP § 4 TVG Übertariflicher Lohn und Tariflohnerhöhung Nr. 11 wurde auf § 315 BGB abgestellt.

779 Preis, Vertragsgestaltung, S. 427 f. stellt hauptsächlich auf die Transparenz ab und hält eine Ausübungskontrolle nach § 315 BGB für erforderlich. Zurückhaltend auch Hartung, DB 1979, 1275 (1277).

780 Vgl. BAG v. 27.8.2008, NZA 2009, 49; v. 1.3.2006, NZA 2006, 746; LAG Berlin-Brandenburg v. 21.1.2010 – 25 Sa 2201/09; offen gelassen von LAG Düsseldorf v. 25.5.2010 – 16 Sa 327/10.

781 Preis-Lindemann/Urmersbach, Arbeitsformen, S. 51.

782 BAG v. 27.8.2008, NZA 2009, 49 (52); LAG Berlin-Brandenburg v. 21.1.2010 – 25 Sa 2201/09.

783 BAG v. 27.8.2008, NZA 2009, 49 (52).

2. Die Inhalts- und Transparenzkontrolle von Anrechnungsvorbehalten

a) Kontrollbedürftigkeit

Während von Teilen der Literatur an der Kontrollbedürftigkeit eines Anrechnungsvorbehalts keine Zweifel gehegt werden[784], wird überwiegend angenommen, dass eine Verrechnung kontrollfrei vorgesehen werden könne (§ 307 Abs. 3 S. 1 BGB).[785] Jedenfalls dann, wenn mit der Leistung, die angerechnet werden soll, kein besonderer Leistungszweck verfolgt werde, liege eine Bruttolohnabrede, also eine preisbestimmende Klausel vor und es erfolge nur eine Transparenzkontrolle.[786] Anders sei dies aber in dem Fall, in dem der Vergütungsbestandteil für besondere Leistungen gewährt werde.[787] Dann sei der Vorbehalt so zu verstehen, dass sich der Arbeitgeber vorbehalte, diese zweckbestimmte Leistung zu verändern. Damit weiche der Vorbehalt von dem Grundsatz ab, dass der Vertrag und die sich daraus ergebenden Verpflichtungen bindend seien. Demzufolge sei neben der Transparenzkontrolle auch eine Inhaltskontrolle gem. §§ 307 Abs. 1 S. 1, 308 Nr. 4 BGB vorzunehmen.

Von der Kontrollfreiheit kann unproblematisch ausgegangen werden, wenn die arbeitsvertragliche Klausel eine automatische Anrechnung vorsieht, denn dann liegt in der Tat nur eine preisbestimmende Klausel vor. Die Vergütung wird dann von der Entwicklung des Tariflohns bestimmt. Ist allerdings die Anrechnung von einer Entscheidung des Arbeitgebers abhängig, behält sich der Arbeitgeber damit vor, die versprochene Leistung zu ändern. Ist der „Preis" von einer Entscheidung des Klauselverwenders abhängig, kann schwerlich von einer preisbestimmenden Klausel gesprochen werden. Es entspricht allgemeiner Auffassung, dass eine Klausel gem. § 307 Abs. 3 S. 1 BGB der Inhaltskontrolle unterliegt, wenn diese vorsieht, dass ein Leistungsversprechen eingeschränkt, ausgestaltet oder modifiziert werden kann.[788] Eine Klausel, die eine Anrechnungsbefugnis des Arbeitgebers beinhaltet, sieht eine Modifizierung des Entgelts vor.

784 Schrader/Müller, RdA 2007, 145 (147).

785 Lakies in: AR-Blattei, Rn. 321 für allgemeine Zulagen; Lakies, Vertragsgestaltung und AGB im Arbeitsrecht, Kapitel 5 Rn. 51; so auch Hromadka/Schmitt-Rolfes, NJW 2007, 1777 (1781); Schramm, NZA 2007, 1325 (1326); Wiedemann in: Festschrift Buchner, S. 951 f.; BAG v. 1.3.2006, NZA 2006, 746 (748); v. 1.3.2006, NZA 2006, 688 (689); LAG Berlin-Brandenburg v. 21.1.2010 – 25 Sa 2201/09.

786 BAG v. 1.3.2006, NZA 2006, 746 (748); Wiedemann in: Festschrift Buchner, S. 951 f.; Däubler/Bonin/Deinert-Bonin, § 308 BGB Rn. 49.

787 BAG v. 1.3.2006, NZA 2006, 746 (748); vgl. auch Lakies, Vertragsgestaltung und AGB im Arbeitsrecht, Kapitel 5 Rn. 52.

788 Vgl. zur Vorgängerregelung des § 8 AGB-Gesetz: BGH v. 12.3.1987, NJW 1987, 1931 (1935); v. 24.3.1999, NJW 1999, 2279 (2280).

Auf eine Differenzierung danach, ob es sich um eine allgemeine oder eine besondere Zulage handelt, kann es nicht ankommen, denn auch bei einer besonderen Zulage behält sich der Arbeitgeber nur dann „das Recht vor, diese zweckbestimmte Leistung zu verändern“[789], wenn die Anrechnung von seiner Entscheidung abhängt und keinem Automatismus unterliegt. Unabhängig davon, ob eine Inhaltskontrolle nach den §§ 307 ff. BGB erfolgt, sind die arbeitsvertraglichen Klauseln jedenfalls auf ihre Transparenz zu überprüfen.

b) Das Vorliegen einer unangemessenen Benachteiligung

aa) Die Auffassung der Rechtsprechung

An der großzügigen Handhabung von Anrechnungsvorbehalten hat sich wenig geändert. Allerdings besteht nunmehr mit den §§ 305 ff. BGB ein normativer Kontrollmaßstab. Auf die inhaltliche Angemessenheit der vertraglichen Regelung geht die Rechtsprechung nur im Zusammenhang mit besonderen Zulagen ein. Sei eine Anrechnung auch für den Fall vorgesehen, dass dem Arbeitnehmer außertarifliche Zulagen für besondere Leistungen gewährt würden, behielte sich der Arbeitgeber damit vor, diese zweckbestimmte Leistung zu verändern.[790] Auch wenn das Äquivalenzverhältnis dadurch angetastet werde, sei die Änderung der Zulagenhöhe dem Arbeitnehmer aber zumutbar, schließlich bliebe das Gesamtentgelt unverändert.[791]

Im Übrigen geht die Rechtsprechung lediglich auf das Transparenzgebot ein. Demnach unterliegt eine Klausel keinen Bedenken, die klar und unmissverständlich zum Ausdruck bringt, dass die übertariflichen Lohnbestandteile nur so lange effektiv gewährt werden sollen, bis eine Tariflohnerhöhung erfolgt.[792] Die Vereinbarung eines Vorbehalts wird bei allgemeinen übertariflichen Zulagen von der Rechtsprechung aber nicht zwingend vorausgesetzt.[793] Im Regelfall geht die Rechtsprechung auch ohne ausdrückliche Klausel von einer Anrechnungsmöglichkeit aus. Ein Vorbehalt liege aufgrund der unsicheren wirtschaftlichen und tarifpolitischen Prognosen in der Natur der Sache.[794] Schließlich erfülle die Ta-

789 Vgl. BAG v. 1.3.2006, NZA 2006, 746 (748).

790 BAG v. 1.3.2006, NZA 2006, 746 (748).

791 Vgl. auch BAG v. 18.5.2011, AP § 22, 23 BAT Zulagen Nr. 47.

792 BAG v. 1.3.2006, NZA 2006, 746 (749).

793 BAG v. 18.5.2011, AP § 22, 23 BAT Zulagen Nr. 47; v. 27.8.2008, NZA 2009, 49; v. 16.6.1993, EzA § 4 TVG Tariflohnerhöhung Nr. 29; v. 22.9.1992, AP § 87 BetrVG 1972 Lohngestaltung Nr. 54; v. 8.12.1982, DB 1983, 997 (998).

794 BAG v. 8.12.1982, DB 1983, 997 (998).

riferhöhung den bereits zuvor mit der Zulage verfolgten Zweck.[795] Die Zulage soll die Tariferhöhung praktisch vorwegnehmen. Die Gewährung der Zulage ist nicht unabhängig von der Entwicklung des Tariflohns, sondern orientiert sich gerade an dieser.[796] Eine Anrechnungsbefugnis sei insbesondere anzunehmen, wenn die Vertragsparteien den Monatslohn, der sich aus tariflichen und übertariflichen Bestandteilen zusammensetze, in einer Summe vereinbarten.[797] Der Umkehrschluss sei allerdings nicht zu ziehen.

Nach Ansicht der Rechtsprechung ist sowohl der Hinweis „anrechenbare betriebliche Ausgleichszulage"[798] als auch der Zusatz „übertariflich"[799] mit dem Transparenzgebot vereinbar. Für den Arbeitnehmer sei hinreichend erkennbar, dass die Zulage im Falle einer Tariflohnerhöhung gekürzt werden könne.[800] Schließlich verschiebe sich lediglich das Verhältnis von übertariflichen zu tariflichen Entgeltbestandteilen. Dies sei nicht nur Vertragsinhalt, sondern geradezu Sinn einer allgemeinen übertariflichen Zulage. Die Rechtsprechung sieht Anrechnungsvorbehalte, die seit Jahrzehnten gang und gäbe seien, als eine Besonderheit des Arbeitsrechts, die Berücksichtigung finden müsse.[801] Der zuletzt entschiedene Fall[802] wies allerdings die Besonderheit auf, dass die übertarifliche Zahlung nicht vertraglich vereinbart war, sondern während eines laufenden Tarifkonflikts geleistet wurde. Fraglich ist, ob die Rechtsprechung anders entscheiden wird, wenn eine vertragliche Vereinbarung der übertariflichen Zahlung vorliegt.

Problematischer stellt sich die Rechtslage dar, wenn dem Arbeitnehmer die Zulage nach dem Arbeitsvertrag als selbstständiger Lohnbestandteil, z. B. als Funktions-, Leistungs- oder Erschwerniszulage neben dem jeweiligen Tariflohn zusteht.[803] Dann dient die Zulage nicht (primär) der Erhöhung des als unzureichend empfundenen Tariflohns, sondern anderen Zwecken, wie der Abgeltung

795 BAG v. 7.2.1996, NZA 1996, 832 (833); vgl. auch BAG v. 27.8.2008, NZA 2009, 49 (51).

796 Dies wird besonders in der Entscheidung des BAG v. 28.10.1964, DB 1965, 399 deutlich, in der die Anrechnung einer zum „augenblicklichen Tariflohn" gewährten Zulage für unbedenklich gehalten wird.

797 BAG v. 22.9.1992, AP § 87 BetrVG 1972 Lohngestaltung Nr. 55.

798 BAG v. 1.3.2006, NZA 2006, 746; ähnlich auch BAG v. 23.9.2009, AP § 4 TVG Nr. 44.

799 BAG v. 27.8.2008, NZA 2009, 49; v. 8.12.1982, EzA § 4 TVG Tariflohnerhöhung Nr. 6.

800 BAG v. 27.8.2008, NZA 2009, 49 (52).

801 BAG v. 1.3.2006, NZA 2006, 746 (749); v. 27.8.2008, NZA 2009, 49 (52).

802 BAG v. 27.8.2008, NZA 2009, 49.

803 Vgl. etwa LAG Niedersachsen v. 8.2.2011 – 16 Sa 584/10 E n. v.; LAG Köln v. 14.1.2011 – 10 Sa 934/10 n. v.

besonderer Leistungen oder Erschwernisse.[804] Ob es sich um einen selbstständigen Lohnbestandteil handelt, ist durch Auslegung des Vertrags zu ermitteln und ergibt sich nicht allein aus der Zahlung einer übertariflichen Zulage.[805] Besondere Umstände bei den Vertragsverhandlungen oder der Zweck der Zulage können für das Vorliegen eines selbstständigen Lohnbestandteils sprechen.[806] Die Darlegungs- und Beweislast dafür trägt der Arbeitnehmer.[807] Aus der Rechtsprechung geht nicht eindeutig hervor, ob bei Vereinbarung einer besonderen Zulage überhaupt keine Anrechnung erfolgen darf und diese effektiv gewährt werden[808] oder ob zumindest ein ausdrücklicher Anrechnungsvorbehalt vorliegen muss.[809] Die Rechtsprechung scheint zu Letzterem zu tendieren.

Das BAG äußert unter dem Gesichtspunkt der Transparenz auch dann keine Bedenken, wenn der Tarifvertrag eine rückwirkende Tariflohnerhöhung vorsieht.[810] Mit der Zahlung einer übertariflichen allgemeinen Zulage behalte sich der Arbeitgeber vor, alle von ihm geschuldeten Tariflohnansprüche zu erfüllen, auch wenn diese rückwirkend gewährt würden. Es sei unbedenklich, dass der Anrechnungsvorbehalt sich nicht ausdrücklich auf tariflich vereinbarte Einmalzahlungen beziehe.[811] Sei eine Anrechnung allerdings auch bei einer tariflichen Arbeitszeitverkürzung mit vollem Lohnausgleich gewünscht, müsse dies aus Transparenzgesichtspunkten ausdrücklich in die Klausel aufgenommen werden.[812] Nicht ausreichend sei eine vertragliche Regelung, die die Anrechnung einer übertariflichen Zulage lediglich im Falle einer Tariflohnerhöhung vorsehe.

---

804 Vgl. BAG v. 22.9.1992, AP § 87 BetrVG 1972 Lohngestaltung Nr. 54; v. 7.2.1995, AP § 4 TVG Verdienstsicherung Nr. 6; v. 23.3.1993, AP § 87 BetrVG 1972 Tarifvorrang Nr. 26.

805 BAG v. 7.2.1995, AP § 4 TVG Verdienstsicherung Nr. 6.

806 BAG v. 8.12.1982, DB 1983, 997.

807 Vgl. BAG v. 23.9.2009, AP § 4 TVG Nr. 44; vgl. auch Schneider, DB 1993, 2530.

808 So wohl LAG Köln v. 16.9.2009 – 3 Sa 721/09; unklar in BAG v. 7.2.1996, NZA 1996, 832 (833); v. 22.9.1992, NZA 1993, 232 (233); v. 3.12.1991, NZA 1992, 749 (756); v. 23.9.2009, AP § 4 TVG Nr. 43; v. 14.8.2001, NZA 2002, 342 (344).

809 So wohl BAG v. 1.3.2006, NZA 2006, 746 (748); v. 23.1.1980, AP § 4 TVG Übertariflicher Lohn und Tariflohnerhöhung Nr. 12; v. 23.3.1993, NZA 1993, 806 (807 f.); so auch LAG Hessen v. 5.9.2011 – 16 Sa 1768/10; LAG Köln v. 25.1.2001, NZA-RR 2001, 487 (488); LAG Düsseldorf v. 25.5.2010– 16 Sa 327/10 bei Vereinbarung einer Besitzstandszulage.

810 BAG v. 27.8.2008, NZA 2009, 49 (52).

811 Vgl. BAG v. 1.3.2006, NZA 2006, 746 (749).

812 BAG v. 15.3.2000, NZA 2001, 105 (106); v. 7.2.1996, NZA 1996, 832 (833); v. 3.6.1998, NZA 1999, 208 (209); zust. Preis, Der Arbeitsvertrag, II V 70 Rn. 39; Lindemann, AuR 2004, 201 (202); a. A. BAG v. 3.6.1987, AP § 1 TVG Tarifverträge: Metallindustrie Nr. 58; v. 14.6.1989 – 4 AZR 116/89 n. v.; Hoß, NZA 1997, 1129 (1130 ff.).

Liegt eine Klausel vor, die die Anrechnungsbefugnis auf im Einzelnen genannte Tatbestände beschränkt, etwa durch die Formulierung „nur in folgenden Fällen“ und ist der Fall der Tariflohnerhöhung nicht aufgeführt, kann, sofern der Tariflohn erhöht wird, keine Anrechnung erfolgen.[813] Die grundsätzlich bestehende Anrechnungsmöglichkeit sei dadurch abbedungen.

Die Rechtsprechung nimmt im Falle eines Anrechnungsvorbehalts, demzufolge übertarifliche Zulagen auf „kommende“ Lohnerhöhungen anrechenbar sind, an, dass die Anrechnung zeitlich beschränkt ist und nur zum nächstmöglichen Zeitpunkt erfolgen kann.[814] Bei einer späteren Anrechnung sei diese nicht mehr von der arbeitsvertraglichen Vereinbarung gedeckt. Aber auch wenn die Klausel keine zeitlichen Einschränkungen enthalte, müsse die Anrechnung in zeitlichem Zusammenhang mit der Tariferhöhung stehen.[815] Wann eine Verwirkung eintritt, wurde bislang nicht entschieden.

Abschließend lässt sich festhalten, dass die Rechtsprechung hinsichtlich der Anrechnung über- bzw. außertariflicher Zulagen äußerst großzügig verfährt und den nunmehr geltenden Kontrollmaßstab weitgehend anhand der früheren Rechtsprechung interpretiert. Auch wenn die Unklarheitenregelung und das Transparenzgebot bereits auf der Grundlage des alten Rechts herangezogen wurden, bleibt abzuwarten, ob nicht doch noch eine Verschärfung der Rechtsprechung eintritt, insbesondere wenn man bedenkt, dass auch andere Flexibilisierungsinstrumente nunmehr einer strengen Transparenzkontrolle unterzogen werden.[816]

bb) Die Auffassung der Literatur

In der Literatur divergieren die Meinungen, nicht nur im Hinblick auf die Gestaltung arbeitsvertraglicher Klauseln, sondern bereits hinsichtlich der anzuwendenden Norm.

Nach einer Auffassung ist danach zu differenzieren, ob sich der Arbeitgeber die spätere Anrechnung vorbehält und demzufolge § 308 Nr. 4 BGB Anwendung findet oder ob eine automatische Anrechnung erfolgen soll und § 307 Abs. 1 BGB der richtige Kontrollmaßstab ist.[817] Letztendlich seien die Prüfungsmaßstäbe aber identisch. Manche Autoren stellen ohne Differenzierung auf

813 BAG v. 9.12.1997, NZA 1998, 609 (610 f.).

814 BAG v. 17.9.2003, NZA 2004, 437.

815 BAG v. 9.12.1997 – 1 AZR 318/97 n. v.

816 Vgl. etwa BAG v. 12.1.2005, NZA 2005, 465 (468); v. 11.10.2006, NZA 2007, 87 (89 f.); v. 13.4.2010, NZA-RR 2010, 457 (459 f.); v. 30.7.2008, NZA 2008, 1173 (1178 f.).

817 Däubler/Bonin/Deinert-Bonin, § 308 BGB Rn. 47; Schrader/Müller, RdA 2007, 145 (150) gehen stets von einer automatischen Verrechnung aus.

die §§ 308 Nr. 4 i. V. m. § 307 BGB ab.[818] Andere wenden nur § 307 Abs. 1 S. 1 BGB an.[819]

In Übereinstimmung mit der Rechtsprechung wird von der überwiegenden Auffassung in der Literatur vertreten, dass Anrechnungsklauseln in der Regel nicht gegen § 308 Nr. 4 BGB verstoßen.[820] Da sich die Gesamtleistung nicht verringere, sei der Anrechnungsvorbehalt zumutbar. Teilweise wird die Angemessenheit des Anrechnungsvorbehalts bereits aus dem umgrenzten Anwendungsbereich gefolgert.[821] Ein Widerruf scheide schließlich auf der Basis dieser Klausel aus anderen Gründen als der Tariflohnerhöhung aus.

Wird mit der Zulage ein bestimmter Zweck verfolgt, handelt es sich einem Teil des Schrifttums zufolge der Sache nach um einen Widerrufsvorbehalt.[822] Mit dem Anrechnungsvorbehalt behalte sich der Arbeitgeber vor, seine Zusage, die Leistung zusätzlich zum Tarifentgelt zu erbringen, zu widerrufen. Da sich das Gesamtentgelt aber nicht verringere, bedürfe es zwar eines Anrechnungsvorbehalts, aber keiner Regelung etwaiger Voraussetzungen der Anrechnung.[823]

Im Zusammenhang mit dem Transparenzgebot stellt sich die Frage, ob eine Anrechnung nur möglich ist, wenn die Arbeitsvertragsparteien einen ausdrücklichen Anrechnungsvorbehalt vereinbart haben oder ob die Klausel auch hinreichend klar ist, wenn lediglich die Gewährung einer übertariflichen Zulage vereinbart wird. Die ausdrückliche Vereinbarung eines Vorbehalts wird von Teilen der Literatur nicht zwingend vorausgesetzt.[824] Die Anrechnung sei mit der Vereinbarung eines übertariflichen Lohns hinreichend klar verbunden.[825] Der Verwender müsse nicht alle gesetzlichen Folgen der Vereinbarung ausdrücklich regeln. Das Erfordernis eines ausdrücklichen Anrechnungsvorbehalts widersprä-

---

818 Schnitker/Grau, BB 2002, 2120 (2122); Henssler, RdA 2002, 129 (138); MünchAnw-Hdb-Kolvenbach/Glaser, § 23 Rn. 28.

819 Thüsing, ABG-Kontrolle, Rn. 287; Gotthardt, ZIP 2002, 277 (285); Wiedemann in: Festschrift Buchner, S. 952; Schrader/Müller, RdA 2007, 145 (150).

820 ErfK-Preis, §§ 305-310 BGB Rn. 65; ders., Lehrbuch, § 39 II.4.; Palandt-Weidenkaff, Einf v § 611 BGB Rn. 75c; Däubler/Bonin/Deinert-Bonin, § 308 BGB Rn. 49; Lakies in: AR-Blattei, Rn. 322; a. A. Wolf/Lindacher/Pfeiffer-Stoffels, Anh. zu § 310 BGB Rn. 82.

821 Preis in: Festschrift Kissel, S. 912.

822 Hromadka/Schmitt-Rolfes, NJW 2007, 1777 (1782); Däubler/Bonin/Deinert-Bonin, § 308 BGB Rn. 49; so auch Hromadka/Maschmann, § 7 Rn. 50g; Krauß, S. 230.

823 A. A. Hromadka/Maschmann, § 7 Rn. 50g, der sachliche Gründe fordert.

824 Hromadka in: Festschrift Dieterich, S. 274; Preis, Lehrbuch, § 39 II. 4.; Thüsing, Rn. 284; Wolf/Lindacher/Pfeiffer-Stoffels, Anh. zu § 310 BGB Rn. 81; Hromadka/Schmitt-Rolfes, NJW 2007, 1777 (1781); Moll in: Festschrift 25 Jahre ARGE Arbeitsrecht im DAV, S. 91 (103); ErfK-Preis, § 611 BGB Rn. 424.

825 Thüsing, Rn. 284.

che den Grundlagen der Vergütungssystematik.[826] Der Arbeitnehmer habe nach dem Arbeitsvertrag einen Anspruch in Höhe der Gesamtvergütung. Diesbezüglich sei der Inhalt des Arbeitsvertrages eindeutig und bedürfe keiner weiteren Klarstellung. Unabhängig davon wird jedoch eine konkrete Regelung empfohlen, um die Auslegung in Zweifelsfällen zu erleichtern und zur Transparenz beizutragen.[827]

Andere sind hingegen der Auffassung, dass der von der Rechtsprechung bislang akzeptierte Hinweis „übertariflich" nicht die erforderliche Bestimmtheit aufweise und daher dem Transparenzgebot nicht genüge.[828] Vereinzelt wird Gleiches für den Hinweis „anrechenbar" vorgebracht.[829] Erforderlich sei ein ausdrücklicher Anrechnungsvorbehalt.[830] Der bloße Hinweis „übertariflich" lasse weder den Zweck der Zulage deutlich erkennen noch sei hinreichend bestimmt, dass eine jederzeitige Anrechenbarkeit gewollt sei.[831] Das Transparenzgebot erfordere, dass der Arbeitnehmer nicht nur über den Grund der Zulage informiert werde, sondern auch über die Möglichkeit der Anrechnung.[832] Untermauert wird diese Auffassung darüber hinaus mit einem Vergleich zu den an den Widerrufsvorbehalt gestellten Anforderungen.[833] Im Übrigen könne der Hinweis „übertariflich" bei formularmäßiger Vereinbarung im Zweifel nicht zu Lasten des Arbeitnehmers ausgelegt werden, § 305 c Abs. 2 BGB.[834] Vereinzelt wird darauf hingewiesen, dass eine Anrechnung der Ausnahmefall sei und dementsprechend der Arbeitgeber – sofern eine Anrechnung weder vorgesehen noch ausgeschlossen sei – darlegen müsse, aus welchem rechtlichen Gesichtspunkt er die Anrechnung vornehmen wolle.[835]

---

826 Moll in: Festschrift 25 Jahre ARGE Arbeitsrecht im DAV, S. 91 (103).

827 ErfK-Preis, §§ 305-310 BGB Rn. 65; ders., Lehrbuch, § 39 II. 4.

828 KDZ-Zwanziger (2008), § 2 KSchG Rn. 95; Däubler/Bonin/Deinert-Bonin, § 308 BGB Rn. 48; Lakies in: AR-Blattei, Rn. 325; Franke, NZA 2009, 245 (247 f.); krit. auch Stoffels, NZA-Beil. 2004, 19 (25).

829 Lakies, Vertragsgestaltung und AGB im Arbeitsrecht, Kapitel 5 Rn. 54 f.; Preis/Roloff, ZfA 2007, 43 (76); Moll, S. 191.

830 Schrader/Müller, RdA 2007, 145 (150); Däubler/Bonin/Deinert-Bonin, § 308 BGB Rn. 48; Lakies in: AR-Blattei, Rn. 327; Preis in: Festschrift Kissel, S. 911 ff.; ders., Der Arbeitsvertrag, II V 70 Rn. 36; Bayreuther, ZIP 2007, 2009 (2013) unter Hinweis auf § 305c BGB; Hromadka/Maschmann, § 7 Rn. 50g; KDZ-Zwanziger (2008), § 2 KSchG Rn. 95; Hartung, DB 1979, 1275 (1277).

831 Preis, Vertragsgestaltung, S. 427; so auch Franke, NZA 2009, 245 (247 f.).

832 Franke, NZA 2009, 245 (246 f.).

833 Franke, NZA 2009, 245 (248).

834 ErfK-Preis, §§ 305-310 BGB Rn. 65.

835 Preis in: Festschrift Kissel, S. 911.

Enthalte der Arbeitsvertrag den ausdrücklichen Vorbehalt der „Anrechenbarkeit auf Tariflohnerhöhungen", bestünden unter dem Gesichtspunkt transparenter Vertragsgestaltung keine Bedenken.[836] Für den Arbeitnehmer sei erkennbar, dass er den übertariflichen Lohnbestandteil nur so lange effektiv erhalte, bis eine Tariflohnerhöhung erfolge. Der Anrechnungsgrund beschränke sich auf einen konkreten und transparenten Aspekt, nämlich die Tariflohnerhöhung.

Handelt es sich bei der übertariflichen Zulage um einen selbstständigen Lohnbestandteil, der dem Arbeitnehmer neben dem jeweiligen Tariflohn zusteht, stellt sich die Situation anders dar als bei allgemeinen Zulagen. Eine solche Zulage werde schließlich aus vom Tarifvertrag nicht berücksichtigten Gründen gewährt.[837] Zwischen einer besonderen Zulage und der Lohnerhöhung fehle der sachliche Zusammenhang.[838] Kritisiert wird die vom BAG[839] aufgestellte Auslegungsregel, wonach eine ohne Kennzeichnung gewährte übertarifliche Zulage kein selbstständiger Lohnbestandteil sei.[840] Eine solche Ansicht widerspräche dem Transparenzgebot. Bei der Vereinbarung einer „übertariflichen Zulage" könne nicht stets davon ausgegangen werden, dass diese lediglich dazu diene, künftigen Tariflohnerhöhungen vorzugreifen. Die zahlreichen Gründe, die Arbeitgeber dazu veranlassten, übertarifliche Zulagen zu gewähren, ließen sich meist schon nach kurzer Zeit nicht mehr rekonstruieren bzw. sollten auch in vielen Fällen gar nicht offen gelegt werden.

Ebenso wie die Rechtsprechung verhält sich auch die Literatur nicht ganz eindeutig. Es gibt Stimmen, aus denen geschlossen werden kann, dass bei Vereinbarung einer besonderen Zulage eine Anrechnung stets ausgeschlossen ist.[841] Schließlich bestehe der besondere Zweck, der Grund für die Zulage sei, auch nach der Tariflohnerhöhung fort.[842] Einer mehrheitlichen Auffassung in der Literatur zufolge setzt die Anrechnung besonderer Zulagen einen ausdrücklichen Anrechnungsvorbehalt voraus[843], wobei teilweise zusätzlich verlangt wird, dass

836 Preis, Vertragsgestaltung, S. 428.

837 Hromadka/Maschmann, § 13 Rn. 297.

838 Hoß, NZA 1997, 1129 (1130).

839 BAG v. 10.3.1982, NJW 1982, 2575 (2576).

840 Franke, NZA 2009, 245 (246 f.).

841 So wohl Lindemann, AuR 2004, 201 (202); Preis-Lindemann/Urmersbach, S. 30; Hromadka/Maschmann, § 13 Rn. 297; Hümmerich, BB 2007, 1498 (1499); MünchAnw-Hdb-Kolvenbach/Glaser, § 23 Rn. 29.

842 Preis-Lindemann/Urmersbach, S. 30; so auch Hoß, NZA 1997, 1129 (1130).

843 ErfK-Preis, §§ 305-310 BGB Rn. 65; ders., Lehrbuch, § 39 II.4.; Hromadka/Schmitt-Rolfes, NJW 2007, 1777 (1782); Natzel, SAE 2006, 225 (226); Moll in: Festschrift 25 Jahre ARGE Arbeitsrecht im DAV, S. 91 (103); AnwK-ArbR-Hümmerich/Ebeling, § 308 BGB Rn. 14; Henssler, SAE 1988, 164 (166); Franke, NZA 2009, 245 (247);

mit der Tariflohnerhöhung ein Zweck verfolgt wird, der auch dem übertariflichen Lohnbestandteil immanent ist.[844]

Die Rechtsprechung, die unter Umständen eine zeitliche Einschränkung der Anrechnungsmöglichkeit annimmt[845], wird nach einem Teil der Literatur nur für individuelle Entgeltabreden für vertretbar gehalten, für formularmäßige Gestaltungen könne dies nicht angenommen werden.[846] Die Rechtsprechung sei weder mit der Unklarheitenregel des § 305c Abs. 2 BGB noch mit dem Transparenzgebot vereinbar. Andere Stimmen halten eine Anrechnung spätestens nach der zweiten, der Tariflohnerhöhung nachfolgenden Entgeltabrechnung für erforderlich.[847]

Die Angabe eines Anrechnungsgrunds hält auch die Literatur nicht für erforderlich.[848] Anders sei dies – nach einer teilweise vertretenen Auffassung – hingegen, wenn die Anrechnung auf Gründe gestützt werde, die mit der Tarifsteigerung nichts zu tun hätten.[849] Wenn sich beispielsweise ein Arbeitgeber vorbehalten wolle, nur bei den Arbeitnehmern anzurechnen, die besonders hohe Fehlzeiten aufwiesen, müsse dies unmissverständlich aus der Klausel hervorgehen. Jedenfalls muss sich aus der Klausel ergeben, welche Leistungen von der Anrechnung erfasst werden.[850]

Ähnlich wie die Rechtsprechung beurteilt auch ein großer Teil des Schrifttums die Möglichkeit der Anrechnung recht großzügig. Andere fordern eine eindeutige und transparente Gestaltung des Anrechnungsvorbehalts. Hier zeigt sich wieder besonders, dass ein Teil der Literatur an der bisherigen Rechtsprechung festhalten will, während andere der Auffassung sind, dass mit der Geltung der §§ 305 ff. BGB verschärfte Anforderungen einhergingen.

cc) Eigene Stellungnahme

Da die arbeitsvertragliche Klausel nur dann einer Inhaltskontrolle unterliegt, wenn die Anrechnung eine Entscheidung des Arbeitgebers voraussetzt, ist § 308

Moll, S. 191; Krauß, S. 231; v. Hoyningen-Huene, NZA 1998, 1081 (1085); Hoß, NZA 1997, 1129 (1130); Thüsing/Mengel, 2.4.2; Schrader/Müller, RdA 2007, 145 (147).

844 Henssler, SAE 1988, 164 (166); Moll, S. 191; Krauß, S. 230.

845 BAG v. 17.9.2003, NZA 2004, 437.

846 ErfK-Preis, § 611 BGB Rn. 420.

847 Schneider, DB 2000, 922 (923).

848 Hümmerich, BB 2007, 1498 (1499); AnwK-ArbR-Hümmerich/Ebeling, § 308 BGB Rn. 14; Däubler/Bonin/Deinert-Dorndorf-Bonin, § 308 BGB Rn. 50; HWK-Gotthardt, Anh. §§ 305-310 BGB Rn. 38; Thüsing, Rn. 287; Bauer/Chwalisz, ZfA 2007, 339 (350); Hanau, ZIP 2005, 1661 (1666); krit. Preis, Vertragsgestaltung, S. 426 ff.

849 Preis in: Festschrift Kissel, S. 912.

850 HWK-Gotthardt, Anh. §§ 305-310 BGB Rn. 38.

Nr. 4 BGB der richtige Kontrollmaßstab. Dann nämlich steht dem Arbeitgeber das Recht zu, die von ihm zugesagte Leistung zu ändern.

Im Regelfall bestehen hinsichtlich der Zumutbarkeit des Anrechnungsvorbehalts keine Bedenken. Mit dem gewährten Entgelt, das aus einem tariflichen und einem übertariflichen Bestandteil besteht, gibt der Arbeitgeber zu erkennen, dass er dieses als angemessene Gegenleistung für die Arbeitsleistung des Arbeitnehmers hält. Wird ein entsprechendes Entgelt im Laufe der Zeit durch einen Tarifvertrag vorgesehen, ändert sich nur die Tatsache, dass der Arbeitgeber nun bereits tarifvertraglich zur Zahlung dieses Gesamtentgelts verpflichtet ist. Ihm kann nicht unterstellt werden, dass er von da an ein Entgelt bestehend aus der bislang gezahlten übertariflichen Zulage und dem erhöhten Tariflohn für angemessen hält. Ein entsprechendes Vertrauen des Arbeitnehmers wäre nicht schutzwürdig. Unabhängig davon ist der Anrechnungsvorbehalt dem Arbeitnehmer bereits deswegen zumutbar im Sinne des § 308 Nr. 4 BGB, weil sich der Effektivlohn zugunsten des Arbeitnehmers erhöht, wenn der Arbeitgeber von der versprochenen Leistung abweicht. Entscheidet sich der Arbeitgeber hingegen für eine Anrechnung, liegt bereits kein Abweichen von der versprochenen Leistung vor.

Enthält der Arbeitsvertrag eine Vereinbarung, die eine Anrechnung auch bei einer Arbeitszeitverkürzung mit Lohnausgleich vorsieht, sollte darin ein Widerrufsvorbehalt gesehen werden, der den entsprechenden Anforderungen unterliegt. Im Gegensatz zur Anrechnung bei einer Tariflohnerhöhung verringert sich das Gesamtentgelt, so dass der Arbeitnehmer stärker zu schützen ist. Die geringen Anforderungen an die Anrechnung basieren schließlich darauf, dass der Arbeitnehmer nach der Anrechnung nicht schlechter dasteht als vor der Anrechnung. Dies trifft für die Anrechnung bei einer Arbeitszeitverkürzung mit Lohnausgleich nicht zu.

Die Auffassung, die unter Hinweis auf die §§ 305c Abs. 2, 307 Abs. 1 S. 2 BGB für eine Anrechnung einen ausdrücklichen Vorbehalt voraussetzt, überzeugt nicht. Für den Arbeitnehmer steht aufgrund der entsprechenden Vergütungsabrede der Gesamtlohn, der ihm zukommen soll, fest. Allein dieser ist für ihn bedeutend und Grundlage seiner Abschlussentscheidung. Unerheblich ist das Verhältnis zwischen Tariflohn und übertariflicher Zulage. Dieses gibt lediglich Aufschluss über die Rechtsgrundlage[851] bzw. ist für den Nachweis gem. § 2 Abs. 1 S. 1, 2 Nr. 6 NachwG von Bedeutung. Im Gegensatz zum Widerrufsvorbehalt besteht kein anerkennenswertes Bedürfnis des Arbeitnehmers, sich auf eine etwaige „Kürzung“ der über- bzw. außertariflichen Zulage einstellen zu können. Entweder entscheidet sich der Arbeitgeber gegen eine Anrechnung, so

851 Vgl. Hromadka/Maschmann, § 7 Rn. 30.

dass sich der Gesamtlohn erhöht oder es erfolgt eine Anrechnung und der Gesamtlohn bleibt unverändert. Im Gegensatz zum Widerruf greift die Anrechnung nicht in einen bestehenden Anspruch ein.

Vereinbaren die Parteien neben dem tariflichen Entgelt eine besondere Zulage für bestimmte Zwecke und soll diese im Falle einer Tariflohnerhöhung angerechnet werden können, bedarf es allerdings eines ausdrücklichen Anrechnungsvorbehalts. Nur dann ist die Klausel hinreichend transparent. Ohne einen Vorbehalt ist für den Arbeitnehmer nicht erkennbar, dass eine Anrechnung erfolgen kann, schließlich werden mit der besonderen Zulage und der Tariflohnerhöhung unterschiedliche Zwecke verfolgt. Die „Auslegung einer [allgemeinen] übertariflichen Zulage als im Falle von Tariflohnerhöhungen ohne Weiteres anrechenbarer Lohnbestandteil“[852] beruht darauf, dass mit der übertariflichen Zulage die Tariflohnerhöhung vorweggenommen wird. Verfolgt der Arbeitgeber aber einen anderen Zweck als die Erhöhung des Gesamtlohns, fehlt dieser sachliche Zusammenhang zwischen übertariflicher Zulage und Tariflohnerhöhung. Dies muss dann aber auf der anderen Seite dazu führen, dass bei „Zweckidentität“ von besonderer Zulage und Tariflohnerhöhung auch ohne ausdrücklichen Vorbehalt von einer Anrechnungsbefugnis ausgegangen werden kann.[853] Dann stellt sich die Situation nicht anders dar, als wenn der Arbeitgeber eine allgemeine Zulage auf eine allgemeine Tariflohnerhöhung anrechnet. In diesem Fall wird ein Vorbehalt für entbehrlich gehalten, da sich für den Arbeitnehmer durch die Anrechnung nichts ändert. Er erhält nach wie vor das zugesagte Gesamtentgelt, wobei ein Teil der Vergütung nach wie vor zur Erhöhung des Gesamtlohns geleistet wird. Erhält der Arbeitnehmer eine besondere Zulage, z. B. für ein besonderes Erschwernis und wird diese auf eine Tariflohnerhöhung angerechnet, mit der ebenfalls dieses besondere Erschwernis abgegolten werden soll, steht der Arbeitnehmer durch die Anrechnung ebenfalls nicht anders dar. Er erhält nach wie vor das zugesagte Gesamtentgelt, wobei ein Teil der Vergütung zur Abgeltung des besonderen Erschwernisses geleistet wird. Würde man die Möglichkeit der Anrechnung in diesem Fall ablehnen, würde das besondere Erschwernis doppelt abgegolten: zum einen durch die arbeitsvertragliche besondere Zulage, zum anderen durch die Tariflohnerhöhung, die ebenfalls der Abgeltung des besonderen Erschwernisses dient.

Festzuhalten bleibt, dass ein ausdrücklicher Anrechnungsvorbehalt entbehrlich ist, sofern nicht durch die außer- bzw. übertarifliche Zulage und die Tariflohnerhöhung unterschiedliche Zwecke verfolgt werden. Ist schon ein ausdrücklicher Anrechnungsvorbehalt nicht erforderlich, kann erst recht keine Angabe

852 Vgl. BAG v. 27.8.2008, NZA 2009, 49 (52).

853 Vgl. auch Thüsing/Mengel, 2.4.2.

von Anrechnungsgründen verlangt werden. Aber auch wenn ein Anrechnungsvorbehalt ausnahmsweise in die arbeitsvertragliche Regelung aufgenommen werden muss, ist die Angabe von Gründen nicht erforderlich. Schließlich steht für den Arbeitnehmer damit fest, dass im Falle einer Tariflohnerhöhung eine Anrechnung erfolgen kann. Damit kann er in etwa abschätzen, was „auf ihn zukommt“.[854] Unzutreffend ist die Annahme, dass sich der Anrechnungsgrund auf einen konkreten und transparenten Aspekt, nämlich die Tariflohnerhöhung beschränke.[855] Dabei wird übersehen, dass die Tariflohnerhöhung nicht Grund für die Anrechnung ist, sondern lediglich Anlass. Ob der Arbeitgeber bei einer Tariflohnerhöhung tatsächlich eine Anrechnung vornimmt, hängt regelmäßig von anderen Umständen ab, wie z. B. der finanziellen Leistungsfähigkeit des Unternehmens oder der Zufriedenheit mit der Leistung des Arbeitnehmers. Da eine Anrechnung übertariflicher Zulagen trotz einer Tariflohnerhöhung häufig unterbleibt, besteht für den Arbeitnehmer – ähnlich wie beim Widerrufsvorbehalt – die Ungewissheit, ob der Arbeitgeber auch dieses Mal den Tariflohn effektiv erhöht. Dieses Vertrauen des Arbeitnehmers ist aber nicht im gleichen Maße schutzbedürftig, da sich sein Gehalt jedenfalls nicht verringert. Das Erfordernis der Angabe von Anrechnungsgründen würde dem Arbeitgeber Flexibilität nehmen.

c) Zeitpunkt der Beurteilung

Auch für die Beurteilung der Wirksamkeit eines Anrechnungsvorbehalts kommt es auf den Zeitpunkt des Vertragsschlusses an. Schließlich geht es um die Vereinbarkeit der arbeitsvertraglichen Klausel mit den §§ 305 ff. BGB.[856]

3. Die Rechtsfolgen unwirksamer Anrechnungsvorbehalte

Aufgrund der geringen Anforderungen an Anrechnungsvorbehalte wird sich nur in seltenen Ausnahmefällen die Frage nach der Rechtsfolge unwirksamer Anrechnungsvorbehalte stellen. Enthält eine Klausel tatsächlich einmal einen ausdrücklichen Anrechnungsvorbehalt, ist die Regelung insoweit unwirksam als eine Anrechnung vorgesehen ist (§ 306 Abs. 1 BGB). Erschöpft sich die Klausel lediglich in der Regelung einer übertariflichen Zulage und wird der Hinweis „übertariflich“ als nicht hinreichend transparent deklariert, bedeutet dies nur, dass daraus nicht auf einen Anrechnungsvorbehalt geschlossen werden kann.

---

854 Vgl. BAG v. 12.1.2005, NZA 2005, 465 (468).

855 Vgl. Preis, Vertragsgestaltung, S. 428.

856 Vgl. Palandt-Grüneberg, § 307 BGB Rn. 7.

Unabhängig davon ist die Klausel insoweit hinreichend transparent, als sie die Gewährung der übertariflichen Zulage vorsieht.

IV. Die Ausübungskontrolle gem. § 315 BGB

Maßgeblich dafür, ob eine Ausübungskontrolle nach § 315 BGB stattfindet, ist die Frage, ob die Anrechnung automatisch oder kraft ausdrücklicher Entscheidung des Arbeitgebers erfolgt. Während ersteres noch mit Urteil vom 08.12.1982[857] angenommen wurde, bejahte das BAG in seiner späteren Rechtsprechung eine Entscheidung des Arbeitgebers.[858]

In der Literatur wird eine Billigkeitskontrolle teilweise mangels Erklärung des Arbeitgebers abgelehnt.[859] Die Anrechnung erfolge automatisch.[860] Eine etwaige Erklärung habe lediglich deklaratorische Bedeutung.[861] Einer Handlung bedürfe es nur, wenn der Arbeitgeber den Effektivlohn erhöhen wolle.[862] Im Übrigen zahle er nur den bisherigen Brutto- bzw. Nettolohn weiter, werde also nicht aktiv tätig. Andere Autoren wollen nur dann von einer automatischen Anrechnung ausgehen, wenn eine allgemeine übertarifliche Zulage ohne besonderen Zweck vereinbart wurde.[863]

Die Gegenauffassung, die für die Anrechnung eine gestaltende Erklärung des Arbeitgebers voraussetzt[864], beruft sich unter anderem auf die praktischen Probleme bei Annahme einer „Tarifautomatik". Diese sei insofern ungeeignet, als die Nichtanrechnung die Regel und die Anrechnung der Ausnahmefall sei.[865]

Unproblematisch ist die Beantwortung dieser Frage, wenn ein ausdrücklicher Anrechnungsvorbehalt vorliegt, denn dann ergibt sich in der Regel aus der

857 EzA § 4 TVG Tariflohnerhöhung Nr. 6.

858 BAG v. 13.2.1990, DB 1990, 1238 (1239); offen gelassen durch BAG v. 3.12.1991, NZA 1992, 749 und v. 22.9.1992, AP § 87 BetrVG 1972 Lohngestaltung Nr. 54.

859 Thüsing/Mengel, 2.4.2; Thüsing, Rn. 288; Krauß, S. 229; Schrader/Müller, RdA 2007, 145 (146); Ramrath, DB 1990, 2593 (2597).

860 So auch Henssler, SAE 1988, 164 (166); v. Hoyningen-Huene, NZA 1998, 1081 (1085); wohl auch Hromadka/Maschmann, § 7 Rn. 30.

861 BAG v. 24.11.1987, AP § 87 BetrVG 1972 Lohngestaltung Nr. 31; vgl. auch Schüren, RdA 1991, 139 (141, 144).

862 V. Hoyningen-Huene, NZA 1998, 1081 (1085).

863 MünchAnwHdb-Kolvenbach/Glaser, § 23 Rn. 28.

864 ErfK-Preis (2010), §§ 305-310 BGB Rn. 64, 66; ders. in: Festschrift Kissel, S. 880 Fn. 8; Richardt, S. 222; Moll in: Festschrift 25 Jahre ARGE Arbeitsrecht im DAV, S. 91 (103).

865 Preis in: Festschrift Kissel, S. 880 Fn. 8; auch Schüren, RdA 1991, 139 (142) geht davon aus, dass die Aufstockung dem Regelfall entspricht.

Klausel selbst, ob die übertarifliche Zulage auf die Tariflohnerhöhung automatisch angerechnet wird und § 315 BGB mangels einseitigen Gestaltungsrechts nicht anwendbar ist[866] oder ob dem Arbeitgeber die Befugnis zusteht, über die Anrechnung zu entscheiden.[867] Fraglich ist aber, wovon auszugehen ist, wenn kein ausdrücklicher Vorbehalt existiert. In der Klausel, die die übertarifliche Zulage regelt, werden sich in den seltensten Fällen Anhaltspunkte finden lassen. Gegen die Annahme einer Tarifautomatik spricht, dass bei einer automatischen Anrechnung nicht nur das Interesse des Arbeitnehmers untergraben, sondern auch die Souveränität des Arbeitgebers infrage gestellt würde. Die Folgen einer automatischen Anrechnung sind schwerwiegender als die einer Anrechnungsentscheidung des Arbeitgebers, denn in letzterem Fall ist es möglich, dass der Arbeitgeber gar nicht oder nur teilweise anrechnet. Konsequenz einer Tarifautomatik wäre nicht nur die fehlende Ausübungskontrolle, sondern auch die fehlende Beteiligung des Betriebsrats. Zudem wird auch im Falle eines Widerrufsvorbehalts der unter den Vorbehalt gestellte Vergütungsbestandteil bei Vorliegen des Widerrufsgrundes nicht automatisch gekürzt, sondern es bedarf einer Entscheidung des Arbeitgebers. Es spricht mithin alles dafür, bei Fehlen eines ausdrücklichen Anrechnungsvorbehalts davon auszugehen, dass dem Arbeitgeber die Entscheidung über die Anrechnung zusteht.

Die Frage, ob die Ausübung billigem Ermessen im Sinne des § 315 BGB entspricht, ist im Regelfall zu bejahen, da das Arbeitsentgelt nominal unverändert bleibt.[868] Maßgeblich ist, ob die beiderseitigen Interessen angemessen berücksichtigt und abgewogen wurden. Dafür ist eine Einzelfallbetrachtung anzustellen. Zu bedenken ist bei Vereinbarung einer allgemeinen Zulage, dass die Tariflohnerhöhung den vorher mit der Zulage verfolgten Zweck erfüllt, das für den Arbeitnehmer zur Verfügung stehende Einkommen zu erhöhen.[869] Die Rechtsprechung sieht die Tariflohnerhöhung als einen sachlichen, die Anrechnung rechtfertigenden Grund.[870]

Neben der Einhaltung billigen Ermessens wird geprüft, ob der Arbeitgeber dem Gleichbehandlungsgrundsatz zuwider gehandelt oder gegen allgemeine Grundsätze verstoßen hat (z. B. § 612a BGB). Eine Bindung an den Gleich-

866 Vgl. etwa BAG v. 23.5.2007, NJOZ 2007, 3901 (3908).

867 So die Vertragsklauseln in BAG v. 27.8.2008, NZA 2009, 49; v. 13.2.1990, DB 1990, 1238 (1239); v. 22.8.1979, AP § 4 TVG Übertariflicher Lohn und Tariflohnerhöhung Nr. 11; LAG Berlin-Brandenburg v. 21.1.2010 – 25 Sa 2201/09; LAG Düsseldorf v. 31.3.1989, LAGE § 4 TVG Tariflohnerhöhung Nr. 5.

868 ErfK-Preis, §§ 305-310 BGB Rn. 66; vgl. auch BAG v. 27.8.2008, NZA 2009, 49 (52).

869 Preis, Lehrbuch, § 39 II. 4.

870 BAG v. 22.8.1979, AP § 4 Übertariflicher Lohn und Tariflohnerhöhung Nr. 11; v. 22.9.1992, NZA 1993, 569.

heitsgrundsatz wird teilweise auch von der Auffassung vorausgesetzt, die eine Billigkeitskontrolle ablehnt.[871] Dieser gebietet, dass sich der Arbeitgeber nicht gleichheitswidrig bei bestimmten Arbeitnehmern bzw. Arbeitnehmergruppen auf die Anrechnung beruft.[872]

V. Mitbestimmungsrechte des Betriebsrats

Während der 4. und der 5. Senat des BAG im Falle der Anrechnung einer Tariflohnerhöhung auf über- bzw. außertarifliche Zulagen angenommen haben, dass mangels einer Entscheidung bzw. Maßnahme des Arbeitgebers kein Mitbestimmungsrecht besteht[873], sind dem der Große Senat und der 1. Senat entgegengetreten.[874] Es sei unerheblich, wie die Anrechnung im Einzelfall konzipiert sei.[875] Maßgeblich sei allein, ob Fragen der betrieblichen Lohngestaltung betroffen seien.

Darüber hinaus kann den Vorlagebeschlüssen des 1. Senats vom 13.02.1990[876] entnommen werden, dass, sofern die ursprüngliche Zulagenordnung unter Beachtung des Mitbestimmungsrechts aufgestellt wurde, die Zustimmung des Betriebsrats zu der Anrechnung der übertariflichen Zulagen antizipiert ist und damit die spätere Anrechnung auch ohne erneute Mitbestimmung erfolgen kann. Anders sei dies hingegen, wenn bereits die Zulagenordnung unter Verletzung des Mitbestimmungsrechts zustande gekommen sei.

Die mehrheitliche Auffassung in der Literatur schließt sich der Rechtsprechung an und geht ohne weitere Problematisierung davon aus, dass dem Be-

871 Z. B. Thüsing, Rn. 288; Thüsing/Mengel, 2.4.2.

872 BAG v. 23.5.2007, NJOZ 2007, 3901 (3908); v. 22.8.1979, AP § 4 TVG Übertariflicher Lohn und Tariflohnerhöhung Nr. 11; v. 9.6.1982, NJW 1982, 2838.

873 BAG v. 28.10.1987, BB 1988, 702 (704); v. 16.4.1986 – 5 AZR 115/85, 116/85 und 117/85 – alle unveröff.; v. 16.9.1987 – 4 AZR 206/87, 329/87, 330/87 und 331/87 – und v. 28.10.1987 – 4 AZR 242/87 – alle unveröff.; vgl. die weiteren Nachweise bei BAG v. 24.11.1987, EzA § 87 BetrVG 1972 Betriebliche Lohngestaltung Nr. 17 S. 6; so auch Ramrath, DB 1990, 2593 (2601); a. A. nun BAG v. 1.3.2006, NZA 2006, 746 (749).

874 BAG v. 3.12.1991, NZA 1992, 749; v. 22.9.1992, AP § 87 BetrVG 1972 Lohngestaltung Nr. 54; v. 14.2.1995, NZA 1996, 328 (329); v. 10.3.2009, NZA 2009, 684 (685).

875 BAG v. 3.12.1991, NZA 1992, 749 (755); v. 14.2.1995, NZA 1996, 328 (329); so auch MünchAnwHdb-Kolvenbach/Glaser, § 23 Rn. 31.

876 DB 1990, 1238 (1239); NZA 1990, 654 (655); vgl. auch BAG v. 24.11.1987, AP § 87 BetrVG 1972 Lohngestaltung Nr. 31.

triebsrat bei der Anrechnung einer Tariflohnerhöhung auf übertarifliche Lohnbestandteile ein Mitbestimmungsrecht nach § 87 Abs. 1 Nr. 10 BetrVG zusteht.[877]

Eine andere Auffassung in der Literatur definiert den Dotierungsrahmen als Differenz zwischen den vereinbarten übertariflichen Effektiv- und den jeweiligen Tariflöhnen der Arbeitnehmer.[878] Daraus resultiere, dass sich anlässlich einer Tariflohnerhöhung das zur Verfügung gestellte Volumen um die Summe der Beträge der Erhöhung der Tariflöhne der einzelnen Arbeitnehmer verringere, ohne dass es dazu einer Entscheidung des Arbeitgebers bedürfe. Mithin entfalle der Ansatzpunkt für ein Mitbestimmungsrecht des Betriebsrats.

Dem BAG ist darin zuzustimmen, dass es nicht darauf ankommen kann, wie die Anrechnung im Einzelfall konzipiert ist, denn letztlich kann es von Zufälligkeiten abhängen, ob die Anrechnung automatisch oder durch eine Gestaltungserklärung erfolgt. Dabei handelt es sich nur um eine Frage der Gestaltung. Die Wirkung, auf die es ankommt, ist dieselbe. Häufig wird die Anrechung ohnehin eine Entscheidung des Arbeitgebers voraussetzen und diesem obliegen, festzulegen, ob überhaupt eine teilweise oder vollständige Anrechnung erfolgen soll.[879] Zudem ist auf den Sinn und Zweck des Mitbestimmungsrechts, die Herbeiführung von Verteilungsgerechtigkeit, abzustellen, die unabhängig von der vertraglichen Konstruktion anzustreben ist.

Im Hinblick auf die Einzelheiten des Mitbestimmungsrechts nach § 87 Abs. 1 Nr. 10 BetrVG kann im Wesentlichen auf die obigen Ausführungen verwiesen werden. So besteht ein Mitbestimmungsrecht des Betriebsrats nur, sofern sich aufgrund der Anrechnung die Verteilungsrelationen ändern und für eine anderweitige Verteilung des Zulagenvolumens ein Regelungsspielraum verbleibt.[880] Dabei können sich die Verteilungsgrundsätze nicht nur bei einer teilweisen Anrechnung der Tariflohnerhöhung, sondern auch bei einer vollständigen Anrechnung ändern, wenn der Arbeitgeber das hierdurch eingesparte Entgeltvolumen in Zukunft nach anderen Grundsätzen verteilen möchte.[881] Die vollständige Anrechnung ist hingegen mitbestimmungsfrei, sofern das Zulagen-

877 Preis, Der Arbeitsvertrag, II V 70 Rn. 101; Wiese, NZA 1990, 793 (797 f.); Fitting/Engels/Schmidt/ Trebinger/Linsenmaier, § 87 BetrVG Rn. 470 ff.; Richardi, NZA 1992, 961; kritisch Anm. Kraft zu BAG v. 22.9.1992, AP § 87 BetrVG 1972 Lohngestaltung Nr. 54, der ein Mitbestimmungsrecht nur bei einer vom Arbeitgeber veranlassten Änderung für gegeben hält.

878 Ramrath, DB 1990, 2593 (2602).

879 Vgl. BAG v. 13.2.1990, DB 1990, 1238 (1239).

880 BAG v. 10.3.2009, NZA 2009, 684 (685); v. 3.12.1991, NZA 1992, 749 (752); v. 17.1.1995, NZA 1995, 792 (793); Preis, Der Arbeitsvertrag, II V 70 Rn. 101; Fitting/Engels/Schmidt/Trebinger/Linsenmaier, § 87 BetrVG Rn. 473.

881 BAG v. 11.2.1992, EzA § 87 BetrVG 1972 Betriebliche Lohngestaltung Nr. 32.

volumen völlig aufgezehrt wird oder die Anrechnung gleichmäßig erfolgt.[882] Letztere setzt voraus, dass alle Arbeitnehmer prozentual dieselbe Zulagenhöhe über dem Tariflohn erhalten haben und die Anrechnung prozentual gleichmäßig erfolgt.[883] Voraussetzung ist dann allerdings ebenfalls, dass kein Zulagenvolumen mehr zur Verfügung steht. Anderenfalls würde die Frage der Neuverteilung wieder der Mitbestimmung unterliegen.

Rechnet der Arbeitgeber zunächst eine Tariflohnerhöhung auf übertarifliche Zulagen vollständig an und sagt er nachfolgend neue übertarifliche Leistungen zu, so ist das Vorgehen insgesamt mitbestimmungspflichtig, wenn dieses auf einer einheitlichen Konzeption beruht.[884] Das ist nachvollziehbar, da sich der Vorgang nicht mehr als vollständige Anrechnung darstellt, sondern als teilweise Anrechnung und anderweitige Verteilung des durch die Anrechnung eingesparten Betrages. Ein unmittelbarer Zusammenhang und damit ein einheitliches Konzept setzen nicht voraus, dass der Arbeitgeber gleichzeitig mit seiner Einsparentscheidung die Vergabe neuer Zulagen beschließt. Ausreichend ist, dass der Arbeitgeber sich zunächst nur finanzielle Spielräume schaffen will, um die Gewährung neuer Leistungen zu ermöglichen.[885] Dabei kann ein geringer zeitlicher Abstand zwischen der Anrechnung und der Neuvergabeentscheidung für ein einheitliches Vorgehen sprechen.[886]

Bis zu einer Einigung mit dem Betriebsrat können das Zulagenvolumen und – sofern die Verteilungsgrundsätze unberührt bleiben – auch die einzelnen Zulagen gekürzt werden.[887] Dies beruht darauf, dass sich das Mitbestimmungsrecht nicht darauf erstreckt, inwieweit das Zulagenvolumen generell gekürzt wird.[888] Lediglich die Frage, wie das gekürzte Zulagenvolumen auf die Arbeitnehmer neu verteilt werden soll, unterliegt der Mitbestimmung.

Uneinigkeit besteht über die Konsequenzen bei einer mitbestimmungswidrigen Anrechnung. Das BAG geht davon aus, dass die Anrechnung in diesem Fall individualrechtlich unwirksam ist.[889] Abgeleitet wird dies aus einem Vergleich

---

882 BAG v. 10.3.2009, NZA 2009, 684 (685); v. 3.12.1991, NZA 1992, 749 (752); v. 3.6.2003 – 1 AZR 314/02 n. v.

883 Thüsing/Mengel, 2.4.3; vgl. auch BAG v. 13.2.1990, DB 1990, 1238 (1239).

884 BAG v. 17.1.1995, NZA 1995, 792; vgl. auch BAG v. 3.8.1982, NJW 1983, 2519; v. 3.5.1994, NZA 1995, 40 (44); vgl. dazu auch Hoß, NZA 1997, 1129 (1133).

885 BAG v. 3.5.1994, NZA 1995, 40 (44).

886 BAG v. 17.1.1995, NZA 1995, 792 (794); vgl. auch Fitting/Engels/Schmidt/Trebinger/Linsenmaier, § 87 BetrVG Rn. 481 f.

887 BAG v. 3.12.1991, NZA 1992, 749 (759).

888 BAG v. 3.12.1991, DB 1990, 1238.

889 BAG v. 10.3.2009, NZA 2009, 684 (686); v. 3.12.1991, NZA 1992, 749 (759); v. 11.2.1992, EzA § 87 BetrVG 1972 Betriebliche Lohngestaltung Nr. 32; v. 14.2.1995,

zum Widerruf. Auch bei der Anrechnung handele es sich um eine Maßnahme, die den Arbeitnehmer belaste.

Zu einem anderen Ergebnis kommt das LAG Düsseldorf.[890] Nach dieser Entscheidung muss der Arbeitnehmer sich zwar die Kürzungsentscheidung entgegenhalten lassen, allerdings muss er nicht hinnehmen, dass die Zulage weitergehend gekürzt wird, als diese bei Beibehaltung der bisherigen Verteilungsgrundsätze hätte gekürzt werden können. Dem Arbeitnehmer steht mithin die bisherige Zulage weiterhin zu, allerdings gekürzt um den Prozentsatz, um den das gesamte Zulagenvolumen reduziert wurde.[891]

Dem BAG muss insofern zugestimmt werden, als es vorbringt, dass die Aufspaltung in einen mitbestimmungspflichtigen und einen mitbestimmungsfreien Teil künstlich erscheint.[892] Sinnvoller könnte es sein, die Frage der Wirksamkeit auf die gesamte Anrechnung zu erstrecken. Da der großzügigere Arbeitgeber, der nur teilweise anrechnet, durch die Sanktion der Unwirksamkeit schlechter gestellt wird als ein Arbeitgeber, der die übertarifliche Zulage vollständig anrechnet, könnte darüber nachgedacht werden, die Anrechnung auf individualrechtlicher Ebene gleichwohl als wirksam zu erachten. Da der Arbeitnehmer keinen Anspruch auf Aufstockung der übertariflichen Entgeltbestandteile hat, könnte man – wie im Falle des Freiwilligkeitsvorbehalts – davon ausgehen, dass die Verletzung des Mitbestimmungsrechts nicht zu einem Entstehen eines individualrechtlichen Anspruchs führen kann.[893] Der Unterschied zum Freiwilligkeitsvorbehalt besteht jedoch darin, dass der Arbeitnehmer – vorbehaltlich der Anrechnung – einen arbeitsvertraglichen Anspruch auf Gewährung des übertariflichen Entgelts hat.

Es sollte auf den Sinn und Zweck des Mitbestimmungsrechts abgestellt werden, die Herbeiführung von Verteilungsgerechtigkeit. Diese Aufgabe schreibt das Gesetz dem Betriebsrat zu. Erfolgt nun eine Anrechnung unter Änderung der Verteilungsgrundsätze ohne Mitbestimmung des Betriebsrats, kann diese Aufgabe nicht erfüllt werden. Es spielt mithin keine Rolle, wie sich der Vorgang der Anrechnung im Einzelnen aufspaltet. Maßgeblich ist, ob die Verteilungsgerechtigkeit gewahrt wurde. Diese Frage ist bei Übergehung des Betriebsrats zu verneinen. Der Vorgang ist mithin einheitlich zu betrachten.

NZA 1996, 328 (330); a. A. LAG Rheinland-Pfalz v. 7.7.2011 – 2 Sa 36/11 bei Verletzung des Mitbestimmungsrechts der Personalvertretung.

890 LAG Düsseldorf v. 5.5.1993, DB 1993, 2602 (2603).

891 So auch Richardt, S. 234 ff.; zu dem gleichen Ergebnis, allerdings über § 140 BGB, gelangt das LAG Hamburg v. 18.10.1994 – 2 Sa 108/93 n. v.

892 BAG v. 19.9.1995, NZA 1996, 386 (388).

893 Vgl. BAG v. 20.8.1991, NZA 1992, 225 (227).

Weiterhin kann auch auf die Konsequenzen der Verletzung des Mitbestimmungsrechts beim Widerruf verwiesen werden. Will der Arbeitgeber einen Vergütungsbestandteil widerrufen und ändern sich dadurch die Verteilungsgrundsätze, ist der Widerruf insgesamt unwirksam, wenn der Betriebsrat nicht beteiligt wurde. Auch in diesem Fall findet keine Aufspaltung statt, obwohl auch der Widerruf mitbestimmungsfrei ist, sofern sich durch diesen das Verhältnis der Zulagen zueinander nicht ändert. Würde man der Auffassung des LAG Düsseldorf[894] folgen, müsste auch in diesem Fall angenommen werden, dass sich der Arbeitnehmer die Kürzung nur insoweit entgegenhalten lassen muss, als sich dadurch die Verteilungsgrundsätze nicht ändern. Nur im Übrigen wäre der Widerruf wegen Verletzung des Mitbestimmungsrechts unwirksam. Dies wird allerdings unstreitig nicht angenommen. Im Bereich der Anrechnung bestehen keine Besonderheiten, die eine abweichende Beurteilung rechtfertigen. Eine Anrechnung wirkt sich im Ergebnis für den Arbeitnehmer günstiger aus als ein Widerruf, da das Gesamtentgelt unverändert bleibt bzw. sich zumindest nicht vermindert. Daher ist es auch erforderlich, dass der Arbeitnehmer im Falle der Anrechnung bei Übergehung des Betriebsrats nicht schlechter gestellt wird als beim Widerruf. Dies ist aber nur der Fall, wenn von der vollständigen Unwirksamkeit der Anrechnung ausgegangen wird. Wenn man bedenkt, dass es für den Arbeitgeber in der Regel unproblematisch möglich sein wird, den Betriebsrat zu beteiligen, erscheint die Sanktion der Unwirksamkeit angemessen.

Von Seiten des BAG wurde in Betracht gezogen, dass die mitbestimmte Regelung über die Verteilung des gekürzten Zulagenvolumens rückwirkende Geltung auf den Zeitpunkt des Inkrafttretens der Tariflohnerhöhung beansprucht.[895] Letztlich wird dieser Frage allerdings wenig Bedeutung beigemessen, da zum einen die Gefahr bestehe, dass der Arbeitgeber die zuviel gezahlten Zulagen von den Arbeitnehmern nicht zurückfordern könne. Zum anderen hänge eine solche Regelung von der Zustimmung des Betriebsrats ab.

VI. Musterformulierung eines Anrechnungsvorbehalts

> „Der Mitarbeiter erhält zusätzlich zum Tarifentgelt eine Zulage für (…). Diese Zulage kann auf das Tarifentgelt angerechnet werden, soweit sich dieses infolge von Tariferhöhungen oder einer Umgruppierung des Arbeitnehmers erhöht.“[896]

Bei der übertariflichen Zulage in Höhe von … € handelt es sich um einen im Falle einer Tariflohnerhöhung anrechenbaren Vergütungsbestandteil. Eine An-

894 LAG Düsseldorf v. 5.5.1993, DB 1993, 2602.

895 BAG v. 13.2.1990, NZA 1990, 654 (657).

896 Bauer/Chwalisz, ZfA 2007, 339 (350).

rechnung ist auch möglich, wenn eine Arbeitszeitverkürzung mit Lohnausgleich erfolgt.

VII. Zwischenergebnis

Der Anrechnungsvorbehalt bietet nur ein geringes Flexibilisierungspotential, da er zum einen keine aktive Senkung der Personalkosten ermöglicht, zum anderen kann von diesem Gestaltungsinstrument nur im Falle einer Tariflohnerhöhung Gebrauch gemacht werden. Hinzu kommt, dass die Anrechnung die Großzügigkeit des Arbeitgebers voraussetzt, denn diese kann nur erfolgen, wenn der Arbeitnehmer übertariflich vergütet wird. Nicht verkannt werden darf aber, dass sich ein Arbeitgeber, der seinen Arbeitnehmern durch übertarifliche Vergütungsbestandteile einen Leistungsanreiz bieten will, absichern kann für den Fall, dass das Tarifentgelt erhöht wird. Für die Anrechnung bedarf es nicht einmal besonderer Voraussetzungen. Lediglich wenn eine besondere Zulage auf eine (allgemeine) Tariflohnerhöhung angerechnet werden soll, wird ein ausdrücklicher Anrechnungsvorbehalt im Arbeitsvertrag verlangt. Auch die Vereinbarung von Gründen für die Anrechnung wird nicht vorausgesetzt. Bei einer Änderung der Verteilungsgrundsätze ist das Mitbestimmungsrecht des Betriebsrats nach § 87 Abs.1 Nr. 10 BetrVG zu beachten. Wird der Betriebsrat übergangen, ist die Anrechnung individualrechtlich unwirksam.

D. Der Teilkündigungsvorbehalt

Beim Teilkündigungsvorbehalt handelt es sich um eine vertragliche Klausel, die dem Arbeitgeber das Recht einräumt, einzelne Vertragsbestandteile im laufenden Arbeitsverhältnis zu kündigen.[897] Im Gegensatz zur Änderungskündigung kommt der Teilkündigung kassatorischer Charakter zu. Schließlich wird ein Teil des Rechtsverhältnisses beseitigt. Auch die Änderungskündigung kann zur Beseitigung eines Teils des Rechtsverhältnisses führen. Regelmäßig kommt es jedoch nicht nur zur Beseitigung, sondern zur Änderung einer Arbeitsbedingung oder, wenn keine Einigung erzielt wird, sogar zur Beendigung des Arbeitsverhältnisses.[898] Das KSchG findet auf die Teilkündigung keine Anwendung.[899]

897 ErfK-Müller-Glöge, § 620 BGB Rn. 49.

898 Zu den Einzelheiten Hueck, RdA 1968, 201 (202).

899 BAG v. 13.3.2007, NZA 2007, 563 (565); KR-Rost, § 2 KSchG Rn. 53; APS-Künzl, § 2 KSchG Rn. 80.

Daher ist auch der Betriebs- bzw. Personalrat nicht zu beteiligen.[900] Mit dem Begriff der Teilkündigung ist nur eine solche gemeint, mit der einzelne Arbeitsbedingungen aus dem Arbeitsvertrag herausgetrennt werden sollen. Nicht erfasst wird die Konstellation, dass von mehreren miteinander verknüpften Rechtsverhältnissen – zum Beispiel Arbeitsvertrag und Arbeitgeberdarlehen – eines von diesen gekündigt wird.

I. Die Auffassung der Rechtsprechung

Die Rechtsprechung hält die nicht vorbehaltene Teilkündigung für unzulässig, weil sie zu einer unzulässigen einseitigen Veränderung des Verhältnisses von Leistung und Gegenleistung führe.[901] Im Gegensatz zur Kündigung, die das Arbeitsverhältnis in seinem ganzen Bestand erfasse, betreffe die Teilkündigung nur einzelne Rechte und Pflichten. Dadurch werde das vereinbarte Äquivalenz- und Ordnungsgefüge gestört. Die Rechte und Pflichten stünden in vielfachen inneren Beziehungen, was durch die Teilkündigung nicht ausreichend berücksichtigt werde. Allenfalls bei Vorliegen einer Vereinbarung könne eine Teilkündigung zugelassen werden.[902] Dann aber sei ein entsprechender Vorbehalt, der in seiner Wirkung dem Widerrufsvorbehalt gleiche, in einen solchen umzudeuten.[903]

II. Die Auffassung der Literatur

Auch ein Großteil der Literatur spricht sich gegen die Zulässigkeit der Teilkündigung aus.[904] Das Arbeitsverhältnis bestehe aus einer Vielzahl unterschiedlicher

---

900 KR-Etzel, § 102 BetrVG Rn. 37.

901 BAG v. 7.10.1982, EzA § 315 BGB Nr. 28; v. 14.11.1990, AP § 611 BGB Arzt-Krankenhaus-Vertrag Nr. 25; v. 12.2.1987 – 6 AZR 129/84; v. 4.2.1958, AP § 620 BGB Teilkündigung Nr. 1; v. 25.2.1988, NZA 1988, 769 (770).

902 BAG v. 14.11.1990, AP § 611 Arzt-Krankenhaus-Vertrag Nr. 25; v. 7.10.1982, EzA § 315 BGB Nr. 28.

903 BAG v. 25.2.1988, AP § 611 BGB Arzt-Krankenhaus-Vertrag Nr. 18; 14.11.1990, AP BGB § 611 Arzt-Krankenhaus-Vertrag Nr. 25; v. 7.10.1982, EzA § 315 BGB Nr. 28; a. A. noch BAG v. 8.11.1957, AP § 242 BGB Betriebliche Übung Nr. 2; v. 4.2.1958, AP § 620 BGB Teilkündigung Nr. 1; v. 30.5.1980, AP § 611 BGB Arzt-Krankenhaus-Vertrag Nr. 8.

904 APS-Künzl § 2 KSchG Rn. 81; v. Hoyningen-Huene/Linck § 2 KSchG Rn. 59; KR-Rost, § 2 KSchG Rn. 51; Bauer/Chwalisz, ZfA 2007, 339 (347); Gaul, ZTR 1998, 245 (249); Hromadka, RdA 1992, 234 (251); Hueck, RdA 1968, 201 (205) sieht in einer Teilkündigung einen Verstoß gegen die Vertragsautonomie; a. A. Joachim, RdA 1957, 326 (329); Wank in: Hromadka, Änderung von Arbeitsbedingungen, S. 48 f.

Regelungen, die als ausgewogenes Vertragswerk auch nur als Ganzes gekündigt werden könnten.[905] Sofern die Teilkündigung vertraglich zwischen den Parteien vereinbart sei[906], stelle sie nichts anderes als einen Widerrufsvorbehalt mit Ankündigungsfrist dar.[907] Aus diesem Grund sei sie in einen solchen umzudeuten und den insoweit geltenden Grundsätzen zu unterstellen.[908] Dem Argument der Gegenauffassung, dass durch die Umdeutung der Schutz durch die Kündigungsfristen verloren ginge, sei entgegenzuhalten, dass eine entsprechende Überprüfung im Rahmen des § 315 BGB erfolgen könne.[909] Auch der Widerruf könne von der Einhaltung einer Frist abhängig gemacht werden und entfalte dann erst zu diesem späteren Zeitpunkt seine Wirkung.[910]

In der Literatur gibt es aber auch Stimmen, die die zwanghafte Umdeutung in einen Widerrufsvorbehalt für unnötig halten, da ein Teilkündigungsvorbehalt ebenfalls nur unter den allgemeinen Voraussetzungen transparenter Änderungsvorbehalte zugelassen werden könne.[911] Sofern sichergestellt sei, dass der Kündigungsschutz nicht umgangen werde, sei ein ausreichender Schutz gewährleistet.[912] Im Übrigen sei die an sachliche Gründe und Kündigungsfristen gebundene Teilkündigung schonender als ein Widerruf, der regelmäßig nicht an eine Frist gebunden sei.[913] Auch die Möglichkeit der Teilbefristung[914] spreche für die Zulässigkeit der Teilkündigung.[915] Beim Teilkündigungsvorbehalt handele es sich um ein flexibles Instrument zur Anpassung der Arbeitsbedingungen.

Beide Auffassungen führen zu einer Überprüfung des Teilkündigungsvorbehalts anhand der für die Überprüfung von Änderungsvorbehalten aufgestellten

905 V. Hoyningen-Huene-Linck, § 2 KSchG Rn. 59; KR-Rost, § 2 KSchG Rn. 51.

906 Nach ErfK-Müller-Glöge, § 620 BGB Rn. 49 kann sich eine Vereinbarung auch durch Auslegung ergeben.

907 Hromadka, RdA 1992, 234 (242 f.).

908 V. Hoyningen-Huene/Linck § 2 KSchG Rn. 60; KR-Rost § 2 KSchG Rn. 51; APS-Künzl, § 2 KSchG Rn. 81; Deich, § 12 E.; Hromadka, RdA 1992, 234 (243); Gaul, ZTR 1998, 245 (249); Hueck, RdA 1968, 201 (205); Däubler/Bonin/Deinert-Bonin, § 307 BGB Rn. 210 lehnen eine Umdeutung ab, erzielen jedoch das gleiche Ergebnis im Wege der Auslegung.

909 KR-Rost, § 2 KSchG Rn. 52.

910 APS-Künzl, § 2 KSchG Rn. 81.

911 ErfK-Preis, §§ 305-310 BGB Rn. 63; APS-Preis, Grundlagen E. Rn. 16; ähnlich Lindemann, S. 66; für die Zulässigkeit von Teilkündigungen auch: Joachim, RdA 1957, 326 (329); Schlessmann, DB 1959, 977.

912 Preis, Vertragsgestaltung, S. 432; so auch Wank in: Hromadka, Änderung von Arbeitsbedingungen, S. 49.

913 ErfK-Preis §§ 305-310 BGB Rn. 63; vgl. auch Hromadka, DB 1995, 1609 (1610).

914 Vgl. etwa BAG v. 13.6.1986, NZA 1987, 241; v. 27.7.2005, NZA 2006, 40.

915 APS-Preis, Grundlagen E. Rn. 16.

Grundsätze.[916] Maßstab für die Inhaltskontrolle sei im Falle eines sich auf Entgeltbestandteile beziehenden Teilkündigungsvorbehalts die Vorschrift des § 308 Nr. 4 BGB.[917] Die Ansicht, die die Anerkennung des Teilkündigungsvorbehalts befürwortet, prüft im Rahmen der Inhaltskontrolle, ob durch eine entsprechende Kündigung das Verhältnis von Leistung und Gegenleistung gestört wird.[918] Führe die Kündigung zu einem Missverhältnis zwischen Leistung und Gegenleistung, sei sie unwirksam. Eine unwirksame Teilkündigung könne nicht in eine Änderungskündigung umgedeutet werden.[919]

III. Eigene Stellungnahme

Zu Recht wird gegen die Anerkennung der Teilkündigung eingewandt, dass diese zur Störung des Äquivalenzverhältnisses führt. Dem kann nicht entgegengehalten werden, dass eine Kündigung des Arbeitsverhältnisses die gleiche Wirkung habe und trotzdem zulässig sei. Bei Letzterer reduzieren sich die Rechte und Pflichten der Parteien in gleicher Weise. Das Synallagma wird praktisch aufgehoben, so dass eine Störung nicht mehr eintreten kann. Zudem ist die Kündigung des Arbeitsverhältnisses gesetzlich zugelassen. Mit der Teilkündigung löst sich der Arbeitgeber einseitig von einzelnen Pflichten, ohne dass ihm ein solches Recht gesetzlich zusteht. Existiert nicht einmal ein vertraglicher Vorbehalt, verstößt der Arbeitgeber mit der Teilkündigung zudem gegen den Grundsatz der Vertragsbindung („pacta sunt servanda"). Gegen die Auffassung, die den Teilkündigungsvorbehalt eigenständig anerkennt, spricht darüber hinaus, dass sich der Gesetzgeber mit der Möglichkeit der Kündigung einzelner Vertragsbedingungen auseinandergesetzt und mit der Änderungskündigung ein flexibles Instrument eingeführt hat, dessen Voraussetzungen nicht durch die Teilkündigung umgangen werden dürfen. Zwar könnte man entsprechende Anforderungen auch für die Teilkündigung verlangen, so dass die Voraussetzungen der Änderungskündigung nicht umgangen werden. Allerdings fragt sich gerade dann, warum überhaupt ein Bedürfnis für die Anerkennung der Teilkündigung besteht. Argumentiert man damit, dass die Änderungskündigung im Falle einer nur geringfügigen Änderung unangemessen sei, dürfte dann allerdings auch die Hürde für einen Änderungsvertrag gering sein, so dass der Arbeitgeber auf diesen verwiesen werden kann. Es ist nicht ersichtlich, aus welchem Grund der Ar-

916 Vgl. etwa KR-Rost, § 2 KSchG Rn. 53; ErfK-Preis §§ 305-310 BGB Rn. 63; Däubler/Bonin/Deinert-Bonin, § 307 BGB Rn. 209.

917 Däubler/Bonin/Deinert-Bonin, § 378 BGB Rn. 209; APS-Künzl, § 2 KSchG Rn. 81.

918 ErfK-Müller-Glöge, § 620 BGB Rn. 49.

919 KR-Rost, § 2 KSchG Rn. 53.

beitgeber in anderen Fällen auf die von Gesetz und Rechtsprechung vorgesehenen Möglichkeiten verwiesen wird, im vorliegenden Fall allerdings ein eigenständiges Rechtsinstitut geschaffen werden soll.

Der Verweis auf die Änderungskündigung zur Ablehnung des eigenständigen Instituts des Teilkündigungsvorbehalts ist aber deswegen in Zweifel zu ziehen, weil die Änderungskündigung die Gefahr der Beendigung des Arbeitsverhältnisses mit sich bringt. Bei der Teilkündigung geht es hingegen ausschließlich um die Beendigung einzelner Vertragsbedingungen. Aufgrund des Verhältnismäßigkeitsprinzips ist der Arbeitgeber grundsätzlich dazu angehalten, von dem weniger einschneidenden Mittel Gebrauch zu machen. Mit der Möglichkeit der Teilkündigung könnte dem Arbeitgeber der Weg zur Änderungs- bzw. Beendigungskündigung abgeschnitten sein. Dieser Argumentation ist jedoch entgegenzuhalten, dass der Verhältnismäßigkeitsgrundsatz nur Geltung zwischen existierenden Instrumenten beansprucht und nicht zur Begründung eines neuen Instruments führen kann.

Ein Vergleich der Teilkündigung mit der Teilbefristung kann nicht angestellt werden. Die Wirkung ist eine andere. Während es bei der Teilbefristung nur um die vorübergehende Änderung der Arbeitsbedingungen geht, ändern sich im Falle der Teilkündigung die Arbeitsbedingungen dauerhaft.

Aus Gründen der Rechtssicherheit ist es sinnvoll, sich auf wenige Gestaltungsmittel zu beschränken und deren Voraussetzungen und Grenzen präzise festzulegen. Bei der Entwicklung weiterer Rechtsinstitute, die in ihren Anforderungen ohnehin den bisherigen entsprechen, würde der Klauselverwender erheblich verunsichert. Vor allem aber besteht kein Bedürfnis für einen Teilkündigungsvorbehalt, da der Arbeitgeber mit dem Widerrufsvorbehalt das gleiche Ergebnis erzielen kann, nämlich die Lösung von einzelnen Vertragsbedingungen. Sowohl hinsichtlich ihrer Konstruktion als auch ihrer Wirkung sind die Instrumente vergleichbar. Auch die von der Literatur vorgeschlagene Musterklausel zeigt bereits, dass ein Unterschied zum Widerrufsvorbehalt nicht erkennbar ist:

> „Die Zahlung der übertariflichen Zulage kann aus dringenden betrieblichen Erfordernissen gekündigt werden, insbesondere wenn der Jahresgewinn des Betriebs unter ...% des Jahresumsatzes sinkt. Dabei ist eine Frist von ...Monat(en) einzuhalten.[920]

Da kein eigener „Anwendungsbereich“ mehr für den Teilkündigungsvorbehalt bleibt, kann er nur als Widerrufsvorbehalt aufgefasst und den entsprechenden Voraussetzungen und Grenzen unterworfen werden.

920 Preis-Lindemann/Urmersbach, Arbeitsformen, S. 30.

IV. Zwischenergebnis

Besteht kein vertraglicher Vorbehalt der Teilkündigung, muss der Arbeitgeber auf die Änderungskündigung verwiesen werden. Die Voraussetzungen an die Änderungskündigung wurden im Gesetz ausdrücklich geregelt und dürfen nicht umgangen werden. Aber auch wenn der Arbeitsvertrag einen Teilkündigungsvorbehalt enthält, kann dieser nicht eigenständig anerkannt werden. Er weist, abgesehen von seiner Bezeichnung, keinerlei Unterschiede zum Widerrufsvorbehalt auf. Aus diesem Grund ist er als solcher zu verstehen und den insoweit geltenden Regeln zu unterwerfen.

E. Die Befristung von Entgeltbestandteilen

Bei der Befristung von Entgeltbestandteilen besteht die Verpflichtung zur Zahlung des entsprechenden Vergütungsteils nur bis zum Ablauf des vereinbarten Zeitraums. Der Vergütungsteil entfällt automatisch, es bedarf keines Ausführungsaktes durch den Arbeitgeber.[921] Dadurch steht bereits zum Zeitpunkt der Befristungsabrede die Geltungsdauer des befristeten Entgeltbestandteils fest. Aus diesem Grund verspricht dieses Gestaltungsinstrument wenig Flexibilität. Andererseits ist der Arbeitgeber insofern flexibel, als ihm bei Ablauf des vereinbarten Zeitraums die Entscheidungsbefugnis darüber zusteht, ob er den alten Zustand wieder eintreten lässt oder den Entgeltbestandteil weiterhin – befristet oder dauerhaft – gewährt. Der Vorteil der Befristung besteht für den Arbeitnehmer darin, dass er sich von vornherein auf den Endzeitpunkt der Leistungsgewährung einstellen kann. Aber auch für den Arbeitgeber besteht in Folge der Voraussehbarkeit größere Dispositionsfreiheit.[922] Daher ist es gut nachvollziehbar, dass das vergangene Schattendasein der Befristung einzelner Arbeitsbedingungen[923] passé und die Befristungsabrede ein beliebtes Mittel zur flexiblen Gestaltung von Arbeitsverträgen geworden ist.

I. Der Kontrollmaßstab für die Überprüfung vorformulierter Befristungsklauseln

Auch an dieser Stelle soll lediglich auf den Kontrollmaßstab für die Überprüfung von vorformulierten Befristungsabreden eingegangen werden. Ein Aushan-

921 Preis, Lehrbuch, § 39 II. 6.
922 Richardt, S. 167.
923 Vgl. Maschmann, RdA 2005, 212.

deln der Befristungsabrede wäre ohnehin nur zu bejahen, wenn der Arbeitgeber bereit wäre, ernsthaft über die unbefristete Gewährung des Vergütungsbestandteils zu verhandeln oder wenn die Befristung gerade auf Wunsch des Arbeitnehmers erfolgt.[924] Im letzteren Fall müsste das Interesse des Arbeitnehmers gerade darin liegen, die Leistung nur befristet zu erhalten. Das BAG stellte im Zusammenhang mit der Befristung eines Arbeitsvertrags den Grundsatz auf, dass entscheidend sei, ob der Arbeitnehmer auch bei einem Angebot des Arbeitgebers auf Abschluss eines unbefristeten Arbeitsvertrags nur ein befristetes Arbeitsverhältnis vereinbart hätte[925] und übertrug diesen Grundsatz auf die Befristung von Arbeitsbedingungen.[926] Während ein Aushandeln in Fällen der befristeten Arbeitszeiterhöhung oder der befristeten Übertragung einer höherwertigen Tätigkeit noch denkbar ist, ist dies bei der Befristung von Entgeltbestandteilen wohl kaum einmal der Fall.

1. Die Rechtsprechung des Bundesarbeitsgerichts

Wie auch im Rahmen von Widerrufsvorbehalten hat die ältere Rechtsprechung starken Einfluss auf die aktuelle Rechtsprechung und ist daher zunächst darzustellen. Nach dem grundlegenden Urteil des BAG vom 13.06.1986[927] fanden die zur Zulässigkeit befristeter Arbeitsverträge aufgestellten Grundsätze auf die Befristung einzelner Arbeitsbedingungen entsprechende Anwendung, so dass § 134 BGB i. V. m. § 2 KSchG der anzuwendende Kontrollmaßstab war. Demnach bedurfte die Befristung einzelner Arbeitsbedingungen eines sachlichen Grundes, wenn bei unbefristeter Änderung die neuen Arbeitsbedingungen dem Änderungsschutz des KSchG unterlegen hätten.[928] Begründet wurde diese Auffassung damit, dass das Kündigungsschutzgesetz auch den Inhaltsschutz umfasse und die Gefahr bestünde, dass Letzterer durch die Befristung entzogen würde.[929] Die Gefahr der Umgehung des KSchG bestehe aber nur dann, wenn der Arbeitnehmer bei Ablauf der Befristung Kündigungsschutz nach dem ersten Abschnitt des KSchG genieße. Bei der Frage des sachlichen Grundes knüpfte das BAG an die

924 Lunk/Leder, NZA 2008, 504 (505); vor der Schuldrechtsreform handelte es sich beim Wunsch des Arbeitnehmers um einen die Befristung rechtfertigenden Grund, BAG v. 4.6.2003, NJOW 2003, 3482 (3484); nunmehr führt dieser dazu, dass eine Verhandlungssituation gegeben ist und die §§ 305 ff. BGB keine Anwendung finden, Preis, Der Arbeitsvertrag, II Z 5 Rn. 25.

925 BAG v. 6.11.1996, AP § 620 BGB Befristeter Arbeitsvertrag Nr. 188; v. 26.8.1998, AP § 620 BGB Befristeter Arbeitsvertrag Nr. 203.

926 BAG v. 4.6.2003, NJOZ 2003, 3482 (3484).

927 NZA 1987, 241.

928 Bestätigung von BAG v. 12.12.1984, NZA 1985, 321.

929 BAG v. 13.6.1986, NZA 1987, 241 (242).

Typenbildung zur sachlichen Rechtfertigung des befristeten Arbeitsverhältnisses an.[930] Es stellte aber auch klar, dass die Anforderungen wegen der in der Regel bestehenden geringeren sozialen Schutzbedürftigkeit der betreffenden Arbeitnehmer nicht übertragen werden könnten.[931] Schließlich lasse die Befristung einzelner Vertragsbedingungen den Bestand des Arbeitsverhältnisses unberührt. Somit bedürfe es entsprechender Modifikationen. Der sachliche Grund müsse zudem auch die Dauer der Befristung rechtfertigen.

In den nachfolgenden Jahren ergänzte das BAG seine Rechtsprechung zur Befristung einzelner Arbeitsbedingungen und führte insbesondere aus, dass die Befristung eines rechtfertigenden Sachgrundes jedenfalls für solche Vertragsbedingungen bedürfe, die dem Änderungskündigungsschutz unterlägen, weil sie die Arbeitspflicht des Arbeitnehmers nach Inhalt oder Umfang in einer Weise änderten, die sich unmittelbar auf die Vergütung auswirke und damit das Verhältnis von Leistung und Gegenleistung maßgeblich beeinflusse.[932] Dem vom BAG am 21.04.1993[933] entschiedenen Fall, in dem die Befristung einer Provisionszusage, die 15% der Gesamtvergütung ausmachte, für zulässig erklärt wurde, liegt allerdings die Besonderheit zugrunde, dass neben der Befristung auch ein Änderungsvorbehalt vereinbart wurde. Aus den Urteilsgründen geht nicht eindeutig hervor, ob das BAG die konkrete Klausel an den für Änderungsvorbehalte oder an den für Befristungsabreden aufgestellten Grundsätzen gemessen hat. Daneben hat sich das BAG bislang nur mit Fällen beschäftigt, in denen es um die Erhöhung der Arbeitszeit und die Übertragung einer höherwertigen Tätigkeit ging. So verwundert es nicht, dass die Grundsätze des BAG auf die Veränderung der Arbeitspflicht Bezug nehmen.

Das seit dem 01.01.2001 geltende TzBfG, das die Befristung des Arbeitsverhältnisses insgesamt regelt, findet aufgrund des eindeutigen Wortlauts auf die Befristung einzelner Vertragsbestimmungen keine Anwendung.[934] Dies gilt nicht nur für die Klagefrist des § 17 TzBfG und das Schriftformerfordernis des

---

930 BAG v. 13.6.1986, NZA 1987, 241 (242 f.); vgl. auch BAG v. 15.4.1999, NZA 1999, 1115 (1116).

931 BAG v. 13.6.1986, NZA 1987, 241 (242 f.); v. 29.9.1999 – 7 AZR 205/98 n. v.

932 BAG v. 21.4.1993, NZA 1994, 476 (477); v. 15.4.1999, NZA 1999, 1115 (1116); v. 29.9.1999 – 7 AZR 205/98 n. v.; v. 23.1.2002, NZA 2003, 104 (105); v. 4.6.2003, AP § 17 TvBfG Nr. 1; zuletzt BAG v. 14.1.2004, NZA 2004, 719 (721).

933 NZA 1994, 476.

934 BAG v. 18.5.2011, AP § 22, 23 BAT Zulagen Nr. 47; v. 2.9.2009, NZA 2009, 1253 (1254); v. 18.1.2006, NJOZ 2007, 1139 (1144); v. 27.7.2005, NZA 2006, 40 (44); v. 14.1.2004, NZA 2004, 719 (721); v. 4.6.2003, AP § 17 TzBfG Nr. 1; v. 23.1.2002, NZA 2003, 104 (104 f.) (für die Vorgängerregelungen des Beschäftigungsförderungsgesetzes).

§ 14 Abs. 4 TzBfG, sondern auch für die Befristungsgründe des § 14 Abs. 1 TzBfG als auch die Möglichkeit der sachgrundlosen Befristung nach § 14 Abs. 2 TzBfG.[935] Neben dem eindeutigen Wortlaut spräche auch der Sinn und Zweck des Beschäftigungsförderungsgesetzes als Vorläufer des TzBfG gegen die Erstreckung auf die Befristung einzelner Vertragsbedingungen, denn dieser liege darin, die Einstellung von Arbeitnehmern zu erleichtern, nicht aber die Änderung von Arbeitsbedingungen.[936] Zudem spräche auch die Entstehungsgeschichte des TzBfG dafür, dass dieses Gesetz nur die Befristung des gesamten Arbeitsvertrags erfasse. Durch das TzBfG habe der Gesetzgeber europäische Vorgaben, die sich nur auf befristete Arbeitsverträge bezogen, umsetzen wollen.[937] Einer analogen Anwendung des TzBfG stünde das Fehlen einer unbewussten Regelungslücke entgegen, denn aufgrund der langjährigen Rechtsprechung könne nicht davon ausgegangen werden, dass der Gesetzgeber das Recht der Befristung einzelner Vertragsbedingungen versehentlich nicht geregelt habe.[938]

Aus der Nichtanwendbarkeit des TzBfG wurde aber nicht geschlossen, dass überhaupt keine Kontrolle der Befristung einzelner Arbeitsbedingungen stattfinden dürfe. Schließlich habe der Gesetzgeber mit der Schaffung des TzBfG lediglich die Rechtsstellung befristet beschäftigter Arbeitnehmer stärken wollen.[939] Hieraus folge aber nicht, dass an die Wirksamkeit der Befristung einzelner Arbeitsbedingungen nach Inkrafttreten des TzBfG geringere Anforderungen zu stellen seien. Insofern blieb die Rechtslage zunächst unberührt und es wurde weiterhin auf die Grundsätze der Umgehungsrechtsprechung zurückgegriffen.[940]

Nachdem die Befristung einzelner Arbeitsbedingungen in vorformulierten Verträgen nunmehr der Inhaltskontrolle nach Maßgabe der §§ 305 ff. BGB unterliegt, ist die Umgehungsrechtsprechung obsolet geworden.[941] Dagegen spreche auch nicht die Existenz des § 310 Abs. 4 S. 2 BGB, demzufolge bei der

---

935 BAG v. 23.1.2002, NZA 2003, 104 (für die Vorgängerregelungen des Beschäftigungsförderungsgesetzes); v. 14.1.2004, NZA 2004, 719 (721 f.).

936 BAG v. 23.1.2002, NZA 2003, 104 (105).

937 BAG v. 14.1.2004, NZA 2004, 719 (721 f.); der Befristungsteil dient der Umsetzung der Richtlinie 1999/70/EG des Rates vom 28.Juni 1999 zu der EGB-UNICE-CEEP-Rahmenvereinbarung über befristete Arbeitsverträge (Abl. EG 1999 Nr. L 175, S. 43).

938 BAG v. 14.1.2004, NZA 2004, 719 (722); v. 23.1.2002, NZA 2003, 104 (105).

939 BAG v. 14.1.2004, NZA 2004, 719 (722).

940 BAG v. 23.1.2002, NZA 2003, 104 (105); v. 4.6.2003, AP § 17 TzBfG Nr. 1; v. 14.1.2004, NZA 2004, 719 (721); LAG Brandenburg v. 27.7.2004, NZA-RR 2005, 180; vgl. auch BTDrucks 14/4374, S. 18

941 BAG v. 27.7.2005, NZA 2006, 40 (44 f.); v. 8.8.2007, NZA 2008, 229 (229 f.); v. 18.1.2006, NJOZ 2007, 1139 (1144); offen gelassen in BAG v. 14.1.2004, NZA 2004, 719 (722); so auch in LAG Brandenburg v. 27.7.2004, NZA-RR 2005, 180 (181 ff.) und in LAG Brandenburg v. 24.6.2004, 1 Sa 108/04.

Anwendung des AGB-Rechts auf Arbeitsverträge die arbeitsrechtlichen Besonderheiten angemessen zu berücksichtigen seien.[942] Die Beibehaltung der bisherigen Grundsätze als Besonderheiten des Arbeitsrechts widerspräche dem mit der Streichung der Bereichsausnahme angestrebten Zweck, das Schutzniveau im Arbeitsrecht demjenigen des Zivilrechts anzupassen.

2. Die Auffassung der Literatur

Während sich die älteren Literaturansichten teilweise der Rechtsprechung anschlossen und das KSchG als Kontrollmaßstab heranzogen[943], nahmen andere eine Kontrolle anhand des § 9 Abs. 2 AGBG auf der Grundlage des § 242 BGB vor.[944] Vereinzelt wurde auch differenziert und bei Befristungen in Einzelverträgen auf § 138 BGB und bei solchen in Allgemeinen Arbeitsbedingungen auf die §§ 242, 315 BGB abgestellt.[945] Auch hinsichtlich des sachlichen Grundes wurden unterschiedliche Auffassungen vertreten. Während Teile der Literatur einen sachlichen Grund für die Befristung für erforderlich hielten[946], wendeten sich andere Stimmen gegen ein solches Erfordernis.[947] Teilweise wurde ein sachlicher Grund auch nur bei der befristeten Besserstellung verlangt.[948] Die Rechtsprechung des BAG, die darauf abstellte, ob ein Eingriff in den durch die gesetzliche Änderungskündigungsschutzregelung geschützten Kernbereich des Arbeitverhältnisses vorlag[949], erfuhr erhebliche Kritik.[950] Jede Arbeitsbedingung unterliege dem Schutz vor einer Änderungskündigung.[951] § 2 KSchG unterteile nicht in einen Kern- und einen Randbereich. Die Formulierung „Eingriff in den durch die gesetzliche Änderungskündigungsschutzregelung geschützten Kernbereich

942 BAG v. 27.7.2005, NZA 2006, 40 (45).

943 Hueck/v. Hoyningen-Huene (1992), § 2 KSchG Rn. 587 ff.; KR-Rost (1996), § 2 KSchG Rn. 54i; Zeiss, SAE 1987, 174; Junker/Oechsler/Steckhan/Wank-Steckhan, S. 132.

944 Wolf, RdA 1988, 270 (274 f.).

945 Hromadka, RdA 1992, 234 (245).

946 Löwisch, ZfA 1986, 1 (6 ff.); KR-Rost (1996), § 2 KSchG Rn. 54i; Zeiss, SAE 1987, 174; MünchHdbArbR-Hanau (1992), § 60 Rn. 112.

947 Bickel, JuS 1987, 861; Wank in: Hromadka, Änderung von Arbeitsbedingungen, S. 62 ff.; Hromadka, RdA 1992, 234 (244 f.).

948 Krause, Anm. zu BAG v. 21.4.1993, EzA § 2 KSchG Nr. 20 (S. 9); Richardt, S. 184 f.

949 Vgl. BAG v. 21.4.1993, NZA 1994, 476 (477).

950 Hromadka, RdA 1992, 234 (244 f.); Bickel, JuS 1987, 861; Leuchten, NZA 1994, 721 (727); Zöllner, NZA 1997, 121 (124 f.); Annuß/Thüsing-Maschmann, § 14 TzBfG Rn. 19; Maschmann, RdA 2005, 212 (215 f.); kritisch auch Staudinger-Preis (1995), § 620 BGB Rn. 127; Kania, DB 1998, 2418 (2420).

951 Zöllner, NZA 1997, 121 (124 f.).

des Arbeitsverhältnisses“ lasse den Eindruck entstehen, als unterlägen nur die bedeutsamen, das Synallagma unmittelbar betreffenden Bedingungen der Sachgrundkontrolle.[952] Dies sei ersichtlich nicht der Fall. Auf eine eingehende Darstellung der Kritik gegen die damalige Rechtsprechung wird aufgrund der überholten Rechtslage verzichtet.

Seit dem Inkrafttreten des TzBfG am 01.01.2001 war zunächst unklar, ob – wie im Falle der Befristung des Arbeitsverhältnisses insgesamt – auch für die Befristung einzelner Arbeitsbedingungen ein sachlicher Grund erforderlich war.[953] Eine solche Kontrolle wurde teilweise befürwortet, um die Umgehung des gesetzlichen Sachgrunderfordernisses für die Befristung des gesamten Arbeitsvertrages zu verhindern.[954] Zum anderen wurde auch vertreten, die bisherige Rechtsprechung nach neuem Recht modifiziert fortzusetzen.[955] Unter Berücksichtigung der Wertungsmaßstäbe des Befristungsrechts sei zu prüfen, ob der Arbeitgeber für die Befristung einen sachlichen Grund habe. Eine weitere Ansicht befürwortete eine Inhalts- und Angemessenheitskontrolle im Sinne von §§ 242, 315 BGB bei Paritätsstörungen.[956] Andere wiederum schlossen von der Nichtanwendbarkeit des TzBfG darauf, dass die Befristung einzelner Arbeitsbedingungen schrankenlos möglich sei und eine Sachgrundprüfung nicht zu erfolgen habe.[957] Die Mehrheit der Stimmen im Schrifttum ging aber von der fortbestehenden Geltung der Kernbereichsrechtsprechung aus.[958] § 2 KSchG sei für die Befristung einzelner Vertragsbedingungen die gegenüber den Vorschriften des TzBfG sachnähere Norm.

Nach überwiegender Auffassung wird weder die Schriftform nach § 14 Abs. 4 TzBfG noch die Klagefrist nach § 17 TzBfG für anwendbar gehalten.[959]

952 Dörner (2004), Rn. 157.

953 Dafür: Annuß/Thüsing-Maschmann (2002), § 14 TzBfG Rn. 16; APS-Backhaus (2004), § 14 TzBfG Rn. 26; Meinel/Heyn/Herms (2004), § 14 TzBfG Rn. 19; Lakies, DZWIR 2001, 1 (8); dagegen: KR-Lipke (2004), § 14 TzBfG Rn. 18; Staudinger-Preis, § 620 BGB Rn. 231 f.

954 APS-Backhaus (2004), § 14 TzBfG Rn. 26; Annuß/Thüsing-Maschmann (2002), § 14 TzBfG Rn. 16.

955 Dörner (2004), Rn. 159.

956 KR-Lipke (2004), § 14 TzBfG Rn. 18 ff.; auch Preis, Vertragsgestaltung, S. 417 ff. und Hromadka, RdA 1992, 234 (244 f.) befürworteten eine Inhaltskontrolle.

957 Geyer, Fachanwalt Arbeitsrecht 2004, 101 (103 f.).

958 ErfK-Müller-Glöge (2004), § 3 TzBfG Rn. 23; Schaub-Schaub (2002), § 39 Rn. 35; KDZ-Däubler (2004), § 14 TzBfG Rn. 140; Meinel/Heyn/Herms (2004), § 14 Rn. 19; einschränkend Sievers, NZA 2002, 1182 (1185 f.); differenzierend Löwisch, Anm. AP § 1 BeschFG 1996 Nr. 12; a. A. Staudinger-Preis, § 620 BGB Rn. 231.

959 ErfK-Preis (2004), § 3 TzBfG Rn. 23; KDZ-Däubler, § 14 TzBfG Rn. 141; Lunk/Leder, NZA 2008, 504 (508); Dörner, Rn. 810 (hinsichtlich der Klagefrist); Staudinger-Preis,

Gegen die Anwendung der Klagefrist des § 17 TzBfG wird insbesondere vorgebracht, dass der Arbeitnehmer anderenfalls gezwungen wäre, im bestehenden Arbeitsverhältnis auf die Unwirksamkeit einer Befristung zu klagen, wenn die Befristung im bestehenden Arbeitsverhältnis ablaufe.[960] Darüber hinaus spreche nicht nur der Wortlaut gegen die Anwendung, sondern auch der Sinn und Zweck des § 17 TzBfG, Klarheit über den Bestand des Arbeitsverhältnisses zu erlangen. Überdies verweise § 17 Abs. 2 TzBfG auch nur auf die §§ 5-7 KSchG, nicht aber auf § 2 KSchG, der die Änderung von Arbeitsbedingungen regele.[961]

Andererseits wurde in der Vergangenheit geltend gemacht, dass der Verweis in § 17 S. 2 auf § 7 KSchG, der sich auch auf die Änderung der Arbeitsbedingungen beziehe, gerade für die Gegenauffassung streite.[962] Zudem stelle es einen Wertungswiderspruch dar, wenn die Beendigung des Arbeitsverhältnisses innerhalb der Frist geltend gemacht werden müsse, nicht aber der Verlust einzelner Arbeitsbedingungen.[963] Das BAG[964] gehe davon aus, dass im Arbeitsverhältnis stets eine zügige Klärung von Streitigkeiten notwendig sei.[965] Auch der Geschäftsverteilungsplan des BAG von 2002[966] untermauere diese Ansicht.[967] Dieser sehe die Zuständigkeit des 7. Senats für Streitverfahren vor, in denen es um die „Beendigung des Arbeitsverhältnisses ... aufgrund einer Befristung" gehe. Daraus leite der Senat allerdings auch seine Zuständigkeit für Verfahren ab, die die Befristung einzelner Arbeitsvertragsbedingungen beträfen. Vor diesem Hintergrund sei es schwerlich nachvollziehbar, dass das BAG die Unanwendbarkeit des BeschFG bzw. des TzBfG auf den Wortlaut des Gesetzes stütze, in dem ausschließlich die Rede von der Befristung von Arbeitsverträgen sei. Erforderlich sei eine Differenzierung zwischen der bei Abschluss des Arbeitsvertrags und der erst nachträglichen, während des laufenden Arbeitsverhältnisses erfolgenden Befristung einzelner Vergütungsbestandteile. Im ersten Fall sei der Sinn und Zweck des BeschFG bzw. des TzBfG einschlägig, nämlich Einstellungen zu er-

---

§ 620 BGB Rn. 231 (hinsichtlich der Schriftform); nunmehr auch Annuß/Thüsing-Maschmann, § 14 TzBfG Rn. 18 (a. A. noch Annuß/Thüsing-Maschmann (2002), § 14 TzBfG Rn. 16); APS-Greiner, Vor § 14 TzBfG Rn. 48.

960 Lunk/Leder, NZA 2008, 504 (508).

961 Maschmann, RdA 2005, 212 (215).

962 Annuß/Thüsing-Maschmann (2002), § 17 TzBfG Rn. 2.

963 Annuß/Thüsing-Maschmann (2002), § 17 TzBfG Rn. 2.

964 BAG v. 13.12.2000, NZA 2001, 723.

965 AnwK-ArbR-Worzalla, § 17 TzBfG Rn. 2; Annuß/Thüsing-Maschmann (2002), § 17 TzBfG Rn. 2.

966 Geschäftsverteilungsplan des BAG für das Geschäftsjahr 2002, RdA 2002, 116 unter B 7.1.1.

967 Löwisch, Anm. zu BAG v. 23.1.2002, AP § 1 BeschFG 1996 Nr. 12.

leichtern. Der Arbeitgeber werde sich eher zum Abschluss eines Arbeitsvertrages durchringen, wenn er einzelne Vergütungsbestandteile befristen könne. Auch disponiere der Arbeitnehmer – wie im Falle der Befristung des gesamten Arbeitsverhältnisses – über seine Arbeitskraft unter der Unsicherheit der Befristung, so dass ihm der Schutz des § 14 TzBfG zugute kommen müsse. Auch das hinter der Klagefrist des § 17 TzBfG stehende Bedürfnis, dem Arbeitgeber rasch Klarheit zu verschaffen, ob die Befristung wirksam sei, bestehe im Falle der Befristung einzelner Arbeitsbedingungen bei Vertragsschluss. Dementsprechend fänden sowohl § 14 TzBfG als auch die Klagefrist des § 17 TzBfG Anwendung.[968] Anders sei dies hinsichtlich des Schriftformerfordernisses, denn der Arbeitgeber werde bei der Befristung einzelner Vergütungsbestandteile ausreichend durch das NachwG geschützt, so dass ein zusätzlicher Schutz über § 14 Abs. 4 TzBfG nicht erforderlich sei.

Auch der einhelligen Auffassung der Literatur zufolge richtet sich die Kontrolle von Befristungsabreden in vorformulierten Verträgen nunmehr nach den §§ 305 ff. BGB.[969] Mit der Änderung des Kontrollmaßstabes wurde von Teilen des Schrifttums gefordert, die bisherige Rechtsprechung aufzugeben.[970] Eine Inhaltskontrolle sei nicht nur flexibler als eine Kontrolle auf Umgehung des Kündigungsschutzes, sondern vermeide auch Schutzlücken in den Fällen, in denen das KSchG nicht anwendbar sei.[971] Die frühere Rechtsprechung könne allenfalls noch innerhalb des Wertungssystems der §§ 305 ff. BGB Bestand haben.[972]

968 Löwisch, Anm. zu BAG v. 23.1.2002, AP § 1 BeschFG 1996 Nr. 12.

969 Meinel/Heyn/Herms, § 3 TzBfG Rn. 8; KR-Lipke, § 14 TzBfG Rn. 28; Moll in: Festschrift 25 Jahre ARGE Arbeitsrecht im DAV, S. 91 (105); Küttner-Kania, Änderungsvorbehalte, Rn. 15 ff.; Schrader/Müller, RdA 2007, 145 (151); Dörner, Rn. 137; Annuß/Thüsing-Maschmann, § 14 TzBfG Rn. 20 (anders noch Annuß/Thüsing-Maschmann (2002), § 14 Rn. 16); APS-Künzl, § 2 KSchG Rn. 87 ff.; ErfK-Preis, §§ 305-310 BGB Rn. 74; Preis/Bender, NZA-RR 2005, 337; a. A. Thüsing, RdA 2005, 257 (265), der am Maßstab der Umgehungskontrolle festhalten will. So auch Benecke, RdA 2005, 47 (50) und MünchKomm-Hesse, § 14 TzBfG Rn. 17.

970 KR-Lipke, § 14 TzBfG Rn. 28 ff.; Staudinger-Preis, § 620 BGB Rn. 231; Annuß/ Thüsing-Maschmann, § 14 TzBfG Rn. 20; Däubler/Dorndorf/Bonin/Deinert-Dorndorf/ Bonin (2008), § 307 BGB Rn. 203 ff.

971 Annuß/Thüsing-Maschmann, § 14 TzBfG Rn. 20.

972 Preis/Bender, NZA-RR 2005, 337 (341); Willemsen/Grau, NZA 2005, 1137 (1141); Hanau/Hromadka, NZA 2005, 73 (76 f.).

3. Eigene Stellungnahme

Nicht nachvollziehbar ist die frühere Rechtsprechung des BAG, die einen Eingriff in den Kernbereich bei der Befristung einer zusätzlich zum tariflichen Gehalt gezahlten Provision, die 15% des Gesamtentgelts ausmacht, ablehnt[973], andererseits aber bei der befristeten Zuweisung einer höherwertigen Tätigkeit oder der befristeten Änderung der Arbeitszeit selbst bei geringfügigsten Änderungen einen Eingriff in den Kernbereich annimmt[974]. Allerdings sollte die Entscheidung des BAG vom 21.04.1993 nicht als Maßstab herangezogen werden, da neben der Befristung auch ein Änderungsvorbehalt vereinbart wurde und zwischen den Anforderungen an die unterschiedlichen Instrumente nicht ausreichend differenziert wurde.

Aufgrund der geänderten Rechtslage soll nicht weiter auf die frühere Anknüpfung an den Änderungsschutz des KSchG eingegangen werden. Auch die Nichtanwendung des TzBfG ist selbstverständlich. Schließlich wäre dem Gesetzgeber eine ausdrückliche Regelung der Befristung einzelner Arbeitsbedingungen unschwer möglich gewesen. So hat er bereits mit § 21 TzBfG bzw. § 2 KSchG den Anwendungsbereich der beiden Gesetze erweitert. Hieraus ist zu schließen, dass eine Regelung bewusst unterlassen wurde. Diese ist auch nicht erforderlich, da mit den §§ 305 ff. BGB ein Kontrollmaßstab zur Verfügung steht.

II. Der Kontrollmaßstab der §§ 305 ff. BGB

1. Die Inhalts- und Transparenzkontrolle von Befristungsabreden

a) Kontrollbedürftigkeit

Wie bereits erwähnt, sind die Hauptleistungspflichten einschränkende, verändernde oder ausgestaltende Klauseln kontrollbedürftig.[975] Hierzu werden von einem Großteil der Literatur auch die Befristung von Entgeltbestandteilen regelnde Klauseln gezählt.[976] Genauso wenig zweifelt auch die Rechtsprechung an

973 BAG v. 21.4.1993, NZA 1994, 476 (477).

974 BAG v. 29.9.1999 – 7 AZR 205/98 n. v.; v. 24.1.2001, EzA § 620 BGB Rn. 173; v. 23.1.2002, AP § 1 BeschFG 1996 Nr. 12; v. 4.6.2003, NJOZ 2003, 3482 (3483).

975 BAG v. 13.4.2010, NZA-RR 2010, 457 (458); v. 11.10.2006, NZA 2007, 87 (88 f.).

976 Preis, Der Arbeitsvertrag, II V 70 Rn. 8; für die Kontrollbedürftigkeit auch: APS-Künzl, § 2 KSchG Rn. 88; Maschmann, RdA 2005, 212 (220); ErfK-Preis, §§ 305-310 BGB Rn. 75; Bauer/Chwalisz, ZfA 2007, 339 (347); krit. HWK-Thüsing, § 611 BGB Rn. 517; Leder, RdA 2010, 93 (98); Benecke, AuR 2006, 337 (340); a. A. Thüsing/Leder, BB 2005, 1563 (1568); Löwisch in: Festschrift Canaris, S. 1412 (für die Befristung einer Arbeitszeiterhöhung).

der Kontrollbedürftigkeit der Befristungsabreden.[977] Die befristete Änderung der synallagmatischen Pflichten aus dem Arbeitsverhältnis stelle eine Änderung des Hauptleistungsversprechens dar.[978] Gegenstand der Inhaltskontrolle sei die zeitliche Einschränkung des Entgeltbestandteils infolge der Befristung, nicht der Vergütungsbestandteil an sich.[979]

Einer Auffassung im Schrifttum zufolge stellt jede einseitige Dispositionsmöglichkeit des Arbeitgebers, die sich auf das Austauschverhältnis auswirkt, eine kontrollbedürftige Nebenabrede dar.[980] In Ansehung der Kontrollfähigkeit müsse die Befristungsabrede wie der Widerrufsvorbehalt, der einer Kontrolle unterliege, behandelt werden, da insofern keine wesentlichen Unterschiede bestünden.[981] Genauso wie dieser führe auch die Befristung einer Einzelarbeitsbedingung zu einer zeitlichen Leistungsbeschränkung, nur mit dem Unterschied, dass die Ausübung des Rechts durch einen Automatismus erfolge.

Von anderen Teilen der Literatur wird Kritik geübt. Es sei ein Widerspruch, dass die Befristung des Arbeitsverhältnisses insgesamt nicht der AGB-Kontrolle unterliege, wohl aber die Befristung einzelner Arbeitsbedingungen.[982] Die Dauer der Geltung der Arbeitsbedingung sei Bestandteil der Bestimmung der Leistungspflicht. Eine Kontrolle von Inhaltsbestimmungen der Hauptleistungspflichten sei mit § 307 Abs. 3 S. 1 BGB nicht vereinbar. Im Gegensatz zum Widerrufsvorbehalt stelle die Befristung auch kein einseitiges Leistungsbestimmungsrecht des Arbeitgebers dar.[983] Es könne auch nicht damit argumentiert werden, dass durch die Befristung ebenso wie durch den Widerrufsvorbehalt von gesetzlichen Bestimmungen abgewichen werde und somit ein Wertungswiderspruch entstünde, wenn man eine Kontrolle der Befristungsabrede ablehne.[984] Schließlich führe Letztere nur dazu, dass der Arbeitgeber von dem gesetzlich vorgesehenen Gestaltungsmittel (§ 620 Abs. 1 und 3 BGB) Gebrauch mache, ohne davon abzuweichen.[985]

977 BAG v. 18.1.2006, NJOZ 2007, 1139 (1145); v. 27.7.2005, NZA 2006, 40 (44 f.); offen gelassen in BAG v. 2.9.2009, NZA 2009, 1253 (1254).

978 BAG v. 18.1.2006, NJOZ 2007, 1139 (1145).

979 BAG v. 27.7.2005, NZA 2006, 40 (45).

980 ErfK-Preis (2010), §§ 305-310 BGB Rn. 91.

981 Preis/Bender, NZA-RR 2005, 337 (340).

982 HWK-Thüsing, § 611 BGB Rn. 517.

983 Thüsing, Rn. 280.

984 Thüsing, Rn. 280.

985 Auch Schmalenberg in: Festschrift 25 Jahre ARGE Arbeitsrecht im DAV, S. 155 (165) argumentiert mit dem gesetzlichen Leitbild: aufgrund der Änderung des § 14 Abs. 2 TzBfG stelle sich die sachgrundlose Befristung als gesetzlicher Regeltatbestand dar.

Eine weitere Auffassung in der Literatur tendiert dazu – entsprechend den Wertungen des § 2 KSchG – eine Befristungskontrolle erst und nur dann durchzuführen, wenn es um einen befristeten Entgeltbestandteil in einer Größenordnung von mindestens 25% der Gesamtvergütung geht.[986] Dies sei damit zu begründen, dass es unterhalb dieser Schwelle weder dispositives noch zwingendes Recht gäbe, von dem abgewichen werden könne.

Vorzugswürdig ist die Auffassung, die die Kontrollbedürftigkeit der Befristungsabrede bejaht. Dem BGH zufolge fallen unter die kontrollfreien Vertragsbestandteile nur solche, ohne die mangels Bestimmtheit des wesentlichen Vertraginhalts nicht mehr von einem wirksamen Vertrag ausgegangen werden kann.[987] Bei der Befristungsabrede handelt es sich aber um keinen so wesentlichen Regelungsbestandteil, dass ohne ihn nicht mehr von einem wirksamen Vertrag ausgegangen werden kann. Bereits aus diesem Grund unterliegt die Befristungsabrede einer Kontrolle. Zudem streitet die Systematik des Gesetzes für diese Auffassung, denn § 309 Nr. 9 BGB, der bestimmte Laufzeiten von Dauerschuldverhältnissen für unwirksam erklärt, betrifft ebenfalls zeitbezogene Zusatzvereinbarungen zur Hauptleistungspflicht.[988] Nicht zu befürchten ist eine Kontrolle des Verhältnisses zwischen Leistung und Gegenleistung, denn überprüft wird lediglich, inwieweit sich durch den Ablauf der Befristung dieses Verhältnis ändert. Der Auffassung, die die Kontrollfähigkeit der Befristungsabrede mit der Begründung ablehnt, dass auch die Befristung des Arbeitsverhältnisses keiner Kontrolle unterliege, ist entgegenzuhalten, dass die Befristung des Arbeitsverhältnisse durch das TzBfG ausdrücklich geregelt ist und bereits dadurch an einschränkende Voraussetzungen gebunden ist, so dass es keiner weitergehenden Kontrolle bedarf. Die Befristung von einzelnen Arbeitsbedingungen ist aber nicht anderweitig geregelt, so dass aufgrund der unterschiedlichen Rechtslage kein Wertungswiderspruch angenommen werden kann.

b) Das Vorliegen einer unangemessenen Benachteiligung

aa) Die Rechtsprechung des Bundesarbeitsgerichts

Die Möglichkeit der befristeten Gewährung außertariflicher Vergütungsbestandteile ist vom BAG vor der Schuldrechtsreform im Grundsatz anerkannt worden.[989] Seit der Gesetzesänderung hat sich das BAG bislang nur mit Fällen befasst, in denen es um die Befristung anderer Arbeitsbedingungen als die der

986 MünchAnwHdb-Kolvenbach/Glaser, § 23 Rn. 60; Moll in: Festschrift 25 Jahre ARGE Arbeitsrecht im DAV, S. 91 (107).

987 BGH v. 22.11.2000, NJW 2001, 1132 (1133).

988 So auch Preis/Bender, NZA-RR 2005, 337 (340).

989 BAG v. 21.4.1993, NZA 1994, 476.

Vergütung ging.[990] Es ist davon auszugehen, dass es den dort eingeschlagenen Weg auch hinsichtlich der Befristung von Entgeltbestandteilen gehen wird.

Bei mehreren aufeinander folgenden Befristungen sei grundsätzlich nur die Letzte auf ihre Rechtfertigung zu prüfen.[991] Etwas anderes gelte nur, wenn die Vertragsparteien das Recht vorbehielten, die Wirksamkeit der vorangegangenen Befristung prüfen zu lassen. Diese Grundsätze hat das BAG bei der Kontrolle eines befristeten Arbeitsvertrages aufgestellt und auf den Fall des Abschlusses mehrerer aufeinander folgender Verträge zur befristeten Aufstockung der Arbeitszeit übertragen.[992]

Das BAG überprüft die Befristungsabrede anhand des § 307 BGB.[993] Bei der Beurteilung der Frage, ob der Arbeitnehmer entgegen den Geboten von Treu und Glauben unangemessen benachteiligt werde, seien anhand eines generellen, typisierenden Maßstabs die wechselseitigen Interessen der Vertragspartner umfassend zu würdigen.[994] Ergänzend sind die den Vertragsschluss begleitenden Umstände zu berücksichtigen.[995] Dem Arbeitnehmer wird ein anzuerkennendes Interesse an der unbefristeten Vereinbarung der Arbeitsbedingungen zugestanden, was sich aus der dem TzBfG zugrunde liegenden Wertung ergebe, dass der unbefristete Arbeitsvertrag der Normalfall und die Befristung die Ausnahme darstelle.[996] Für den Arbeitnehmer müsse die Möglichkeit bestehen, seinen Lebensstandard an einem mit weitgehender Sicherheit kalkulierbaren, in etwa gleich bleibenden Einkommen ausrichten zu können.[997] Dafür sei auch die Höhe des von ihm erzielten Arbeitseinkommens maßgebend. Andererseits müsse auch das Interesse des Arbeitgebers an der Flexibilisierung des Entgelts infolge der Änderung der Rahmenbedingungen Berücksichtigung finden.[998]

In seiner Entscheidung vom 08.08.2007[999], in der es um die befristete Erhöhung der Arbeitszeit ging, hat das Gericht angenommen, dass Umstände, die die Befristung eines Arbeitsvertrages insgesamt nach § 14 Abs. 1 TzBfG rechtferti-

---

990 Z. B. die befristete Aufstockung von Stundendeputaten im Schulbereich: BAG v. 27.7.2005, NZA 2006, 40 und v. 18.1.2006, AP § 305 BGB Nr. 8.

991 BAG v. 10.3.2004, NZA 2004, 925 (926).

992 BAG v. 27.7.2005, NZA 2006, 40 (42).

993 Vgl. BAG v. 27.7.2005, NZA 2006, 40 (46).

994 BAG v. 27.7.2005, NZA 2006, 40 (46); v. 8.8.2007, NZA 2008, 229 (230).

995 BAG v. 7.12.2005, NZA 2006, 423 (425); v. 8.8.2007, NZA 2008, 229 (230); APS-Künzl, § 2 KSchG Rn. 91; Preis/Lindemann, NZA 2006, 632 (635); a. A. Hanau/ Hromadka, NZA 2005, 73 (77).

996 Vgl. BTDrucks 14/4374, S. 1 und 12; BAG v. 27.7.2005, NZA 2006, 40 (46).

997 BAG v. 8.8.2007, NZA 2008, 229 (231).

998 Vgl. BAG v. 7.12.2005, NZA 2006, 423 (427).

999 NZA 2008, 229.

gen könnten, im Rahmen der nach § 307 Abs. 1 BGB vorzunehmenden Inhaltskontrolle zu Gunsten des Arbeitgebers zu berücksichtigen seien, da in diesem Fall regelmäßig das Interesse des Arbeitgebers an der Befristung überwiege.[1000] Das bedeutet jedoch nicht, dass eine unangemessene Benachteiligung stets zu verneinen ist, wenn Umstände vorliegen, die die Befristung des Arbeitsverhältnisses insgesamt rechtfertigen können. Hiervon wird nur im Regelfall ausgegangen, so dass bei Vorliegen außergewöhnlicher Umstände auf Seiten des Arbeitnehmers auch eine andere Beurteilung in Betracht kommen kann.[1001] Zum anderen darf aus dieser Rechtsprechung nicht geschlossen werden, dass es stets eines Grundes für die Befristung bedarf. An die Stelle des nach der alten Rechtsprechung erforderlichen sachlichen Grundes ist mit der Schuldrechtsreform das Erfordernis einer umfassenden Interessenabwägung getreten.[1002] Allein in diesem Rahmen kann ein sachlicher Grund Berücksichtigung finden.

Die bloße Unsicherheit über die zukünftigen wirtschaftlichen Verhältnisse ist kein ausreichender Belang, um von einem überwiegenden Interesse des Arbeitgebers an der Befristung auszugehen.[1003] Das unternehmerische Risiko sei schließlich vom Arbeitgeber zu tragen und dürfe nicht ohne weiteres auf den Arbeitnehmer übertragen werden. Vielmehr sei eine Prognose zu erstellen, der konkrete Anhaltspunkte zu Grunde liegen müssten.

Im Gegensatz zur restriktiven Rechtsprechung bezüglich der Transparenzanforderungen an Widerrufsvorbehalte vertritt das BAG in Bezug auf Befristungsabreden eine eher großzügige Auffassung. Aus dem Transparenzgebot des § 307 Abs. 1 S. 2 BGB resultiere keine Verpflichtung, den Grund für die Befristung schriftlich zu vereinbaren.[1004] Schließlich bestehe für den Vertragspartner keine mit der Situation bei Widerrufsvorbehalten vergleichbare Ungewissheit. Bei diesen gebe erst die Angabe des Grundes ausreichenden Aufschluss darüber, wann der Arbeitnehmer mit einem Widerruf zu rechnen habe. Bei der Befristung hingegen sei die Klausel durch die Angabe des Beendigungszeitpunkts hinreichend transparent. Zudem seien die Wertungen des TzBfG bei der Auslegung und An-

---

1000 So auch BAG v. 2.9.2009, NZA 2009, 1253 (1255).

1001 Vgl. BAG v. 8.8.2007, NZA 2008, 229 (231); v. 2.9.2009, NZA 1253 (1255 f.).

1002 BAG v. 27.7.2005, NZA 2006, 40 (43 f., 46); v. 18.1.2006, AP § 305 BGB Nr. 8; a. A. LAG Brandenburg v. 27.7.2004, NZA-RR 2005, 180 (182); davon abweichend jedoch LAG Brandenburg v. 25.8.2004 – 7 Sa 91/04, wonach eine unangemessene Benachteiligung lediglich vermutet wird, wenn kein Sachgrund vorliegt.

1003 Vgl. dazu BAG v. 14.1.2004, NZA 2004, 719 (722), wobei allerdings noch auf die alte Rechtsprechung abgestellt wurde. Ebenso BAG v. 25.11.1992, NZA 1993, 1081 (1083 f.).

1004 BAG v. 2.9.2009, NZA 2009, 1253 (1254 f.); v. 23.6.2004, NZA 2004, 1333 (1334); offen gelassen in BAG v. 27.7.2005, NZA 2006, 40 (46 f.).

wendung des § 307 Abs. 1 BGB zu berücksichtigen, das für die Befristung des Arbeitsverhältnisses keine Angabe eines Grundes verlange. Um einen Wertungswiderspruch zu vermeiden, müsse das Gleiche für die Befristung einzelner Arbeitsbedingungen gelten.

Unter Geltung der alten Rechtslage hat das BAG betont, dass es keine zeitliche Grenze für die Befristung gebe[1005], die Dauer der Befristung aber nicht ganz unerheblich sei, da mit ihr die Anforderungen an den sachlichen Grund stiegen.[1006] Dabei handelt es sich um Aspekte, die nunmehr im Rahmen der nach § 307 Abs. 1 BGB erforderlichen Interessenabwägung Berücksichtigung finden müssen.

bb) Die Rechtsprechung der Instanzgerichte

Im Wesentlichen ergeben sich keine Unterschiede zur Rechtsprechung des BAG. Allerdings ziehen die Instanzgerichte – zumindest das LAG Brandenburg – zur Beurteilung der unangemessenen Benachteiligung § 307 Abs. 2 Nr. 1 BGB heran.[1007] Zu den „gesetzlichen Regelungen" gehöre auch die Rechtsprechung des BAG zur Zulässigkeit der Befristung eines Arbeitsverhältnisses. Würden einzelne Arbeitsbedingungen ohne sachlichen Grund befristet, sei die entsprechende Klausel mit den wesentlichen Grundgedanken dieser Rechtsprechung nicht vereinbar und damit nach § 307 Abs. 1 i. V. m. Abs. 2 Nr. 1 BGB unwirksam.[1008]

cc) Die Auffassung der Literatur

Ausgangspunkt ist eine Prüfung der Befristungsabrede anhand des § 307 BGB.[1009] Fraglich ist, ob zusätzlich – schließlich handelt es sich beim Entgelt um eine Arbeitgeberleistung – § 308 Nr. 4 BGB heranzuziehen ist.[1010] Die befürwortende Auffassung beschränkt sich auf die Ausführung, dass die Vorschrift keineswegs nur auf Sachlieferungsverträge zugeschnitten sei, sondern auch für

1005 BAG v. 15.2.1984, AP § 24 BAT Nr. 8.

1006 BAG v. 16.1.1991, NZA 1991, 490 (491 f.).

1007 LAG Brandenburg v. 27.7.2004, NZA-RR 2005, 180 (181 f.); v. 25.8.2004 – 7 Sa 91/04 n. v.; v. 24.6.2004 – 1 Sa 108/04 n. v.

1008 So auch Friedrich, S. 270; nach LAG Brandenburg v. 25.8.2004 – 7 Sa 91/04 n. v. besteht lediglich eine Vermutung der unangemessenen Benachteiligung.

1009 Hanau/Hromadka, NZA 2005, 73 (75); Schramm/Naber, NZA 2009, 1318 (1320); Däubler/Bonin/Deinert-Bonin, § 308 BGB Rn. 19, § 307 BGB Rn. 175, 208; Schrader/Müller, RdA 2007, 145 (151).

1010 Dafür: APS-Künzl, § 2 KSchG Rn. 90.

Dienstleistungsverträge gelte.[1011] Die Ablehnung dieses zusätzlichen Prüfungsmaßstabs wird unter anderem damit begründet, dass eine Teilbefristung für den Arbeitnehmer keine Ungewissheit in Bezug auf die befristete Leistung schaffe, dies allerdings Voraussetzung für die unter § 308 Nr. 4 BGB fallenden Klauseln sei.[1012] Andererseits wird die ausschließliche Anwendung des § 307 BGB damit begründet, dass ein unterschiedlicher Prüfungsmaßstab, je nachdem, ob es um Leistungen des Arbeitgebers oder solche des Arbeitnehmers gehe, nicht gerechtfertigt sei.[1013] Letztendlich seien die praktischen Unterschiede jedoch sehr gering, da auch bei Anwendung des § 308 Nr. 4 BGB die Wertungen des § 307 BGB heranzuziehen seien.[1014]

Der nahezu einhelligen Auffassung im Schrifttum zufolge setzt die Kontrolle der Befristungsabrede eine umfassende Abwägung der Interessen von Arbeitgeber und Arbeitnehmer voraus.[1015] Trotz der Überholung der Umgehungsrechtsprechung wird von Teilen der Literatur eine Berücksichtigung deren Wertungen im Rahmen der Interessenabwägung befürwortet.[1016] So wird teilweise sogar gefordert, die unangemessene Benachteiligung unter Berufung auf § 310 Abs. 4 S. 2 BGB an der bisherigen Rechtsprechung zu messen.[1017] Die Befristung unterliege nur dann einer Bewertung nach den §§ 307 ff. BGB, wenn bereits der materielle Änderungsschutz nach § 2 KSchG bestehe. Nur so könnten Wertungswidersprüche zur bisherigen Rechtsprechung vermieden werden. Eine nicht unbedeutende Auffassung im Schrifttum will am Erfordernis eines Sachgrundes für die Befristung festhalten, wobei dieses Erfordernis eher selten ausdrücklich als solches genannt, sondern eher hinter der Interessenabwägung versteckt wird.[1018] Andere Stimmen weisen explizit darauf hin, dass die Befris-

1011 APS-Künzl, § 2 KSchG Rn. 90.

1012 Däubler/Bonin/Deinert-Bonin, § 307 BGB Rn. 174 f.

1013 Preis/Lindemann, NZA 2006, 632 (634); Lindemann, § 10.

1014 APS-Künzl, § 2 KSchG Rn. 90.

1015 Lakies in: AR-Blattei, Rn. 383; Preis/Bender, NZA-RR 2005, 337 (341); Bauer/Chwalisz, ZfA 2007, 339 (347); Däubler/Bonin/Deinert-Bonin, § 307 BGB Rn. 208; Willemsen/Grau, NZA 2005, 1137 (1141); a. A. Thüsing, RdA 2005, 257 (265), der am Maßstab der Umgehungskontrolle festhalten will. So auch Benecke, RdA 2005, 47 (50).

1016 Preis/Bender, NZA-RR 2005, 337 (341); Willemsen/Grau, NZA 2005, 1137 (1141); Küttner-Kania, Änderungsvorbehalte, Rn. 15; KR-Lipke, § 14 TzBfG Rn. 29; Hanau/Hromadka, NZA 2005, 73 (76 f.); Friedrich, S. 270 f.

1017 HWK-Schmalenberg, § 14 TzBfG Rn. 96; ders. in: Festschrift 25 Jahre ARGE Arbeitsrecht im DAV, S. 155 (166).

1018 Hanau/Hromadka, NZA 2005, 73 (77); Schrader/Müller, RdA 2007, 145 (151); Willemsen/Jansen, RdA 2010, 1 (5); Willemsen/Grau, NZA 2005, 1137 (1142); Friedrich, S. 270 f.; nach Moll in: Festschrift 25 Jahre ARGE Arbeitsrecht im DAV, S. 91 (107) tungskontrolle nicht mehr zwangsläufig einen rechtfertigenden Grund voraussetze.[1019] Allerdings erfahre die neue Rechtslage – abgesehen von den formellen Anforderungen – gegenüber der bisherigen Rechtsprechung keine wesentliche Änderung, da die Anforderungen an die billigenswerten Interessen denen an einen sachlichen Grund entsprächen.[1020]

Im Einzelnen gehen die Auffassungen im Schrifttum stark auseinander. Einige Autoren wollen danach differenzieren, ob die Befristung bereits im ursprünglichen Arbeitsvertrag enthalten ist oder erst nachträglich, im laufenden Arbeitsverhältnis erfolgt.[1021] Dies sei deswegen von Bedeutung, da der Arbeitnehmer im laufenden Arbeitsverhältnis eine stärkere Position habe. Der Arbeitgeber könne die Befristung nicht einseitig festlegen, sondern sei auf die Zustimmung des Arbeitnehmers angewiesen. Letzterer könne die Änderung der Arbeitsbedingungen, also die nachträgliche Befristung ablehnen. Sein Arbeitsverhältnis genieße bereits Bestandsschutz durch das KSchG. Vor Bestehen des Arbeitsverhältnisses hingegen riskiere der Arbeitnehmer durch die Ablehnung seinen Arbeitsplatz. Demzufolge sei bei Befristungsabreden während des bestehenden Arbeitsverhältnisses ein sachlicher Grund entbehrlich.[1022] Anders könne dies jedoch im Falle einer Kettenbefristung sein, wenn sich an jede Befristung eine neue anknüpfe.[1023] Dann bestehe die Gefahr, dass der durch §§ 2, 1 Abs. 2 KSchG gewährleistete Inhaltsschutz umgangen werde, wodurch der Arbeitnehmer unangemessen benachteiligt werde. Bei dem Arbeitnehmer bestehe bei ein- oder mehrmaliger Verlängerung der Befristung ein Vertrauen dahingehend, dass weitere Verlängerungen nicht grundlos ausblieben. Durch eine Kettenbefristung

---

spreche das Vorliegen eines sachlichen Grundes jedenfalls für die Angemessenheit; so auch HWK-Schmalenberg, § 14 TzBfG Rn. 96; Preis/Bender, NZA-RR 2005, 337 (341).

1019 Lunk/Leder, NZA 2008, 504 (507); Bauer/Chwalisz, ZfA 2007, 339 (347); KR-Lipke, § 14 TzBfG Rn. 30; Hohenstatt/Schramm, NZA 2007, 238 (243).

1020 Bauer/Chwalisz, ZfA 2007, 339 (348).

1021 Staudinger-Preis, § 620 BGB Rn. 230; Wank, RdA 2010, 193 (202); ders. in: Hromadka, Änderung von Arbeitsbedingungen, S. 62 ff.; so auch LAG Berlin v. 11.3.1997 – 12 Sa 124/96 für den Fall der Befristung des Arbeitsverhältnisses; ErfK-Preis, §§ 305-310 BGB Rn. 75 allerdings nur im Hinblick auf § 305 Abs. 1 S. 3 BGB; a. A. Krauß, S. 241; Wolf, RdA 1988, 270 (272); Hromadka, RdA 1992, 234 (244 f.); bereits vor der Schuldrechtsreform wurde eine Differenzierung vom BAG v. 8.7.1998, AP § 620 BGB Befristeter Arbeitsvertrag Nr. 201 für den Fall der Befristung des Arbeitsverhältnisses kritisiert. So auch BAG v. 3.8.1961, AP § 620 BGB Befristeter Arbeitsvertrag Nr. 19; v. 24.1.1996, AP § 620 BGB Befristeter Arbeitsvertrag Nr. 179.

1022 Wank, RdA 2010, 193 (202).

1023 Preis, Der Arbeitsvertrag, II V 70 Rn. 85 f.; nicht problematisiert wurde dies in der Entscheidung des BAG v. 2.9.2009, NZA 2009, 1253.

werde das Wirtschafts- und Bestandsschutzrisiko auf den Arbeitnehmer verlagert, was sich als unangemessen darstelle.[1024] Mittlerweile wird die Differenzierung nach dem Zeitpunkt der Befristungsabrede aber tendenziell abgelehnt.[1025] Schließlich sieht das System der §§ 305 ff. BGB selbst eine Abgrenzung nach der jeweiligen Schutzbedürftigkeit vor, so dass bei einer ausgewogenen Verhandlungsstärke der Parteien die Vorschriften bereits nicht anwendbar sind. Ein Automatismus dahingehend, dass bei Befristungen im laufenden Arbeitsverhältnis stets von einem „Aushandeln" auszugehen sei, liege nicht vor.[1026]

Auffällig ist die Anlehnung an die Rechtsvorschriften zur Befristung des gesamten Arbeitsverhältnisses. Bei der Teilbefristung bestehe eine Parallele zur Befristung des gesamten Arbeitsverhältnisses, so dass die Wertungen des TzBfG Berücksichtigung finden müssten.[1027] Die Vorschriften des TzBfG seien zwar nicht anwendbar, allerdings sei § 14 Abs. 1 TzBfG als gesetzliches Leitbild zu berücksichtigen. So sei – a maiore ad minus – eine Befristung von Arbeitsbedingungen regelmäßig zulässig, wenn unter entsprechenden Voraussetzungen auch eine Befristung des Arbeitsverhältnisses zulässig sei. Die Anforderungen an den sachlichen Grund seien jedoch entsprechend der geringeren Schutzbedürftigkeit des Arbeitnehmers zu modifizieren.[1028] Daneben werden teilweise weitere Kriterien, wie die Höhe des befristeten Entgeltbestandteils, der Zeitpunkt des Abschlusses der Befristungsabrede oder die Art des Vergütungsbestandteils mit in die Abwägung einbezogen.[1029]

Teilweise wird auch eine analoge Anwendung des § 14 Abs. 1 TzBfG befürwortet.[1030] Der Gesetzgeber habe übersehen, die Frage der Befristung einzelner Arbeitsbedingungen explizit zu regeln. Dagegen wird jedoch vorgebracht, dass es bereits an einer Ähnlichkeit der Sachverhalte fehle, da es zum einen um

---

1024 Preis/Bender, NZA-RR 2005, 337 (342).

1025 Däubler/Bonin/Deinert-Bonin, § 307 BGB Rn. 204; APS-Künzl, § 2 KSchG Rn. 88.

1026 Däubler/Bonin/Deinert-Bonin, § 307 BGB Rn. 204.

1027 Sievers, NZA 2002, 1182 (1186); KR-Lipke, § 14 TzBfG Rn. 30; Lunk/Leder, NZA 2008, 504 (507); Leder, RdA 2010, 93 (98); Willemsen/Grau, NZA 2005, 1137 (1141 f.); Hanau/Hromadka, NZA 2005, 73 (77); Preis/Bender, NZA-RR 2005, 337 (342); ErfK-Preis, §§ 305-310 BGB Rn. 74; HWK-Gotthardt, Anh. §§ 305-310 BGB Rn. 33; zurückhaltend Annuß/Thüsing-Maschmann, § 14 Rn. 22; Meinel/Heyn/Herms, § 14 TzBfG Rn. 29; nach HeynHjhjhhjjj nach Schmalenberg in: Festschrift 25 Jahre ARGE Arbeitsrecht im DAV, S. 155 (166 f.) sind ausschließlich die Sachgründe, die die Befristung des Arbeitsverhältnis rechtfertigen können, zur wirksamen Befristung einzelner Arbeitsbedingungen geeignet.

1028 Krit. Sievers, NZA 2002, 1182 (1186)

1029 Lunk/Leder, NZA 2008, 504 (508); vgl. auch Willemsen/Grau, NZA 2005, 1137 (1142); Schramm/ Naber, NZA 2009, 1318 (1322).

1030 Lakies, DZWIR 2001, 1 (8).

Inhaltsschutz, zum anderen um Bestandsschutz gehe.[1031] Vor allem aber sei dem Gesetzgeber die Problematik der Befristung einzelner Arbeitsbedingungen bekannt gewesen, so dass nicht davon ausgegangen werden könne, dass eine Regelung unbewusst unterblieben sei.[1032]

Einer höchst lebhaften Diskussion unterliegt die Frage, ob auch auf die Grundsätze der sachgrundlosen Befristung zurückgegriffen werden kann.[1033] Während die Tatsache, dass sich in den §§ 305 ff. BGB keine den § 14 Abs. 2 und 3 TzBfG entsprechenden Ausnahmetatbestände fänden, dagegen spreche, könne mit dem Argument „a maiore ad minus" auch die gegenteilige Ansicht befürwortet werden.[1034] Es bestünde ein Wertungswiderspruch, wenn die Befristung des gesamten Arbeitsvertrages in den ersten zwei Jahren geringeren Anforderungen unterliege als die Befristung einzelner Arbeitsbedingungen.[1035] Eine Auffassung im Schrifttum zieht letzteres Argument heran und differenziert danach, ob der Arbeitnehmer neu eingestellt wird oder nicht.[1036] Denn nach den § 14 Abs. 2-3 sei ein Sachgrund nur im Falle einer Neueinstellung entbehrlich. Voraussetzung dieser Argumentation wäre allerdings, dass die Befristung von Einzelarbeitsbedingungen gegenüber der Befristung des gesamten Arbeitsverhältnisses ein „minus" wäre. Dies sei aber abzulehnen, denn es liege kein „minus", sondern ein „aliud" vor.[1037] Begreife man die Befristung als „antizipierten Widerruf", entstünde bei Befürwortung der Möglichkeit der sachgrundlosen Befristung ein Wertungswiderspruch.[1038] Schließlich wird nicht ernsthaft vertreten, dass bei Vorliegen der Voraussetzungen des § 14 Abs. 2 TzBfG ein Widerruf

1031 Benecke, RdA 2005, 47 (49); ähnlich auch KR-Lipke (2004), § 14 TzBfG Rn. 18.

1032 KR-Lipke (2004), § 14 TzBfG Rn. 18.

1033 Dafür: Hanau/Hromadka, NZA 2005, 73 (77); Hanau, ZIP 2005, 1661 (1665); Thüsing, Rn. 281; Thüsing/Mengel, 2.3.1; Thüsing/Leder, BB 2005, 1563 (1569); Lunk/Leder, NZA 2008, 504 (507); Leder, RdA 2010, 93 (98), sofern keine „außergewöhnlichen Umstände" entgegenstünden; Bauer/Chwalisz, ZfA 2007, 339 (348); wohl auch HWK-Thüsing, § 611 BGB Rn. 517; dagegen: KR-Lipke, § 14 TzBfG Rn. 387; KDZ-Däubler, § 14 TzBfG Rn. 141; ErfK-Müller-Glöge (2004), § 3 TzBfG Rn. 23 für die Vorgängervorschrift § 1 BeschFG 1996; Willemsen/Jansen, RdA 2010, 1 (5); Schmalenberg in: Festschrift 25 Jahre ARGE Arbeitsrecht im DAV, S. 155 (168); Sievers, NZA 2002, 1182 (1185); APS-Backhaus, § 14 Rn. 412; Annuß/Thüsing-Maschmann, § 14 TzBfG Rn. 22; ders., RdA 2005, 212 (214 f.); Preis/Bender, NZA-RR 2005, 337 (341 f.); Schramm/Naber, NZA 2009, 1318 (1321).

1034 HWK-Gotthardt, Anh. §§ 305-310 BGB Rn. 33; Lunk/Leder, NZA 2008, 504 (507).

1035 Hanau/Hromadka, NZA 2005, 73 (77); Thüsing/Leder, BB 2005, 1563 (1569).

1036 HWK-Schmalenberg, § 14 TzBfG Rn. 101; so auch Löwisch, Anm. AP § 1 BeschFG 1996 Nr. 12.

1037 Preis/Bender, NZA-RR 2005, 337 (341).

1038 Preis/Bender, NZA-RR 2005, 337 (342).

auch ohne das Vorliegen sachlicher Gründe zulässig ist. Konsequenterweise kann die Vorschrift daher auch bei der Befristung von Entgeltbestandteilen keine Anwendung finden. Zudem sei zu berücksichtigen, dass der Gesetzgeber § 1 Abs. 5 BeschFG nahezu wortgleich ins TzBfG übernommen habe.[1039] Dies lasse darauf schließen, dass eine Ausdehnung auf die Befristung von Arbeitsbedingungen gerade nicht gewollt sei.

Die Gegenauffassung trägt weiterhin vor, dass, auch wenn einer Anwendung des § 14 Abs. 2 TzBfG entgegengehalten werde, dass das Gesetz nach seinem Sinn und Zweck auf die Befristung einzelner Arbeitsbedingungen nicht anwendbar sei[1040], es zwar nicht um die Beseitigung von Einstellungshemmnissen, aber doch um die Beseitigung von Hemmnissen für zusätzliche Leistungen des Arbeitgebers gehe.[1041]

Teilweise werden die Anforderungen an Befristungsklauseln auch in Anlehnung an den Widerrufsvorbehalt festgelegt.[1042] Zu berücksichtigen sei, dass der Arbeitnehmer im Falle der Befristung von Entgeltbestandteilen gegenüber anderen Flexibilisierungsinstrumenten weniger schutzwürdig sei, da ihm deutlich vor Augen geführt werde, dass er den in Rede stehenden Entgeltbestandteil nur für eine gewisse Zeit erhalte. Demnach sei eine Befristung einzelner Arbeitsbedingungen jedenfalls dann zulässig, wenn auch ein Widerrufsvorbehalt unbedenklich vereinbart werden könne.[1043] Eine in den Kernbereich hineinragende Befristung sei – aufgrund der funktionalen Unterschiede der Instrumente als auch der Einstrahlung spezieller Wertungen des TzBfG – bei Vorliegen eines berechtigten Sachgrundes möglich, sofern die damit verbundene Anspruchsbeschränkung nach dem Zweck der Zusage, der Stellung des Arbeitnehmers und der Höhe der verbleibenden Vergütung angemessen sei.[1044] Sei der Arbeitgeber gehindert, Entgeltbestandteile, die mehr als 25 bzw. 30% des Gesamtverdienstes ausmachten, zu befristen, würde er die Höhe der befristeten Entgeltbestandteile reduzieren.[1045] Im Übrigen deute auch die Entscheidung des BAG, in der die Anwendung der 25 bzw. 30%-Grenze auf den Freiwilligkeitsvorbehalt ausdrücklich

1039 Hergenröder, SAE 2002, 273 (274).

1040 So etwa Hergenröder, SAE 2005, 145 (147); Hohenstatt/Schramm, NZA 2007, 238 (244).

1041 Hanau, ZIP 2005, 1661 (1665).

1042 Willemsen/Grau, NZA 2005, 1137 (1141 f.); vgl. auch KDZ-Däubler, § 14 TzBfG Rn. 143.

1043 So auch Moll, S. 192; Wolf/Lindacher/Pfeiffer-Stoffels, Anh. zu § 310 BGB Rn. 135.

1044 Willemsen/Grau, NZA 2005, 1137 (1141 f.); a. A. Hanau/Hromadka, NZA 2005, 73 (77); Kania, DB 1998, 2418 (2420; KDZ-Däubler, § 14 TzBfG Rn. 143.

1045 Willemsen/Jansen, RdA 2010, 1 (6).

abgelehnt worden sei[1046], darauf hin, dass es sich um keine allgemeingültige Grenze für die Flexibilisierung von Entgeltbestandteilen handele.[1047] Das erforderliche Gewicht des Befristungsgrundes hänge von dem Anteil des befristeten Entgelts an der Gesamtvergütung ab.[1048] Bei Befristungen unterhalb der 25 bis 30%-Grenze sei ein nachvollziehbares Flexibilisierungsinteresse ausreichend, während Befristungen oberhalb der 25 bis 30%-Grenze voraussetzten, dass die weitreichende Entgeltbefristung im Interesse beider Arbeitsvertragsparteien liege. Werde bei Ablauf der Befristung das Tarifentgelt unterschritten, sei eine besondere sachliche Rechtfertigung für die Befristung erforderlich.[1049]

Eine andere eine Harmonisierung anstrebende Auffassung wendet die für den Widerrufsvorbehalt aufgestellten Grundsätze der abgestuften Prüfung[1050] auch auf die Befristung von Entgeltbestandteilen an.[1051] Demnach sei eine Flexibilisierung innerhalb des Kernbereichs unzulässig.[1052] Innerhalb des Randbereichs sei zwischen synallagmatischen und nicht synallagmatischen Leistungen zu differenzieren, wobei die jeweilige Einflussmöglichkeit des Arbeitnehmers zu berücksichtigen sei. Bei befristeten Leistungen, die nicht im Synallagma stünden, seien willkürfreie und nachvollziehbare Gründe ausreichend, wie z. B. der Wegfall eines Erschwernisses. Bei im Gegenseitigkeitsverhältnis stehenden Leistungen, die unter einer Befristung stünden, sei ein konkreter Befristungsgrund erforderlich, der die Anforderungen der §§ 1, 2 KSchG erfülle.

Eine weitere Auffassung geht von der Annahme aus, dass jede Befristung einen sachlichen Grund voraussetze, dessen Anforderungen sich je nach Nähe zum Kernbereich richteten.[1053] Im Einzelnen sei die Befristung – in Anlehnung an die Voraussetzungen für Widerrufsvorbehalte – nur zulässig, wenn sie sich nicht auf mehr als 25-30% der Vergütung beziehe und der Tariflohn nicht unterschritten werde.[1054] Auch im Hinblick auf die möglichen Befristungsgründe er-

---

1046 BAG v. 18.3.2009, NZA 2009, 535 (536 f.).

1047 Willemsen/Jansen, RdA 2010, 1 (6).

1048 Willemsen/Jansen, RdA 2010, 1 (6 f.).

1049 Willemsen/Grau, RdA 2010, 1 (7 Fn. 78).

1050 Vgl. ErfK-Preis, §§ 305-310 BGB Rn. 54.

1051 Preis, Der Arbeitsvertrag, II V 70 Rn. 82, 91 f.; Preis/Bender, NZA-RR 2005, 337 (342); Preis/Lindemann, NZA 2006, 632 (637 f.); Lindemann, S. 331; so auch Däubler/Bonin/Deinert-Bonin, § 307 BGB Rn. 208a; ähnlich Moll, S. 192, die aber im Falle der Befristung synallagmatischer Leistungen triftige bzw. schwerwiegende Gründe ausreichen lässt.

1052 So auch Hanau/Hromadka, NZA 2005, 73 (78); a. A. Lunk/Leder, NZA 2008, 504 (506 f.).

1053 Küttner-Kania, Änderungsvorbehalte, Rn. 15.

1054 Küttner-Kania, Änderungsvorbehalte, Rn. 16; vgl. auch Reiserer, NJW 2008, 609 (612).

folgt eine Anlehnung an die Rechtsprechung zu Widerrufsvorbehalten.[1055] Jedenfalls sei eine Befristung regelmäßig dann nicht unangemessen benachteiligend, wenn sie auf Umständen beruhe, die auch die Befristung des ganzen Vertrages gem. § 14 TzBfG rechtfertigen könnten.

Während dieser Teil der Literatur für eine Annäherung der Grundsätze plädiert, macht eine andere Ansicht im Schrifttum darauf aufmerksam, dass das BAG die Übertragung der für Arbeit-auf-Abruf-Klauseln entwickelten Grundsätze auf die Befristung einer Arbeitzeiterhöhung ausdrücklich abgelehnt hat.[1056] Bei Vereinbarung einer Befristungsklausel stehe dem Arbeitgeber – im Gegensatz zum Widerrufsvorbehalt oder der Arbeit-auf-Abruf-Klauseln – keine einseitige Befugnis zur Bestimmung des Umfangs der Leistung zu, so dass die Anwendung der 25%-Grenze durch das BAG unwahrscheinlich sei.[1057] Eine grobe Orientierung anhand dieses Grenzwertes könne aber stattfinden.[1058] Daneben seien weitere Aspekte wie die Höhe des verbleibenden Entgelts[1059], kompensierende oder summierende Effekte[1060], die Stellung des Arbeitnehmers im Unternehmen[1061] und die Dauer der Befristung zu berücksichtigen.[1062]

Weiterhin findet auch eine Anlehnung an das Direktionsrecht statt.[1063] Könne der Arbeitgeber die Arbeitsbedingungen bereits direktionsrechtlich ändern, sei gegen die Befristung nichts einzuwenden.[1064] Nur ausnahmsweise sei dann ein sachlicher Grund zu fordern. Sei die Änderung nicht vom Direktionsrecht umfasst und gehe es um eine erhebliche Änderung, unterliege die Befristung keinen Bedenken, wenn der Arbeitgeber berechtigt sei, eine Änderungskündigung zu erklären, wobei der Maßstab niedriger anzusetzen sei. Ein Sachgrund sei nur entbehrlich, wenn es um eine lediglich geringfügige Änderung gehe. Jedenfalls dürfe sich die Befristung nur auf den über- oder außertariflichen Bereich beziehen[1065] bzw. bei nicht tarifgebundenen Parteien dürfe die Grenze zum sittenwidrigen Hungerlohn nicht unterschritten werden.

1055 Küttner-Kania, Änderungsvorbehalte, Rn. 16.

1056 Vgl. BAG v. 8.8.2007, NZA 2008, 229 (230).

1057 Schramm/Naber, NZA 2009, 1318 (1321); vgl. auch Willemsen/Grau, NZA 2005, 1137 (1141 f.).

1058 Schramm/Naber, NZA 2009, 1318 (1321).

1059 So auch Lunk/Leder, NZA 2008, 504 (508); Willemsen/Grau, NZA 2005, 1137 (1142).

1060 So auch BeckOK-BGB-Jacobs, § 307 BGB Rn. 33 (Stand: 1.12.2011); Preis/Bender, NZA-RR 2005, 337 (342).

1061 So auch Willemsen/Grau, NZA 2005, 1137 (1142).

1062 Schramm/Naber, NZA 2009, 1318 (1322).

1063 Annuß/Thüsing-Maschmann, § 14 TzBfG Rn. 21 ff.

1064 So auch KDZ-Däubler, § 14 TzBfG Rn. 143.

1065 So auch APS-Künzl, § 2 KSchG Rn. 91; vgl. auch Maschmann, RdA 2005, 212 (224).

Manche Stimmen lehnen eine unangemessene Benachteiligung bei der befristeten Besserstellung generell ab.[1066] Schließlich erhalte der Arbeitnehmer nach Ablauf der Befristung lediglich seinen ursprünglichen Status zurück. Etwas anderes könne allenfalls gelten, wenn durch die mehrfache Befristung von Arbeitsbedingungen das Wirtschafts- und Beschäftigungsrisiko auf den Arbeitnehmer verlagert werde. Widersprüchlich dazu wird dann allerdings ausgeführt, dass das Transparenzgebot die Angabe des Sachgrundes voraussetze und dieser Grund nicht nur vorgeschoben sein dürfe.[1067] So kommt auch diese Auffassung wieder zum Erfordernis eines Sachgrundes, so dass nicht per se davon ausgegangen wird, dass der Arbeitnehmer bei der befristeten Besserstellung nicht benachteiligt wird. Zu beachten ist, dass das Problem nicht die Verbesserung der Arbeitsbedingungen, sondern das Entfallen des Vorteils ist.[1068] Soweit ersichtlich, hat sich das BAG bislang nur mit Fällen der befristeten Besserstellung befasst. Die Entscheidungen zeigen aber recht deutlich, dass das BAG eine unangemessene Benachteiligung bei der befristeten Besserstellung nicht stets verneint.[1069]

Andere Stimmen verlangen nur bei der befristeten Besserstellung einen sachlichen Grund[1070], da in diesem Fall die ansonsten erforderliche Änderungskündigung zur Entgeltkürzung vermieden werden könne.[1071] Insbesondere im Falle einer befristeten Besserstellung durch eine Kettenbefristung komme es zu einem dauerhaft höheren Niveau des Entgelts, so dass ein entsprechendes Vertrauen beim Arbeitnehmer hervor gerufen werde.[1072] Der „Abbruch" der Kettenbefristung wirke dann ebenso wie ein Widerruf, so dass eine Inhaltskontrolle erfolgen müsse. Im Falle der befristeten Schlechterstellung sei ein Vergleich zur dauerhaften Schlechterstellung zu ziehen.[1073] Letztere sei nur mit dem Einverständnis des Arbeitnehmers möglich. Ein solcher Änderungsvertrag unterliege keiner Kontrolle. Mithin stelle es einen Wertungswiderspruch dar, wenn für einen Änderungsvertrag im Gegensatz zur Befristung kein sachlicher Grund er-

---

1066 Preis/Bender, NZA-RR 2005, 337 (342); Staudinger-Preis, § 620 BGB Rn. 233; Willemsen/Grau, NZA 2005, 1137 (1142); Schramm/Naber, NZA 2009, 1318 (1322); a. A. APS-Künzl, § 2 KSchG Rn. 92.

1067 Preis/Bender, NZA-RR 2005, 337 (343).

1068 Auch Wolf, RdA 1988, 270 (275) unterzieht nur die Befristung, nicht die Begünstigung einer Inhaltskontrolle.

1069 BAG v. 29.9.1999 – 7 AZR 205/98 n. v.; v. 24.1.2001, EzA § 620 BGB Rn. 173; v. 23.1.2002, AP § 1 BeschFG 1996 Nr. 12; v. 4.6.2003, NJOZ 2003, 3482 (3483).

1070 Krause, Anm. zu BAG v. 21.4.1993, EzA § 2 KSchG Nr. 20 (S. 9); Richardt, S. 184 f.

1071 Diepold, S. 191; a. A. Hromadka-Wank, Änderung von Arbeitsbedingungen, S. 64.

1072 Richardt, S. 186.

1073 Wank in: Hromadka, Änderung von Arbeitsbedingungen, S. 63 f.

forderlich wäre, obwohl die dauerhafte Schlechterstellung gegenüber der befristeten Schlechterstellung einschneidender sei. Im Übrigen sei bei befristeten Schlechterstellungen auch deswegen auf das Vorliegen eines sachlichen Grundes zu verzichten, da der Arbeitnehmer das Angebot des Arbeitgebers auf Vertragsänderung habe ablehnen können.[1074] Dem wird allerdings entgegengehalten, dass der Arbeitgeber, wenn die Verschlechterung unbefristet eingeführt worden wäre, zur Wiederherstellung der ursprünglichen Vertragsbedingungen eine Änderungskündigung aussprechen müsse.[1075] Auch wenn sich der Arbeitnehmer im Regelfall nicht gegen die Wiederherstellung wehren würde, könne sich dies im Einzelfall anders darstellen, so dass ein Vergleich der befristeten und der dauerhaften Schlechterstellung nicht angebracht sei. Es sei kein Grund dafür ersichtlich, dass der Arbeitnehmer bei befristeten Schlechterstellungen weniger Schutz verdiene.[1076]

Die neuere Rechtsprechung des BAG findet Kritik. Wenn es hieße, dass nicht der Umfang der Hauptleistungspflicht, sondern ihre zeitliche Einschränkung kontrolliert werde[1077], könne aus Ersterer auch nicht auf die Unangemessenheit geschlossen werden.[1078] Daran halte sich das BAG in Fällen der Abrufarbeit jedoch nicht.

Abgeraten wird von der Befristung einzelner Arbeitsbedingungen mit der Abrede einer automatischen Verlängerung für den Fall, dass der Arbeitgeber vor Ablauf der Befristung keine ausdrückliche (neue) Regelung trifft.[1079] Diese Konstruktion stelle sich nicht anders dar als ein Widerrufsvorbehalt. Aufgrund dessen besteht die Gefahr, dass für eine solche Abrede das Vorliegen der strengeren Voraussetzungen für Widerrufsvorbehalte gefordert wird.

Als Befristungsgrund käme z. B. ein künftiger Rückgang des Arbeitsanfalls, der zum Zeitpunkt der Befristungsabrede bereits vorhersehbar sei, in Betracht.[1080] Auch die Finanzierung eines Projekts aus Drittmitteln könne eine Befristung rechtfertigen, wenn zum Zeitpunkt der Befristung sicher sei, dass dieses Projekt nach Streichung der Drittmittel nicht mehr weitergeführt werde. Bei Einführung eines neuen Entlohnungssystems sei als Grund der Befristung die Erprobung dieses Systems denkbar.[1081] Nicht ausreichend sei die bloß unsichere

---

1074 Preis/Lindemann, NZA 2006, 632 (637); Diepold, S. 191; Richardt, S. 185.

1075 Löwisch, ZfA 1986, 1 (7).

1076 Für eine Gleichbehandlung der befristeten Besserstellung und Schlechterstellung auch Annuß/Thüsing-Maschmann, § 14 TzBfG Rn. 20.

1077 So BAG v. 27.7.2005, NZA 2006, 40 (45).

1078 Leder, RdA 2010, 93 (98).

1079 Willemsen/Grau, NZA 2005, 1137 (1142).

1080 Preis, Der Arbeitsvertrag, II V 70 Rn. 91.

1081 Friedrich, S. 267.

wirtschaftliche Lage, denn ansonsten wäre eine Befristung immer möglich, da die zukünftige Entwicklung nie genau prognostizierbar sei.[1082] Dadurch würde das Betriebs- und Wirtschaftsrisiko zu weitgehend auf den Arbeitnehmer verlagert. Solle die unsichere wirtschaftliche Lage des Unternehmens die Befristung ermöglichen, müssten etwaige Schwierigkeiten zum Zeitpunkt der Befristungsabrede bereits prognostizierbar sein.[1083]

Unter Berufung auf die Funktionsgleichheit von Widerrufsvorbehalt und Befristungsklausel wird teilweise angenommen, das Transparenzgebot erfordere, dass der Befristungsgrund in der Klausel genannt werde.[1084] An den Klauselverwender seien jedoch keine unzumutbaren Anforderungen zu stellen. Jedenfalls sei der Kern des Befristungsgrundes (z. B. „wirtschaftliche Gründe“ oder „Erprobung“) zu nennen oder müsse aus anderen Umständen klar ersichtlich sein.[1085] Manchen Stimmen zufolge seien die Transparenzerfordernisse sogar im Gegensatz zum Widerrufsvorbehalt höher, da bei der Befristung keine Ausübungskontrolle erfolge.[1086] Die Gegenauffassung fordert lediglich, dass die Leistung, die befristet wird, sowie der Beendigungszeitpunkt bzw. die Dauer angegeben werden.[1087] Der Befristungsgrund bedürfe keiner Angabe.[1088] Argumentiert wird damit, dass es auch im Falle der Befristung des gesamten Arbeitsvertrages keiner Angabe der Gründe bedürfe und an die Befristung einzelner Arbeitsbedingungen keine strengeren Anforderungen gestellt werden dürften. Zudem sei die Befristung aus der Natur der Sache bereits klar und eindeutig.[1089] Im Falle der Zweckbefristung hingegen sei der Zweck, aus dem sich die Dauer

---

1082 Mohnke, S. 351 f.; a. A. Lindemann/Simon, BB 2002, 1807 (1812); MünchAnwHdb-Kolvenbach/ Glaser, § 23 Rn. 56; differenzierend Küttner-Kania, Änderungsvorbehalte, Rn. 16.

1083 Vgl. auch Sievers, NZA 2002, 1182 (1186).

1084 ErfK-Preis, §§ 305-310 BGB Rn. 75; Preis/Bender, NZA-RR 2005, 337 (340); Preis/ Lindemann, NZA 2006, 632 (637 f.); KR-Lipke, § 14 TzBfG Rn. 31; KDZ-Däubler, § 14 TzBfG Rn. 143a; Deich, F. III. 2. aa.; Reiserer, NJW 2008, 609 (612); Däubler/ Bonin/Deinert-Bonin, § 307 BGB Rn. 208b; Löwisch, ZfA 1986, 1(8); Otto/Walk, BB 2010, 373 (377); Lakies in: AR-Blattei, Rn. 382; Bordet/Raif, ArbRAktuell 2011, 607.

1085 Preis, Lehrbuch, § 39 II. 6.

1086 ErfK-Preis, §§ 305-310 BGB Rn. 75; Preis/Lindemann, NZA 2006, 632 (638).

1087 HWK-Schmalenberg, § 14 TzBfG Rn. 97; Willemsen/Grau, NZA 2005, 1137 (1142); Hohenstatt/ Schramm, NZA 2007, 238 (243); Moll in: Festschrift 25 Jahre ARGE Arbeitsrecht im DAV, S. 91 (106); APS-Künzl, § 2 KSchG Rn. 91.

1088 So auch MünchAnwHdb-Kolvenbach/Glaser, § 23 Rn. 61; Thüsing, Rn. 279; Hanau, ZIP 2005, 1661 (1665); Hanau/Hromadka, NZA 2005, 73 (78); Schimmelpfennig, NZA 2005, 603 (606); Bauer/Chwalisz, ZfA 2007, 339 (349); Maschmann, RdA 2005, 212 (224); Lunk/Leder, NZA 2008, 504 (508).

1089 Willemsen/Jansen, RdA 2010, 1 (8).

der Befristung ergebe, anzugeben, denn nur so könne für den Arbeitnehmer Klarheit geschaffen werden.[1090]

dd) Eigene Stellungnahme

Die Inhaltskontrolle der Befristungsabrede kann nicht anhand des § 308 Nr. 4 BGB vorgenommen werden, da die Vorschrift bereits von ihrem Wortlaut her nicht einschlägig ist. Die Vereinbarung befristeter Entgeltbestandteile beinhaltet nicht das Recht, die versprochene Leistung zu ändern oder von ihr abzuweichen. Die Änderung tritt mit Ablauf der Befristung automatisch ein. Aus diesem Grund ist ausschließlich auf § 307 BGB zurückzugreifen.

Im Rahmen der nach § 307 Abs. 1 S. 1 BGB durchzuführenden Interessenabwägung sind die vom BAG[1091] erwogenen Aspekte der Einkommens- und Planungssicherheit maßgeblich. Ausschlaggebend ist, dass der Arbeitnehmer nicht infolge der Entgeltflexibilisierung in ständiger Ungewissheit seiner Einkommenshöhe und damit immer zurückhaltend im Hinblick auf seine Ausgaben leben muss, weil er stets eine Einkommensminderung befürchten muss. Die Befristungsabrede bringt dem Arbeitnehmer jedenfalls mehr Gewissheit und Planungssicherheit als die anderen Instrumente der Entgeltflexibilisierung, da von Anfang an feststeht, über welchen Zeitraum der befristete Entgeltbestandteil gewährt wird. Anders ist dies nur im Falle der wiederholten Befristung, die sich in ihrer Wirkung kaum von den anderen Instrumenten unterscheidet, in ihren Anforderungen allerdings erheblich hinter den anderen Gestaltungsmitteln zurückbleibt. § 307 BGB bietet flexible Lösungen, denn die Vorschrift sieht eine Interessenabwägung vor. Je stärker der Vertragspartner benachteiligt wird, desto gewichtiger müssen die Interessen des Verwenders sein. So müssen nicht nur Umstände vorliegen, die eine Befristung rechtfertigen, sondern diese müssen gerade die wiederholte Befristung rechtfertigen. Entscheidend ist, dass das unternehmerische Risiko nicht durch die Vereinbarung befristeter Entgeltbestandteile auf den Arbeitnehmer abgewälzt wird. Dadurch würde dieser unangemessen benachteiligt. Zu beachten ist daneben auch, dass der Kontrollgegenstand nicht die Leistung an sich, sondern deren zeitliche Begrenzung ist. Die maßgebliche Frage ist, ob der Arbeitgeber ein Interesse an der nur befristeten Gewährung hat oder ob Umstände vorliegen, die eine dauerhafte Gewährung gebieten.

Ein Grund für die Befristung kann jedenfalls nicht verlangt werden, da sich ein solches Erfordernis nicht aus § 307 BGB ergibt. Letztendlich stellt ein die Befristung rechtfertigender Grund aber nichts anderes dar als ein überwiegendes

---

1090 Schramm/Naber, NZA 2009, 1318 (1320); Schmalenberg in: Festschrift 25 Jahre ARGE Arbeitsrecht im DAV, S. 155 (167).

1091 BAG v. 27.7.2005, NZA 2006, 40 (47).

Interesse des Arbeitgebers an der Befristung, so dass die zur Entscheidung stehenden Sachverhalte nach neuem Recht im Ergebnis nicht anders zu beurteilen sind als nach alter Rechtslage. Ob bei der Frage des sachlichen Grundes bzw. überwiegenden Interesses auf den Katalog des § 14 Abs. 1 TzBfG zurückgegriffen wird oder eine Anlehnung an das TzBfG konsequent abgelehnt wird, ist unerheblich, denn es kommt allein darauf an, ob Umstände vorliegen, die das Interesse des Arbeitgebers an der Befristung höher bewerten als das des Arbeitnehmers an der unbefristeten Gewährung. Grundsätzlich werden die Gründe des § 14 Abs. 1 TzBfG dazu geeignet sein, das Interesse des Arbeitgebers an der Befristung zu rechtfertigen, aber auch andere Gründe sind denkbar, so dass dahinstehen kann, ob die Gründe dem Katalog des § 14 Abs. 1 TzBfG entnommen sind oder nicht. Im Übrigen eignen sich die dort aufgeführten Gründe eher für die befristete Übertragung einer höherwertigen Tätigkeit oder die befristete Erhöhung der Arbeitszeit, aber weniger für die Befristung von Entgeltbestandteilen. Das Vorliegen einer unangemessenen Benachteiligung beurteilt sich immer anhand der Umstände des Einzelfalls, so dass nicht abstrakt dargestellt werden kann, welche Gründe die Befristung rechtfertigen oder welche Anforderungen generell an Befristungsabreden zu stellen sind. Im einen Fall kann die Befristung einzelner Vertragsbedingungen von ihrer Wirkung her der Befristung des Vertrages insgesamt sehr nahe kommen[1092], im anderen Fall kann sich die Befristung nur auf einen geringen Teil der Vergütung beziehen. Denkbar ist beispielsweise, dass der Arbeitgeber wegen eines vorübergehenden Erschwernisses der Arbeitsbedingungen oder wegen einer außerordentlich positiven Geschäftsentwicklung, die sich absehbar nicht wiederholen wird, nur für einen befristeten Zeitraum eine Zulage gewähren will.

Nicht darauf abgestellt werden darf, dass ohne Befristung eine Änderung nur unter den strengen Voraussetzungen der Änderungskündigung möglich wäre und dementsprechend die Befristung auch auf Gründe gestützt werden müsse, die eine Änderungskündigung rechtfertigten. Derart strenge Anforderungen können nicht verlangt werden, denn bei der Befristung wurde bereits durch die entsprechende Abrede jegliches Vertrauen auf eine über den Zeitpunkt des Ablaufs der Befristung hinausgehende Gewährung der Leistung verhindert.

Die Ansichten im Schrifttum stellen sich als inkonsequent dar, denn es wird zwar mehrheitlich befürwortet, die Sachgründe des § 14 Abs. 1 TzBfG im Rahmen der Interessenabwägung zu berücksichtigen, nicht aber die Möglichkeit der sachgrundlosen Befristung nach § 14 Abs. 2 TzBfG. Wollte man eine konsequente Linie finden, müssten dann aber auch Abs. 2 und schließlich auch

---

1092 Vgl. etwa das Beispiel bei APS-Backhaus (2004), § 14 TzBfG Rn. 26.

Abs. 2a und 3 TzBfG Anwendung finden. Eine derart weitgehende Auffassung lässt sich allerdings nur vereinzelt finden.[1093]

Fraglich ist, ob der Kernbereich – wie bei der Vereinbarung eines Widerrufsvorbehalts – geschützt werden muss, indem er keiner Befristung zugänglich ist. Die Unantastbarkeit des Kernbereichs beruht bei der Vereinbarung eines Widerrufsvorbehalts darauf, dass sich der Arbeitgeber in Bezug auf den entsprechenden Vergütungsbestandteil weitgehend bindet und sich nur bei Vorliegen bestimmter Widerrufsgründe von diesem lösen kann. Für den Arbeitnehmer besteht ein schutzwürdiges Vertrauen darauf, diesen Entgeltbestandteil zu erhalten, so dass er zumindest im Hinblick auf den Kernbereich geschützt werden muss. Bei der Befristung bestimmter Vergütungsbestandteile wird das Entstehen schutzwürdigen Vertrauens von vornherein verhindert, denn für den Arbeitnehmer ist ersichtlich, dass er den Vergütungsbestandteil nur für eine bestimmte Zeit erhält. Ein weitergehender Schutz ist mithin nicht erforderlich. Es ist nicht davon auszugehen, dass das BAG die Befristung von Entgeltbestandteilen an bestimmte Grenzwerte binden wird. Schließlich hat es die Übertragung der für Arbeit-auf-Abruf-Klauseln entwickelten Grundsätze auf die Befristung einer Arbeitzeiterhöhung ausdrücklich abgelehnt.[1094] Auch die Entscheidung des BAG, in dem die Anwendung der 25 bzw. 30%-Grenze auf den Freiwilligkeitsvorbehalt ausdrücklich abgelehnt wurde[1095], deutet darauf hin, dass es sich nicht um eine allgemein gültige Grenze für die Flexibilisierung von Arbeitsbedingungen handelt. Andererseits hat sich das BAG seit der Schuldrechtsreform noch nicht mit der Befristung von Entgeltbestandteilen beschäftigt, so dass nicht ausgeschlossen werden kann, dass auch dieses Flexibilisierungsinstrument künftig einer strengeren Kontrolle unterworfen wird.

Eine Differenzierung danach, ob die Befristung von Entgeltbestandteilen bei Begründung des Arbeitsverhältnisses oder erst im Nachhinein erfolgt, ist durch die Geltung der §§ 305 ff. BGB hinfällig geworden. Letztendlich geht es nämlich nur um die Abgrenzung vorformulierter von ausgehandelten Vertragsbedingungen, die wegen des unterschiedlichen Prüfungsmaßstabes nunmehr zwangsläufig stattfinden muss. Dabei besteht keine Vermutung dahingehend, dass bei Vertragsänderungen im laufenden Arbeitsverhältnis stets von einem „Aushandeln“ auszugehen ist, weil sich der Arbeitnehmer in einer stärkeren Position befindet als vor Abschluss des Arbeitsvertrags. Im Einzelfall kann die Verhandlungsstärke des Arbeitnehmers ebenso schwach sein wie vor Abschluss eines Arbeitsvertrags. Er wird sich nicht zwangsläufig gegen eine drohende Ände-

1093 Thüsing/Leder, BB 2005, 1563 (1569); Thüsing, Rn. 281.

1094 Vgl. BAG v. 8.8.2007, NZA 2008, 229 (230).

1095 BAG v. 18.3.2009, NZA 2009, 535 (536 f.).

rungskündigung zur Wehr setzen, und einen ungewissen Ausgang des Rechtsstreits und die damit in der Regel verbundene Verschlechterung des Arbeitsklimas riskieren.[1096] Auch der Kündigungsschutz vermag den Arbeitnehmer bei einer Ablehnung der Vertragsänderung nicht in jedem Fall zu retten. Neben dem Risiko der Kündigung muss der Arbeitnehmer bei Ablehnung des Angebots auch mit anderen Nachteilen (Betrauung mit weniger beliebter Arbeit, Zurücksetzung bei Beförderungen) rechnen.[1097] Ist die Befristungsabrede jedoch eindeutig zwischen den Parteien ausgehandelt worden, besteht kein Grund für eine Inhaltskontrolle der Befristung. Es wäre ein Wertungswiderspruch, wenn für eine einvernehmliche Änderung auf Dauer keine Inhaltskontrolle verlangt wird, aber für eine einvernehmliche Änderung auf Zeit.

Fragwürdig erscheint das Erfordernis der Angabe des überwiegenden Interesses des Arbeitgebers und damit regelmäßig des Grundes in der Klausel. Zum einen muss man bedenken, dass selbst bei einer Gesamtbefristung im Arbeitsvertrag kein Grund aufgeführt werden muss.[1098] Zum anderen kann dadurch auch keine weitere Transparenz geschaffen werden, denn für den Vertragspartner ist auch ohne eine solche Angabe bereits offensichtlich, was auf ihn zukommt. Andererseits kann ihm eine Angabe des Grundes aber dazu verhelfen, zu überprüfen, ob ein Vorgehen gegen die Befristung Erfolg verspricht. Allerdings wird auch sonst nicht verlangt, dass alle Umstände im Vertrag schriftlich festzuhalten sind, um dem Vertragspartner die Durchsetzung seiner Rechte zu erleichtern. Einen so weitgehenden Schutz gewährleistet das Transparenzgebot nicht.

Letztlich wurde diese Frage nur aufgeworfen, weil auch bei Vereinbarung eines Widerrufsvorbehalts die Angabe der Gründe für erforderlich gehalten wird. Es besteht aber, wie bereits dargelegt[1099], ein wesentlicher Unterschied zwischen diesen Instrumenten, denn die Befristungsabrede ist bereits hinreichend transparent im Sinne des § 307 Abs. 1 S. 2 BGB, wenn eindeutig ist, welche Vergütungsbestandteile befristet gewährt werden und für welche Dauer. Beim Widerrufsvorbehalt hingegen schafft erst die Angabe der Widerrufsgründe die erforderliche Klarheit. Aus dem Transparenzgebot kann daher kein Erfordernis der Angabe von Umständen, die die Befristung rechtfertigen, abgeleitet werden. Auch wenn das Gesetz keine Angabe verlangt, gilt es zu bedenken, dass die Darlegung der Umstände und die Angabe etwaiger Gründe für die Befristung regelmäßig zu einem besseren Verständnis beim Arbeitnehmer und daher

---

1096 Vgl. auch Wolf, RdA 1988, 270 (275).

1097 Wank in: Hromadka, Änderung von Arbeitsbedingungen, S. 71.

1098 BAG v. 23.6.2004, NZA 2004, 1333 (1334).

1099 S. 195 f. dieser Arbeit.

eher zu einer einvernehmlichen Regelung beiträgt, was nicht zuletzt aus Gründen eines besseren Betriebsklimas empfehlenswert sein kann.

c) Zeitpunkt der Beurteilung

Da auch die Befristungsabrede auf ihren Inhalt nach den §§ 305 ff. BGB kontrolliert wird, kann insofern nichts anderes gelten als für die anderen Flexibilisierungsinstrumente. Demnach kommt es auf den Zeitpunkt des Vertragsschlusses an.[1100]

Ein Unterschied besteht aber insofern, als die Befristung sofort „wirkt". Im Gegensatz zum Widerrufsvorbehalt wird vom Instrument der Befristung bereits bei seiner Vereinbarung „Gebrauch" gemacht. Es kommt nicht zu einer späteren Ausübung, die das Vorliegen sachlicher Gründe voraussetzt. Dies führt dazu, dass bereits zum Zeitpunkt der Vereinbarung Umstände, die das überwiegende Interesse des Arbeitgebers an der Befristung begründen, vorliegen müssen.[1101] Auch die Literaturansichten, die sich noch auf die alte Rechtslage beziehen, führen aus, dass der sachliche Grund im Zeitpunkt des letzten Vertragsschlusses vorliegen müsse.[1102] Werde die Befristung von Entgeltbestandteilen auf die künftige Veränderung wirtschaftlicher Rahmenbedingungen gestützt, müsse diese bereits zum Zeitpunkt der Befristungsvereinbarung absehbar sein.[1103] Es sei eine Prognose anzustellen, die mit hinreichender Sicherheit erwarten lasse, dass bei Ablauf der Befristungsdauer die Voraussetzungen, die zur Änderung der Vergütung geführt hätten, nicht mehr vorlägen.[1104]

Fraglich ist, wie sich ein Wegfall des sachlichen Grundes im Verlauf der Befristung auswirkt. Es wird vertreten, dass – da das Arbeitsverhältnis noch weiter bestehe – der Arbeitgeber im Rahmen seiner Fürsorgepflicht angehalten sei, eine neue Entscheidung nach billigem Ermessen zu treffen.[1105] Ähnlich hat auch das BAG mit Urteil vom 21.04.1993[1106] entschieden. Demnach hat der Arbeitgeber nach Ablauf der Befristung bei einer Nachfolgeregelung billiges Ermessen zu wahren. Diesem Fall liegt allerdings die Besonderheit zugrunde, dass neben der Befristung noch ein Änderungsvorbehalt vereinbart wurde. Allein auf

---

1100 Vgl. Palandt-Grüneberg, § 307 BGB Rn. 7; Sievers, NZA 2002, 1182 (1186); Staudinger-Preis, § 620 BGB Rn. 230; KDZ-Zwanziger (2008), § 2 KSchG Rn. 104.

1101 Preis/Bender, NZA-RR 2005, 337 (343); BAG v. 9.8.2000 – 7 AZR 823/98.

1102 Preis, Vertragsgestaltung, S. 417; Deich, § 12 F. I.; Leuchten, NZA 1994, 721 (727); Löwisch, ZfA 1986, 1 (4).

1103 Deich, § 12 F. III. 2. aa.

1104 Sievers, NZA 2002, 1182 (1186).

1105 KDZ-Zwanziger (2008), § 2 KSchG Rn. 104; a. A. HK-Weller/Hauck, § 2 KSchG Rn. 91; Preis, Vertragsgestaltung, S. 430.

1106 NZA 1994, 476 (477).

Letzteren hat sich die Forderung nach Einhaltung billigen Ermessens bezogen. Eine weitere Auffassung vertritt, dass die Angemessenheit im Sinne von § 307 BGB auch im Zeitpunkt des Eintritts der Rechtsfolge der Klausel (Befristungszeitpunkt) noch vorliegen müsse.[1107] Dem kann allerdings nicht gefolgt werden. Einzig und allein der Zeitpunkt des Abschlusses der Befristungsvereinbarung ist maßgeblich.[1108] Nur eine solche Auffassung trägt dem Rechtscharakter der Befristung Rechnung, denn diese endet mit Ablauf von selbst, ohne dass es auf weitere Umstände oder Maßnahmen ankommt. Der Sinn und Zweck der Befristungsabrede liegt gerade darin, den Parteien Klarheit zu verschaffen über den Zeitraum der veränderten Vertragsbedingung. Sollte die Dauer der veränderten Vertragsbedingung nicht von einer bestimmten Frist, sondern von anderen, ungewissen Umständen abhängen, wäre ein anderes Gestaltungsmittel gewählt worden. Dem Bedürfnis nach Klarheit kann nur Rechnung getragen werden, wenn die Dauer tatsächlich fix ist und nicht von weiteren Umständen abhängt.

Durch die Anknüpfung an den Zeitpunkt der Befristungsabrede bietet die Befristung größere Dispositionsfreiheit als beispielsweise der Widerrufsvorbehalt. Nach Ablauf des Befristungszeitraums kann der Arbeitgeber frei disponieren, unabhängig davon, wie sich die Verhältnisse tatsächlich entwickelt haben.[1109] Umgekehrt kann aber auch eine bei Abschluss unwirksame Befristungsabrede nicht nachträglich wirksam werden.[1110] Anderenfalls wäre die Rechtssicherheit erheblich gefährdet.

2. Die Rechtsfolgen unwirksamer Befristungsabreden

Wird der Arbeitnehmer durch die Befristung eines Vergütungsbestandteils unangemessen benachteiligt, bleibt der Vertrag gem. § 306 Abs. 1 BGB im Übrigen wirksam mit der Folge, dass der Arbeitnehmer einen unbefristeten Anspruch auf die Vergütung hat.[1111] Diesen kann der Arbeitgeber nur durch eine Änderungskündigung oder einen Änderungsvertrag beseitigen.

1107 APS-Künzl, § 2 KSchG Rn. 89.

1108 Auch das BAG v. 20.2.2002, AP § 1 KSchG 1969 Nr. 11 hat entschieden, dass ein Wiedereinstellungsanspruch nach Ablauf einer rechtswirksamen Befristung des Arbeitsvertrags bei zwischenzeitlichem Fortfall des Befristungsgrundes nicht in Betracht kommt. Dies muss erst recht für die Befristung einzelner Arbeitsbedingungen gelten.

1109 Maschmann, RdA 2005, 212 (225); Staudinger-Preis, § 620 BGB Rn. 230; Bauer, BB 2001, 2526.

1110 Maschmann, RdA 2005, 212 (225).

1111 Vgl. BAG v. 27.7.2005, NZA 2006, 40 (46); LAG Brandenburg v. 27.7.2004, NZA-RR 2005, 180 (182); Annuß/Thüsing-Maschmann, § 14 TzBfG Rn. 23; Preis/Bender, NZA-RR 2005, 337 (342 f.); so im Ergebnis auch nach alter Rechtslage, BAG v. 13.6.1986, NZA 1987, 241 (242).

Dem Arbeitnehmer, der die Unwirksamkeit der Befristung geltend macht, kann kein Verstoß gegen Treu und Glaube (§ 242 BGB) vorgeworfen werden. Zwar hat der Arbeitnehmer die Befristung mit dem Arbeitgeber vereinbart, allerdings setzt die Wirksamkeit einer Vereinbarung nicht nur den Vertragsschluss, sondern auch einen rechtlich zulässigen Inhalt voraus.[1112] Zweifelt der Arbeitnehmer an Letzterem, bleibt es ihm unbenommen, dies geltend zu machen.

III. Die Ausübungskontrolle gem. § 315 BGB

Im Falle der Befristung von Entgeltbestandteilen liegt lediglich eine Vereinbarung vor, die dem Arbeitnehmer einen Anspruch auf einen befristeten Entgeltbestandteil einräumt, der mit Ablauf der Frist automatisch entfällt. Einer Erklärung seitens des Arbeitgebers bedarf es nicht. Demnach findet auch keine Ausübungskontrolle gem. § 315 BGB statt.[1113] Etwas anderes darf auch nicht aus der Entscheidung des BAG vom 21.04.1993[1114] hergeleitet werden, denn in dem zugrunde liegenden Sachverhalt erfolgte neben der Befristungsabrede die Vereinbarung eines Änderungsvorbehalts. Sofern in den Entscheidungsgründen die Rede davon ist, dass bei der Neufestsetzung der leistungsabhängigen Zusatzvergütung billiges Ermessen zu wahren sei, bezieht sich dies lediglich auf den Änderungsvorbehalt.

IV. Mitbestimmungsrechte des Betriebsrats

Während die zuvor dargestellten Flexibilisierungsinstrumente grundsätzlich ein Mitbestimmungsrecht des Betriebsrats auslösen, kommen Zweifel auf, ob dies auch im Falle der Befristung von Entgeltbestandteilen gilt. Das BAG geht im Zusammenhang mit der Befristung einzelner Vertragsbedingungen an keiner Stelle auf etwaige Mitbestimmungsrechte ein[1115] und auch in der Literatur finden sich kaum Ausführungen. Einer Auffassung im Schrifttum zufolge kann der Arbeitgeber bei freiwilligen Entgeltbestandteilen, also solchen, zu denen er nicht kraft Gesetzes oder Tarifvertrags verpflichtet ist, allein bestimmen, ob sie unbe-

---

1112 BAG v. 14.1.2004, NZA 2004, 719 (723).

1113 KR-Lipke, § 14 TzBfG Rn. 31; Deich, § 12 F. II.; Krauß, S. 239; Willemsen/Jansen, RdA 2010, 1 (9).

1114 NZA 1994, 476.

1115 BAG v. 13.6.1986, NZA 1987, 241; v. 15.4.1999, NZA 1999, 1115; v. 4.6.2003, NZA 2003, 1424; v. 14.1.2004, NZA 2004, 719; v. 27.7.2005, NZA 2006, 40; v. 18.1.2006, AP § 305 BGB Nr. 8; v. 2.9.2009, NZA 2009, 1253.

fristet oder befristet gewährt werden.[1116] Nur die technische Seite der Entgeltfindung sei mitbestimmungspflichtig, nicht aber die Entscheidung über die Vergabe etwaiger Vergütungsbestandteile, den begünstigten Personenkreis und die Kürzung oder Abschaffung.[1117] Anderen Stimmen zufolge steht dem Betriebsrat ein Mitbestimmungsrecht nach § 87 Abs. 1 Nr. 10 BetrVG zu, wenn die freiwillige Zulage nur teilweise befristet gewährt wird und der Arbeitgeber das übrig bleibende Zulagenvolumen neu verteilen möchte.[1118] Die Befristung der gesamten Zulage sei hingegen mitbestimmungsfrei.

Es entsteht der Eindruck, dass die Meinungen im Hinblick auf das Mitbestimmungsrecht des Betriebsrats auseinandergehen. Fraglich ist aber, ob diese nicht lediglich unterschiedliche Anknüpfungspunkte haben. Es muss differenziert werden: Die Befristung von Entgeltbestandteilen setzt voraus, dass diese Entgeltbestandteile überhaupt gewährt werden. Damit geht – sofern ein kollektiver Tatbestand vorliegt – regelmäßig die Aufstellung von Entlohnungsgrundsätzen einher, so dass der Betriebsrat insofern mitbestimmen kann. Die Befristungsabrede an sich ist lediglich eine Modalität dieser Leistung, so dass allein durch die Befristung kein Mitbestimmungsrecht ausgelöst wird. Das spätere Entfallen des Vergütungsbestandteils infolge des Ablaufs der Befristung ist ebenso wenig eine mitbestimmungspflichtige Angelegenheit, da dieses automatisch erfolgt und keine Maßnahme des Arbeitgebers voraussetzt. Zum anderen wurde die Befristung regelmäßig im Zusammenhang mit der Gewährung entsprechender Vergütungsbestandteile geregelt, so dass auch die spätere Einstellung der Leistung von der Mitbestimmung gedeckt ist. Soll nach Ablauf der Befristung allerdings eine Neuverteilung des Zulagenvolumens stattfinden, ist damit wiederum die Aufstellung bzw. Änderung der Verteilungsgrundsätze berührt, so dass der Betriebsrat zu beteiligen ist.

V. Musterformulierung einer Befristungsabrede

„Auf Grund des mit Drittmitteln finanzierten, auf ...Jahre befristeten und anschließend nicht weiterzuführenden Projekts XY erhält der Arbeitnehmer für die nächsten ...Jahre eine monatliche Zulage von ... €.[1119]"

1116 Löwisch, ZfA 1986, 1 (16); ders., NZA 1988, 633 (643 f.); auch MünchAnwHdb-Kolvenbach/Glaser, § 23 Rn. 62 und KR-Lipke, § 14 TzBfG Rn. 32 lehnen ein Mitbestimmungsrecht des Betriebsrats ab.

1117 Löwisch, ZfA 1986, 1 (16).

1118 Preis, Der Arbeitsvertrag, II V 70 Rn. 101.

1119 Preis, Der Arbeitsvertrag, II V 70 Rn. 90.

„Der Arbeitnehmer erhält eine monatliche Zulage in Höhe von … €. Diese ist befristet bis zur Inbetriebnahme der Maschine XY am …, durch die der Arbeitsanfall deutlich zurückgehen wird. Um betriebsbedingte Kündigungen zu vermeiden, entfällt ab diesem Zeitpunkt die Zulage.[1120]“

Für die Dauer von zwei Jahren wird im Betrieb ein neues Entgeltsystem eingeführt, das in dieser Zeit zunächst erprobt werden soll. Während dieses Zeitraums wird neben der jeweiligen Grundvergütung ein leistungsabhängiger Bonus gezahlt, dessen Modalitäten mit den einzelnen Arbeitnehmern in Zielvereinbarungen festgelegt werden.

VI. Zwischenergebnis

Nicht nur die Erschwerung des Widerrufsvorbehalts, sondern auch die Verdrängung des Freiwilligkeitsvorbehalts lassen die Befristungsabrede immer mehr in den Vordergrund treten. Wegen des von vornherein festgelegten Zeitraums könnte man das Instrument der Befristung von Entgeltbestandteilen allerdings als zur Flexibilisierung weniger geeignet ansehen. Während der Dauer der Befristung ist der Arbeitgeber an den entsprechenden Vergütungsbestandteil gebunden, auch wenn die wirtschaftliche Lage der Zahlung eigentlich entgegensteht. Diesem Risiko kann dadurch begegnet werden, dass für die Dauer der Befristung zusätzlich ein Widerrufsrecht vereinbart wird.[1121] Die Kehrseite der Befristungsabrede ist jedoch, dass der Arbeitgeber durch die Befristung eine festere Basis für seine Disposition erhält als durch andere Flexibilisierungsinstrumente. Maßgeblicher Beurteilungszeitpunkt der Wirksamkeit der Vergütungsabrede ist der Zeitpunkt der Vereinbarung. Liegt zu diesem Zeitpunkt ein sachlicher Grund für die Befristung vor und stellt sich die Abrede mithin als angemessen dar, kann eine spätere Änderung der Umstände dem Ablauf der Befristung nicht entgegenstehen. Für den Arbeitgeber besteht mithin bereits zum Zeitpunkt der Vereinbarung der Befristung die Sicherheit, bei Ablauf der Befristung neu disponieren zu können. Bei der Vereinbarung eines Widerrufsvorbehalts hingegen besteht keine vergleichbare Sicherheit, da zu diesem Zeitpunkt ungewiss ist, ob die festgelegten sachlichen Gründe tatsächlich eintreten werden. Aus diesem Grund bietet Letzterer allerdings für den Arbeitnehmer den Vorteil, dass möglicherweise nie von diesem Instrument Gebrauch gemacht wird.

1120 Preis, Der Arbeitsvertrag, II V 70 Rn. 90.

1121 Darauf, ob eine solche Häufung von Flexibilisierungsinstrumenten zulässig ist, wird im Abschnitt „Kumulation von Flexibilisierungen als unangemessene Benachteiligung“ eingegangen.

Die Klausel, die die Befristung von Entgeltbestandteilen regelt, unterliegt einer Inhalts- und Transparenzkontrolle nach den §§ 305 ff. BGB. Bei der Befristungsregelung handelt es sich um eine Nebenabrede, denn diese legt nicht die Hauptleistung des Vertrages näher fest, sondern lediglich nähere Modalitäten der Hauptleistung. Die Befristung muss einem berechtigten Bedürfnis des Arbeitgebers entsprechen, dem nicht ein höherwertiges Interesse des Arbeitnehmers an der unbefristeten Leistung gegenübersteht. Auch wenn § 14 Abs. 1 TzBfG auf die Befristung einzelner Arbeitsbedingungen nicht anwendbar ist und zudem auf die Befristung von Vergütungsbestandteilen nicht zugeschnitten ist, kann sich der Arbeitgeber hinsichtlich der Rechtfertigung der Befristung an dieser Vorschrift orientieren. So kann die Befristung beispielsweise auf die Erprobung eines neuen Vergütungssystems gestützt werden, aber auch auf besondere, vorübergehende Erschwernisse im Zusammenhang mit der Arbeitsleistung. Eine schriftliche Fixierung der Beweggründe des Arbeitgebers ist nicht erforderlich. Die vertragliche Regelung ist bereits hinreichend transparent, wenn aus dieser eindeutig hervorgeht, welche Vergütungsbestandteile von der Befristung erfasst werden und von welcher Dauer diese ist. Da der Vergütungsbestandteil mit Ablauf der Befristung automatisch entfällt und es keines weiteren Gestaltungsaktes durch den Arbeitgeber bedarf, unterliegt die Befristung keiner Ausübungskontrolle. Auch etwaige Mitbestimmungsrechte werden allein durch die Befristung nicht ausgelöst.

§ 4 Gesamtbetrachtung der Flexibilisierungsinstrumente

Die Anwendung der §§ 305 ff. BGB auch im Arbeitsrecht stellt eine erfreuliche Entwicklung dar, da die Vorschriften einen Rahmen bieten, der es ermöglicht, Arbeitgeber- und Arbeitnehmerinteressen in einen angemessenen Ausgleich zu bringen. Daneben ist aber auch anzumerken, dass die frühere Kernbereichsrechtsprechung das richtige Judiz gezeigt hat. Die jüngere Rechtsprechung des BAG gibt einen klaren Rahmen vor, der noch einer näheren Ausgestaltung bedarf. Anhand der Vorschriften des AGB-Rechts lassen sich alle Probleme sachgerecht lösen, nicht nur die der einzelnen Flexibilisierungsinstrumente, sondern auch Fragen des Zusammenwirkens verschiedener Gestaltungsmittel. Hierauf soll im Folgenden eingegangen werden, da Vergütungsbestandteile beispielsweise häufig nicht lediglich befristet, sondern daneben auch unter einen Widerrufsvorbehalt gestellt werden. Im Anschluss daran soll auf das Hauptanliegen dieser Arbeit eingegangen werden, die Frage der Systematisierung der Flexibilisierungsinstrumente. Wie stehen diese zueinander? Sind die Instrumente austauschbar oder werden sie unterschiedlichen Belangen des Arbeitgebers gerecht?

A. Kumulation von Flexibilisierungsinstrumenten

Auch wenn die Vereinbarung des jeweiligen Flexibilisierungsinstruments im Einzelnen den Anforderungen der §§ 305 ff. BGB entspricht, stellt sich die Frage, ob nicht der Arbeitnehmer infolge der Kumulation der Flexibilisierungsmöglichkeiten unangemessen benachteiligt wird. Dabei gilt es, den Vertrag in seiner Gesamtheit zu beurteilen und zu prüfen, ob das Zusammenwirken verschiedener Klauseln den Arbeitnehmer unangemessen benachteiligt. Ist dies zu bejahen, sind beide Klauseln unwirksam.[1122] Eine teilweise Aufrechterhaltung im Rahmen des gerade noch Zulässigen kommt nicht in Betracht.[1123] Andererseits kann aber auch eine nachteilige Regelung durch eine damit im Zusammenhang stehende vorteilhafte Regelung kompensiert werden.[1124]

So stellt sich etwa die Frage, ob das durch den Freiwilligkeitsvorbehalt erzielte Flexibilisierungsvolumen auf die für Widerrufsvorbehalte geltende Grenze anzurechnen ist. Ist es also möglich, Sonderleistungen, die 35% der Gesamtvergütung ausmachen unter einen Freiwilligkeitsvorbehalt zu stellen und zusätzlich

---

1122 Wolf/Horn/Lindacher-Wolf, AGB-Gesetz, § 9 Rn. 133.

1123 S. 97 ff. dieser Arbeit.

1124 Vgl. Preis/Bender, NZA-RR 2005, 337 (342); Schrader/Müller, RdA 2007, 145 (148).

20% des laufenden Entgelts widerruflich auszugestalten?[1125] Bedenkt man, dass sich die Zulässigkeit von Freiwilligkeitsvorbehalten nach dem hervorgerufenen Vertrauen des Arbeitnehmers richtet, die Zulässigkeit von Widerrufsvorbehalten hingegen nach der Unantastbarkeit des Kernbereichs und dem Vorliegen sachlicher Gründe, erscheint dies möglich. Der Widerrufsvorbehalt, der sich auf maximal 30% der Gesamtvergütung erstrecken darf, solange das Tarifgehalt nicht angetastet wird, kann den Arbeitnehmer erheblich treffen, ist allerdings für sich zulässig. Der daneben vereinbarte Freiwilligkeitsvorbehalt kann diese Betroffenheit nicht verstärken, da sich dieser nicht auf einen Teil der versprochenen und eingeplanten Vergütung erstrecken darf, sondern lediglich auf Entgeltbestandteile, mit denen der Arbeitnehmer ohnehin nicht rechnen kann.

Im Falle einer Kombination von Widerruf und Befristung wird empfohlen, die Klausel so zu gestalten, dass sämtliche widerruflich und befristet ausgestaltete Vergütungsbestandteile zusammengerechnet die aufgestellten Grenzwerte nicht erreichen.[1126] Dem ist zuzustimmen, da sich die Befristung anderenfalls auf einen der Höhe nach nicht begrenzten Teil der Vergütung beziehen und in Kombination mit dem Widerrufsvorbehalt nahezu die gesamte Vergütung flexibel gestalten könnte. Auch bei transparenter Vertragsgestaltung besteht aufgrund der Kombination der Gestaltungsmittel das Risiko, dass sich der Arbeitnehmer nicht im Klaren darüber ist, dass seine Vergütung unter Umständen erheblich reduziert werden kann. Bewegen sich die beiden Instrumente nicht insgesamt innerhalb der für Widerrufsvorbehalte aufgestellten Grenzwerte, wird der Arbeitnehmer unangemessen benachteiligt.

Anders ist dies jedoch, wenn ein befristeter Vergütungsbestandteil zusätzlich unter einen Widerrufsvorbehalt gestellt wird. Dann beziehen sich die Instrumente auf denselben Vergütungsbestandteil. Eine solche Gestaltung ist unbedenklich, auch wenn sich dadurch die Dauer der Gewährung des entsprechenden Vergütungsbestandteils erheblich reduzieren kann.[1127] Mit einer Einstellung der Leistung muss der Arbeitnehmer ohnehin rechnen, lediglich der Zeitpunkt der Einstellung kann sich verschieben. Der Arbeitnehmer wird durch die Kombination von Befristung und Widerruf nicht unangemessen benachteiligt, denn der Umfang der flexibilisierten Vergütung erhöht sich dadurch nicht.

In vielen Musterverträgen findet sich die Klausel „freiwillige, widerrufliche und anrechenbare Zulage, auf die kein Rechtsanspruch besteht“. Der Arbeitge-

1125 Vgl. zu dieser Problematik Leder, RdA 2010, 93 (97), der dies nicht für ausgeschlossen hält. A. A. Däubler/Bonin/Deinert-Bonin, § 308 BGB Rn. 38; Bayreuther, BB 2009, 102 (103 f.); ders., ZfA 2011, 45 (66).

1126 Willemsen/Jansen, RdA 2010, 1 (6).

1127 Vgl. zu einer solchen Kombination: BAG v. 7.7.2011 – 6 AZR 151/10 n. v.

ber, der sich mit derartigen Formulierungen mehrfach absichern will, erreicht damit das genaue Gegenteil. Die Vorbehalte schließen sich gegenseitig aus[1128], da der Freiwilligkeitsvorbehalt das Entstehen eines Anspruchs ausschließen soll, während der Widerrufsvorbehalt einen Anspruch gerade voraussetzt. Aus diesem Grund wird die Klausel teilweise für widersprüchlich und damit insgesamt für nichtig gehalten.[1129]

Andererseits wird bei der Kombination von Freiwilligkeits- und Widerrufsvorbehalt aber auch vertreten, dass lediglich ein Freiwilligkeitsvorbehalt vorliege und der Hinweis auf die Widerrufbarkeit klarstellen solle, dass es dem Arbeitgeber freistehe, die Leistungen nicht mehr zu erbringen.[1130] Wiederum eine andere Auffassung geht davon aus, dass auch in dem Zusatz, dass aus der Leistung kein Anspruch hergeleitet werden könne, lediglich die Vereinbarung eines Widerrufsvorbehalts gesehen werden könne.[1131] Eine weitere Ansicht im Schrifttum differenziert – ohne nähere Begründung – danach, ob bereits eine verbindliche Leistungszusage vorliegt oder nicht.[1132] Im ersteren Fall sei eine Kombination aus Freiwilligkeits- und Widerrufsvorbehalt nicht zulässig. Sei die Leistung jedoch nicht verbindlich zugesagt worden, bestünden gegen eine solche Vertragsgestaltung keine Bedenken. In der Literatur wird auch vereinzelt vertreten, dass es sich bei dem vermeintlichen Widerrufsvorbehalt nach dem Grundsatz

---

1128 LAG Hamm v. 27.7.2005, NZA-RR 2006, 125 (126); LAG Hessen v. 21.4.2011 – 14 Sa 789/10 n. v.; Stück, DB 2006, 782; Preis, Der Arbeitsvertrag, II V 70 Rn. 48; Maties, DB 2005, 2689 (2690); nicht weiter problematisiert in LAG Niedersachsen v. 1.4.2011 – 6 Sa 1253/10 n. v.

1129 LAG Hamm v. 27.7.2005, NZA-RR 2006, 125 (126); LAG Hessen v. 21.4.2011 – 14 Sa 789/10 n. v.; offen gelassen in BAG v. 8.12.2010, NZA 2011, 628 (631); Preis, Der Arbeitsvertrag, II V 70 Rn. 48; Bayreuther, ZIP 2007, 2009 (2014); das LAG Brandenburg v. 13.10.2005, DB 2006, 160 (161 f.) geht davon aus, dass die Klausel mehrdeutig i. S. v. § 305 c Abs. 2 BGB und damit nach dem Grundsatz der umgekehrten Geltung der Unklarheitenregelung unwirksam ist; so auch Lingemann/Gotham, DB 2008, 2307 (2310); Maties, DB 2005, 2689 (2690); Krauß, S. 235; Zöllner, NZA 1997, 121 (124).

1130 BAG v. 26.3.1997, AP § 242 Betriebliche Übung Nr. 50; LAG Berlin v. 13.5.2005, BB 2006, 1455; so wohl auch Wißmann/Schneider, EWiR § 307 BGB 4/08, S. 645 (646), die die Aufrechterhaltung der Klausel nach dem blue-pencil-test in Betracht ziehen. In seiner Entscheidung vom 30.7.2008, NZA 2008, 1173 geht das BAG ohne nähere Erörterung von einem Freiwilligkeitsvorbehalt aus.

1131 LAG Berlin v. 19.8.2005, NZA-RR 2006, 68 (69); v. 10.5.1995, NJW 1996, 276; im Ergebnis auch BAG v. 12.1.2005, NZA 2005, 465; v. 11.10.2006, NZA 2007, 87.

1132 Otto/Walk, BB 2010, 373 (376).

„falsa demonstratio non nocet“ um einen Freiwilligkeitsvorbehalt handele.[1133] Die falsche Bezeichnung schade nicht.

Jüngst hat das BAG entschieden, dass die Teilbarkeit und damit die teilweise Aufrechterhaltung einer Klausel nicht in Betracht kommt, wenn die Intransparenz der vertraglichen Regelung und damit ihre Unwirksamkeit gerade aus der Kombination zweier Klauselteile folgt.[1134] Insofern sei unerheblich, dass die einzelnen Klauselteile isoliert betrachtet wirksam wären.

Zum anderen existieren aber auch Klauseln, bei denen der Hinweis auf das Nichtbestehen eines Rechtsanspruchs fehlt und lediglich von der „Freiwilligkeit“ der Leistung die Rede ist. Mehrheitlich wird davon ausgegangen, dass allein der Hinweis „freiwillig“ nicht genügt, um eine Rechtsbindung des Arbeitgebers auszuschließen.[1135] Die Klausel wird so interpretiert, dass der Arbeitgeber „freiwillig“ einen unter Widerrufsvorbehalt stehenden Anspruch begründet.[1136] Ein Widerspruch könne nur angenommen werden, wenn die Formulierung „freiwillig“ tatsächlich einen Rechtsanspruch ausschließen könne. Wegen der unklaren Formulierung sei es aber naheliegender, dass der Arbeitgeber nur darauf hinweisen wolle, weder durch Tarifvertrag, Betriebsvereinbarung oder Gesetz zur Erbringung der Leistung gezwungen zu sein.[1137]

Sinnvoll erscheint es, zunächst danach zu differenzieren, ob die Klausel allein den Hinweis „freiwillig“ enthält oder ob diese zusätzlich beinhaltet, dass ein Rechtsanspruch auch bei wiederholter Zahlung nicht entsteht.[1138] Im ersten Fall muss vom Vorliegen eines Widerrufsvorbehalts ausgegangen werden, da der alleinige Hinweis auf die „Freiwilligkeit“ keinen Freiwilligkeitsvorbehalt begründet. Der Arbeitgeber gibt dadurch lediglich zu verstehen, dass er zu der Leistung weder gesetzlich, noch tarifvertraglich oder betriebsverfassungsrecht-

---

1133 Hümmerich, BB 2007, 1498 (1501).

1134 BAG v. 14.9.2011 – 10 AZR 526/10 n. v.

1135 BAG v. 1.3.2006, NZA 2006, 746 (748); v. 23.10.2002, NZA 2003, 557 (558 f.); v. 11.4.2000, NZA 2001, 24 (25); vgl. auch BAG v. 14.9.2011 – 10 AZR 526/10 n. v.; LAG Hamm v. 24.2.2011 – 8 Sa 1649/10; LAG Düsseldorf v. 30.11.2005 – 12 Sa 1210/05; Natzel, SAE 2006, 225 (227); HWK-Gotthardt, Anh. §§ 305-310 BGB Rn. 36; a. A. Preis, Der Arbeitsvertrag, II V 70 Rn. 48, der auch in diesem Fall von der Widersprüchlichkeit der Klausel ausgeht. Rieble, NZA-Beil. 2000, 34 (42) geht zu Lasten des Arbeitgebers von einem bloßen Widerrufsvorbehalt aus.

1136 BAG v. 1.3.2006, NZA 2006, 746; v. 19.5.2005, NZA 2005, 889 (891); für diese Interpretation auch Däubler/Bonin/Deinert-Däubler, § 305c BGB Rn. 38a; Weber, S. 132.

1137 BAG v. 1.3.2006, NZA 2006, 746; LAG Düsseldorf v. 30.11.2005 – 12 Sa 1210/05; offen gelassen vom BAG v. 11.4.2000, NZA 2001, 24 (25).

1138 Letzteres entspricht der Klausel des vom LAG Brandenburg v. 13.10.2005, DB 2006, 160 entschiedenen Falles.

lich verpflichtet ist. Demzufolge liegt auch kein Widerspruch zum Widerrufsvorbehalt vor. Letztlich scheitert der ausschließlich vereinbarte Widerrufsvorbehalt aber regelmäßig daran, dass weder Gründe noch der Umfang des Widerrufs vereinbart wurden.

Beinhaltet die Klausel hingegen den Ausschluss jeglichen Rechtsanspruchs, ist es konsequent, von der Unwirksamkeit der gesamten Klausel auszugehen, denn auch in anderen Fällen führt die Intransparenz zur Unwirksamkeit der gesamten Klausel und nicht zur Aufrechterhaltung eines Teils der Klausel. Die Widersprüchlichkeit resultiert daraus, dass die Vorbehalte eine unterschiedliche Ausgangssituation voraussetzen. Der Widerrufsvorbehalt setzt einen bestehenden Anspruch voraus, auf den er sich beziehen kann, der Freiwilligkeitsvorbehalt setzt voraus, dass gerade kein Anspruch besteht. Die Lösung kann nicht anhand des § 305c Abs. 2 BGB gefunden werden, denn die Vorschrift erfordert, dass die Auslegung der Klausel mindestens zwei Ergebnisse als vertretbar erscheinen lässt und von diesen keine den Vorzug verdient.[1139] Widersprechen sich zwei Klauseln inhaltlich, sind diese nicht klar und verständlich und daher gem. § 307 Abs. 1 S. 2 BGB unwirksam. Auch eine teilweise Streichung der Klausel nach dem blue-pencil-test kommt nicht in Betracht[1140], denn diese setzt voraus, dass nur ein Teil der Klausel unwirksam ist. Enthält die Klausel jedoch sowohl einen Widerrufs-, als auch einen Freiwilligkeitsvorbehalt, ist die Klausel insgesamt widersprüchlich und damit insgesamt unwirksam.

Aus den dargestellten Gründen kann auch ein befristeter Entgeltbestandteil nicht unter einen Freiwilligkeitsvorbehalt gestellt werden.[1141] Schließlich setzt auch die Befristungsabrede voraus, dass überhaupt ein Anspruch auf den Entgeltbestandteil besteht. Das Gleiche gilt auch für die Kombination von Anrechnungs- und Freiwilligkeitsvorbehalt.[1142]

Für unproblematisch wird die Kumulation von Widerrufs- und Anrechnungsvorbehalt gehalten.[1143] Vereinzelt wird eine Kombination der beiden Vorbehalte wegen deren unterschiedlichen Auswirkungen sogar empfohlen.[1144] Während der Widerruf zur Senkung der Personalkosten beitragen kann, wird mit der Anrechnung lediglich eine Erhöhung der Personalkosten verhindert. Da die Anrechnung ohnehin auf den Umfang der Tariflohnerhöhung begrenzt ist und nicht zur Kürzung des Effektivlohns führt, stellt sich auch nicht die Frage, ob

---

1139 BAG v. 10.12.2008, DB 2009, 684.

1140 So aber Wißmann/Schneider, EwiR § 307 BGB 4/08, S. 465 (464).

1141 Willemsen/Jansen, RdA 2010, 1 (9).

1142 Bayreuther, ZIP 2007, 2009 (2014); a. A. BAG v. 25.9.2002, AP § 611 BGB Gratifikation Nr. 241; a. A. wohl auch LAG Rheinland-Pfalz v. 19.5.2011 – 2 Sa 11/11 n. v.

1143 Vgl. BAG v. 1.3.2006, NZA 2006, 746 (748).

1144 Natzel, SAE 2006, 225 (228).

die für den Widerrufsvorbehalt aufgestellten Grenzwerte auch für die Anrechnung bzw. für die Flexibilisierung insgesamt gelten. Im Falle der Unwirksamkeit einer der beiden Vorbehalte könne der andere aufrechterhalten werden, da die Klausel insofern teilbar sei.[1145]

Die Ausführungen zeigen, dass die Frage, ob das Zusammenwirken mehrerer Gestaltungsmittel den Arbeitnehmer unangemessen benachteiligt, nicht pauschal beantwortet werden kann, sondern von der Eigenart des jeweiligen Flexibilisierungsinstruments abhängt.

B. Systematisierung der Flexibilisierungsinstrumente

Die Darstellung der einzelnen Instrumente der Entgeltflexibilisierung zeigt, dass diese hinsichtlich ihrer Konstruktion als auch ihrer Wirkung nicht nur Unterschiede, sondern auch erhebliche Parallelen aufweisen. Damit drängt sich die Frage auf, ob die Instrumente in ein „einheitliches dogmatisches Korsett"[1146] gezwungen und deren Anforderungen angeglichen werden können oder ob die Gestaltungsinstrumente so erhebliche Unterschiede aufweisen, dass auch deren Anforderungen unabhängig voneinander festgelegt werden müssen.

I. Die Auffassung der Literatur

Zunächst soll der Frage nachgegangen werden, wie die verschiedenen Flexibilisierungsinstrumente, der Ansicht der Literatur zufolge, zueinander stehen und welche Konsequenzen sich hieraus ergeben.

Ein Großteil der Literatur fordert unter Berufung auf die Funktionsgleichheit der verschiedenen Instrumente eine Harmonisierung und weitgehende Angleichung der Zulässigkeitskriterien.[1147] Die Rechtsprechung des BAG, die unterschiedliche Anforderungen an die verschiedenen Instrumente stellt, wird für bedenklich gehalten, weil sie es in die Hand des Arbeitgebers lege, die Anforderungen an das jeweilige Gestaltungsinstrument durch entsprechende Formwahl

---

1145 BAG v. 1.3.2006, NZA 2006, 746 (748); vgl. auch LAG Hamm v. 21.9.2004 – 19 Sa 575/04 n. v.

1146 Vgl. Preis/Lindemann, NZA 2006, 632 (634).

1147 Preis, Vertragsgestaltung, S. 416; ders. in: Festschrift Kissel, S. 909; Preis/Lindemann, NZA 2006, 632 (634); KDZ-Däubler, § 14 TzBfG Rn. 143; Krauß, S. 243; Strick, NZA 2005, 723 (724 f.); Singer, RdA 2006, 362 (370).

zu umgehen. Ohne Harmonisierung bestünden eklatante Wertungswidersprüche.[1148]

So wird geltend gemacht, dass Arbeitgeber mit den verschiedenen Instrumenten vielfach ein und dasselbe anstrebten.[1149] Der Arbeitgeber wolle zwar eine Leistung an den Arbeitnehmer erbringen, nicht aber auf Dauer hieran gebunden sein. Die Vereinbarung eines Freiwilligkeitsvorbehalts wirke ähnlich wie ein Widerrufsvorbehalt[1150]; denn die Ankündigung, die Leistung in Zukunft unter Umständen einzustellen, bedeute nichts anderes als die Ankündigung, den Widerruf unter Umständen auszuüben und infolgedessen die Leistung einzustellen. Die Instrumente würden sich lediglich dadurch unterscheiden, dass der Arbeitgeber bei Vereinbarung eines Freiwilligkeitsvorbehalts die Leistung schlicht einstellen könne, während es beim Widerrufsvorbehalt einer Erklärung des Widerrufs bedürfe.[1151] Da der Widerruf auch konkludent erklärt werden könne, falle eine Unterscheidung noch schwerer.[1152] Obwohl an den Widerrufsvorbehalt höhere Anforderungen gestellt würden, ermögliche er gegenüber dem Freiwilligkeitsvorbehalt nur ein geringeres Flexibilisierungsvolumen.[1153]

So wird einerseits gefordert, die zum Widerrufsvorbehalt entwickelten Grundsätze auf den Freiwilligkeitsvorbehalt zu übertragen.[1154] Andererseits wird gefordert, die Anforderungen an die Rechtmäßigkeit eines Widerrufsvorbehalts abzusenken und jedenfalls dann einen Widerruf nach freiem Ermessen zuzulassen, wenn auch ein Freiwilligkeitsvorbehalt zulässig wäre.[1155] Die Gegenauffassung bringt wendet jedoch ein, dass zwischen den Instrumenten grundsätzliche Unterschiede bestünden.[1156] Auch wenn dem Laien ein solcher Unterschied nicht bewusst sei, könne dies nicht die Gleichstellung begründen. Auch in anderen Fällen werde nicht auf das Wissen des Laien abgestellt.

Zum anderen wird vorgebracht, dass sich der Freiwilligkeitsvorbehalt als befristete Arbeitsbedingung darstelle.[1157] Dies sei im Hinblick darauf problema-

---

1148 Preis, Vertragsgestaltung, S. 416.

1149 Preis, Vertragsgestaltung, S. 416.

1150 KDZ-Zwanziger (2008), § 2 KSchG Rn. 76.

1151 Preis, Vertragsgestaltung, S. 416; Strick, NZA 2005, 723 (724 f.).

1152 Strick, NZA 2005, 723 (725).

1153 Leder, RdA 2010, 93 (97).

1154 Preis, Der Arbeitsvertrag, II V 70 Rn. 46; Lindemann/Simon, BB 2002, 1807 (1810); im Ergebnis auch Mauer, NZA 2002, 540 (543); Preis, Vertragsgestaltung, S. 416 f. zieht zudem in Betracht, den Freiwilligkeitsvorbehalt stets als Widerrufsvorbehalt umzudeuten und den dafür geltenden Voraussetzungen zu unterstellen.

1155 MünchHdbArbR-Hanau (1992), § 60 Rn. 109; Kania, DB 1998, 2418 (2419).

1156 Thüsing, Rn. 268; gegen die Erheblichkeit dieses Einwands auch LAG Hamm v. 9.6.2005, NZA-RR 2005, 624.

1157 Preis, Vertragsgestaltung, S. 416; so auch KDZ-Zwanziger (2008), § 2 KSchG Rn. 76.

tisch, dass es für die Befristung von Arbeitsbedingungen seit der Entscheidung des BAG vom 13.06.1986[1158] eines sachlichen Grundes bedürfe. Die Befristung stelle sich aber gegenüber den anderen Instrumenten als schonenderes Mittel dar, da der Arbeitnehmer bereits im Zeitpunkt der Gewährung der Sonderleistung wisse, dass er diese nur für die vorgesehene Befristungsdauer erhalte.[1159] Er sei somit weniger schutzwürdig. Bei der bloß freiwilligen oder frei widerruflichen Leistung hingegen könne die Einstellung den Arbeitnehmer unvermittelt treffen. Daher sei es unverständlich, dass die Befristung von einzelnen Arbeitsbedingungen einen sachlichen Grund voraussetze. Teilweise wird daher der Schluss gezogen, dass die Befristung von Entgeltbestandteilen jedenfalls dann zulässig ist, wenn ein hypothetischer Widerrufsvorbehalt nicht zu beanstanden wäre.[1160]

Ein Wertungswiderspruch wird aber auch darin gesehen, dass ein Widerrufsvorbehalt, durch den in den Kernbereich des Arbeitsverhältnisses eingegriffen wird, generell unzulässig ist, während die Befristungsabrede lediglich einen sachlichen Grund voraussetzt.[1161] Dies könne auch nicht damit gerechtfertigt werden, dass das Befristungsende absehbar sei, die Ausübung des Widerrufs hingegen ungewiss und daher ein milderer Prüfungsmaßstab geboten sei. Schließlich müsse der Arbeitnehmer bei Vereinbarung eines Widerrufsvorbehalts jederzeit mit dem Widerruf rechnen. Daneben wird auch vorgebracht, dass die Ungewissheit im Falle einer Befristung darin liege, dass der Arbeitnehmer nicht sicher wisse, ob seine Rechte erneuert bzw. verlängert würden.[1162] Die Ungewissheit des genauen Zeitpunkts könne die strengeren Anforderungen an den Widerrufsvorbehalt nicht rechtfertigen. Hinzu komme, dass bei der Befristung die Ausübungskontrolle entfalle, die beim Widerruf vorzunehmen sei. Daher wird von Teilen der Literatur gefordert, dass Befristungen einzelner Arbeitsbedingungen im Kernbereich unzulässig sind und im Übrigen eines sachlichen Grundes bedürfen[1163] oder aber eine Überprüfung am Maßstab des § 315 BGB vorzunehmen ist.[1164]

Ein anderer Autor wiederum legt Widerrufs- und Freiwilligkeitsvorbehalten ein anderes Verständnis zugrunde und fordert eine Prüfung dieser Vorbehalte als

1158 NZA 1987, 241.

1159 Preis, Vertragsgestaltung, S. 416.

1160 Willemsen/Grau, NZA 2005, 1137 (1141); Deich, § 12 F. III. 2. aa.

1161 Preis/Bender, NZA-RR 2005, 337 (338); Däubler/Dorndorf/Bonin/Deinert-Bonin, § 307 BGB Rn. 208a.

1162 Däubler/Dorndorf/Bonin/Deinert-Dorndorf/Bonin (2008), § 307 BGB Rn. 202; a. A. nunmehr Däubler/Bonin/Deinert-Bonin, § 307 BGB Rn. 208b.

1163 Kania, DB 1998, 2418 (2420).

1164 Leuchten, NZA 1994, 721 (727).

auch der Befristungsabrede anhand einer einheitlichen Befristungskontrolle.[1165] Bei Freiwilligkeitsvorbehalten handele es sich der Sache nach um befristete Vereinbarungen, bei Widerrufsvorbehalten um auflösend bedingte Vereinbarungen. Das Transparenzgebot fordere eine Konkretisierung von Voraussetzungen und Umfang der vorbehaltenen Änderungen bzw. des Ausschlusses der Rechtsverbindlichkeit. Der Kernbereich sei einer Flexibilisierung entzogen. Im Übrigen sei stets ein sachlicher Grund erforderlich.[1166] Die Gegenauffassung wiederum sieht die Befristungsklausel als Widerrufs- bzw. Freiwilligkeitsvorbehalt mit Fristablauf.[1167]

Hinsichtlich der Anrechnungsklauseln wird vorgetragen, dass diese in ihrer Wirkung den Widerrufsklauseln vergleichbar seien.[1168] Im Gegensatz zu diesen werde aber auf Bestimmtheitserfordernisse in jeglicher Hinsicht verzichtet.

Teilweise wird vorgeschlagen, den Schutz des arbeitsvertraglichen Kernbereichs als allgemeinen Grundsatz bei allen Flexibilisierungsinstrumenten heranzuziehen.[1169] Der Schutz des Randbereichs hinge von der Eigenart der jeweiligen Flexibilisierungsmöglichkeit ab und könne daher unterschiedlich ausgestaltet werden. Zur Abgrenzung des Kernbereichs wird vorgeschlagen, als äußerste Grenze für eine Flexibilisierung die vom BAG im Zusammenhang mit widerruflichen Entgeltbestandteilen[1170] und der Arbeit auf Abruf[1171] aufgestellte 25%-Grenze heranzuziehen.[1172]

Insgesamt zeigt sich in der Literatur die Tendenz, die Voraussetzungen und Grenzen der verschiedenen Flexibilisierungsinstrumente nicht nur zu harmonisieren, sondern nahezu vollständig anzugleichen. Begründet wird dies mit der weitgehenden Funktionsgleichheit der Gestaltungsmittel. Eine eindeutige Gegenmeinung hat sich bislang nicht herausgebildet. Vereinzelt beschränken sich Autoren auf eine Kritik der Auffassung, die eine Harmonisierung anstrebt. Alternative Lösungswege werden jedoch nicht aufgezeigt.

1165 Schmiedl, NZA 2006, 1195 (1198).

1166 Schmiedl, NZA 2006, 1195 (1199).

1167 KDZ-Zwanziger (2008), § 2 KSchG Rn. 99.

1168 Preis, Vertragsgestaltung, S. 427.

1169 Thüsing, Rn. 264; ähnlich Preis/Lindemann, AuR 2005, 229 (230); ähnlich auch Willemsen/Grau, NZA 2005, 1137 (1141).

1170 BAG v. 12.1.2005, NZA 2005, 465 (467).

1171 BAG v. 7.12.2005, NZA 2005, 423 (427 f.).

1172 Preis/Lindemann, NZA 2006, 623 (635); gegen eine allgemeingültige Grenze für die Flexibilisierung von Vergütungsbestandteilen: Willemsen/Jansen, RdA 2010, 1 (6).

II. Eigene Stellungnahme

Den Instrumenten der Entgeltflexibilisierung ist gemeinsam, dass nicht der Bestandsschutz des Arbeitsverhältnisses, sondern der Inhaltsschutz, wie ihn die §§ 2, 4 S. 2 und § 8 KSchG bewirken, in Frage steht. Eine weitere Gemeinsamkeit besteht darin, dass bestimmte Entgeltbestandteile nicht dauerhaft, sondern nur für einen bestimmten Zeitraum geleistet werden sollen. Konstruktion und Wirkung der Gestaltungsmittel variieren jedoch erheblich. So kann nicht geltend gemacht werden, dass allen Vorbehalten die Frage gemein ist, inwiefern es zulässig ist, Teile des Entgelts von der freien unternehmerischen Entscheidung des Arbeitgebers abhängig zu machen.[1173] Bei der Angabe von Widerrufsgründen ist der Arbeitgeber gerade nicht mehr frei. Auch bei der Befristung bindet sich der Arbeitgeber bereits zum Zeitpunkt der Abrede. Zu diesem Zeitpunkt ist er genauso wenig frei, da er der Zustimmung des Arbeitnehmers bedarf.

Die Auffassung, die eine nahezu vollständige Angleichung der Voraussetzungen und Grenzen anstrebt, verkennt, dass die Wirkung der Instrumente eine andere ist.[1174] Abhängig von dem jeweiligen Flexibilisierungsinstrument entsteht beim Arbeitnehmer ein gewisser Grad an Vertrauen („abgestuftes Vertrauen“). Die Intensität des Vertrauens hängt wesentlich von der Bindungsbereitschaft des Arbeitgebers ab. Dieser wählt ein Instrument, je nachdem, wie stark er den Arbeitnehmer motivieren bzw. selbst flexibel bleiben will. Bei einem Instrument, mit dem er einer (weitgehenden) Bindung entgehen will und das daher geringen Anforderungen unterliegt, muss er in Kauf nehmen, dass der Arbeitnehmer geringere Leistungen erbringt als wenn Letzterer mit dem entsprechenden Vergütungsbestandteil sicher rechnen kann. Schließlich besteht dann nur geringes Vertrauen in die Gegenleistung. Anders ist dies hingegen, wenn der Arbeitgeber ein Mittel wählt, mit dem er sich für unbestimmte Zeit bindet. Dann kalkuliert der Arbeitnehmer den Vergütungsbestandteil fest ein und kann sich auf schutzwürdiges Vertrauen berufen. Die Leistungsbereitschaft und Motivation des Arbeitnehmers wird wesentlich von der Bindungsbereitschaft des Arbeitgebers abhängen. Zutreffend wird auch in der Literatur ausgeführt, dass, sofern sich der Arbeitgeber gegen eine Bindung entscheide, er dafür mit einem Gefühl der Unsicherheit bei seinem Arbeitnehmer zahlen müsse.[1175] Er müsse wissen, ob er sich das leisten könne.

Aufgrund dieser unterschiedlichen Wirkung erscheint es sinnvoll, die Flexibilisierungsinstrumente, je nach hervorgerufenem Vertrauen, in ein Stufenverhältnis zu stellen. Es wird mithin keine Abstufung innerhalb der einzelnen In-

1173 So aber Strick, NZA 2005, 723 (725).

1174 Vgl. dazu auch BAG v. 30.7.2008, NZA 2008, 1173 (1175).

1175 Hromadka/Schmitt-Rolfes, NJW 2007, 1777 (1780).

strumente angestrebt, wie dies von vielen befürwortet wird[1176], sondern eine Abstufung zwischen den einzelnen Kontrollinstrumenten. Nur wenn die Flexibilisierungsinstrumente nicht alternativ nebeneinander, sondern in einem Stufenverhältnis stehen, wird der Existenz der unterschiedlichen Instrumente Rechnung getragen. Wenn eine Angleichung der Voraussetzungen und Grenzen der Gestaltungsmittel mit der Funktionsgleichheit der Instrumente begründet wird, wäre es naheliegender, nur ein einziges Instrument zuzulassen und nur für dieses Voraussetzungen und Grenzen aufzustellen.[1177] Es ist nicht ersichtlich, welchen Zweck die Anerkennung mehrerer nebeneinander stehender Flexibilisierungsinstrumente, die sich in ihren Anforderungen und in ihrer Wirkung nicht bzw. kaum unterscheiden, haben kann. Ein solches Verständnis würde die bestehende Rechtsunsicherheit noch verstärken, anstatt diese zu beseitigen. Der Vertragsgestalter würde verunsichert, welches Instrument sich für ihn anbietet, wenn sich im Ergebnis doch kaum Unterschiede ergeben. Wenn aber die Unterschiede zwischen den Flexibilisierungsinstrumenten evident sind und hervorgehoben werden, haben die verschiedenen Instrumente eine eigenständige Berechtigung. Das setzt voraus, dass auf eine eindeutige und unmissverständliche Vertragsgestaltung besonderer Wert gelegt wird. Dem wird durch § 307 Abs. 1 S. 2 BGB Rechnung getragen, denn wenn die Klausel unklar oder unverständlich ist, ist sie ohnehin unwirksam. Das Transparenzgebot führt also dazu, dass die „rechtskonstruktiven“ Unterschiede der Instrumente, die nach alter Rechtslage verwischt wurden, nun auch dem Laien vor Augen geführt werden. Dies berechtigt dazu, diese Unterschiede auch aufleben zu lassen.

Wegen der unterschiedlichen Konstruktion und Wirkung kann keine Angleichung der Instrumente stattfinden. Die unterschiedliche Bewertung der Vorbehalte beruht gerade nicht auf einer „hauchdünnen rechtskonstruktiven Differenzierung[1178], sondern auf wesentlichen und bedeutenden Unterschieden. Diese Unterschiede führen zu einem abgestuften System der Flexibilisierungsinstrumente:

Vereinbaren die Arbeitsvertragsparteien die Befristung eines Teils der Vergütung, entsteht beim Arbeitnehmer kein Vertrauen in die weitere Gewährung dieser Leistung nach Ablauf der Befristung. Wenn überhaupt besteht eine vage Hoffnung, die aber kein entsprechendes Vertrauen erweckt. Das Entfallen des Vergütungsbestandteils zu dem vereinbarten Zeitpunkt ist von Anfang an sicher,

---

1176 Insb. ErfK-Preis, §§ 305-310 BGB Rn. 54; Lindemann, S. 313 ff.; Däubler/Bonin/Deinert-Bonin, § 308 BGB Rn. 35 ff.; § 307 BGB Rn. 199; KR-Rost, § 2 KSchG Rn. 48e.

1177 Wegen der Funktionsgleichheit wird schließlich von einem Großteil der Literatur auch die Anerkennung des Teilkündigungsvorbehalts abgelehnt, s. S. 179 f. dieser Arbeit.

1178 So aber Strick, NZA 2005, 723 (725).

eine darüber hinausgehende Bindung geht der Arbeitgeber nicht ein. Dies rechtfertigt es, eine Flexibilisierung auch im Kernbereich zuzulassen und keinen Grund für die Befristung zu verlangen. Geringes Vertrauen korreliert schließlich mit geringen Anforderungen. Auch geringe formelle Anforderungen sind nicht zu beanstanden, da sich die Transparenz bereits aus der Befristung an sich ergibt.

Weniger gewiss ist das Entfallen der außer- bzw. übertariflichen Zulage im Falle einer Tariflohnerhöhung bei Vereinbarung eines Anrechnungsvorbehalts. Zum einen steht der Zeitpunkt der Tariflohnerhöhung und damit des Entfallens der außer- bzw. übertariflichen Zulage nicht fest. Zum anderen steht auch nicht von vornherein fest, ob eine Anrechnung überhaupt stattfindet und damit die Leistung der außer- bzw. übertariflichen Zulage eingestellt wird oder nicht. Allerdings besteht nur geringes Vertrauen. Enthält der Arbeitvertrag einen Anrechnungsvorbehalt, muss der Arbeitnehmer von Anfang an mit der Anrechnung rechnen. Wurde hierüber keine Regelung getroffen, ist ein etwaiges Vertrauen des Arbeitnehmers auf eine sog. Aufstockung nicht schutzwürdig, da sich die Situation insofern nicht anders darstellt. Der Arbeitnehmer kann in diesem Fall ebenso wenig damit rechnen, dass sich sein Lohn effektiv erhöht. Es besteht allenfalls eine vage Hoffnung auf eine Erhöhung des Entgelts. Aus diesem Grund und vor allem weil das Gesamtentgelt unverändert bleibt, muss der Arbeitnehmer nicht durch einschränkende Voraussetzungen an die Anrechnung geschützt werden. Er muss eine Anrechnung hinnehmen, ohne dass der Arbeitgeber an einen Grund für die Anrechnung gebunden ist. An die Transparenz einer etwaigen Regelung werden keine besonderen Anforderungen gestellt. Zudem ist zwangsläufig der laufende Verdienst betroffen. Jedoch wird der Arbeitnehmer nicht der Willkür des Arbeitgebers ausgesetzt, denn Letzterer ist zumindest an den Zeitpunkt und den Umfang der Tariflohnerhöhung gebunden.

Auf der nächsten Stufe steht der Freiwilligkeitsvorbehalt. Dieser löst zwar Vertrauen aus, das allerdings eher gering ist. Im Gegensatz zur Befristungsabrede steht der Zeitpunkt, zu dem die Leistung eingestellt wird, nicht von vornherein fest, so dass der Arbeitnehmer schutzwürdiger ist als im Falle der Befristung von Entgeltbestandteilen. Auch hängt die Einstellung nicht von äußeren Umständen, wie einer Tariflohnerhöhung, sondern ausschließlich vom Willen des Arbeitgebers ab, so dass das Vertrauen auch schutzwürdiger ist als im Falle der Anrechnung bestimmter Vergütungsbestandteile. Andererseits ist der Arbeitnehmer im Falle eines Freiwilligkeitsvorbehalts nicht im gleichen Maße schutzbedürftig wie bei Vereinbarung eines Widerrufsvorbehalts. Er weiß schließlich von Anfang an, dass erst gar kein Anspruch entsteht. Der Arbeitnehmer erlangt somit zu keinem Zeitpunkt eine Position, auf deren Weitergewährung er vertrauen kann. Er kann sich aus diesem Grund nicht auf den Bestandsschutz des Arbeitsverhältnisses berufen. Der Arbeitgeber geht keinerlei Bindung ein. Bei der unter dem Freiwilligkeitsvorbehalt gewährten Leistung handelt es sich lediglich um ein „Bonbon", das der Arbeitnehmer nicht einkalkulieren kann. So erscheint es gerechtfertigt, weder den unter den Vorbehalt gestellten Vergütungsbestandteil in seiner Höhe zu beschränken noch Gründe für die Einstellung zu fordern. An die Transparenz sind allerdings besonders hohe Anforderungen zu stellen, denn nur wenn die Klausel hinreichend klar und verständlich ist, wird schutzwürdiges Vertrauen des Arbeitnehmers verhindert. Das führt dann allerdings auch dazu, dass das Inaussichtstellen des unter den Vorbehalt gestellten Entgelts nur eine geringe Motivationswirkung für den Arbeitnehmer mit sich bringt, denn die Gewährung der Leistung hängt ausschließlich vom Willen des Arbeitgebers ab und ist dem Einfluss des Arbeitnehmers weitgehend entzogen.

Eine weitgehende Bindung geht der Arbeitgeber mit dem auf der nächsthöheren Stufe stehenden Widerrufsvorbehalt ein. Gewährt der Arbeitgeber Vergütungsbestandteile unter einem entsprechenden Vorbehalt, wird beim Arbeitnehmer ein schutzwürdiges Vertrauen auf den Erhalt der Leistung hervorgerufen. Er darf mit der Weitergewährung dieser Leistungen rechnen, solange nicht die Voraussetzungen für den Widerruf vorliegen. Dass der unter den Vorbehalt gestellte Vergütungsbestandteil entfallen kann, ist möglich, aber ungewiss. Die Bindung des Arbeitgebers und das damit einhergehende Vertrauen des Arbeitnehmers erfordern strenge Anforderungen an den Widerrufsvorbehalt. So ist zum einen der Kernbereich in Höhe von 25 bzw. 30% des Gesamtentgelts unantastbar, zum anderen sind eine Vereinbarung und das Vorliegen des sachlichen Grundes für den Widerruf erforderlich. Nur so kann sich der Arbeitnehmer auf das Entfallen des Vergütungsbestandteils einstellen, wodurch das Vertrauen auf die dauerhafte Leistung verhindert wird.

Um das für die Arbeitsvertragsparteien geeignete Mittel zu finden, kann unter anderem auf die Vorhersehbarkeit der zukünftigen Entwicklung abgestellt werden.[1179] Rechnen die Parteien mit einer Veränderung der tatsächlichen Verhältnisse, wissen aber nicht, welche Änderungen wann eintreten werden, bietet sich die Vereinbarung eines Widerrufsvorbehalts an. Ist die Änderung der Verhältnisse hingegen klar abzusehen, trägt die Befristungsabrede dem Interesse des Arbeitgebers an einer Anpassung am ehesten Rechnung. Im Übrigen sollte der Arbeitgeber die Wahl des Gestaltungsinstruments davon abhängig machen, wie stark er sich selbst binden und den Arbeitnehmer motivieren will. Auch wenn höhere Anforderungen an die Vorbehalte die Bereitschaft von Arbeitgebern, zusätzliche Leistungen zu gewähren, reduziert, sollte sich der Arbeitgeber als Ver-

1179 Vgl. dazu Sievers, NZA 2002, 1182 (1188).

tragsgestalter vor Augen halten, dass auf der anderen Seite höhere Anforderungen an die Einstellung der Leistung die Leistungsbereitschaft und Motivation der Arbeitnehmer erhöhen.

C. Zwischenergebnis

Die Gesamtbetrachtung der Flexibilisierungsinstrumente hat zum einen ergeben, dass das Zusammenwirken verschiedener Instrumente den Arbeitnehmer unangemessen benachteiligen kann, auch wenn die Instrumente für sich gesehen den §§ 305 ff. BGB standhalten. Allerdings ist nicht jede Kombination per se unzulässig. Lediglich der Freiwilligkeitsvorbehalt kann nicht mit anderen Gestaltungsmitteln kombiniert werden, da dieser das Entstehen eines Anspruchs verhindert, während die anderen Instrumente das Bestehen eines Anspruchs gerade voraussetzen. Bezieht sich dieser allerdings auf einen anderen Vergütungsbestandteil als beispielsweise der Widerrufsvorbehalt, ist eine Kombination der Flexibilisierungsmöglichkeiten unbedenklich. Zu überprüfen ist, ob sich die Betroffenheit des Arbeitnehmers durch die weitere Flexibilisierung verstärkt. Da sich beispielsweise im Falle der Anrechnung der Effektivlohn nicht verändert, ist die Kombination mit einem Widerrufsvorbehalt unbedenklich. Zudem kann der Arbeitgeber einen befristeten Entgeltbestandteil auch zusätzlich unter einen Widerrufsvorbehalt stellen. Auch diese Gestaltung benachteiligt den Arbeitnehmer nicht unangemessen, schließlich erhöht sich dadurch nicht der Umfang der flexibilisierten Leistung.

Zum anderen hat die Gesamtbetrachtung der Flexibilisierungsinstrumente gezeigt, dass diese aufgrund ihrer unterschiedlichen Konstruktion und Wirkung in einem abgestuften System stehen und damit unterschiedlichen Anforderungen und Grenzen unterliegen. Nur so hat die Existenz der verschiedenen Gestaltungsmittel eine Berechtigung. Je stärker sich der Arbeitgeber hinsichtlich des flexibilisierten Vergütungsbestandteils bindet, desto stärker ist das Vertrauen des Arbeitnehmers in den Erhalt der Leistung. Damit steigen auch die Anforderungen an das jeweilige Gestaltungsinstrument. Das Transparenzgebot trägt dazu bei, die Unterschiede der Flexibilisierungsinstrumente deutlich zu machen. Auch wenn sich die Rechtsprechung bislang nur mit den einzelnen Instrumenten befasst und keine Gesamtbetrachtung angestellt hat, spricht viel dafür, dass auch die Gerichte keine Angleichung der Instrumente anstreben. Das BAG betont gerade die bestehenden Unterschiede und hat bislang eine Übertragung der für ein bestimmtes Instrument entwickelten Grundsätze auf andere Instrumente ausdrücklich abgelehnt.

§ 5 Fazit

Instrumente der Entgeltflexibilisierung weisen ein hohes Konfliktpotential auf. Vielen Risiken kann durch gewissenhafte und vor allem vorsorgende Vertragsgestaltung begegnet werden. Die aktuelle Rechtsprechung des BAG, die sich endlich durchringen konnte, mehr oder weniger konkrete Anforderungen für Flexibilisierungsinstrumente vorzugeben, sollte Anlass geben, alte Arbeitsverträge durch an die neue Rechtsprechung angepasste Arbeitsverträge – soweit möglich – zu ersetzen. Anderenfalls laufen die Unternehmen Gefahr, erhebliche, nicht eingeplante Personalkosten aufgrund unwirksamer Vertragsklauseln leisten zu müssen.

Die vorstehende Untersuchung hat gezeigt, dass die verschiedenen Gestaltungsmöglichkeiten zur Flexibilisierung des Entgelts aufgrund ihrer jeweiligen Besonderheiten in einem abgestuften System stehen. Daraus resultieren unterschiedliche Anforderungen. Bei der Wahl eines Flexibilisierungsinstruments richtet sich der Arbeitgeber nach seiner jeweiligen Bindungsbereitschaft und der Vorhersehbarkeit der künftigen Entwicklung. Die strengsten Anforderungen gelten für den Widerrufsvorbehalt, der sich lediglich auf Leistungen in Höhe von 25% der Gesamtvergütung erstrecken darf, sofern diese im Gegenseitigkeitsverhältnis stehen. Bei nicht synallagmatischen Leistungen erhöht sich die Grenze auf 30%. Daneben ist stets ein sachlicher Grund für den Widerruf erforderlich, der vertraglich festgehalten werden muss. Die Klausel muss somit nicht nur eine ausdrückliche Regelung des Widerrufsvorbehalts enthalten, sondern auch eine Angabe des Widerrufsgrundes und der Leistung, die widerrufen werden kann. Auch beim Freiwilligkeitsvorbehalt ist auf die vertragliche Gestaltung besonderer Wert zu legen. Mangels materieller Einschränkungen muss in der Klausel aber lediglich eindeutig zum Ausdruck gebracht werden, dass auf bestimmte Leistungen auch nach mehrmaliger Gewährung kein Anspruch entsteht. Die Leistungen dürfen weder näher konkretisiert noch darf ein Rechtsanspruch auf diese eingeräumt werden. Will der Arbeitgeber über- bzw. außertarifliche Zulagen im Falle einer Tariflohnerhöhung anrechnen, bedarf es keiner vorsorgenden Vertragsgestaltung, wobei diese allerdings zu empfehlen ist, um für ein größeres Verständnis beim Arbeitnehmer zu sorgen. Einschränkungen bestehen für den Arbeitgeber nicht. Großzügig ist die Rechtsprechung auch im Zusammenhang mit Befristungsabreden. Befristet werden können auch Vergütungsbestandteile im Kernbereich des Arbeitsverhältnisses. Um Risiken zu entgehen, sollte die Befristung auf einen sachlichen Grund gestützt werden, wobei eine Orientierung an § 14 Abs. 1 S. 2 TzBfG ratsam erscheint. In der Befristungsklausel selbst muss allerdings nur die Dauer der Befristung genannt werden. Zu beachten ist –

außer bei der Befristung von Vergütungsbestandteilen –, dass dem Betriebsrat nach § 87 Abs. 1 Nr. 10 BetrVG ein Mitbestimmungsrecht zusteht, sofern sich die Verteilungsgrundsätze ändern.

Mit dieser Arbeit wurde ein Systemansatz zur arbeitsvertraglichen Flexibilisierung von Entgeltbestandteilen vorgestellt. Als Quintessenz bleibt festzuhalten, dass die einzelnen Flexibilisierungsinstrumente aufgrund ihrer unterschiedlichen Konstruktion und Wirkung eine eigenständige Berechtigung haben, die nicht durch eine Angleichung der Instrumente konterkariert werden darf. Die verschiedenen Instrumente stehen nicht alternativ nebeneinander, sondern in einem Stufenverhältnis. Nur so kann der jeweiligen Bindungsbereitschaft des Arbeitgebers Rechnung getragen werden. Es liegt damit in seiner Hand, inwieweit er den Arbeitnehmer motivieren will. Entscheidet er sich für eine starke Motivationswirkung, muss er sich weitgehend binden, denn nur dann besteht für den Arbeitnehmer ein weitgehendes Vertrauen in den Erhalt der Leistung. Steht es für ihn hingegen im Vordergrund, flexibel zu bleiben, sollte er ein Instrument wählen, das eine Bindung weitestgehend verhindert, muss dann allerdings auch in Kauf nehmen, dass der Arbeitnehmer sich nicht zur Ausschöpfung seines Leistungspotentials veranlasst sieht.

Da es sich beim Thema der Entgeltflexibilisierung um ein sehr umfangreiches Thema handelt, das aufgrund ständig neuer Vergütungsformen nicht an Umfang abnimmt, war es weder möglich, diese Problematik umfassend, noch abschließend zu behandeln. Daher soll an dieser Stelle ein Ausblick auf weitere Problemstellungen gegeben werden, deren eingehende Untersuchung wünschenswert wäre.

Eng verknüpft mit dem Thema der Entgeltflexibilisierung ist die Problematik der Rückzahlungs- und Stichtagsklauseln. Auch durch diese versucht der Arbeitgeber, das Entgelt flexibel zu gestalten, indem er den Arbeitnehmer unter bestimmten Voraussetzungen zur Rückzahlung etwaiger Entgeltbestandteile verpflichtet bzw. dieser erst überhaupt keinen Anspruch erlangt. Ein Unterschied zu den in dieser Arbeit behandelten Instrumenten besteht darin, dass die Umstände, die zur Rückzahlungsverpflichtung bzw. zum Entstehen eines Anspruchs führen, nicht an die wirtschaftliche Situation des Betriebs oder Leistungen des Arbeitnehmers anknüpfen, sondern schlicht an die Betriebstreue. Demnach sind diese Klauseln auch nur in Bezug auf nicht synallagmatische Vergütungsbestandteile zulässig. Nicht zuletzt aus diesem Grund lassen sich Rückzahlungs- und Stichtagsklauseln nicht in das vorgestellte abgestufte System integrieren. Somit ist in der vorliegenden Arbeit von einer Untersuchung des Gestaltungsinstruments der Rückzahlungs- und Stichtagsklausel abgesehen worden. Eine eingehende Betrachtung dieser Problematik ist jedoch empfehlenswert, da vielfältige Fragen in diesem Zusammenhang bislang keine abschließende Klärung erfahren haben und wissenschaftliche Literatur zu diesem Thema rar ist. So stellt sich insbesondere die Frage, ob eine Gleichstellung von Bindungsklauseln mit Rückzahlungs- und Stichtagsklauseln zulässig ist.[1180]

Aufgrund des Trends zur variablen Vergütung bedürfen auch dahingehende Fragen einer näheren Untersuchung. Auch bei der erfolgs- bzw. leistungsorientierten Vergütung handelt es sich um ein Instrument der Entgeltflexibilisierung (inhaltliche Flexibilisierung). Schließlich hängt die Höhe der Vergütung von den wirtschaftlichen Verhältnissen und/oder der Leistungsfähigkeit des Arbeitnehmers ab. Der Unterschied des variablen Vergütungssystems zu den in dieser Arbeit dargestellten Flexibilisierungsinstrumenten besteht darin, dass der Arbeitnehmer bei der erfolgs- bzw. leistungsorientierten Vergütung nicht nur an wirtschaftlichen Misserfolgen des Unternehmens beteiligt wird, sondern in konjunkturellen Hochphasen auch an Gewinnen teilhaben kann. Zudem hängt die Höhe der Vergütung von vornherein von feststehenden Faktoren und nicht vom Willen des Arbeitgebers ab.[1181] An dieser Stelle stellt sich vorrangig die Frage, ob die Vergütung auch ausschließlich variabel ausgestaltet werden kann oder ob daneben ein bestimmtes Festgehalt vereinbart werden muss.[1182] Wird Letzteres bejaht, ist zu untersuchen, in welchem Verhältnis Fixgehalt und variable Vergütung stehen müssen. Damit im Zusammenhang steht die Frage, ob variable Vergütungsbestandteile auch unter einen Vorbehalt gestellt bzw. befristet werden können.[1183] Die Rechtsprechung beschäftigte sich bislang überwiegend mit Fle-

---

1180 Vgl. z. B. BAG v. 30.11.1989 - 6 AZR 21/88; v. 24.10.2007, NZA 2008, 40 (Leitsätze!); vgl. zu dieser Thematik auch Lindemann, Anm. zu BAG v. 24.10.2007, AP § 307 BGB Nr. 32.

1181 Damit besteht lediglich eine Gemeinsamkeit zur Befristungsabrede.

1182 Vgl. dazu BAG v. 28.6.1965, AP § 614 BGB Gehaltsvorschuss Nr. 3; LAG Berlin v. 3.11.1986, AP § 65 HGB Nr. 14; LAG Hamm v. 16.10.1989, ZIP 1990, 880; Bauer/Diller/Göpfert, BB 2002, 882 (883); Mauer, NZA 2002, 540 (542 f.); Riesenhuber/Steinau-Steinrück von, NZA 2005, 785 (790 f.); Schaub-Linck, § 77 Rn. 9; Staudinger-Sack/Fischinger, § 138 Rn. 506; Rieble, NZA-Beil. 2000, 34 (43); Diepold, S. 125 ff.; Annuß, NZA 2007, 290 (291); MünchArb-Krause, § 57 Rn. 40 ff. und § 58 Rn. 4; Thüsing, Rn. 469; Bauer/Chwalisz, ZfA 2007, 339 (357 f.); Hromadka/Schmitt-Rolfes, NJW 2007, 1777 (1781); Schrader/Müller, RdA 2007, 145 (152); Berwanger, BB 2003, 1499 (1499); Brors, RdA 2004, 273 (275); Gaul, ZIP 1990, 880 (889 ff.); Leder, RdA 2010, 93 (97); Forschungsinstituts für Ordnungspolitik: Die Flexibilisierung der Arbeitszeit und der Lohngestaltung im Urteil der Bevölkerung – Erste Ergebnisse einer empirischen Studie zur Zukunft der Erwerbsarbeit, Dezember 1999, abgerufen am 26.03.2010 unter www.fores-koeln.de/fio/ap7.pdf.

1183 Vgl. dazu BAG v. 24.10.2007, NZA 2008, 40; Lingemann/Gotham, DB 2007, 1754 (1756); dies., DB 2008, 2307 (2310); Lindemann/Simon, BB 2002, 1807 (1810 ff.); Mauer, NZA 2002, 540 (543); Weber, S. 127 ff.; Reiserer, NJW 2008, 609 (612); Riexibilisierungsmitteln im Zusammenhang mit der Beschäftigung von Arbeitnehmern im Zeitlohn. Können die dargestellten Grundsätze auf Flexibilisierungsabreden im Zusammenhang mit leistungs- bzw. erfolgsabhängigen Vergütungsbestandteilen übertragen werden? Für den Arbeitgeber bietet diese Kombination die größtmögliche Flexibilität, für den Arbeitnehmer hingegen besteht doppelte Unsicherheit: zum einen dahingehend, ob er die Voraussetzungen für die Gewährung des variablen Vergütungsbestandteils erfüllt, zum anderen dahingehend, ob dieser nicht infolge eines Vorbehalts bzw. einer Befristung wieder entfällt.

Denkbar erscheint es, das hier vorgestellte System der Entgeltflexibilisierung zu erweitern, wobei die dargestellten Instrumente bereits eine große Bandbreite an Flexibilisierungsmöglichkeiten eröffnen. Aufgrund der sich ständig erweiternden Vergütungsstrukturen muss das System aber stets neuen Instrumenten zugänglich sein.

senhuber/Steinau-Steinrück von, NZA 2005, 785 (792 f.); Däubler, ZIP 2004, 2209 (2214); ErfK-Preis, § 611 BGB Rn. 504; Deich, § 12 C.-F.; Lischka, S. 59 f.; Leder, RdA 2010, 93 (98); Preis, Der Arbeitsvertrag, II Z 5 Rn. 14 ff.; Thüsing, Rn. 470 ff.; Schramm, NZA 2007, 1325 (1328); Hidalgo/Rid, BB 2005, 2686 (2689 f.); Annuß, NZA 2007, 290 (291 f.).

Literaturverzeichnis

Annuß, Georg: AGB-Kontrolle im Arbeitsrecht: Wo geht die Reise hin?, BB 2002, S. 458-463

ders.: Der Arbeitnehmer als solcher ist kein Verbraucher!, NJW 2002, S. 2844-2846

ders.: Grundstrukturen der AGB-Kontrolle von Arbeitsverträgen, BB 2006, S. 1333-1339

ders.: Arbeitsrechtliche Aspekte von Zielvereinbarungen in der Praxis, NZA 2007, S. 290-296

Annuß, Georg/*Thüsing*, Gregor: Teilzeit- und Befristungsgesetz, Kommentar, 2. Auflage, Frankfurt am Main 2006 (zit.: Annuß/Thüsing-*Bearbeiter)*; 1. Auflage, Heidelberg 2002 (zit.: Annuß/Thüsing-*Bearbeiter* (2002))

AnwaltKommentar Arbeitsrecht, herausgegeben von *Hümmerich*, Klaus/ *Boecken*, Winfried/*Düwell*, Franz Josef, Band 1, 2. Auflage, Bonn 2010, Band 2, Bonn 2010 (zit.: AnwK-ArbR-*Bearbeiter*); Band 1, Bonn 2008 (zit.: AnwK-ArbR-*Bearbeiter* (2008))

Armbrüster, Christian/*Wiese*, Volker: Die Folgen der Schuldrechtsreform für vor dem 1.1.2002 begründete Dauerschuldverhältnisse, DStR 2003, S. 334-342

Ascheid, Reiner/*Preis*, Ulrich/*Schmidt*, Ingrid: Kündigungsrecht. Großkommentar zum gesamten Recht der Beendigung von Arbeitsverhältnissen, 4. Auflage, München 2012 (zit.: APS-*Bearbeiter*); 2. Auflage, München 2004 (zit.: APS-*Bearbeiter* (2004))

***B**auer*, Jobst-Hubertus: Befristete Arbeitsverträge unter neuem Vorzeichen. Teil 2: Sachgrundbefristung und allgemeine Befristungsprobleme, BB 2001, S. 2526-2530

Bauer, Jobst-Hubertus/*Chwalisz*, Patrizia: Instrumente zur Entgeltflexibilisierung, ZfA 2007, S. 339-60

Bauer, Jobst-Hubertus/*Diller*, Martin/*Göpfert*, Burkard: Zielvereinbarungen auf dem arbeitsrechtlichen Prüfstand, BB 2002, S. 882-887

Bauer, Jobst-Hubertus/*Medem,* Andreas von: Betrübliche betriebliche Übung – oder doch nicht so schlimm?, ArbRAktuell 2011, S. 3

Bayreuther, Frank: Das Verbot der geltungserhaltenden Reduktion im Arbeitsrecht – Zur Kehrtwende des BAG vom 4.3.2004, NZA 2004, S. 953-956

ders.: Was schuldet der Arbeitnehmer? – Möglichkeiten und Grenzen einer vertraglichen Ausgestaltung der Leistungspflicht des Arbeitnehmers, NZA-Beil. 2006, S. 3-13 *ders.*: Widerrufs-, Freiwilligkeits- und Anrechnungsvorbehalte – geklärte und ungeklärte Fragen der aktuellen Rechtsprechung des BAG zu arbeitsvertraglichen Vorbehalten, ZIP 2007, S. 2009-2015

ders.: Freiwilligkeitsvorbehalte: Zulässig, aber überflüssig? – Offene Fragen nach dem Urteil des 10. Senats des BAG vom 30.7.2008, BB 2009, S. 102-107

ders.: Vorbehalte in der arbeitsrechtlichen Vertragsgestaltung – Wie viel Flexibilität soll das AGB-Recht zulassen?, ZfA 2011, S. 45-70

Becker, Friedrich: Zur Inhaltskontrolle von Allgemeinen Arbeitsbedingungen, NJW 1973, S. 1913-1918

BeckOk-BGB. Beck´scher Online-Kommentar zum BGB, herausgegeben von *Bamberger*, Heinz Georg/*Roth*, Herbert (zit.: BeckOK-BGB-*Bearbeiter*)

Benecke, Martina: Befristete Arbeitszeiterhöhung – Sachgrund, Besprechung des Urteils BAG v. 14.01.2004 – 7 AZR 213/03, RdA 2005, S. 47-51

dies.: Flexibilisierungsklauseln im Arbeitsrecht und AGB-Kontrolle, AuR 2006, S. 337-342

Bergwitz, Christoph: Zur Wirksamkeit von Widerrufsvorbehalten in Formulararbeitsverträgen, AuR 2005, S. 210-216

Berwanger, Jörg: Zielvereinbarungen und ihre rechtlichen Grundlagen, BB 2003, S. 1499-1504

Bickel, Dietrich: Die „objektive Gesetzesumgehung" des BAG, JuS 1987, S. 861-864

Bieder, Marcus: Arbeitsvertragliche Gestaltungsspielräume für die Entgeltflexibilisierung, NZA 2007, S. 1135-1139

ders.: Richterliche Vertragshilfe durch ergänzende Auslegung vorformulierter Arbeitsvertragsbestimmungen, NZA-Beil. 2011, S. 142-145

ders.: Grundfragen der Auslegung arbeitsrechtlicher Willenserklärungen, RdA 2011, S. 142-154

Bordet, Katharina/*Raif*, Alexander: Arbeitsvertragliche Gestaltung von Zielvereinbarungen, ArbRAktuell 2011, S. 607

Brors, Christine: Die individualarbeitsrechtliche Zulässigkeit von Zielvereinbarungen, RdA 2004, S. 273-281

***C**oester*, Michael: Inhaltskontrolle von Arbeitsverträgen, Jura 2005, S. 251-257

***D**äubler*, Wolfgang: Die Auswirkungen der Schuldrechtsmodernisierung auf das Arbeitsrecht, NZA 2001, S. 1329-1337

ders.: Zielvereinbarungen und AGB-Kontrolle, ZIP 2004, S. 2209-2214

Däubler, Wolfgang/*Bonin*, Birger/*Deinert*, Olaf: AGB-Kontrolle im Arbeitsrecht, 3. Auflage, München 2010 (zit.: Däubler/Bonin/Deinert-*Bearbeiter*)

2. Auflage, herausgegeben von *Däubler*, Wolfgang/*Dorndorf*, Eberhard/ *Bonin*, Birger/*Deinert*, Olaf: AGB-Kontrolle im Arbeitsrecht, München 2008 (zit.: Däubler/Dorndorf/Bonin/Deinert-*Bearbeiter* (2008))

Dauner-Lieb, Barbara/*Henssler*, Martin/*Preis*, Ulrich: Inhaltskontrolle im Arbeitsrecht. Zwischen Zivilrecht und arbeitsrechtlichen Besonderheiten, Baden-Baden 2006 (zit.: Dauner-Lieb/Henssler/Preis-*Bearbeiter)*

Deich, Svenja: Die rechtliche Beurteilung von Zielvereinbarungen im Arbeitsverhältnis – Schwerpunkt Individualarbeitsrecht –, Berlin 2004

Diekmann, Sabine/*Bieder*, Marcus: Wirksamkeit von Widerrufsvorbehalten in Formulararbeitsverträgen bei der Gewährung freiwilliger Leistungen – Zugleich Besprechung des BAG-Urteils vom 12.01.2005 – 5 AZR 364/04, DB 2005, S. 722-727

Diepold, Markus: Die leistungsbezogene Vergütung, Berlin 2005

Dörner, Hans-Jürgen: Der befristete Arbeitsvertrag. Eine systematische Darstellung des Befristungsrechts, 2. Auflage, München 2011 (zit.: Dörner); 1. Auflage, München 2004 (zit.: Dörner (2004))

Dörner, Klemens/*Luczak*, Stefan/*Wildschütz*, Martin: Handbuch Arbeitsrecht, 4. Auflage, München 2004 (zit.: Dörner/Luczak/Wildschütz-*Bearbeiter*)

Erfurter Kommentar zum Arbeitsrecht, herausgegeben von *Müller-Glöge*, Rudi/*Preis*, Ulrich/*Schmidt*, Ingrid, 12. Auflage, München 2012 (zit.: ErfK-*Bearbeiter*); 10. Auflage, München 2010 (zit.: ErfK-*Bearbeiter* (2010); 7. Auflage, München 2007 (zit.: ErfK-*Bearbeiter* (2007)); 4. Auflage, München 2004 (zit.: ErfK-*Bearbeiter* (2004)); 2. Auflage, München 2001 (zit.: ErfK-*Bearbeiter* (2001))

Erman, Walter: Bürgerliches Gesetzbuch, Handkommentar, 13. Auflage, Köln 2011 (zit.: Erman-*Bearbeiter)*; 9. Auflage, Münster 1993 (zit.: Erman-*Bearbeiter* (1993))

Fastrich, Lorenz: Inhaltskontrolle im Arbeitsrecht nach der Bürgschaftsentscheidung des Bundesverfassungsgerichts vom 19.10.1993, RdA 1997, S. 65-80

Feuerborn, Andreas: Sachliche Gründe im Arbeitsrecht, München 2003

Fitting, Karl/*Engels*, Gerd/*Schmidt*, Ingrid/*Trebinger*, Yvonne/*Linsenmaier*, Wolfgang: Betriebsverfassungsgesetz mit Wahlordnung, Handkommentar, 25. Auflage, München 2010

Forschungsinstitut für Ordnungspolitik: Die Flexibilisierung der Arbeitszeit und der Lohngestaltung im Urteil der Bevölkerung – Erste Ergebnisse einer empirischen Studie zur Zukunft der Erwerbsarbeit, Dezember 1999, abgerufen am 26.03.2010 unter www.fores-koeln.de/fio/ap7.pdf

Franke, Dietmar: Anrechnung von Tariferhöhungen auf übertarifliche Zulagen, NZA 2009, S. 245-248

Freihube, Dirk: Neue Spielregeln für arbeitsvertragliche Vereinbarungen von Sonderzahlungen – Zugleich Besprechung des BAG-Urteils vom 24.10.2007 – 10 AZR 825/06, DB 2008, S. 124-126

Friedrich, Noel: Arbeitsrechtliche Fragen der Zielvereinbarung, München 2009

Gaul, Björn: Der Zweck von Sonderzahlungen, BB 1994, S. 494-499

ders.: Arbeitsentgeltänderungen aufgrund Widerrufsvorbehalt oder Teilkündigungsrecht im Arbeitsvertrag, ZTR 1998, S. 245-249

ders.: Der Abschied vom Freiwilligkeitsvorbehalt, in: Maschmann, Frank: Festschrift für Wolfgang Hromadka zum 70. Geburtstag, München 2008, S. 99-114 (zit.: Gaul in: Festschrift Hromadka)

Gaul, Björn/*Kaul*, Christoph: Verschärfung der Rechtsprechung zum Widerrufsvorbehalt, BB 2011, S. 181-186

Gaul, Dieter: Anmerkung zum Urteil LAG Hamm v. 16.10.1989 – 19 (13) Sa 1510/88, ZIP 1990, S. 880-892

Geyer, Fabian: Die befristete Änderung einzelner Arbeitsbedingungen, Fachanwalt Arbeitsrecht 2004, S. 101-104

Gotthardt, Michael: Der Arbeitsvertrag auf dem AGB-rechtlichen Prüfstand, ZIP 2002, S. 277-289

ders.: Arbeitsrecht nach der Schuldrechtsreform, München 2003

Grabitz, Eberhardt/*Hilf*, Meinhard: Das Recht der Europäischen Union, Kommentar, Band 4, 40. Ergänzungslieferung, Stand Oktober 2009, München (zit.: Grabitz/Hilf-*Bearbeiter*)

Grünbuch. Ein moderneres Arbeitsrecht für die Herausforderungen des 21. Jahrhunderts. Kommission der Europäischen Gemeinschaften, Brüssel, 22.11.2006

Hager, Johannes: Der lange Abschied vom Verbot der geltungserhaltenden Reduktion, JZ 1996, S. 175-179

Hanau, Peter: Neueste Rechtsprechung zum flexiblen Arbeitsverhältnis: Erfurter Allerlei oder neues Rezept?, ZIP 2005, S. 1661-1667

Hanau, Peter/*Hromadka*, Wolfgang: Richterliche Kontrolle flexibler Entgeltregelungen in Allgemeinen Arbeitsbedingungen, NZA 2005, S. 73-78

Hartung, Manfred: Widerrufsvorbehalte in Arbeitsverträgen, DB 1979, S. 1275-1278

Henssler, Martin: Anmerkung zu BAG v. 13.05.1987, SAE 1988, S. 164-166

ders.: Arbeitsrecht und Schuldrechtsreform, RdA 2002, S. 129-140

Henssler, Martin/*Westphalen*, Friedrich von: Praxis der Schuldrechtsreform, 2. Auflage, Recklinghausen 2003 (zit.: Henssler/Westphalen von-*Bearbeiter)*

Henssler, Martin/*Willemsen*, Heinz Josef/*Kalb*, Heinz-Jürgen: Arbeitsrecht Kommentar, 4. Auflage, Köln 2010 (zit.: HWK-*Bearbeiter*)

Hergenröder, Carmen Silvia: Anmerkung zu BAG v. 23.01.2002, SAE 2002, S. 273-275

dies.: Anmerkung zu BAG v. 14.01.2004, SAE 2005, S. 145-147

Herschel, Wilhelm: Anmerkung zu BAG v. 30.08.1972, AP § 611 BGB Lohnzuschläge Nr. 6, Bl. 259-260

Hidalgo, Martina/*Rid*, Claudia: Wie flexibel können Zielbonussysteme sein?, BB 2005, S. 2686-2691

HK. Heidelberger Kommentar zum Kündigungsschutzgesetz, herausgegeben von *Dorndorf*, Eberhard/*Weller*, Bernhard/*Hauck*, Friedrich/*Kriebel*, Volkhart/*Höland*, Armin/*Neef*, Klaus, 4. Auflage, Heidelberg 2001 (zit.: HK-*Bearbeiter*)

Hohenstatt, Klaus-Stefan/*Schramm*, Nils: Neue Gestaltungsmöglichkeiten zur Flexibilisierung der Arbeitszeit, NZA 2007, S. 238-244

Hoß, Axel: Neue Rechtsprechung zur Anrechnung der Tariflohnerhöhung, NZA 1997, S. 1129-1138

Hoyningen-Huene, Gerrick von: Vergütungsregelungen und Mitbestimmung des Betriebsrats (§ 87 I Nr. 10 BetrVG), NZA 1998, S. 1081-1089

Hoyningen-Huene, Gerrick von/*Linck*, Rüdiger: Kündigungsschutzgesetz, Kommentar, 14. Auflage, München 2007 (zit.: v. Hoyningen-Huene/Linck)
11. Auflage, herausgegeben von *Hueck*, Alfred/*Hueck*, Götz/*Hoyningen-Huene*, Gerrick von: Kündigungsschutzgesetz, Kommentar, München 1992 (zit.: Hueck/v. Hoyningen-Huene (1992))

Hromadka, Wolfgang: Änderung von Arbeitsbedingungen, RdA 1992, S. 234-265

ders.: Das Leistungsbestimmungsrecht des Arbeitgebers, DB 1995, S. 1609-1615

ders.: Inhaltskontrolle von Arbeitsverträgen, in: Hanau, Peter/Heither, Friedrich/Kühling, Jürgen: Richterliches Arbeitsrecht. Festschrift für Thomas Dieterich zum 65. Geburtstag, München 1999, S. 251-278 (zit.: Hromadka in: Festschrift Dieterich)

ders.: Schuldrechtsmodernisierung und Vertragskontrolle im Arbeitsrecht, NJW 2002, S. 2523-2530

ders.: Schriftformklauseln in Arbeitsverträgen, DB 2004, S. 1261-1266

ders.: „Pacta sunt servanda" und „Gesetzesumgehung". AGB-Kontrolle von Leistungsbestimmungsrechten im Arbeitsvertrag, in: Dauner-Lieb, Barbara/Hommelhoff, Peter/Jacobs, Matthias/Kaiser, Dagmar/Christoph Weber: Festschrift für Horst Konzen zum siebzigsten Geburtstag, Tübingen 2006, S. 321-329 (zit.: Hromadka in: Festschrift Konzen)

ders.: Die betriebliche Übung: Vertrauensschutz im Gewande eines Vertrags. Widerrufsrecht statt Anfechtung, NZA 2011, S. 65-70

Hromadka, Wolfgang/*Maschmann*, Frank: Arbeitsrecht Band 1, 5. Auflage, Berlin 2012; Band 2, 5. Auflage, Berlin 2010 (zit.: Hromadka/Maschmann)

Hromadka, Wolfgang/*Schmitt-Rolfes*, Günter: Die AGB-Rechtsprechung des BAG zu Tätigkeit, Entgelt und Arbeitszeit, NJW 2007, S. 1777-1783

Hueck, Götz: Die Teilkündigung im Arbeitsrecht, RdA 1968, S. 201-208

Hümmerich, Klaus: Gestaltung von Arbeitsverträgen nach der Schuldrechtsreform, NZA 2003, S. 753-764

ders.: Widerrufsvorbehalte in Formulararbeitsverträgen, NJW 2005, S. 1759-1761

ders.: Zielvereinbarungen in der Praxis, NJW 2006, S. 2294-2299

ders.: Anwendbarkeit des § 308 Nr. 4 BGB auch bei freiwilligen Leistungen?, BB 2007, S. 1498-1501

ders.: Arbeitsrecht. Vertragsgestaltung/Prozessführung, 6. Auflage, Baden-Baden 2007

Hunold, Wolf: Die aktuelle Rechtsprechung zur Inhaltskontrolle arbeitsrechtlicher Absprachen – AGB-Kontrolle, NZA-RR 2008, S. 449-457

ders.: AGB-Kontrollle: Widerruf der Gestellung eines Dienstwagens, NZA 2010, S. 1276-1278

***J**ensen*, Jens: Arbeitsvertragsklauseln gegen betriebliche Übungen – was geht noch?, NZA-RR 2011, S. 225-231

Joachim, Hans: Kann die Änderung des Arbeitsvertrages auch durch eine Teilkündigung erfolgen?, RdA 1957, S. 326-329

Junker, Abbo: Grundkurs Arbeitsrecht, 10. Auflage, München 2011

Junker, Abbo/*Oechsler*, Walter/*Steckhan*, Hans-Werner/*Wank*, Rolf: Die Zukunft der Arbeitswelt – Flexibilisierung von Arbeitsbedingungen, Münster 1995 (zit.: Junker/Oechsler/Steckhan/Wank-*Bearbeiter)*

***K**ania*, Thomas: Flexible Vergütungsgestaltung, DB 1998, S. 2418-2420

Kittner, Michael/*Däubler*, Wolfgang/*Zwanziger*, Bertram: Kündigungsschutzrecht, 8. Auflage, Frankfurt am Main 2011 (zit.: KDZ-*Bearbeiter*); 7. Auflage, Frankfurt am Main 2008 (zit.: KDZ-*Bearbeiter* (2008)); 6. Auflage, Frankfurt am Main 2004 (zit.: KDZ-*Bearbeiter* (2004)); 5. Auflage, Frankfurt am Main 2001 (zit.: KDZ-*Bearbeiter* (2001))

Koch, Robert: Auswirkungen der Schuldrechtsreform auf die Gestaltung Allgemeiner Geschäftsbedingungen, WM 2002, S. 2175-2183

Köndgen, Johannes: Grund und Grenzen des Transparenzgebots im AGB-Recht. Bemerkungen zum „Hypothekenzins-“ und zum „Wertstellungs-Urteil“ des BGH, NJW 1989, S. 943-952
Kohte, Wolfhard: Anmerkung zu LAG Niedersachen v. 14.02.1992, AuR 1993, S. 158-160
Kort, Michael: Anmerkung zu BAG v. 12.01.2005, SAE 2005, S. 307-314
KR. Gemeinschaftskommentar zum Kündigungsschutzgesetz und zu sonstigen kündigungsschutzrechtlichen Vorschriften, herausgegeben von *Etzel*, Gerhard/*Bader*, Peter/*Fischermeier*, Ernst/*Becker*, Friedrich, et al., 9. Auflage, Köln 2009 (zit.: KR-*Bearbeiter)*, 7. Auflage, München 2004 (zit.: KR-Bearbeiter (2004)), 4. Auflage, Neuwied 1996 (zit.: KR-*Bearbeiter* (1996)); 3. Auflage, Neuwied 1989 (zit.: KR-*Bearbeiter* (1989))
Kraft, Alfons: Anmerkung zu BAG v. 22.9.1992, AP § 87 BetrVG 1972 Lohngestaltung Nr. 54
Krause, Rüdiger: Anmerkung zu BAG v. 21.04.1993, EzA § 2 KSchG Nr. 20, S. 7-24
Krauß, Michael: Widerruf von Arbeitgeberleistungen, Berlin 1997
Kroeschell, Cornelius: Die AGB-Kontrolle von Widerrufs – und Freiwilligkeitsvorbehalten, NZA 2008, S. 1393-1396
Küttner, Wolfdieter: Personalbuch 2011, 18. Auflage, München 2011 (zit.: Küttner-*Bearbeiter)*

Lakies, Thomas: Das Teilzeit- und Befristungsgesetz, DZWIR 2001, S. 1-17
ders.: AGB-Kontrolle im Arbeitsrecht, in: Schwab, Brent: Arbeitsrecht-Blattei, Systematische Darstellungen, 173. Lfg. Dezember 2007 (zit.: Lakies in: AR-Blattei)
ders.: Vertragsgestaltung und AGB im Arbeitsrecht, 2. Auflage, Heidelberg 2011 (zit.: Lakies, Vertragsgestaltung und AGB im Arbeitsrecht)
Leder, Tobias: Aktuelles zur Flexibilisierung von Arbeitsbedingungen, RdA 2010, S. 93-100
Leder, Tobias/*Morgenroth*, Sascha: Die Vertragsstrafe im Formulararbeitsvertrag, NZA 2002, S. 952-957
Lembke, Mark: Kommentar zu BAG v. 24.10.2007, BB 2008, S. 166-170
ders.: Die Gestaltung von Vergütungsvereinbarungen, NJW 2010, S. 257-263
ders.: Die Gestaltung von Vergütungsvereinbarungen, NJW 2010, S. 321-326
Leuchten, Alexius: Widerrufsvorbehalt und Befristung von Arbeitsvertragsbedingungen, insbesondere Provisionsordnungen, NZA 1994, S. 721-728
Lindemann, Achim/*Simon*, Oliver: Flexible Bonusregelungen im Arbeitsvertrag, BB 2002, S. 1807-1814

dies.: Arbeitsrechtliche Instrumente in der Finanz- und Wirtschaftkrise, BB 2008, S. 2795-2804

Lindemann, Viola: Flexible Gestaltung von Arbeitsbedingungen nach der Schuldrechtsreform, Köln 2003

dies.: Einseitige Leistungsbestimmungsrechte auf dem Prüfstand, AuR 2004, S. 201-208

dies.: Anmerkung zu BAG v. 24.10.2007, AP § 307 BGB Nr. 32

Lingemann, Stefan: Allgemeine Geschäftsbedingungen und Arbeitsvertrag, NZA 2002, S. 181-192

ders.: Widerruf übertariflicher Leistungen – AGB-Kontrolle, NJW 2007 S. 536-540

Lingemann, Stefan/*Gotham*, Meike: Freiwillige Leistungen des Arbeitgebers – gibt es sie noch? – Zugleich Anmerkung zum BAG-Urteil v. 24.04.2007, DB 2007, S. 1754-1757

dies.: Freiwillige Leistungen des Arbeitgebers – es gibt sie noch!, DB 2008, S. 2307-2311

Lischka, Sabine: Arbeitsrechtliche Zielvereinbarungen. Gestaltungsmöglichkeiten, Rechtsnatur und Zulässigkeit, 2. Auflage, Münster 2007

Löwisch, Manfred: Die Befristung einzelner Bedingungen des Arbeitsvertrages, ZfA 1986, S. 1-18

ders.: Die Änderung von Arbeitsbedingungen auf individualrechtlichem Wege, insbesondere durch Änderungkündigung, NZA 1988, S. 633-644

ders.: Anmerkung zu BAG v. 23.01.2002, AP § 1 BeschFG 1996 Nr. 12

ders.: Bundesarbeitsgericht und Recht der Allgemeinen Geschäftsbedingungen, in: Heldrich, Andreas/Prölss, Jürgen/Koller, Ingo: Festschrift für Claus-Wilhelm Canaris zum 70. Geburtstag, Band 1, München 2007, S. 1403-1419 (zit.: Löwisch in: Festschrift Canaris)

Ludwig, Pascal/*Rein*, Michael: Starr, flexibel, Mindestlohn? Aktuelle Gestaltungs- und Rechtsfragen des Arbeitsentgelts, NZA 2010, S. 865-867

Lunk, Stefan/*Leder*, Tobias: Teilbefristungen – Neues Recht und alte Regeln?, NZA 2008, S.504-509

Maaß, Kirstin: Widerrufs- und Freiwilligkeitsvorbehalt – Welche Formulierung genügt dem Transparenzgebot?, ArbRAktuell 2011, S. 59

Maschmann, Frank: Die Befristung einzelner Arbeitsbedingungen, RdA 2005, S. 212-226

Maties, Martin: Freiwilligkeits- und Widerrufsvorbehalte in Arbeitsverträgen und bei der betrieblichen Übung, DB 2005, S. 2689-2695

Mauer, Reinhold: Zielbonusvereinbarungen als Vergütungsgrundlage im Arbeitsverhältnis, NZA 2002, S. 540-549

Meinel, Gernod/*Heyn*, Judith/*Herms*, Sascha: Teilzeit- und Befristungsgesetz, 3. Auflage, München 2009 (zit.: Meinel/Heyn/Herms); 2. Auflage, München 2004 (zit.: Meinel/Heyn/Herms (2004))

Mohnke, Lars: Zielvereinbarungen im Arbeitsverhältnis. Unter besonderer Berücksichtigung von Zielbonussystemen, Hamburg 2006

Moll, Vera Ricarda: Die Änderung der Arbeitsbedingungen durch den Arbeitgeber – insbesondere in der Unternehmenskrise. Reichweite und Grenzen von Direktionsrecht und erweiterten Leistungsbestimmungsrechten, Frankfurt am Main 2008

Moll, Wilhelm: AGB-Kontrolle von Änderungs- und Bestimmungsklauseln in Entgeltregelungen, in: Bauer, Jobst-Hubertus/Beckmann, Paul Werner/Lunk, Stefan/Meier, Hans-Georg/Schipp, Johannes/Schütte, Reinhard: Arbeitsgemeinschaft Arbeitsrecht im Deutschen Anwaltverein. Festschrift zum 25-jährigen Bestehen, Bonn 2006, S. 91-111 (zit.: Moll in: Festschrift 25 Jahre ARGE Arbeitsrecht im DAV)

Münchener Anwalts Handbuch, Arbeitsrecht, herausgegeben von *Moll*, Wilhelm, 2. Auflage, München 2009 (zit.: MünchAnwHdb-*Bearbeiter*)

Münchener Handbuch zum Arbeitsrecht, herausgegeben von *Richardi*, Reinhard/*Wlotzke*, Otfried/*Wissmann*, Helmut/*Oetker*, Hartmut, Band 1, 3. Auflage, München 2009 (zit.: MünchHdbArbR-*Bearbeiter*); 2. Auflage, München 2000 (zit.: MünchHdbArbR-*Bearbeiter* (2000)); 1. Auflage, München 1992 (zit.: MünchHdbArbR-*Bearbeiter* (1992))

Münchener Kommentar zum Bürgerlichen Gesetzbuch, herausgegeben von *Säcker*, Franz Jürgen/*Rixecker*, Roland, Band 2, §§ 241-432, 5. Auflage, München 2007; Band 4, §§ 611-704, EFZG, TzBfG, KSchG, 5. Auflage, München 2009 (zit.: MünchKomm-*Bearbeiter*)

Münzel, Hartmut: Chefarztverträge und AGB-Recht, NZA 2011, S. 886-893

***N**atzel*, Ivo: Neues zur AGB-Kontrolle von Vorbehaltsklauseln, SAE 2006, S. 225-228

Nebendahl, Mathias: Die Zulässigkeit von Entwicklungsklauseln in Chefarztverträgen nach dem Schuldrechtsmodernisierungsgesetz, in: Bauer, Jobst-Hubertus/Beckmann, Paul Werner/Lunk, Stefan/Meier, Hans-Georg/Schipp, Johannes/Schütte, Reinhard: Arbeitsgemeinschaft Arbeitsrecht im Deutschen Anwaltverein. Festschrift zum 25-jährigen Bestehen, Bonn 2006, S. 113-137 (zit.: Nebendahl in: Festschrift 25 Jahre ARGE Arbeitsrecht im DAV)

***O**tto*, Björn/*Walk*, Werner: Entgeltflexibilisierung als Weg aus der Krise – Arbeitsrechtliche Gestaltungsmöglichkeiten im Familienunternehmen neben Personalabbau und Kurzarbeit –, BB 2010, S. 373-378

Palandt, Otto: Bürgerliches Gesetzbuch, Kurzkommentar, 71. Auflage, München 2012 (zit.: Palandt-*Bearbeiter*); 69. Auflage, München 2010 (zit.: Palandt-*Bearbeiter* (2010))

Pelzer, Sebastian: Arbeitsrechtliche Zielvereinbarungen. Individualarbeitsrechtliche Grundlagen. Ein- und Durchführung von Zielvereinbarungssystemen, Hamburg 2008

Personalseite: Pressemitteilung 27/2001 zur Kienbaum-Vergütungsstudie vom 19.07.2001 „Führungs- und Fachkräfte im Außendienst – Manager-Gehälter: Bildung macht sich auch im Außendienst bezahlt", abgerufen am 01.03.2011 unter www.personalseite.de/kienbaum/presse27.01.htm

Preis, Ulrich: Grundfragen der Vertragsgestaltung im Arbeitsrecht, Neuwied 1993 (zit.: Preis, Vertragsgestaltung)

ders.: Anrechnung und Widerruf über- und außertariflicher Engelte – vertragsrechtlich betrachtet, in: Heinze, Meinhard/Söllner, Alfred: Arbeitsrecht in der Bewährung. Festschrift für Otto Rudolf Kissel zum 65. Geburtstag, München 1994, S. 879-913 (zit.: Preis in: Festschrift Kissel)

ders.: Arbeitsrecht, Verbraucherschutz und Inhaltskontrolle, NZA-Beil. 2003, S. 19-33

ders.: Innovative Arbeitsformen. Flexibilisierung von Arbeitszeit, Arbeitsentgelt, Arbeitsorganisation, Köln 2005 (zit.: Preis-*Bearbeiter*, Arbeitsformen)

ders.: AGB-Recht und Arbeitsrecht. Eine Zwischenbilanz, NZA-Beil. 2006, S. 115-122

ders.: Der langsame Tod der Freiwilligkeitsvorbehalte und die Grenzen betrieblicher Übung, NZA 2009, S. 281-289

ders.: Arbeitsrecht. Individualarbeitsrecht. Lehrbuch für Studium und Praxis, 3. Auflage, Köln 2009 (zit.: Preis, Lehrbuch)

ders.: Der Arbeitsvertrag, 4. Auflage, Köln 2011 (zit.: Preis, Der Arbeitsvertrag); 3. Auflage, Köln 2009 (zit.: Preis, Der Arbeitsvertrag (2009))

Preis, Ulrich/*Bender*, Wolfgang: Die Befristung einzelner Arbeitsbedingungen – Kontrolle durch Gesetz oder Richterrecht?, NZA-RR 2005, S. 337-345

Preis, Ulrich/*Lindemann*, Viola: Anmerkung zu BAG v. 12.01.2005, AuR 2005, S. 229-232

dies.: Änderungsvorbehalte – Das BAG durchschlägt den gordischen Knoten, NZA 2006, S. 632-638

Preis, Ulrich/*Roloff*, Sebastian: Die neueste Entwicklung der Vertragsinhaltskontrolle im Arbeitsrecht – Zwischenbilanz und Ausblick, ZfA 2007, S. 43-86

Ramrath, Ulrich: Die Mitbestimmung des Betriebsrats bei der angeblichen „Verrechnung“ sogenannter „übertariflicher Zulagen“ mit Tariflohnerhöhungen, DB 1990, S. 2593-2602

Reichold, Hermann: Grundlagen und Grenzen der Flexibilisierung im Arbeitsvertrag, RdA 2002, S. 321-333

Reinecke, Gerhard: Vertragskontrolle im Arbeitsverhältnis, NZA-Beil. 2000, S. 23-33

ders.: Kontrolle Allgemeiner Arbeitsbedingungen nach dem Schuldrechtsmodernisierungsgesetz, DB 2002, S. 583-588

ders.: Flexibilisierung von Arbeitsentgelt und Arbeitsbedingungen nach dem Schuldrechtsmodernisierungsgesetz, NZA 2005, S. 953-961

ders.: Gerichtliche Kontrolle von Chefarztverträgen, NJW 2005, S. 3383-3388

ders.: Zur AGB-Kontrolle von Arbeitsentgeltvereinbarungen, BB 2008, S. 554-557

Reiserer, Kerstin: Freiwilligkeits- und Widerrufsvorbehalt bei Gratifikationen, DB 1997, S. 426-429

dies.: Flexible Vergütungsmodelle, AGB-Kontrolle, Gestaltungsvarianten, NZA 2007, S. 1249-1253

dies.: Zielvereinbarung – ein Instrument der Mitarbeiterführung, NJW 2008, S. 609-613

dies.: Atmendes Entgelt, atmende Arbeitszeit, NZA-Beil. 2010, S. 39-44

Reuter, Dieter: Die ethischen Grundlagen des Privatrechts – formale Freiheitsethik oder materiale Verantwortungsethik?, AcP 189 (1989), S. 199-222

Richardi, Reinhard: Der Große Senat des BAG zur Mitbestimmung bei der Anrechnung einer Tariflohnerhöhung auf über- und außertarifliche Zulagen, NZA 1992, S. 961-967

ders.: Gestaltung der Arbeitsverträge durch Allgemeine Geschäftsbedingungen nach dem Schuldrechtsmodernisierungsgesetz, NZA 2002, S. 1057-1064

ders.: Betriebsverfassungsgesetz mit Wahlordnung, 13. Auflage, München 2012 (zit.: Richardi-*Bearbeiter*)

Richardt, Winfried: Arbeitsvertragliche Flexibilisierung von Entgeltbedingungen, Köln 1998

Ricken, Oliver: Betriebliche Übung und Vertragskontrolle im Arbeitsrecht, DB 2006, S. 1372-1376

Rieble, Volker: Flexible Gestaltung von Entgelt und Arbeitszeit im Arbeitsvertrag, NZA-Beil. 2000, S. 34-44

Riesenhuber, Karl/*Steinau-Steinrück*, Robert von: Zielvereinbarungen, NZA 2005, S. 785-793

Röder, Gerhard/*Göpfert*, Burkard: Aktien statt Gehalt. Aktienoptionszusagen und Festgehalt nach dem Kurseinbruch am Neuen Markt, BB 2001, S. 2002-2006

Rüthers, Bernd: Anmerkung zu BAG v. 09.06.1965, SAE 1966, S. 18-20

Salamon, Erwin: Die freiwillige Verpflichtung zur Gratifikationszahlung und die Divergenz der Rechtsprechung zur ergänzenden Vertragsauslegung durch BGH und BAG, NZA 2009, S. 1076-1078

ders.: Umgehung der Voraussetzungen einer betrieblichen Übung durch Anerkennung schlüssiger Individualzusagen?, NZA 2010, S. 1272-1276

Schaub, Günter: Arbeitsrecht – Handbuch, 14. Auflage, München 2011 (zit.: Schaub-*Bearbeiter*); 10. Auflage, München 2002 (zit.: Schaub-*Bearbeiter* (2002))

Schaub, Günter/*Koch*, Ulrich/*Neef*, Klaus/*Schrader*, Peter/*Vogelsang*, Hinrich: Arbeitsrechtliches Formular- und Verfahrenshandbuch, 9. Auflage, München 2008 (zit.: Schaub/Koch/Neef/Schrader/Vogelsang-*Bearbeiter*)

Schimmelpfennig, Hans-Christoph: Inhaltskontrolle eines formularmäßigen Änderungsvorbehalts. Zum Widerrufsvorbehalt in Arbeitsverträgen nach der Schuldrechtsreform, NZA 2005, S. 603-610

Schirge, Barbara: Anrechnung und Arbeitsvertrag: Wie kann sich der einzelne Arbeitnehmer gegen Anrechnungen schützen?, AiB 1993, S. 377-381

Schleßmann, Karl: Änderung eines Teils des Arbeitsverhältnisses durch Teilkündigung, DB 1959, S. 977-980

Schlewing, Anja: Geltungserhaltende Reduktion und/oder ergänzende Vertragsauslegung im Rahmen der AGB-Kontrolle arbeitsvertraglicher Abreden?, RdA 2011, S. 92-99

Schmalenberg, Werner: Befristung von einzelnen Vertragsbedingungen, in: Bauer, Jobst-Hubertus/Beckmann, Paul Werner/Lunk, Stefan/Meier, Hans-Georg/Schipp, Johannes/Schütte, Reinhard: Arbeitsgemeinschaft Arbeitsrecht im Deutschen Anwaltverein. Festschrift zum 25-jährigen Bestehen, Bonn 2006, S. 155-170 (zit.: Schmalenberg in: Festschrift 25 Jahre ARGE Arbeitsrecht im DAV)

Schmiedl, Wolfgang: Freiwilligkeits- und Widerrufsvorbehalt – überkommene Rechtsinstitute?, NZA 2006, S. 1195-1199

Schneider, Reinhold: Die Anrechnung von Tarifverbesserungen, insbesondere Tariflohnerhöhungen, auf übertarifliche Vergütungsbestandteile, DB 1993, S. 2530-2534

ders.: Anrechnung von Tariferhöhungen, DB 2000, S. 922-925

Schnitker, Elmar/*Grau*, Timon: Klauselkontrolle im Arbeitsvertrag. Zur Vereinbarung von Änderungs-, Anpassungs- und Widerrufsvorbehalten mit dem Recht der Allgemeinen Geschäftsbedingungen, BB 2002, S. 2120-2126

Schrader, Peter/*Müller*, Jonas: Flexible Vergütungsvereinbarungen, Welche Spielräume lassen Gesetz und Rechtsprechung des Bundesarbeitsgerichtes?, RdA 2007, S. 145-153

Schramm, Nils: Die Zulässigkeit von Freiwilligkeitsvorbehalten in Arbeitsverträgen, NZA 2007, S. 1325-1329

Schramm, Nils/*Kröpelin*, Andrea: Neue Anforderungen an die arbeitsvertragliche Gestaltung von Schriftformklauseln – Zugleich Besprechung von BAG vom 20.05.2008 – 9 AZR 382/07 –, DB 2008, S. 2362-2365

Schramm, Nils/*Naber*, Sebastian: Die Wirksamkeitsanforderungen an die Befristung von einzelnen Vertragsbestandteilen, NZA 2009, S. 1318-1322

Schüren, Peter: Mitbestimmung bei der automatischen Anrechnung von Tariflohnerhöhungen auf übertarifliche Zulagen, RdA 1991, S. 139-145

Schwarz, Eckard: Sonderzahlungen: Ausfall und Kürzung bei Fehlzeiten, NZA 1996, S. 571-577

Schwarz, Sabine: Widerrufsklauseln in der Praxis – Welche Bedeutung hat das aktuelle Dienstwagen-Urteil des BAG?, GWR 2010, S. 469 (zit.: S. Schwarz, GWR 2010, 469)

Seel, Alexander-Henning: Freiwilligkeits- und Widerrufsvorbehalte im Arbeitsvertrag, MDR 2004, S. 1393-1396

Seitz, Stefan/*Reiche*, Stefanie: Flexibilisierung von Arbeitsbedingungen in der Krise, BB 2009, S. 1862-1867

Sievers, Jochen: Individualrechtliche Möglichkeiten und Grenzen einer Entgeltreduzierung, NZA 2002, S. 1182-1188

Simon, Oliver/*Greßlin*, Martin: Der Freiwilligkeitsvorbehalt lebt, und zwar nicht nur beim Weihnachtsgeld, BB 2008, S. 2467-2468

Singer, Reinhard: Arbeitsvertragsgestaltung nach der Reform des BGB, RdA 2003, S. 194-204

ders.: Flexible Gestaltung von Arbeitsverträgen, RdA 2006, S. 362-374

Söllner, Alfred: Die Änderung der Arbeitsbedingungen durch Weisung, in: Hromadka, Wolfgang: Änderung von Arbeitsbedingungen, Heidelberg 1990, S. 13-34 (zit.: Söllner in: Hromadka, Änderung von Arbeitsbedingungen)

ders: Zur Anwendung der gesetzlichen Vorschriften über Allgemeine Geschäftsbedingungen im Arbeitsrecht, ZfA 2003, S. 145-161

Sprenger, Markus: Anmerkung zum Urteil des BAG v. 25.04.2007, BB 2007, S. 1902-1903

Staudinger, Julius von: Kommentar zum Bürgerlichen Gesetzbuch, §§ 134-138, 15. Auflage, Neubearbeitung, Berlin 2011; Einleitung zu §§ 241 ff.,

§§ 241, 242, AGBG, 12. Auflage, 13. Bearbeitung, Berlin 1998; §§ 305-310, UKlaG, 13. Auflage, Neubearbeitung, Berlin 2006; §§ 616-630, 14. Auflage, Neubearbeitung, Berlin 2002; §§ 620-630, 13. Auflage, Berlin 1995 (zit.: Staudinger-*Bearbeiter*)

Steinau-Steinrück, Robert von/*Hurek*, Christoph: Die im Arbeitsrecht geltenden Besonderheiten – Der Nebel lichtet sich, NZA 2004, S. 965-967

Stoffels, Markus: Vertragsgestaltung nach der Schuldrechtsreform – eine Zwischenbilanz, NZA-Beil. 2004, S. 19-28

ders.: Altverträge nach der Schuldrechtsreform, Überlegungen zum Vertrauensschutz im Arbeitsvertragsrecht, NZA 2005, S. 726-730

ders.: AGB-Recht, 2. Auflage, München 2009

Strick, Kerstin: Freiwilligkeitsvorbehalt – Der Wille als Bedingung, NZA 2005, S. 723-726

Stück, Volker: Verschlechternde Änderung und Vereinheitlichung freiwilliger Sozialleistungen am Bespiel von Jubiläumsleistungen, DB 2006, S. 782-785

Thesen der Gutachter und Referenten, 68. Deutscher Juristentag Berlin 2010

Thüsing, Gregor: Was sind die Besonderheiten des Arbeitsrechts?, NZA 2002, S. 591-595

ders.: Inhaltskontrolle von Formulararbeitsverträgen nach neuem Recht, BB 2002, S. 2666-2674

ders.: Angemessenheit durch Konsens. Zu den Grenzen der Richtigkeitsgewähr arbeitsvertraglicher Vereinbarungen, RdA 2005, S. 257-270

ders.: Unwirksamkeit und Teilbarkeit unangemessener AGB. Kritisches zum sog. „blue-pencil-test", BB 2006, S. 661-664

ders.: AGB-Kontrolle im Arbeitsrecht, München 2007

Thüsing, Gregor/*Lambrich*, Thomas: AGB-Kontrolle arbeitsvertraglicher Bezugnahmeklauseln – Vertragsgestaltung nach der Schuldrechtsreform, NZA 2002, S. 1361-1370

Thüsing, Gregor/*Leder*, Tobias: Gestaltungsspielräume bei der Verwendung vorformulierter Arbeitsvertragsbedingungen – Allgemeine Grundsätze, BB 2005, S. 938-945

dies.: Gestaltungsspielräume bei der Verwendung vorformulierter Arbeitsvertragsbedingungen – Besondere Klauseln, BB 2005, S. 1563-1570

Thüsing, Gregor/*Mengel*, Anja: Flexibilisierung von Arbeitsbedingungen und Entgelt. Möglichkeiten zur Anpassung von Arbeitsbedingungen, München 2005

Tyroller, Michael: Vertragliche Möglichkeiten des Arbeitgebers zur Entgeltflexibilisierung, abgerufen am 26.03.2010 unter www.raedgt.net/downloads/ Mittel_zur_Lohnflexibilisierung.pdf

Uffmann, Katharina: Die Unzumutbarkeitsschwelle als neue Voraussetzung einer ergänzenden Vertragsauslegung im Arbeitsrecht? Zur Abkehr des BAG von der grundsätzlichen Zulässigkeit richterlicher Vertragsergänzung, RdA 2011, S. 154-162

Ulmer, Peter/*Brandner*, Hans Erich/*Hensen*, Horst-Diether: AGB-Recht, 11. Auflage, Köln 2011 (zit.: Ulmer/Brandner/Hensen-*Bearbeiter*); 10. Auflage, Köln 2006 (zit.: Ulmer/Brandner/Hensen-*Bearbeiter* (2006)); AGB-Gesetz, 9. Auflage, Köln 2001 (zit.: Ulmer/Brandner/Hensen-*Bearbeiter* (2001))

Ulrici, Bernhard: Betriebliche Übung und AGB-Kontrolle, BB 2005, S. 1902-1905

Wackerbarth, Ulrich: Entgelt für Betriebstreue, Köln 1996

Wank, Rolf: Einvernehmliche Änderung von Arbeitsbedingungen, in: Hromadka, Wolfgang: Änderung von Arbeitsbedingungen, Heidelberg 1990, S. 35-71 (zit.: Wank in: Hromadka, Änderung von Arbeitsbedingungen)

ders: Abschied vom Normalarbeitsverhältnis? Welche arbeits- und sozialrechtlichen Regelungen empfehlen sich im Hinblick auf die Zunahme neuer Beschäftigungsformen und die wachsende Diskontinuität von Erwerbsbiographien?, RdA 2010, S. 193-207

Weber, Konrad Maria: Zielvereinbarungen und Zielvorgaben im Individualarbeitsrecht. Probleme und Lösungen im bestehenden und entgeltrelevanten System. „Führen durch Ziele", Frankfurt am Main 2009

Weis, Sebastian: Flexible Arbeitszeit- und Vergütungsmodelle. Rechtliche Gestaltungsmöglichkeiten, Saarbrücken 2009

Westphalen, Friedrich von: Vertragsrecht und AGB-Klauselwerke, München 2011 (zit.: Westphalen von-*Bearbeiter*); München 2006 (zit.: Westphalen von-*Bearbeiter* (2006))

Wiedemann, Herbert: Anmerkung zu BAG v. 19.07.1978, AP § 4 TVG Übertariflicher Lohn und Tariflohnerhöhung Nr. 10

ders.: Freiwillige Leistungen – Enttäuschte Erwartungen. Besprechung des Urteils BAG v. 30.7.2008 – 10 AZR 606/07, RdA 2009, S. 186-189

ders.: Freiwillige Entgeltleistungen unter Vorbehalt, in: Bauer, Jobst-Hubertus/ Kort, Michael/Möllers, Thomas/Sandmann, Bernd: Festschrift für Herbert Buchner zum 70. Geburtstag, München 2009, S. 942-953 (zit.: Wiedemann in: Festschrift Buchner)

Wiese, Günther: Zur Mitbestimmung des Betriebsrats bei freiwilligen, jederzeit widerruflichen Zulagen und / oder auf diese anrechenbaren Tariflohnerhöhungen, NZA 1990, S. 793-804

Willemsen, Heinz Josef/*Grau*, Timon: Geltungserhaltende Reduktion und „Besonderheiten des Arbeitsrechts". Zu den Rechtsfolgen unzulässiger Klauseln in Formulararbeitsverträgen, RdA 2003, S. 321-328

dies.: Alternative Instrumente zur Entgeltflexibilisierung im Standardarbeitsvertrag, NZA 2005, S. 1137-1142

Willemsen, Heinz Josef/*Jansen*, Jan-Philip: Die Befristung von Entgeltbestandteilen als Alternative zu Widerrufs- und Freiwilligkeitsvorbehalten, RdA 2010, S. 1-10

Wisskirchen, Gerlind/*Stühm*, Thomas: Anspruch des Arbeitgebers auf Änderung von unwirksamen Klauseln in alten Arbeitsverträgen?, DB 2003, S. 2225-2230

Wißmann, Tim/*Schneider*, David: Kurzkommentar zu BAG v. 30.07.2008, EWiR § 307 BGB 4/08, S. 645-646

Wolf, Manfred: Inhaltskontrolle von Arbeitsverträgen, RdA 1988, S. 270-276

Wolf, Manfred/*Lindacher*, Walter F./*Pfeiffer*, Thomas: AGB-Recht, Kommentar, 5. Auflage, München 2009 (zit.: Wolf/Lindacher/Pfeiffer-*Bearbeiter*); 4. Auflage, herausgegeben von *Wolf*, Manfred/*Horn*, Norbert/*Lindacher*, Walter, München 1999 (zit.: Wolf/Horn/Lindacher-*Bearbeiter*, AGB-Gesetz)

Worzalla, Michael: Die Wirksamkeit einzelner Arbeitsvertragsklauseln nach der Schuldrechtsreform – Entgelt, Arbeitszeit und Tätigkeit, Betriebsvereinbarungs- und Tarifvertragsoffenheit, Änderung des Arbeitsvertrags, NZA-Beil. 2006, S. 122-133

***Z**eiss*, Walter: Anmerkung zu BAG v. 13.06.1986, SAE 1987, S. 174-175

Zöllner, Wolfgang: Privatautonomie und Arbeitsverhältnis. Bemerkungen zu Parität und Richtigkeitsgewähr beim Arbeitsvertrag, AcP 176 (1976), S. 221-246

ders.: Immanente Grenzen arbeitsvertraglicher Regelungen, RdA 1989, S. 152-162

ders.: Vorsorgende Flexibilisierung durch Vertragsklauseln, NZA 1997, S. 121-129

Zöllner, Wolfgang/*Loritz*, Karl-Georg/*Hergenröder*, Wolfgang: Arbeitsrecht, 6. Auflage, München 2008

Zundel, Frank: Wirksamkeit arbeitsvertraglicher Klauseln insbesondere unter dem Aspekt der AGB-Kontrolle, NJW 2006, S. 1237-1242

Schriften zum Arbeitsrecht und Wirtschaftsrecht

Herausgegeben von Abbo Junker

Band 1 Christoph-N. Lerche: Der Europäische Betriebsrat und der deutsche Wirtschaftsausschuß. Eine vergleichende Analyse der betrieblichen Mitwirkung der Arbeitnehmer vor dem Hintergrund der Globalisierung der Märkte. 1997.

Band 2 Christian Walter Mecke: Zur rechtlichen Verbindlichkeit kollektiver Vereinbarungen in England. 1997.

Band 3 Katja Francke: Die betriebliche Mitwirkung der Arbeitnehmer in Belgien. Unter Berücksichtigung vergleichender Aspekte zum deutschen Betriebsverfassungsrecht. 1997.

Band 4 Christian Schulze: Die Zulässigkeit einstweiliger Verfügungen gegen Betriebsänderungen. 1998.

Band 5 Stefan Miersch: Die Rechtsfolgen mitbestimmungswidriger Maßnahmen für das Arbeitsverhältnis. Eine zivilrechtsdogmatische Untersuchung. 1998.

Band 6 Heike Wegner: Internationaler Verbraucherschutz beim Abschluß von Timesharingverträgen: § 8 Teilzeitwohnrechtegesetz. 1998.

Band 7 Julia Wichmann: Dienstleistungsfreiheit und grenzüberschreitende Entsendung von Arbeitnehmern. 1998.

Band 8 Johann-Volker Peter: Société par actions simplifiée (S.A.S.). Die Vereinfachte Aktiengesellschaft in Frankreich, eine Rechtsform für die Kooperation von Unternehmen. 1999.

Band 9 Sylvia Schnelle: Der Europäische Betriebsrat in Spanien. Zugleich eine Einführung in das spanische Recht der Arbeitnehmervertretung. 1999.

Band 10 Viktoria Bornhagen: Die Zumutbarkeit als Rechtsgedanke im Arbeitsrecht. 1999.

Band 11 Thorsten Schacht: Der Übereilungsschutz beim arbeitsrechtlichen Aufhebungsvertrag. Arbeitnehmerschutz bereits de lege lata? 2000.

Band 12 Marcus Hellmann: Immobilienkauf nach spanischem Recht. 1999.

Band 13 Nicolaus Johannes Ehinger: Die juristischen Personen des öffentlichen Rechts als herrschende Unternehmen. 2000.

Band 14 Alexander Lentz: Das kollektive Arbeitsrecht der Republik Südafrika. Eine Untersuchung mit Bezügen zum deutschen Recht. 2000.

Band 15 Michaela Brunssen: Der Arbeitgeberverbandswechsel. Tarifrechtliche und arbeitskampfrechtliche Konsequenzen. 2000.

Band 16 Morten Petersenn: Das Recht des Grundstückskaufs in Südafrika. 2000.

Band 17 Stefan Krüger: Die umwandlungsrechtliche Haftungsregelung bei der Betriebsaufspaltung und ihre Analogiefähigkeit. 2001.

Band 18 Jürgen Kitzinger: Der GmbH-Geschäftsführer zwischen Arbeits- und Gesellschaftsrecht. Im Blickpunkt: Zuständigkeit der Arbeitsgerichte. 2001.

Band 19 Anja Ruge: Die Lohnersatzansprüche ehemaliger Zwangsarbeiter gegen deutsche Industrieunternehmen. 2001.

Band 20 Michael Knoll: Die Sozialauswahl im Arbeitsrecht. 2001.

Band 21 Britta Albrecht: Mediation im Arbeitsrecht. Individualarbeitsrecht und Betriebsverfassungsrecht. 2001.

Band 22 Annusch Barten: Das System der Arbeitnehmervertretung in Frankreich. 2001.

Band 23 Diane Westera: Der Wiedereinstellungsanspruch nach wirksamer Kündigung. 2001.

Band 24 Kristin Doerlich: Die Tariffähigkeit der Gewerkschaft. Eine Analyse der Mächtigkeitsrechtsprechung des Bundesarbeitsgerichts im Lichte neuerer Erfahrungen. 2002.

Band 25 Tina Witten: Vertragsgestaltung und Gesetzesbindung im Recht der Zeitarbeit. 2002.

Band 26 Martin Hellfeier: Die Leistungszeit im Arbeitsverhältnis. Eine Untersuchung zum Fixschuldcharakter der Arbeitspflicht und zu den Folgen ihrer Nichterfüllung. 2003.

Band 27 Almut Maulshagen: Betriebliche Arbeitskampfregelungen. 2003.

Band 28 Maren Band: Tarifkonkurrenz, Tarifpluralität und der Grundsatz der Tarifeinheit. 2003.

Band 29 Manuela Schulz: Der Bereitschaftsdienst in öffentlich-rechtlich organisierten Krankenhäusern. Eine rechtliche Bewertung. 2003.

Band 30 Felix Benedikt: Die Kürzung von Tariflöhnen zur Sanierung. Eine verfassungskonforme Auslegung des § 3 III TVG entsprechend § 626 BGB. 2003.

Band 31 Tim Kaden: Individuelle Bündnisse für Arbeit und Günstigkeitsprinzip. 2003.

Band 32 Simone Kreiling: Die Erstreckung betrieblicher und betriebsverfassungsrechtlicher Tarifnormen auf Außenseiter. 2004.

Band 33 Carsten Beck: Betriebliche Mitbestimmung und Kündigungsschutz. Die Funktionen betrieblicher Mitbestimmung im und deren Einfluß auf den Kündigungsschutz nach dem KSchG. 2004.

Band 34 Jost Eder: Die Regelungsabrede als Alternative zur Betriebsvereinbarung bei der Gestaltung materieller Arbeitsbedingungen. 2004.

Band 35 Christian Pfab: Wirkungsweise und Reichweite tarifvertraglicher Öffnungsklauseln. 2004.

Band 36 Julia Amlang: Die unternehmerische Entscheidungsfreiheit bei „betriebsbedingten Kündigungen" im europäischen Rechtsvergleich. Kündigung aus wirtschaftlichen Gründen in Deutschland, Frankreich, Spanien, Großbritannien und Schweden. 2005.

Band 37 Alida Milthaler: Das Fragerecht des Arbeitgebers nach den Vorstrafen des Bewerbers. 2006.

Band 38 Doreen Peter: Nebentätigkeiten von Arbeitnehmern. Interessenkollisionen von Arbeitgebern und Arbeitnehmern. 2006.

Band 39 Julia V. C. Bartlog: Das Verhältnis von Gesetz und Tarifvertrag. 2006.

Band 40 Michael Fuhlrott: Der geschädigte Arbeitnehmer. Zur Verfassungsmäßigkeit des Ausschlusses von Schmerzensgeld in der Unfallversicherung sowie zur Herleitung der Haftung bei Eigenschäden im Hinblick auf das Verschuldensprinzip. 2006.

Band 41 Femke Reinecke: Leistungsbestimmung des Arbeitnehmers. 2006.

Band 42 Maria M. Bausback: Der Bestandsschutz des Arbeitsverhältnisses auf europäischer und internationaler Ebene. Entwicklungen vom Mittelalter bis zur Gegenwart. Teil 1 / Teil 2. 2007.

Band 43 Jens Günther: AGB-Kontrolle von Arbeitsverträgen. Analyse der deutschen Rechtslage nach der Schuldrechtsreform und vergleichende Betrachtung des österreichischen Kontrollsystems. 2007.

Band 44 Claudiana Triskatis: Ethikrichtlinien im Arbeitsrecht. 2008.

Band 45 Annette Bruder: Die Weitergabe von Insiderinformationen durch Arbeitnehmervertreter. 2008.

Band 46 Ute Dietrich: Nichtraucherschutz am Arbeitsplatz. 2008.

Band 47 Markus Ebert: Übertragung und Zuordnung von Versorgungsverpflichtungen gegenüber Arbeitnehmern im Rahmen einer umwandlungsrechtlichen Spaltung. 2008.

Band 48 Susanne Schneider: Broad-based Black Economic Empowerment in der Republik Südafrika. 2008.

Band 49 Mandy Reichel: Die Einbeziehung des Außenseiter-Arbeitgebers in den Verbandsarbeitskampf. 2008.

Band 50 Abbo Junker (Hrsg.): Betriebsübergang in Europa. Symposion aus Anlass des 10-jährigen Bestehens der Schriften zum Arbeitsrecht und Wirtschaftsrecht am 10.10.2008 in München. 2009.

Band 51 Till Bender: Vorschläge zur Neuordnung des Sonderkündigungsschutzes nach MuSchG und SGB IX. 2009.

Band 52 Manuela Rauch: Die geschlechtsbezogene Diskriminierung am Arbeitsplatz nach kalifornischem Recht. 2009.

Band 53 Tina Luise Allenberg: Das französische règlement intérieur d'entreprise. Die Arbeitsordnung im französischen Arbeitsrecht. 2009.

Band 54 Bernd Haas: Anwaltliches Mandatsverhältnis zum Betriebsrat. 2009.

Band 55 Martin Fröhlich: Die erweiterte Weisungsbefugnis des Arbeitgebers im spanischen Recht. 2009.

Band 56 Stefanie Lorenzen: Inhaltskontrolle beim Betriebsübergang. Die Anpassung tariflicher Arbeitnehmerpflichten nach Privatisierungen. 2009.

Band 57 Oliver E. Aldea: Das französische Kündigungsrecht im Spannungsfeld von Abfindungen und Bestandsschutz. 2010.

Band 58 Wolfgang Stock: Die Einsetzung einer Transfergesellschaft. Unter besonderer Berücksichtigung betriebsverfassungs- und arbeitsförderungsrechtlicher Vorgaben. 2010.

Band 59 Claudia Hagedorn: Zulässigkeit und Grenzen von Tarifsozialplänen. 2010.

Band 60 Daniela Quink: Inhaltskontrolle von Freiwilligkeitsvorbehalten in Arbeitsverträgen. 2010.

Band 61 Kathrin Kentner: Arbeitskampfmittel der Arbeitgeber. 2010.

Band 62 Angela Nunes Fernandes Gil Wolf: Arbeitnehmereinsatz im Ausland. Das auf doppelte Arbeitsverhältnisse anwendbare Recht am Beispiel der Vertragsgestaltung eines internationalen Konzerns. 2010.

Band 63 Annemarie Berthold: Whistleblowing in der Rechtsprechung des Bundesarbeitsgerichts. 2010.

Band 64 Malte Koch: Die Beteiligung von Arbeitnehmervertretern an Aufsichtsrats- und Verwaltungsratsausschüssen einer Europäischen Aktiengesellschaft. 2011.

Band 65 Agnes Maria Kollerbaur: Die französische Arbeitsinspektion. Eine Untersuchung unter besonderer Berücksichtigung ihrer Rolle bei Kündigungen. 2011.

Band 66 Marcus Christian Leinenweber: Landesschlichtungsgesetze? 2011.

Band 67 Frederike Cathérine Gärtner: Die gesetzliche Regulierung von Bahnstreiks in Frankreich. Arbeitskampf vs. Kontinuität öffentlicher Dienstleistungen. 2011.

Band 68 Carolin van Straelen: Der Rollenkonflikt des Arbeitnehmervertreters zwischen Betriebsratsmitglied und Gewerkschaftsfunktionär. 2012.

Band 69 Anna Maria Jordan: Entgeltdiskriminierung in Frauenberufen? 2012.

Band 70 Dominic Köstner: Compliance-Richtlinien im Unternehmen. Arbeits- und datenschutzrechtliche Implementierungsaspekte. 2012.

Band 71 Michael Kobler: Fremdeinflüsse auf die tarifliche Willensbildung. 2012.

Band 72 Anne Kraas: Zulässigkeit und Grenzen der arbeitsvertraglichen Entgeltflexibilisierung. 2012.

www.peterlang.de